W0401803

Peter Burke

Die Explosion des Wissens

Peter Burke

Die Explosion des Wissens

Von der *Encyclopédie* bis Wikipedia

Aus dem Englischen von Matthias Wolf
unter Mitarbeit von Sebastian Wohlfeil

Verlag Klaus Wagenbach Berlin

Dem Emmanuel College in Dankbarkeit für die Unterstützung meiner Forschung über mehr als dreißig Jahre.

Inhalt

Dank

Mein größter Dank gilt diesmal verschiedenen Institutionen, insbesondere dem Emmanuel College in Cambridge, wo ich den meisten Teil meiner Arbeit mache, und dem Birkbeck College in London, wo ich im Herbst 2010 als Gastprofessor am Institute for the Humanities lehrte, was mir Gelegenheit gab, einige der in diesem Buch entwickelten Ideen schon vor seiner Veröffentlichung zu präsentieren. Dankbar bin ich auch für Einladungen aus Brüssel, Groningen, Montreal, New York, Sheffield, Sussex und Trondheim, über dieses umfassende Thema zu referieren, sowie für die Teilnahme an dem vom Centre for Research in the Arts, Social Sciences and Humanities organisierten Workshop »The Organization of Knowledge in Victorian Britain«, der 2002 in Cambridge stattfand.

Dank schulde ich auch einigen Einzelpersonen: Mit Asa Briggs und meiner Frau Maria Lúcia arbeitete ich an Projekten zu Themen des 19. und 20. Jahrhunderts zusammen, was es mir erleichterte, mich aus der frühen Neuzeit herauszubewegen. Maria Lúcia und mein alter Freund Chris Stray lasen die Druckfahnen und machten dabei eine Reihe wertvoller Vorschläge. Für Ideen, Anregungen und Hinweise möchte ich schließlich auch Filippo De Vivo, Axel Körner, Jenny Platt und Hannu Salmi danken.

Einleitung

»Es gibt keine Geschichte des Wissens«, befand der Managementtheoretiker und Futurologe Peter Drucker 1993; sie dürfte sich aber, so seine Voraussage, »innerhalb der nächsten Jahrzehnte« zu einem wichtigen Forschungsgebiet entwickeln.[1] In diesem Fall war Drucker ausnahmsweise etwas langsam, denn das Interesse an der Geschichte des Wissens hatte sich zum Zeitpunkt seiner Prophezeiung bereits deutlich artikuliert – man denke nur an historische Abhandlungen mit Titeln wie *Knowledge is Power* (1989), *Fields of Knowledge* (1992) oder *Colonialism and its Forms of Knowledge* (1996).[2]

Als ich *Papier und Marktgeschrei. Die Geburt der Wissensgesellschaft* (2000) schrieb, glaubte ich selber noch, dies sei eine individuelle Initiative, die aus meinem langanhaltenden Interesse für Karl Mannheim resultierte, einen Wegbereiter der »Soziologie des Wissens«.[3] Aus heutiger Sicht ist jedoch klar, dass ich keineswegs allein auf weiter Flur stand: Es gab eine ganze Reihe von Wissenschaftlern, die sich – bewusst oder unbewusst – von den seinerzeit aktuellen Debatten über die »Wissensgesellschaft« anregen ließen, die Drucker zu seiner Voraussage veranlasst hatten (siehe S. 259). Schon 1998 sprachen zwei Autoren in Zusammenhang mit diesem Thema von einem »Wissensboom«.[4] Seit der Jahrtausendwende hat sich der Trend noch verstärkt, wofür nicht nur die zahlreichen Publikationen sprechen, sondern auch die verschiedenen Forschungsprogramme vor allem – wenn auch nicht ausschließlich – im deutschsprachigen Raum.

Dieses Buch kann für sich gelesen werden oder als Fortsetzung von *Papier und Marktgeschrei*. Sein Ausgangspunkt war persönliche Neugier, der Versuch, eine Antwort auf die Frage zu finden: »Auf welchen Wegen sind wir zu unserem heutigen kollektiven Wissen gelangt?« Seit der Emeritierung, die mich von Lehr- und Forschungsverpflichtungen entbunden hat, kann ich mich dieser Neugier umso leichter hingeben.

Anknüpfend an *Papier und Marktgeschrei* widmet sich dieses Buch den Veränderungen, die in der Welt der Gelehrsamkeit von der *Encyclopédie* (1751–1766) bis Wikipedia (2001) vor sich gegangen sind. Seine Hauptthemen sind Prozesse wie Quantifizierung, Säkularisierung, Professionalisierung, Spezialisierung, Demokratisierung, Globalisierung und Technisierung.

Dabei sollten gegenläufige Trends allerdings nicht übersehen werden. Die zentrale These dieses Essays betrifft denn auch die Koexistenz und Wechselwirkung zwischen Trends, die sich in gegensätzliche Richtungen entwickeln, ein Gleichgewicht von Antagonismen, das von Zeit zu Zeit in ein Ungleichgewicht umkippt (siehe S. 208, 251, 296). Die Nationalisierung von Wissen koexistiert mit seiner Internationalisierung, Säkularisierung mit Gegensäkularisierung, Professionalisierung mit Amateurisierung, Standardisierung mit Spezialprodukten, Spezialisierung mit interdisziplinären Projekten und Demokratisierung mit Tendenzen, die ihr entgegenwirken oder sie einschränken. Selbst die Akkumulation von Wissen wird bis zu einem gewissen Grad durch seinen Verlust kompensiert (siehe Kapitel 5). Lediglich die Technisierung scheint ohne nennenswerte Gegentendenzen voranzuschreiten.

Die Geschichten über bestimmte Wissensaspekte – wie auch über vieles andere – werden normalerweise innerhalb eines nationalen Rahmens geschrieben, der den Lesern oft einen übertriebenen Eindruck von den Leistungen der Bürger des jeweiligen Landes vermittelt. Nehmen wir etwa den Fall der Erforschungen von Nord- und Südpol: Hier denken die Briten an Robert Scott und Ernest Shackleton, die Amerikaner an Robert Peary, die Russen an Otto Schmidt, die Norweger an Fridtjof Nansen und Roald Amundsen, die Schweden an Alfred Nathorst, die Finnen an Adolf Nordenskiöld und die Dänen und Grönländer an Knud Rasmussen.[5] Diese Studie will nationale Vorurteile unterlaufen und verfolgt deshalb einen explizit komparativen Ansatz.

Das Buch konzentriert sich auf die westliche Welt, versucht dabei aber, sich nicht allein auf die »großen Fünf« zu beschränken – Großbritannien, Frankreich, Deutschland, Russland und die USA –, sondern das übrige Europa und auch Lateinamerika zumindest gelegentlich in die Geschichte mit einzubeziehen. Beispielsweise hat ein Land wie die Niederlande zahlreiche Studien zur Geschichte seines eigenen Wissens hervorgebracht – koloniales Wissen, die Geschichte der Wissenschaft, der Museen und so weiter.[6]

Es gibt viele exzellente Monographien, die das breite Thema dieser Untersuchung in Teilaspekten behandelt haben, insbesondere was die

Wissenschaftsgeschichte betrifft. Im Unterschied zu den meisten dieser Monographien, die sich auf die Geschichte einer einzelnen akademischen Disziplin beschränken, gehe ich hier allerdings ganz bewusst nach einer komparativen Methode vor, um sowohl disziplinäre Einseitigkeiten als auch die oben erwähnten nationalen Vorurteile zu vermeiden. Das Folgende versteht sich als Versuch einer Synthese, als ein Destillat vorhandenen Materials oder genauer gesagt als »Plünderung, Neuordnung und gelegentlich auch Verbesserung der Arbeit meiner Kollegen«, wie es ein Wissenschaftshistoriker einmal formulierte.[7] Ein weiterer Aspekt der Aufgabe wird darin bestehen, Lücken zu schließen, denn manchen Themen wurde seitens der Forschung sehr viel weniger Aufmerksamkeit zuteil als anderen. Und ebenso wird es darauf ankommen, Verbindungen zwischen Entwicklungen an verschiedenen Orten oder auf unterschiedlichen Gebieten herzustellen.

Im Wesentlichen geht es darum, ein großes Bild zu präsentieren, das für Spezialisten oft unsichtbar bleibt, ein Bild, das eine allgemeine Darstellung der Spezialisierung als solche miteinbezieht. Dieses große Tableau der Zeitspanne von etwa 1750 bis 2000 wird hier im Kontrast zur frühen Neuzeit – etwa 1450 bis 1750 – definiert, über die ich fast mein ganzes akademisches Leben lang gearbeitet habe. Doch auch Kontinuitäten zwischen früher und später Neuzeit sollen beleuchtet werden, etwa das zeitgenössische Problembewusstsein dessen, was man heute »Informationsüberflutung« nennt.[8] Damit hoffe ich, den Dialog zwischen zwei Arten von Wissenschaftlern zu fördern, die nur selten miteinander ins Gespräch kommen: Historiker der frühen und der späten Neuzeit.[9]

Das Unternehmen einer »Sozialgeschichte des Wissens« wirft zwei Fragen auf, die vorab einer Erörterung bedürfen: Was ist Sozialgeschichte? Was ist Wissen?

Sozialgeschichten

Der Begriff »sozial« ist gewiss nicht unproblematisch. Hier wird er in erster Linie verwendet, um die folgenden Ausführungen von einer allgemeinen intellektuellen Geschichte der Zeit zwischen 1750 und 2000 zu unterscheiden.

Die individuellen – und in der Tat sehr unterschiedlichen – Denker, die in intellektuellen Geschichten eine große Rolle spielen, sollen hier durchaus gewürdigt werden: Knapp achthundert von ihnen werden auf den folgenden Seiten Erwähnung finden; und auch wenn es für manche Leser möglicherweise zu viele sein mögen, so können sie doch ein Gegengewicht zur gesichtslosen Abstraktion allgemeiner Trends bilden. Die eigentlichen Protagonisten dieser Studie sind jedoch – soziologisch ausgedrückt – »Gruppen von Wissensträgern«, vor allem, wenn auch nicht ausschließlich, kleine Teams und »Wissen generierende Institutionen«, das heißt Gruppen von Menschen, die sich regelmäßig mit gemeinsamen Zielsetzungen treffen, wobei sie Regeln befolgen, die unterschiedliche soziale Rollen hervorbringen, vom Bischof zum Professor und vom Regierungschef zum Vorstandsvorsitzenden.[10]

Während der polnische Soziologe Florian Znaniecki über die »soziale Rolle des [einzelnen] Wissenden« schrieb, interessiert sich dieser Essay für die vielen sozialen Rollen wissender Menschen, also für Rollen, wie sie von Wissensorganisationen hervorgebracht werden, sprich von Universitäten, Akademien, Bibliotheken, Museen, Denkfabriken (Think-Tanks), Gelehrtenvereinigungen und wissenschaftlichen Zeitschriften. Auch die Prozesse der Institutionalisierung von Wissen werden erörtert.[11]

In dieser Studie wird es natürlich auch um Ideen gehen – ohne sie lassen sich Institutionen nicht verstehen –, allerdings vorrangig um ihre äußere und nicht um ihre innere Geschichte, eher um intellektuelle Umfelder als um intellektuelle Probleme. So wird das Institute of Advanced Study in Princeton, dem Einstein einmal angehörte, beispielsweise mehr im Vordergrund stehen als dessen Relativitätstheorie, und Edward Thompsons Kritik der University of Warwick mehr als seine Studie zur Herausbildung der englischen Arbeiterklasse.

Die Aufmerksamkeit wird sich auch auf kleine Teams richten – seien es kooperierende oder konkurrierende –, denn diese Gruppen leisten oft die Arbeit, die einem einzelnen Individuum gutgeschrieben wird. Der Mythos des heroischen Entdeckers darf nicht darüber hinwegtäuschen, dass spätestens Ende des 19. Jahrhunderts deren »Akteure keine Individuen, sondern Gruppen waren«.[12] Auch die Laborforschung wurde im Laufe der Zeit zunehmend in Teamarbeit durchgeführt.

Kurz gesagt, die Sozialgeschichte des Wissens, die hier entfaltet wird, orientiert sich am Modell früherer Sozialgeschichten etwa auf dem Gebiet der Archäologie, der Anthropologie, der Kartographie oder der Medizin.[13] Alternativ ließe sich das Buch auch als eine historische Soziologie des Wissens beschreiben. Ebenso wie die Soziologen betont es die Tatsache, dass Wissen in Labors, Observatorien und Bibliotheken angesiedelt ist und damit dem traditionellen Bild des weltfernen Gelehrten widerspricht. Natürlich benötigen Gelehrte »ihren eigenen Raum«, um ohne Ablenkung arbeiten zu können, doch diese Weltferne ist nur relativ. Schließlich nehmen sie die Welt – also auch die Politik – mit ins Labor, während ihre Resultate oft für weltliche Zwecke verwendet werden (siehe hierzu Kapitel 4).

Insofern hätte das Buch auch als »politische Geschichte des Wissens« betitelt werden können, allerdings ist sein Ziel weiter gesteckt: Der Begriff »sozial« bildet gewissermaßen einen Schirm, der die ökonomische und politische Geschichte ebenso abdeckt wie die Sozialgeschichte im engeren Sinn. Eine andere Möglichkeit wäre gewesen, das Buch als »historische Ökologie des Wissens« zu bezeichnen, denn es interessiert sich ebenso für den Wettlauf um Ressourcen, für Differenzierung und für Umfelder oder Nischen, in denen spezielle Institutionen, Disziplinen oder ein bestimmter Gelehrtentypus wie der Polyhistor (siehe S. 191 ff.) besonders gut gedeihen.[14]

Als dritte Titelalternative hätte sich »eine Kulturgeschichte des Wissens« angeboten. Der Begriff »Wissenskulturen«, der zunehmend Verbreitung findet, ist zweifellos nützlich, da er der Idee eines pluralen Wissens Nachdruck verleiht.[15] Das Folgende beschäftigt sich häufig mit Praktiken wie Beobachten, Kartographieren oder Notieren, also mit Praktiken, die man gleichermaßen als kulturell oder sozial beschreiben könnte. Dennoch scheinen mir Institutionen, um die es hier ja vorrangig geht, den Begriff des »Sozialen« zu erfordern, der den zusätzlichen Vorteil mit sich bringt, dass er an die inzwischen fast hundert Jahre alte Tradition der Wissenssoziologie anknüpft.

Wissensformen

Die zweite Frage – »Was ist Wissen?« – erinnert fatal an diejenige des »spöttischen Pilatus«, der diese laut Francis Bacon stellte, ohne die Antwort überhaupt erst abzuwarten: »Was ist Wahrheit?« Ein erster Schritt könnte darin bestehen, Wissen von dem zu unterscheiden, was der polnische Anthropologe Bronisław Malinowski »das Rohmaterial der Information« nannte.[16] »Wir ertrinken in Informationen«, sagt man uns, und gehen gleichzeitig »an Wissenshunger zugrunde«. Wir mögen vielleicht »Informationsgiganten« werden, laufen aber Gefahr, zu »Wissenszwergen« zu verkommen.[17]

In Anlehnung an die berühmte Metapher eines anderen Anthropologen – Claude Lévi-Strauss – ließe sich Information auch als das »Rohe« und Wissen als das »Gekochte« definieren. Information ist natürlich nur relativ roh, da die »Daten« überhaupt nicht objektiv »gegeben« sind, sondern von Menschen mit all ihren Vermutungen und Vorurteilen subjektiv rezipiert werden. Wissen jedoch ist insofern »gekocht«, als es verarbeitet wird, und zwar in Form einer kritischen Aneignung durch Verifizieren, Messen, Vergleichen und Systematisieren (siehe hierzu ausführlich Kapitel 2).

Wissen sollte man sich als etwas Plurales vorstellen im Sinne von Wissenstraditionen, wie es der Philosoph Michel Foucault bereits in den siebziger Jahren tat, obwohl es häufig noch immer als singulär betrachtet wird, gewissermaßen als Pars pro Toto. Tatsächlich haben wir, um Drucker noch einmal zu zitieren, längst den Schritt »vom singulären Wissen zum pluralen Wissen« vollzogen.[18] Wenn Londoner Taxifahrer von *the knowledge* sprechen – womit sie lediglich zum Ausdruck bringen wollen, dass sie sich in der Topographie der Hauptstadt auskennen –, dann mag das wie eine Anmaßung klingen, mit der sie freilich keineswegs alleine dastehen: Schon im 19. Jahrhundert wurde Benjamin Jowett, dem damaligen Rektor des Balliol College in Oxford, die Aussage untergeschoben: »Was ich nicht weiß, das ist kein Wissen.«[19] Plurales Wissen lässt sich in verschiedene Kategorien unterteilen, es kann explizit und implizit (oder stillschweigend) sein, rein und angewandt, lokal und universell. Auch wenn die Geschichte der Fertigkeiten selten aufgeschrieben wird, so verdient das »praktische Wissen« (*knowing how*) doch eindeutig seinen Platz neben dem »theoretischen Wissen« (*knowing that*).[20] Und genauso angemessen ist es, »unterworfene Formen des Wissens« (*savoirs assujettis*) als gleichberechtigt mit dominanten zu behandeln.[21] Die Frage »Was ist Wissen?« hat also durchaus einen politischen Aspekt: Wer besitzt die Definitionshoheit in puncto Wissen?

Dieses Buch beschäftigt sich vorrangig mit akademischem Wissen und mit dem Wissen der westlichen Welt. »Eine Sozialgeschichte des abendländischen akademischen Wissens« wäre deshalb wohl ein präziserer Titel. Nur besteht das Problem darin, dass ein solcher Titel – ganz abgesehen von seiner Schwerfälligkeit – den falschen Eindruck erweckt, diese Art von Wissen würde isoliert behandelt werden.

Tatsächlich ist das zentrale Thema dieser Studie ja gerade die Wechselwirkung zwischen verschiedenen Wissensformen. Aus diesem Grund wird hier auch immer wieder von Detektiven und Spionen die Rede sein oder von Regierungen und Körperschaften, und ebenso werden die

Verbindungen zwischen neuen akademischen Disziplinen wie Chemie, Wirtschaftswissenschaften oder Geologie und dem praktischen Wissen von Apothekern, Händlern, Bergleuten und so weiter erörtert werden. Adam Smith war beispielsweise Mitglied des Political Economy Club in Glasgow, und durch die Gespräche, die er hier mit Kaufleuten unter den Clubmitgliedern führte, erhielt er Anregungen, die in sein berühmtes Werk *Wealth of Nations* (1776) miteinfließen sollten. Es ist sogar behauptet worden, dass sich die Entwicklung der Wirtschaftswissenschaften in Großbritannien »weitgehend außerhalb des akademischen Rahmens oder anderer Formen offizieller Anerkennung« vollzog.[22]

Auch die Grenze zwischen wissenschaftlicher Arbeit und Geheimdiensttätigkeit wurde oft überschritten, vor allem – wenn auch nicht ausschließlich – zu Kriegszeiten. In den USA rekrutierte das Office of Strategic Services während des Zweiten Weltkriegs eine Reihe von Professoren (siehe S. 141). In Großbritannien trat der bedeutende Hispanist Peter Russell in den dreißiger Jahren dem Secret Service bei, und der Kunsthistoriker Anthony Blunt arbeitete sowohl für den MI5 als auch für dessen sowjetisches Pendant, das NKWD.

In geographischer Hinsicht konzentriert sich das Buch zwar auf Europa und den amerikanischen Kontinent, behandelt aber auch andere Teile der Welt wie Ägypten, China und Japan im 19. Jahrhundert. Diese Thematisierung ist insofern wichtig, als sich das westliche Wissen zu eben dieser Zeit über seine geographischen Grenzen hinweg ausbreitete – wobei der Begriff »Ausbreitung« nicht unbedingt der passendste ist, da er die Unveränderlichkeit dessen impliziert, was sich bewegt. Realistischer ist es, den Prozess der Verbreitung als eine aktive Rezeption zu betrachten, in deren Verlauf Individuen und Gruppen außerhalb des Westens sich westliches Wissen aneigneten und es für ihre eigenen Zwecke adaptierten. Zum anderen muss die Welt jenseits des Westens deshalb erörtert werden, weil es auch einen Austausch in entgegengesetzter Richtung gab, dessen Bedeutung im Westen allerdings erst relativ spät anerkannt wurde. So waren Forschungsreisende in dieser Periode – wie auch schon in der frühen Neuzeit – auf einheimische Führer und Karten angewiesen. Dasselbe galt für Botaniker, Linguisten und andere Gelehrte, auch wenn sie die jeweiligen »Entdeckungen« als ihre eigenen präsentierten.[23]

Natürlich haben wir es hier mit einem außerordentlich komplexen Gegenstand zu tun, der sich in einem Buch von etwa 130.000 Wörtern kaum erschöpfend behandeln lässt, und ich kann nur hoffen, dass die Leser nicht das Gefühl bekommen, einmal mehr mit Informationen überflutet zu werden. Diese Studie will nicht mehr, als ein gewaltiges Thema knapp zu umreißen, und konzentriert sich deshalb auch eher auf Entdeckungen, die relativ unvermutet zustande kamen, als auf die langsame, geduldige Akkumulation von Wissen, die erst allmählich zu einem größeren Deutungswandel führt. Genauso klar ist auch, dass dieses Buch von einem sehr persönlichen Standpunkt aus geschrieben wurde. Mein Wissen über das Wissen ist – gelinde gesagt – lückenhaft, und ich war oft hin- und hergerissen zwischen dem Wunsch, die Naturwissenschaften angemessen zu würdigen, und dem Reiz von Fallstudien auf Gebieten, die mir eher vertraut sind, seien es Kunstgeschichte oder Anthropologie. Mein Ansatz ist umso persönlicher, als ich in meiner eigenen Arbeit der letzten fünfzig Jahre – also einem Fünftel des in diesem Buch behandelten Zeitraums – immer wieder erlebt habe, wie sich Wissenssysteme veränderten. Diese Veränderungen konnte ich aus der Perspektive einer einzelnen Disziplin – der Geschichtswissenschaft – an drei verschiedenen Lehr- und Forschungsstätten verfolgen: den Universitäten Oxford, Sussex und Cambridge.

Mit anderen Worten: Die folgenden Ausführungen sollten ungeachtet ihrer Länge als ein Essay betrachtet werden. Impressionistisch in seinen Methoden und provisorisch in seinen Schlussfolgerungen erhebt er keineswegs den Anspruch, das Thema in seiner ganzen Breite abzudecken, sondern will es vielmehr aus der Vogelperspektive beleuchten. Genauer gesagt handelt es sich um eine Abfolge von Essays. Die ersten vier Kapitel konzentrieren sich auf die Prozesse des Sammelns, Analysierens, Verbreitens und Anwendens von Wissen, wobei die historische Bedingtheit von Aktivitäten betont wird, die allzu oft als unveränderlich gelten. Kapitel 5 und 6 versuchen, die gängige Annahme einer kontinuierlichen Weiterentwicklung des Wissens beziehungsweise eines »Fortgangs der Wissenschaften« zu unterlaufen, indem sie der Tatsache Rechnung tragen, dass Akkumulation auch einen durchaus problematischen Aspekt beinhaltet. Kapitel 7 und 8 untersuchen die Geschichte des Wissens aus geographischer, wirtschaftlicher, politischer und soziologischer Sicht, während das Schlusskapitel noch einmal das wesentliche Anliegen des Buchs verdeutlicht, nämlich die Veränderung, die sich im Lauf der Zeit vollzieht.

Die Spezialisierung hat sich gleichermaßen auf die Historiographie des Wissens wie auf seine Geschichte ausgewirkt. Beispielsweise ist Wissenschaftsgeschichte an vielen Universitäten heute ein eigenes Fach. 1993 wurde die International Intelligence History Association gegründet, die seit 2001 das *Journal of Intelligence History* herausgibt. Auch die

Sekundärliteratur zur Wissensgeschichte ist größtenteils nach Nationen oder nach Disziplinen organisiert. Ziel und eigentliche Rechtfertigung dieses Essays ist es dagegen, nationale, soziale und disziplinäre Grenzen zu überschreiten. E. M. Forsters Rat befolgend, dass alles »miteinander zu verbinden« sei, versucht er, sich dem Zugriff der intellektuellen »Grenzwächter« (Aby Warburg) zu entziehen und damit – hoffentlich – eine vielstimmige Geschichte des Wissens zu hervorzubringen, eine Geschichte, die aus unterschiedlichsten Perspektiven betrachtet wird.

Auch wenn es diesem Buch fernliegt, eine bestimmte Haltung – oder gar eine bestimmte Politik – gegenüber dem Wissen zu propagieren, so sollten die Leser doch wissen, dass sein Verfasser insofern ein Pluralist ist, als er glaubt, dass unterschiedliche Wissensformen genauso wünschenswert sind wie verschiedene Meinungen, denn Verständnis erwächst erst aus dem intellektuellen Dialog, wenn nicht gar aus dem Konflikt.

I. Wissenspraktiken

1. Wissen sammeln

Eine Sozialgeschichte des Wissens wird sich damit zu beschäftigen haben, wie unterschiedliche Gruppen von Menschen Wissen erwerben, verarbeiten, weitergeben und anwenden, eine Abfolge, die in der Welt der Nachrichtendienste – das heißt der Spionage – manchmal in vier Hauptphasen unterteilt wird: Sammeln, Analysieren, Verbreiten, Handeln (kurz CADA, nach den Anfangsbuchstaben der englischen Begriffe).[1] Natürlich ist es unmöglich, diese Phasen klar voneinander zu trennen.[2] Wer sammelt oder beobachtet, tut dies nicht, ohne bereits etwas im Kopf zu haben. Womit, wie der Anthropologe Clifford Geertz es ausdrückt, in der Kulturwissenschaft »die Analyse den Gegenstand selbst prägt« – ein Argument, das von Wissenschaftlern, die »kulturelle Konstrukte« fast überall finden, unermüdlich wiederholt, wenn nicht gar überbeansprucht worden ist.[3] Weitergabe schließt häufig Analyse ein.[4] Die einzelnen Phasen mögen zeitlos erscheinen – doch jede von ihnen ist zeitlich und räumlich gebunden.

Diese vier Phasen werden der Reihe nach im ersten Teil dieses Buches behandelt, wobei feinere Unterscheidungen nach und nach eingeführt werden. Das vorliegende Kapitel nimmt die erste Phase in den Blick, den Prozess des Sammelns oder Zusammentragens von Wissen.

Wissen sammeln

Anschauliche Metaphern wie die des »Sammelns« oder »Zusammentragens« von Wissen beschwören ein Bild herauf, das ganz offensichtlich eine grobe Vereinfachung darstellt – so, als könne Wissen aufgesammelt werden wie Muscheln am Strand, oder sich von Sträuchern und Bäumen pflücken lassen wie Obst, oder in Netzen gefangen werden wie Schmetterlinge. Ein ähnlicher Einwand ließe sich gegen die Metaphern des Aufspürens und Erbeutens vorbringen (*capturing* ist ein Lieblingsbegriff in heutigen betriebswirtschaftlichen Untersuchungen).[5] Solche Begriffe sollen hier nur als eine Art Kürzel für eine ganze Reihe von Vorgängen stehen, zu denen das Erforschen, das Beobachten und das Experimentieren gehören, ganz zu schweigen vom Kaufen und Plündern und, gewiss nicht an letzter Stelle, das Befragen und Anhören von ortsansässigen Informanten.

In akademischer Sprache werden diese Prozesse unter der Wendung »Forschung betreiben« zusammengefasst. Dieser Begriff, vor 1750 sporadisch verwendet, wurde in einer Reihe von europäischen Sprachen – *research, recherches, ricerche, Forschung* usw. – von der Mitte des 19. Jahrhunderts an in Buchtiteln zunehmend geläufig als Beschreibung von Untersuchungen auf ganz unterschiedlichen intellektuellen Gebieten, darunter Anatomie, Astronomie, Politökonomie, Demographie, Geographie, Physik, Chemie, Paläontologie, Medizin, Geschichte und Orientstudien. Um nur einige wenige berühmte Beispiele zu zitieren:

1768	de Pauw, *Recherches philosophiques sur les Américains*
ab 1788	die Zeitschrift *Asiatic Researches*
1794	Lamarck, *Recherches sur les principaux faits physiques*
1799	Davy, *Researches, Chemical and Philosophical*
1812	Cuvier, *Recherches sur les ossements fossiles*
1838	Cournot, *Recherches sur les principes mathématiques de la théorie des richesses*

Die hier genannten Beispiele beziehen sich auf Forschungen, die in Archiven, Museen und Laboratorien durchgeführt wurden, aber andere schlossen auch das ein, was wir heute als »Feldforschung« bezeichnen, wie im offensichtlichen Fall von Erkundungsreisen. John Barrow, Sekretär der Britischen Admiralität, dessen Stellung ihm gestattete, Expeditionen in Auftrag zu geben, veröffentlichte 1846 einen Bericht über einige davon unter dem Titel *Voyages of Discovery and Research in the Arctic Regions*. Forschungsreisende liefern einprägsame Beispiele für das Zusammentragen von Wissen, die Anlass zum Nachdenken darüber gegeben haben, wie Wissen überhaupt produziert wird.[6]

Das zweite Zeitalter der Entdeckungen

Die Menge an neuem Wissen, die im ersten Jahrhundert des hier behandelten Zeitraums zusammengetragen wurde, von 1750 bis 1850, ist schwindelerregend, besonders was die Kenntnisse angeht, die von Europäern über die Fauna, Flora, die Geographie und Geschichte anderer Teile der Welt gesammelt wurden. Kein Wunder also, dass manche Historiker von einem »zweiten großen Zeitalter der Entdeckungen« in diesem Zeitraum sprechen.[7]

Das erste Zeitalter der Entdeckungen, angefangen mit Vasco da Gama und Kolumbus, war von der umfassenden Erkundung von Küsten geprägt gewesen. Das zweite Zeitalter dehnte die Erforschung von Küstenregionen auf die Südsee und weitere Gegenden aus, schloss jetzt aber auch die intensive Erkundung des Inneren von Afrika, Nord- und Südamerika, Australien, Sibirien, Zentralasien und anderen Regionen ein und füllte nach und nach aus, was Joseph Conrad so sprechend die »Weißen Flecken auf der Landkarte« genannt hat. Einer dieser Forschungsreisenden, Alexander von Humboldt, dessen Name auf diesen Seiten noch häufig auftauchen wird, ist als »der deutsche Kolumbus« beschrieben worden.

Der Forschungsreisende ist von einem von ihnen, von John Hemming, als jemand charakterisiert worden, »der in Weltgegenden außerhalb der seiner Gesellschaft bekannten vordringt, entdeckt, was es dort gibt, und zurückkehrt, um es seinem Volk zu beschreiben«.[8] Hemmings Definition unterschlägt die Frauen (siehe unten, S. 282) wie auch die zahlreichen Forscher, die niemals zurückkehrten, aber die Betonung, die er darauf legt, dass Wissen mitgebracht wird, steht in Einklang mit den Zielen des vorliegenden Buches.

Die Geschichten der Widrigkeiten, der Erfolge und der Tragödien, die diese Forschungsreisenden erlebten, bieten sich für Heldenepen an, und so sind sie wieder und wieder erzählt worden. Zu den berühmtesten Namen gehören James Cook und Louis-Antoine de Bougainville für die Südsee, Mungo Park und David Livingstone für Afrika, Meriwether Lewis und William Clark für den Westen der Vereinigten Staaten, Alexander von Humboldt für Südamerika, Robert Burke und William Wills für Australien, Alexander von Middendorff für Sibirien und Nikolai Prschewalski für Zentralasien. Heute wird die Bedeutung der Beiträge zum Wissen durch diese Forscher zunehmend unterstrichen.[9]

Humboldt zum Beispiel verbrachte gemeinsam mit seinem Freund, dem Botaniker Aimé Bonpland, fünf Jahre mit der Erforschung des spanischen Amerika (1799–1804), bestieg Berge (darunter den Vulkan Chimborazo) und bereiste Flüsse (den Orinoco und den Amazonas). Aus dieser Expedition erwuchsen Beiträge zur Geologie, zur Botanik, Zoologie (etwa die Untersuchung des Zitteraals), zur Meteorologie und einer Reihe weiterer Disziplinen (oder genauer, wie in Kapitel 6 ausgeführt wird, Beiträge zu Gegenständen, die sich später zu Disziplinen entwickeln würden).[10]

Es gab jedoch zahlreiche Forschungsreisende dieser Epoche, die weniger berühmt wurden. Franzosen und Deutsche wie auch Briten erforschten das Innere Afrikas: René Caillié zum Beispiel, der sich einer Aufgabe der Société géographique de Paris stellte und 1828 Timbuktu erreichte; Pierre de Brazza, nach dem Brazzaville benannt ist; Henri Duveyrier, der im Alter von neunzehn Jahren die Sahara erkundete; Duveyriers Freund, der deutsche Geograph Heinrich Barth, ebenfalls Saharaforscher; und der deutsche Botaniker Georg Schweinfurth, der das Volk der Azande in Zentralafrika entdeckte.[11]

In der Südsee führten neben berühmten Gestalten wie Cook und Bougainville auch Jean-François de La Pérouse, Nicolas Baudin und Matthew Flinders Entdeckungsreisen an. Baudin etwa schiffte sich 1800 zu seiner Weltreise ein, unter anderem, um die Küste Australiens zu kartieren, unterstützt von einer großen Gelehrtengesellschaft, dem Institut de France, und mit einigen Wissenschaftlern an Bord, darunter Astronomen, Botaniker, Mineralogen, Zoologen und ein Mediziner, der auch als – wie wir heute sagen würden – Ethnograph fungierte.

Russische und nordamerikanische Expeditionen ins Innere dieser riesigen Länder fanden parallel statt, wobei sich die Russen nach Osten, die Amerikaner nach Westen vorarbeiteten. Zwischen 1803 und 1806 reisten Meriwether Lewis und William Clark, die von Präsident Jefferson zu Anführern eines »Corps of Discovery« bestimmt worden waren, von Pittsburgh aus an die Pazifikküste und zurück, wobei sie zwei Drittel Nordamerikas erkundeten. Lewis beschrieb die geplante Expedition als den »Vorstoß in ein Land, das mindestens zweitausend Meilen in der Breite misst und das nie zuvor der Fuß eines zivilisierten Menschen betreten hat«. Clark besorgte die Vermessung und Kartographie, während Lewis für die Naturgeschichte zuständig war.

Die Forscher entdeckten Tiere, die der westlichen Wissenschaft unbekannt waren, wie die Präriehunde, die Präriekröte und die Amerikanische Buschratte, und sie schickten botanische, zoologische und mineralische Proben nach Hause. Lewis und Clark erhielten auch den Auftrag, die Namen indianischer Stämme in Erfahrung zu bringen, denen sie begegneten, und sich über ihre Sprachen, Beschäftigungen, Werkzeuge und Gebräuche zu unterrichten. Sie beschrieben die Sioux, die Schoschonen und die Nez Perce und kehrten mit Wortlisten einiger indianischer Sprachen zurück.[12]

Beschreibungen ihrer Leistungen haben nicht immer der Rolle indigener Informanten wie Sacajawea (siehe unten, S. 243) für den Verlauf der Expedition Gerechtigkeit widerfahren lassen oder auch dem »geographischen Wissen der eingeborenen Amerikaner, wie es in die verschiedenen Karten einfloss, die ihre Reise bestimmten und leiteten«.[13] Dennoch war die Leistung von Lewis und Clark, wie die vieler anderer Forscher, beträchtlich und erlaubte es Gelehrten, ein Gesamtbild zu betrachten – in diesem Fall ein Bild des gesamten amerikanischen Westens –, das den jeweiligen Ortsansässigen nicht zur Verfügung stand.

In Russland organisierten die Geographische Gesellschaft, die Russisch-Kaiserliche Akademie der Wissenschaften, das Russische Ethnographische Museum und andere Institutionen Expeditionen, die entlegenere Regionen des Reiches kartieren und erforschen sollten, darunter Sibirien und die Arktis. Der deutsche Gelehrte Peter Simon Pallas wurde von Katharina der Großen nach Sibirien entsandt, um die dortigen Rohstoffquellen zu erkunden (1768–1774); der russische Botaniker Michael Adams stellte dort ebenfalls Forschungen an (1806); der Norweger Christopher Hansteen ging nach Sibirien, um den Erdmagnetismus zu erforschen; und auch Alexander von Humboldt stattete dieser Region einen Besuch ab (1829).

Die erste wirklich bedeutende wissenschaftliche Expedition nach Sibirien war jedoch die des Zoologen Alexander von Middendorff (1842–1845), die, von der russischen Regierung finanziert und von der Akademie der Wissenschaften getragen, organisches Leben unter arktischen Bedingungen untersuchen sollte. Tatsächlich tat Middendorff weit mehr als das, indem er den Bogen ebenso weit spannte, wie Lewis und Clark es im amerikanischen Westen getan hatten, und ein Unternehmen durchführte, das als die bedeutendste russische wissenschaftliche Expedition des 19. Jahrhunderts bezeichnet worden ist. Middendorff und sein kleiner Stab kartierten das Gelände, untersuchten das Klima, maßen die Bodentemperaturen und brachten nicht nur Proben von Flora und Fauna mit, sondern sammelten auch Werkzeuge, Lieder, Geschichten und Vokabeln der dort lebenden Völker, darunter die Ostjaken (Chanten), die Jakuten und die Tungusen.[14] Die russische

Expansion nach Turkestan führte zu einer Reihe von geographischen, archäologischen und ethnographischen Expeditionen nach Zentralasien, die von Nikolai Prschewalski (1872), Samuil Dudin (1900–1902) und anderen geleitet wurden.[15] Zentralasien wurde schließlich im Anschluss an eine Reihe von Expeditionen zwischen 1894 und 1908 von dem schwedischen Geographen Sven Hedin kartiert.

Wissenschaftliche Expeditionen

Zu Lande wie zu Wasser wurden wesentliche Beiträge zum Wissen, besonders zum geographischen Wissen, von Personen geleistet, die nicht als Gelehrte bezeichnet werden können – und zwar von den Forschungsreisenden selbst, mit der oftmals unausgewiesenen Hilfe von einigen Bewohnern der Gebiete, die sie gerade erforschten.

Es gibt jedoch einen wesentlichen Unterschied zwischen dem ersten und dem zweiten Zeitalter der Entdeckungen. Die Schiffe des ersten Zeitalters hatten Soldaten, Kaufleute, Missionare und Verwaltungsspezialisten mit sich geführt. Die des zweiten Zeitalters, einer Zeit der zunehmenden Spezialisierung (die weiter unten ab Seite 190 behandelt wird), nahmen auch Astronomen, Naturforscher und andere Gelehrte mit. Es gab eine zunehmende Zahl von, wie wir es nennen würden, »wissenschaftlichen« Expeditionen, die zum Teil oder sogar in erster Linie darauf ausgerichtet waren, Erkenntnisse nicht nur über strategisch, politisch oder ökonomisch wichtige Schifffahrtsrouten zu gewinnen, sondern über die natürliche Welt überhaupt und (weniger häufig) über fremde Kulturen.

Es ist manchmal die Auffassung vertreten worden, die wissenschaftliche Expedition sei Ende des 18. Jahrhunderts erfunden worden.[16] Diese Auffassung übergeht vergleichbare Beispiele aus der frühen Neuzeit wie den Fall von Francisco Hernández, Arzt Philipps II. von Spanien, der auf eine siebenjährige Mission nach Mexiko und den Philippinen geschickt wurde (1571–1578), um dort Heilkräuter zu erforschen. Dennoch ist es sicherlich richtig, den Aufstieg der wissenschaftlichen oder erkenntnisorientierten Expedition als einer organisierten und wiederkehrenden Erscheinung – mit anderen Worten, als einer Institution – auf den Ausgang des 18. Jahrhunderts zu datieren.

Im Fall der Forschungsreisen zur See lassen bereits die Namen mancher Schiffe auf die Bedeutung des wissenschaftlichen Anliegens schließen, zumindest in der Außendarstellung. James Cook segelte auf der *Discovery*, Alessandro Malaspina auf der *Descubierta*, La Pérouse auf der *Astrolabe*, Nicolas Baudin auf der *Naturaliste* und der *Géographe* und Matthew Flinders auf der *Investigator*, während die französischen Expeditionen in den Pazifik (1792) und die Arktis (1835) mit der *Recherche* unternommen wurden.

Der Erwerb von Wissen war Bestandteil der Instruktionen an die Kapitäne, und nach Bedarf wurden auch Wissenschaftler an Bord genommen. So nahm etwa Kapitän Cook einen Astronomen auf seine erste Reise mit, als er von der Royal Society den Auftrag erhielt, den Sonnendurchgang der Venus zu beobachten, der 1769 zu erwarten war. An Bord waren auch der Botaniker Joseph Banks und sein schwedischer Kollege Daniel Solander (daher Cooks Name »Botany Bay« für die Bucht, die heute ein Teil Sydneys ist). La Pérouse wiederum erhielt detaillierte Anweisungen von der Geographischen Gesellschaft und der Akademie der Wissenschaften, welche Informationen er sammeln sollte. Er nahm zehn Gelehrte mit, darunter Astronomen, Geologen, Botaniker und Zoologen – nicht gezählt die Künstler, die den Auftrag hatten, Landschaft, Fauna und Flora und die Einwohner der besuchten Gegenden im Bild festzuhalten.[17]

In der Tradition von Philipp II. und Hernández brachte Spanien im 18. Jahrhundert mehr als sechzig Expeditionen auf den Weg, vorwiegend botanische Erkundungen der Neuen Welt, und Frankreich übertraf diese Zahl noch. Darunter waren die Expeditionen zum Orinoco (1754–1761), die franko-spanische Expedition nach Peru (1777–1788), die Expedition nach Neu-Granada, heute Kolumbien (1783–1808), und die Expedition nach Neuspanien, heute Mexiko (1787–1803).[18] Wenn Humboldts Expedition nach Lateinamerika auch größere internationale Aufmerksamkeit fand und Entdeckungen auf einer größeren Zahl von Gebieten mitbrachte, so war sie also keineswegs die erste oder auch nur die ausgedehnteste dieser Art.

Ein drittes Zeitalter der Entdeckungen?

Nimmt man nur das Jahrhundert in den Blick, das von den 1760er bis zu den 1860er Jahren reicht, also von Cook bis Livingstone, so bleiben einige der ausgedehntesten Kämpfe von Entdeckern mit widrigen Umweltbedingungen unerzählt, die in der Arktis und der Antarktis (obwohl

Kapitän Constantine Phipps bereits 1773 eine Expedition zum Nordpol unternommen hatte). Auch hier ist Wissenserwerb ein bedeutender Teil der Geschichte. Im Jahr 1895 erklärte der Sechste Internationale Geographische Kongress, »das größte noch zu leistende Stück geographischer Erforschung« sei die Erkundung der Antarktis, und diese werde »Wissenszuwächse in nahezu jedem Zweig der Wissenschaften« erbringen.[19] Der berühmte Chemiker Dmitri Mendelejew drängte den russischen Premierminister, die »Eroberung« des Nord- und des Südpols im Namen eines »Triumphs des Wissens« zu fördern.[20] Nansen war Zoologe und Ozeanograph, Nathorst Geologe und Paläobotaniker. Bei Amundsens Expedition in die Arktis von 1918 bis 1925 wurde ein geophysikalisches Observatorium auf dem Eis errichtet.

Als der Nord- und Südpol schließlich erreicht waren, schien es keinen Ort auf der Welt mehr zu geben, der noch erobert oder zumindest erforscht werden musste, und 1904 rief der britische Geograph Halford Mackinder mit Bedauern das Ende der, wie er es nannte, »Kolumbischen Ära« aus und kündigte den Beginn einer Zeit des »abgeschlossenen Raums« an.

Aber schon begann eine weitere Welt sich zu öffnen: die Welt unter der Meeresoberfläche. Die Erforschung der Tiefsee begann mit der Expedition der britischen *Challenger* (1872–1876), auf der man eine geologische Karte des Meeresbodens anlegte, Wassertemperaturen in unterschiedlichen Tiefen maß und gut 4700 bislang unbekannte maritime Lebensformen entdeckte. Von den 1930er Jahren an wurde die Meeresforschung von Wissenschaftlern in speziell für diesen Zweck entwickelten Tauchbooten mit großen Beobachtungsfenstern durchgeführt – der »Bathysphäre« (einer Tauchkugel, die an einer Kabelverbindung vom Schiff hinabgelassen wurde) und dem »Bathyskaph« (der aus eigener Kraft tauchte).[21]

Auf die Erkundung von Land und Meer folgte die des Weltraums, das »dritte große Zeitalter« der Entdeckungen.[22] Der Start des künstlichen Satelliten Sputnik durch die Russen (1957), dicht gefolgt von der Gründung der National Aeronautics and Space Administration (NASA) in den USA (1958), sollte »grundlegenden wissenschaftlichen Erkenntnissen« ebenso förderlich sein wie dem nationalen Prestige. Der Name des amerikanischen Space Shuttles *Challenger* (von 1983 bis 1986 in Diensten) war ein Tribut an das Forschungsschiff aus dem 19. Jahrhundert.

Wie im Fall der Polarexpeditionen haben auch die heldenhaften Leistungen von Juri Gagarin und Neil Armstrong (ganz zu schweigen von den Tragödien der Astronauten, die bei Unfällen ums Leben kamen) den Wissenszuwachs in den Schatten gestellt, der sich den zahlreichen bemannten und unbemannten Weltraummissionen verdankt: etwa die Sammlung von Gesteinsproben vom Mond, die ozeanographischen Studien mit Hilfe von im Weltraum stationierten Instrumenten, die Übermittlung von Daten von Venus, Mars, Jupiter, Saturn, Uranus und Neptun an die Erde und jüngst die Bodenanalysen vom Mars, die von der Raumsonde *Phoenix* vorgenommen wurden (2008).[23]

Auf der Suche nach vergangenen Kulturen

Einige Forschungsexpeditionen galten weniger der Natur als vielmehr der Kultur, gegenwärtiger wie vergangener. Ein frühes Beispiel war die Niebuhr-Expedition nach Arabien (darunter ins heutige Ägypten und Syrien) zwischen 1761 und 1767. Angeregt wurde sie von dem deutschen Bibelforscher Johann David Michaelis mit dem Ziel, Licht auf die im Alten Testament beschriebenen Völker zu werfen, indem man sie in ihrer angestammten Umgebung studierte. Der dänische König finanzierte schließlich die Expedition; ihr gehörten neben dem deutschen Kartographen Carsten Niebuhr auch ein schwedischer Botaniker, Peter Forsskål, ein Philologe und ein Maler an. Das Schicksal der Teilnehmer war nicht weniger tragisch als das vieler Forscher in Afrika oder in der Antarktis; Niebuhr selbst allerdings überlebte und publizierte seine berühmte Beschreibung Arabiens, die neue Erkenntnisse über dortige Gebräuche und Sprachen sowie die Skulpturen lieferte, die noch in den Ruinen von Persepolis erhalten waren.[24] Die Ein-Mann-Expedition des Philologen Rasmus Rask, der Schweden, Finnland, Russland, Persien und Indien auf der Suche nach Manuskripten durchreiste (1816–1823), wurde ebenfalls vom dänischen König finanziert.

Eine Generation später nahm sich die Niebuhr-Expedition zwergenhaft aus im Vergleich zu den 150 Gelehrten, die mit der napoleonischen Armee reisten, als die Franzosen 1798 in Ägypten einfielen.[25] Diesem Vorbild folgend begleitete die sogenannte Morea-Expedition, eingesetzt vom Institut de France, die französische Armee, als diese in den griechischen Unabhängigkeitskrieg eingriff (1828–1833). Die »wissenschaftliche Erforschung Algeriens« wurde von 1841 bis 1843 im Auftrag der französischen Regierung durchgeführt. Einige Gelehrte begleiteten die französische Armee auch bei ihrer Intervention in Mexiko zur Unterstützung des Kaisers Maximilian.[26] Der Gebrauch, der von Wissen zur Errichtung und zum Erhalt von Reichen gemacht wurde, wird in Kapitel 4 ausführlicher erläutert.

Einige der Gelehrten, die die ägyptische, griechische, algerische oder mexikanische Expedition begleiteten, waren Archäologen. Eine Reihe bemerkenswerter Entdeckungen der materiellen Überreste vergangener Zivilisationen war bereits im 18. Jahrhundert gemacht worden, darunter die antiken römischen Städte Herculaneum (1738) und Pompeji (1748) sowie die Maya-Stadt Palenque in Mexiko (1773).

Viele der berühmtesten archäologischen Expeditionen und Ausgrabungen fallen jedoch ins mittlere und späte 19. Jahrhundert. Die antike assyrische Stadt Ninive wurde von dem englischen Diplomaten Austin Layard ausgegraben (von 1845 an), Troja (in der Nähe von Hisarlik in Anatolien) von dem Deutschen Heinrich Schliemann (ab 1840). Die sumerische Kultur wurde von dem französischen Archäologen Ernest de Sarzec bei Telloh im Irak entdeckt (seit 1877). In Ägypten wurde eine Reihe antiker Stätten von dem Engländer Flinders Petrie ausgegraben (seit 1880); die Stadt Babylon wurde von dem Deutschen Robert Koldewey ausgegraben und der Palastkomplex von Knossos auf Kreta von Arthur Evans (beide von 1899 an).

Auch das beginnende 20. Jahrhundert konnte noch mit spektakulären Entdeckungen aufwarten. Bei Ausgrabungen in Boğazköy in Anatolien von 1906 an kam die Zivilisation der Hethiter ans Licht. Die Tangutenstadt Kharakhoto (Chara-Choto) in Westchina wurde 1907 bis 1909 von dem Russen Pjotr Koslow ausgegraben. Die Inkastadt Machu Picchu wurde 1911 von dem amerikanischen Historiker Hiram Bingham (mit der Hilfe eines ansässigen Bauern) entdeckt, während systematische Ausgrabungen der Mayaruinen bei Palenque 1934 begannen.

Anthropologische Expeditionen fanden ebenfalls in dieser Zeit statt. Zu den bekanntesten gehören die Jesup North Pacific Expedition von 1897 bis 1902, die von Franz Boas geleitet wurde; die Cambridge Anthropological Expedition zu den Torres-Strait-Inseln (1898/99), ein interdisziplinär angelegtes Unternehmen; und die französische Expedition von Dakar nach Dschibuti (1931–1933), an der mit Marcel Griaule ein führender Anthropologe teilnahm. Wie bei den Volkskundlern, die sich nicht so weit von der Heimat entfernten, wurde die Neugier der Anthropologen durch die Überzeugung befeuert, dass sie die letzten Tage traditioneller oder »primitiver« Kulturen miterlebten, die in der modernen Welt zum Untergang verurteilt waren. Wie Adolf Bastian 1880 erklärte: »Was getan werden kann, muss jetzt getan werden. Geschieht dies nicht, ist die Möglichkeit zur Ethnologie dahin.«[27] Nach Malinowski liegt die Tragödie der Ethnologie darin, dass die Hoffnung, zu einer neuen Sicht der Eingeborenen zu gelangen, »fast im gleichen Augenblick [verschwindet], in dem man sie wahrnimmt«.[28]

Die Entdeckung der Zeit

Archäologen waren nur eine der Gruppen, die an einem Projekt mitarbeiteten, das als die »Entdeckung der Zeit« beschrieben worden ist, womit besonders die »Tiefenschichten« der Zeit gemeint sind.[29] Diese Gruppen ließen sich als »Zeitentdecker« beschreiben, und deshalb werden sie in diesem Kapitel zusammen mit den Entdeckern der räumlichen Welt besprochen, auch wenn die Entdeckung immer tieferer Schichten der Zeit eher das Ergebnis mühevoller Analysen als einfacher Beobachtung war.

Um 1750 hielten viele gebildete Europäer noch an der traditionellen Ansicht fest, die Welt sei 6000 Jahre alt. Seither haben Archäologen, Paläontologen, Geologen und Astronomen eine solche Vorstellung ein ums andere Mal unter Beschuss genommen. Mitte des 19. Jahrhunderts kam im Englischen bei Archäologen und anderen der Begriff *prehistory* als Bezeichnung für die Vergangenheit des Menschen vor Erfindung der Schrift in Gebrauch (im Französischen tauchte *préhistoire* ein wenig später auf, im Jahr 1876, aber das Wort *antehistorique* geht schon auf die 1830er Jahre zurück).

Die als »Vorgeschichte« bezeichnete Zeitperiode nahm immer größeren Umfang an. Die Steinzeit wurde in Alt- und Jungsteinzeit unterteilt, das Paläolithikum und das Neolithikum. Dann wurde eine mittlere Periode eingeführt, das Mesolithikum, und das Paläolithikum wiederum wurde in Alt-, Mittel- und Jungpaläolithikum gegliedert, damit man Veränderungen innerhalb eines Zeitraums Rechnung tragen konnte, der als immer ausgedehnter erkannt wurde.

Im Verlauf der letzten rund 150 Jahre wurde dank der Arbeit von Archäologen und Paläontologen der Zeitpunkt, an dem Menschen als werkzeugbenutzende Säugetiere auftauchten, immer weiter zurückverlegt. Im Jahr 1942 entdeckten Louis und Mary Leakey einen Schauplatz menschlicher Tätigkeit in Kenia, Olorgesailie, an dem sich Faustkeile und Überreste von Tieren fanden, die von ihnen auf ein Alter zwischen 700.000 und 900.000 Jahren geschätzt wurden. Die Leakeys arbeiteten auch in der Olduvai-Schlucht in Tansania, wo Anfänge der Werkzeugherstellung vor rund 2,5 Millionen Jahren nachgewiesen werden konnten. Aber selbst diese Entdeckung wurde noch von »Lucy« überboten, dem Fund eines drei Millionen Jahre alten menschlichen Skeletts in Äthiopien, das bewies, dass der aufrechte Gang bereits vor der Phase der Werkzeugherstellung auftrat.

Selbst drei Millionen Jahre menschlicher Zeit nehmen sich kurz aus, wenn man sie mit der Zeitspanne tierischen Lebens vergleicht, wie sie von Paläontologen seit Beginn des 19. Jahrhunderts aufgedeckt wurde. In seinen *Recherches* von 1812 zog der französische Paläontologe Georges Cuvier aus den Fossilien in Schichtenfolgen den Schluss, dass es eine Abfolge von Lebewesen gegeben habe, wobei die Reptilien früher auftraten als die Säugetiere. Er entdeckte das Mammut und das Mastodon und identifizierte und benannte 1809 den Pterodactylus, der ein halbes Jahrhundert zuvor entdeckt worden war. Seit Cuviers Zeiten sind Fossilien immer weiter zurückdatiert worden. Die Dinosaurier werden inzwischen der Zeit vor 66 bis 245 Millionen Jahren zugeordnet, die frühesten Fossilien der Zeit vor zirka 3,5 Milliarden Jahren. Leben auf der Erde, so glaubt man heute, gibt es seit zirka 3,8 Milliarden Jahren.

Die Paläontologie wurde ihrerseits von der Geologie überboten. Der Comte de Buffon unterschied in seinen *Époques de nature* (1779) sechs geologische Zeitalter, die zusammen rund 75.000 Jahre umfassten, eine Zahl, die sich heute recht bescheiden ausnimmt, damals aber hoch genug war, um viele Zeitgenossen zu schockieren. Später, nachdem er sich mit dem Prozess der Sedimentablagerung befasst hatte, schätzte Buffon das Alter der Erde auf drei Millionen Jahre, veröffentlichte dieses Ergebnis aber nicht. Der britische Physiker William Thomson (Lord Kelvin), der seine Schätzungen wie Buffon auf Berechnungen des Wärmeverlusts stützte, datierte 1862 das Erdalter auf 20 bis 400 Millionen Jahre. Diese Zahl war Jüngeren nicht hoch genug, etwa dem Physiker Robert Strutt, der einen Felsen auf zwei Milliarden Jahre datierte, oder dem Geologen Arthur Holmes, der behauptete, einige Gesteine aus Mosambik seien 1,5 Milliarden Jahre alt. Vor einem eigens eingesetzten Komitee verteidigte Holmes seine Annahme eines Erdalters zwischen 1,5 und drei Milliarden Jahren. Die heutige Schätzung liegt bei ungefähr 4,5 Milliarden Jahren.[30]

Die Geologie wurde schließlich von der Astronomie überboten, die uns ein Universum zeigte, das nicht nur viele Millionen, sondern Milliarden Jahre alt ist. In den 1920er Jahren brachte der Astronom Edwin P. Hubble die Vorstellung in die Öffentlichkeit, dass das Universum mit einem »Urknall« entstanden sei – ein einprägsamer Begriff, der sich einem Gegner dieser Theorie verdankt, dem britischen Astronomen Fred Hoyle. Und wann? Die Schätzungen gehen auseinander, aber einige reichen hinauf bis zu zehn Milliarden Jahren.

Vermessen, Erheben, Erfassen

Daten lassen sich themenbezogen zu den unterschiedlichsten Zwecken systematisch erheben und zusammenstellen, von der Kartographie bis zur Meinungsumfrage. Die Kartographie im Sinne des Ausmessens von Entfernungen zwischen unterschiedlichen Punkten im Gelände geht mindestens bis auf die alten Ägypter zurück, und einige der dafür benutzten Instrumente wurden im Mittelalter von den Arabern erfunden; aber in unserer Zeit erreichte diese Praxis größere Genauigkeit und wurde auf sehr viel größere Bereiche der Welt ausgedehnt. Naturforscher und Entdecker waren häufig Landvermesser im praktischen Sinne. Kapitän Cook zum Beispiel verdankte den Auftrag zu seinen Südseereisen dem Geschick, das er als Vermesser in der Royal Navy gezeigt hatte.

Die Vermessung von Küsten war im Zeitalter europäischer und amerikanischer Expansion besonders wichtig als Orientierung bei der Navigation. Spanien und Großbritannien interessierten sich beide für die Nordwestküste des Pazifiks (und gerieten über den Besitz des Nootka-Sunds an den Rand eines Schlagabtauschs), und in den 1790er Jahren rüsteten beide Länder Expeditionen zur Vermessung der Region aus. Die Küstenkartierung der USA von 1808 ist ein frühes Beispiel für ein durch die Regierung gefördertes Forschungsvorhaben. Imperiale Reiche waren besonders daran interessiert, ihre Besitzungen zu vermessen. Indien beispielsweise wurde von einem Team unter Führung von Major James Rennell, der schon bald zum obersten Leiter des Vermessungswesens (*surveyor general*) ernannt wurde, von 1764 an kartographiert.

Viele andere Formen der Erhebung (oder wie die Franzosen sie nennen: *enquêtes*, »Erkundigungen«) wurden in dieser Zeit durchgeführt: geologische, ethnographische, archäologische, botanische usw. Zu den frühen Beispielen zählen die geologische Erfassung Kanadas (1842), die ethnographische Erhebung durch die Russische Geographische Gesellschaft (1848) und die Pacific Railroad Surveys, eine umfassende Bestandsaufnahme des amerikanischen Westens, um die Mitte des 19. Jahrhunderts. Der British Ordnance Survey (die offizielle Kartierung

Großbritanniens) begann 1791, der Archaeological Survey of India 1861 und der US Lake Survey, der die amerikanischen Seen erfasste, 1882.

Unter den sozialwissenschaftlichen oder statistischen Erhebungen (der Begriff *social survey* geht erst auf das Jahr 1927 zurück) ist die Volkszählung, der Zensus, sicherlich die berühmteste. Die Volkszählung kann auf eine lange Geschichte zurückblicken – die Eltern Jesu reisten nach Bethlehem, um an einem Zensus teilzunehmen, der heute auf das Jahr 6 unserer Zeit datiert wird –, aber erst in der Neuzeit wurde die Durchführung einer regelmäßigen Volkszählung alle fünf oder zehn Jahre zur gängigen Praxis der Regierungen. Schweden machte 1749 den Anfang, gefolgt von Spanien (1768), den USA (1790), Frankreich und Großbritannien (beide 1801).[31]

Ob von der Volkszählung angeregt oder nicht, spezifischere gesellschaftliche Datenerhebungen folgten schon bald. In Frankreich zum Beispiel begannen Untersuchungen zur wirtschaftlichen Lage der Nation im Jahr 1801 und Erhebungen zu den Arbeitsbedingungen 1830, und 1852 fand eine offizielle *enquête* zur Volksdichtung statt.[32] In Großbritannien war eine der berühmtesten Erhebungen die Untersuchung der Volksgesundheit, die zu Edwin Chadwicks *Report on the Sanitary Condition of the Labouring Population* (»Bericht über die sanitären Zustände bei der arbeitenden Bevölkerung«) von 1842 führte, gefolgt von Friedrich Engels' *Die Lage der arbeitenden Klasse in England* (1845). In Norwegen wurden um die Mitte des 19. Jahrhunderts von dem Soziologen Eilert Sundt bahnbrechende Untersuchungen zur Lage von Fischern und Waldarbeitern durchgeführt.[33]

In Deutschland gehen Datenerhebungen zu Fabriken und zur Landarbeit bis in die 1870er und 1890er Jahre zurück, die Zeit kurz nach der Reichsgründung. Das Land, das am engsten mit sozialen Erhebungen und Umfragen verbunden ist, ist aber sicherlich die USA. Zu den amerikanischen Untersuchungen gehörten *The Philadelphia Negro* (1899), eine Studie zur gesellschaftlichen und ökonomischen Lage städtischer Farbiger, durchgeführt von W. E. B. Du Bois (der später Vorsitzender der Nationalen Liga zur Förderung Farbiger [National Association for the Advancement of Colored People] wurde); der Pittsburgh Survey (1909–1914), der Springfield Survey (1918–1920) und – die bekannteste überhaupt – Alfred Kinseys Studien zum menschlichen Sexualverhalten, *Sexual Behavior in the Human Male* (1948) und *Sexual Behavior in the Human Female* (1953).

Von den Teilnehmern an vielen der genannten Expeditionen lässt sich sagen, dass sie neue Kenntnisse im wörtlichen Sinne sammelten. Seit dem späten 18. Jahrhundert war es nicht unüblich, dass die Leiter von Expeditionen den Auftrag erhielten, Artefakte und wissenschaftliche Stichproben von ihrem Reiseziel mitzubringen. Die Bibliotheken und Museen, insbesondere Europas und der USA, füllten sich nach und nach mit immer mehr »Akquisitionen«: Fossilien, tierischen und menschlichen Skeletten, Schädeln, Muschelschalen, Insekten, Waffen, Werkzeugen, bildlichen Darstellungen, Masken, Totempfählen, Buddha- oder Shivastatuen, Teilen architektonischer Anlagen wie dem Ischtar-Tor (aus Babylon) und gelegentlich ganzen Bauwerken. Kunstwerke müssen hier eingeschlossen werden, nicht nur weil sie zum Gegenstand des Wissens für »Kenner« wurden, sondern weil Werke von außerhalb der westlichen Tradition im Westen bis vor relativ kurzer Zeit weniger ihrer ästhetischen Qualitäten wegen gesammelt wurden als vielmehr wegen des Lichts, das sie nach gängiger Auffassung auf die »exotischen« Kulturen warfen, aus denen sie stammten.

Dank Banks und Solander wurden mehr als tausend Pflanzen und Hunderte von Gesteinsproben und Exemplare der Tierwelt zu Lande, zu Wasser und aus der Luft von Cooks erster Reise mitgebracht. Lebende Pflanzen wurden an botanische Gärten wie die Kew Gardens gesandt, getrocknete Pflanzen in einem Museum oder Herbarium bewahrt. Von den Gelehrten, die an Napoleons Ägyptenfeldzug beteiligt waren, vor allem von dem Naturkundler Etienne Geoffroy Saint-Hilaire, erhielt das Pariser Musée d'histoire naturelle (an dem Saint-Hilaire als Professor tätig war) Tausende von Belegstücken, die zwischen vierzig und fünfzig Kisten füllten, als sie von Marseille nach Paris geschickt wurden.[34]

Die Forschungsexpedition der USA in die Südsee von 1838 bis 1842 stellte frühere Unternehmungen in den Schatten, indem sie mehr als 160.000 Proben zusammenbrachte; 50.000 davon wurden schon kurz nach Beginn der Expedition von Rio aus verschifft, und »während der nächsten drei Jahre kamen Holz- wie auch Zinkkästen, Whiskeyfässer und Fässchen, Leinensäcke und Körbe zu Hunderten an«.[35] Der Naturkundler Alfred Wallace brachte aus den acht Jahren, die er auf Borneo mit dem Studium der Flora und Fauna verbrachte, mehr als

125.000 Proben mit, vielleicht die Rekordausbeute für einen einzelnen Wissenschaftler.

Eine weitere spektakuläre Ausbeute konnte die britische Tiefsee-Expedition auf der HMS *Challenger* verzeichnen (1872–1876). Im Verlauf der Reise wurden die Stücke von den Bermudas, Halifax, dem Kap, Sydney, Hongkong und von Japan aus nach Hause geschickt. Der leitende Wissenschaftler der Expedition hielt in der Einleitung des wissenschaftlichen Berichts fest:

> Nachdem die Ladung des Schiffs schließlich in Sheerness gelöscht war, stellten wir in einer Bestandsaufnahme fest, dass sie aus 563 Kisten bestand, die 2270 große Gläser mit Proben in Weingeist enthielten, 1749 kleinere verkorkte Flaschen, 1860 Reagenzröhrchen und 176 Zinkkisten, alle mit Proben in Alkohol; 180 Zinkkisten mit getrockneten Proben und 22 Fässer mit Proben in Salzlake.[36]

Diese Funde landeten im Natural History Museum.

Zu den gesammelten Stücken gehörten nicht nur die Knochen von noch bestehenden Tierarten, sondern auch die fossilierten Knochen von Arten, die seit Langem ausgestorben waren, darunter die berühmten Dinosaurier, die zu Beginn des 19. Jahrhunderts entdeckt worden waren. Fossilien ausgestorbener Tiere wurden überall auf der Welt gefunden – Glyptodonten in Südamerika, Iguanodonten in Belgien, der Allosaurus in Nordamerika, der Rhoetosaurus in Australien und so weiter –, und ihre Skelette wurden von Paläontologen sorgfältig rekonstruiert.

Der Gedanke des Sammelns wurde auf Menschliches ausgedehnt. Ein britischer Versandkatalog offerierte 1896 eine Liste »ethnologischer Proben«. Menschliche Skelette und Schädel, besonders die nichtwestlicher Völker, wurden als Belegstücke betrachtet und unerlaubt aus Gräbern entfernt. Das Berliner Museum für Naturkunde verfügt noch immer über mehr als 6000 Schädel, die im ausgehenden 19. Jahrhundert gesammelt wurden, einer Zeit, in der die »Kraniologie« ihren Höhepunkt erlebte (siehe unten, S. 79, 183 ff.).[37] Die bemerkenswertesten »Belegstücke« sind jedoch sicherlich die kompletten menschlichen Körper, die vom Moor oder vom Eis konserviert wurden, darunter der Tollund-Mann, eine Moorleiche aus dem 4. Jahrhundert vor unserer Zeitrechnung, die 1950 in Dänemark aufgefunden wurde, und der Mann aus dem Eis (»Ötzi«), eine Leiche von ungefähr 3300 vor unserer Zeit, die 1991 in den Alpen entdeckt wurde und Archäologen Informationen über die Kleidung, die Werkzeuge und sogar die Ernährung dieser Zeit liefert.[38]

Selbst lebende Menschen wurden gelegentlich als wissenschaftliche Objekte behandelt, etwa indem man sie fotografierte, um Rassenmerkmale festzuhalten, oder indem man sie nach Europa oder in die USA brachte, wo sie in Ausstellungen zu exotischen Kulturen gezeigt wurden, manchmal in nachgebauter dörflicher Umgebung.[39] Im 16. Jahrhundert waren Vertreter des Tupinambá-Volkes aus Brasilien nach Frankreich gebracht und dort ausgestellt worden – eher als Kuriositäten oder Trophäen denn als Gegenstand wissenschaftlicher Erkenntnis (obwohl Montaigne die Gelegenheit ergriff und sie durch einen Dolmetscher befragen ließ). Franz Boas andererseits brachte 1893 eine Gruppe Kwakiutl aus dem Nordwesten Kanadas nach Chicago, »um alles zu zeigen, was sie auf Befragen über ihre Gebräuche und Lebensweise mitzuteilen wissen«.[40]

Archäologische und ethnographische Sammlungen wuchsen in atemberaubender Geschwindigkeit, besonders im 19. Jahrhundert. Die Ägypten und Assur gewidmeten Ausstellungssäle in den bedeutenderen europäischen Museen und Galerien legen Zeugnis ab von der Fülle des Materials, das seit dem Ägyptenfeldzug Napoleons im Jahre 1798 aus dem Nahen Osten mitgebracht wurde. Die riesigen assyrischen Plastiken des British Museum zum Beispiel wurden von Layard aus Ninive geschickt und trafen 1892 ein. Einige berühmte Schätze, von der »Maske des Agamemnon« (von Schliemann 1876 in Mykene gefunden) bis zur Büste der Pharaonengattin Nofretete (gefunden 1912), wurden vor allem aufgrund ihrer ästhetischen Qualitäten bekannt, aber auch sie leisteten einen Beitrag zum Wissen.

Es gibt einen offensichtlichen Gegensatz zwischen Proben, die der Natur entnommen wurden, und menschlichen Zeugnissen. »Sammeln« ist durchaus kein unzutreffender Ausdruck für das Auflesen von Muschelschalen oder das Pflücken von Blumen. Auch manche Zeugnisse menschlicher Kunstfertigkeit wurden durchaus gesammelt in dem Sinne, dass sie aus dem Erdreich gegraben wurden, in dem sie manchmal Tausende von Jahren geruht hatten, aber andere befanden sich in menschlichem Besitz und ließen sich nur durch Handel oder Raub erwerben. Cook stellte fest, dass die Anwohner des Nootka-Sunds gern bereit waren, Masken, Speere und sogar Kanus zu verkaufen, aber andere Völker zeigten sich eher widerspenstig.[41] Was die Räuberei angeht, so ist Napoleons Bereicherung des Louvre mit Kunstwerken aus Städten Italiens, Spaniens und anderer Länder, in die seine Armeen einfielen, einschlägig bekannt, aber durchaus kein Einzelfall. Im Zweiten Weltkrieg folgten die Deutschen, die Russen und die Amerikaner seinem Beispiel.

Der Prozess der Konfiszierung, der »Annektierung« oder »wissenschaftlichen Eroberung« wurde auf Archive, Bibliotheken und Museen ausgedehnt. Das Vatikanarchiv beispielsweise wurde als Bestandteil der Kriegsbeute Napoleons nach Paris verbracht.[42] Nach der französischen Invasion der Österreichischen Niederlande im Jahr 1794 schickte man fünf Wagenladungen mit Manuskripten, Pflanzen, Fossilien und Mineralien nach Paris. Im Gefolge des Einfalls in Holland wurden Bücher aus der Königlich-Holländischen Bibliothek nach Paris gebracht, und eine Sammlung fossiler Elefanten aus Den Haag überstellte man an das Musée d'histoire naturelle. Als die Franzosen Verona besetzten, gelangte eine Sammlung von 600 Fossilien ebenfalls dorthin. Ein Botaniker und ein Mineraloge begleiteten die Armee als Ratgeber bei der Auswahl dessen, was mitzunehmen sei. Es lässt sich kaum eine andere Zeit denken, vorher oder nachher, in der eine Armee Fossilien derart ernst genommen hätte.[43] Auch innerhalb von Staaten fanden Umschichtungen statt, die sich durchaus als Plünderei bezeichnen ließen: Die Beschlagnahme klösterlicher Bibliotheken ist ein Beispiel. Auch die, wie es genannt worden ist, »Entnahme von Pflanzenbesitz« aus Pariser Gärten nach 1789 erfolgte in ähnlicher Weise zugunsten des Musée d'histoire naturelle.[44]

Die Entdeckung der antiken Welt hat einige der berüchtigtsten Beispiele für Plünderei zu bieten. Napoleons Armee brachte Obelisken und Mumien aus Ägypten mit, und sie hätten auch den berühmten Stein von Rosette mitgenommen, wären ihnen die Engländer nicht dazwischengekommen. Lord Elgin, Britischer Gesandter beim Sultan des Osmanischen Reiches (das damals Griechenland einschloss), erhielt die offizielle Genehmigung, antike Skulpturen zu entfernen, die ober- oder unterirdisch auf dem Gelände des Parthenontempels in Athen gefunden wurden (nicht aber, sie vom Tempel selbst abzubauen, wie es dann geschah). Die »Elgin Marbles«, so die bis heute geläufige Bezeichnung, wurden 1816 von der britischen Regierung aufgekauft und im British Museum ausgestellt, wo sie noch immer sind – allen Versuchen einer langen Reihe griechischer Regierungen zum Trotz, sie zurückzuerlangen.

»Plünderei« oder »Raub« war ein Begriff, der damals nicht selten auf das Sammeln von Antiquitäten angewendet wurde. Ein berühmtes Beispiel ist Lord Byron, der in seinem Versepos *Childe Harold's Pilgrimage* (1812–1818) die Elgin Marbles als die »letzte armselige Ausplünderung eines blutenden Landes« bezeichnete. Der Begriff wurde sogar von Sammlern benutzt, gewöhnlich auf ihre Konkurrenten gemünzt, wenn auch einer von ihnen, ein französischer Gesandter beim Sultan, seinem Mittelsmann riet, keine Gelegenheit zur Plünderei in Athen und Umgebung zu verpassen *(Ne négligez aucune occasion de piller dans Athènes et dans son territoire)*.[45]

Zahlreiche Artefakte aus fremden Kulturen wurden von westlichen Museen mit fragwürdigen Mitteln erworben, besonders im 19. Jahrhundert. So gelangten etwa bedeutende Zeugnisse präkolumbianischer Kunst aus Mexiko nach der Invasion Mexikos durch Napoleon III. in den Besitz französischer oder anderer Museen. Die Armee wurde nicht nur von Archäologen begleitet, sondern auch von einem Antiquitätenhändler. Die berühmten Bronzeplastiken aus Benin-Stadt in Westafrika wiederum trafen nach und nach in britischen Museen ein, nachdem die »Strafexpedition« von 1897 die Stadt verwüstet hatte. Ein Teil der »Kriegsbeute aus Benin«, wie die *Illustrated London News* sie damals nannte, wurde noch im selben Jahr im British Museum ausgestellt.[46] Auf ganz ähnliche Weise plünderten die Truppen der »vereinigten acht Staaten«, die 1900 in China intervenierten, um den sogenannten Boxeraufstand niederzuschlagen, die Stadt Peking aus, wobei sie zahlreiche Statuen und Kulturgüter aus Porzellan und Jade mitnahmen, die in westlichen Museen landeten. Kurz darauf führte eine britische Expedition nach Tibet (1803/4) zur Bereicherung westlicher Sammlungen durch die Ausplünderung einer Reihe von Klöstern.[47] Wie der deutsche Anthropologe Adolf Bastian selbstzufrieden bemerkte: »Feldzüge können für die wissenschaftliche Forschung fruchtbar sein und lassen sich zu diesem Zwecke nutzen.«[48]

Konkurrierende archäologische Expeditionen unterschiedlicher Nationen brachten ähnliche Erträge. So wurden beispielsweise 16.000 Kilogramm Manuskripte, Statuen und Wandmalereien (die einfach von den Wänden heruntergeschlagen wurden) in der Folge von vier deutschen Expeditionen zwischen 1902 und 1914 von Turfan im chinesischen Turkestan nach Berlin verbracht.[49] Im ausgehenden 19. Jahrhundert vergrößerten besonders die deutschen ethnographischen Museen ihre Bestände in bemerkenswertem Tempo, gleichermaßen getrieben von dem Bedürfnis, mit anderen Museen mithalten zu können, und dem Wunsch, historische Artefakte zu retten, bevor die Kulturen, die sie hervorgebracht hatten, endgültig verschwanden. Im Jahr 1866 verfügten die Abteilungen für Afrika und Ozeanien im Ethnologischen Museum Berlin bereits über gut 15.000 Stücke, 1899 hatte sich diese Zahl vervierfacht. Rund 16.000 Stücke wurden allein von einem einzigen professionellen Sammler auf seinen Expeditionen nach Nordamerika, Sibirien und Indonesien für das Museum akquiriert, aber selbst dieser Beutezug verblasste vor den 40.000 Objekten, von Skeletten bis zur Keramik, die von Bingham aus Machu Picchu mitgenommen wurden.

Wie andere Artefakte, so wurden in dieser Zeit auch zahlreiche Texte von Bibliotheken und Museen entdeckt und akquiriert. Das Sammeln von Manuskripten hat im Westen eine lange Tradition, die besonders eng mit dem Humanismus der Renaissance verbunden ist, aber stetig fortgeführt wurde. Manuskripte antiker griechischer und römischer Autoren waren heißbegehrt. Die napoleonische Armee entführte rund 1500 Manuskripte aus den Österreichischen Niederlanden und weitere 1500 aus Italien, in der Hauptsache aus Bologna und dem Vatikan.[50] Es wurden Anstrengungen unternommen, Manuskriptquellen für Nationalhistorien zu lokalisieren und zu katalogisieren. Aus diesem Grund wurde beispielsweise in Großbritannien 1869 die Historical Manuscripts Commission ins Leben gerufen.

Neu in dieser Zeit war das gestiegene Interesse an anderen kulturellen Traditionen und der Erwerb von Büchern und Manuskripten auf Arabisch, Sanskrit, Chinesisch, Japanisch und in anderen außereuropäischen Sprachen. Zu den berühmtesten entdeckten Texten gehört der Stein von Rosette, der 1799 in Ägypten gefunden wurde, und der Gesetzeskodex des babylonischen Herrschers Hammurabi, 1901 entdeckt im Iran. In Assur wurden eine halbe Million Keilschrifttäfelchen ausgegraben, genug, um Spezialisten über Jahrhunderte hin zu beschäftigen.[51]

Manuskripte auf Pergament, Papier und Papyrus ergossen sich unentwegt in Museen, Bibliotheken und Archive. Um 1886 enthielt die Bibliothek der Berliner Universität ungefähr 2000 Manuskripte in Sanskrit, die meisten davon erst kurz zuvor erworben.[52] Der russische Archäologe Pjotr Koslow brachte 1908 2000 Texte von seiner Ausgrabung der Stadt Khara-Khoto mit. Das British Museum erhielt gut 2000 tibetanische Bücher und Manuskripte, die für das Museum vom leitenden medizinischen Offizier der britischen Militärexpedition von 1903 gesammelt worden waren.[53] Der Archäologe Aurel Stein entdeckte 1907 gut 40.000 Schriftrollen, darunter die berühmte Diamant-Sutra in den Mogao-Grotten bei Dunhuang, einem buddhistischen Tempelkomplex an der chinesischen Westgrenze, und nahm sie mit. Stein bezahlte lediglich 220 Pfund für die Rollen, die wiederum dem British Museum zufielen.

Auf dem expandierenden Gebiet des »Wissensmanagements« ist manchmal metaphorisch von der »Einvernahme« von Wissen die Rede (im Englischen noch deutlicher *capturing*, das Erobern oder die »Gefangennahme« von Wissen). Gelegentlich trifft die Bezeichnung allerdings ganz wörtlich zu. Als Warschau 1794 von russischen Truppen eingenommen wurde, verbrachte man rund 400.000 Bände in die neugegründete Nationalbibliothek in Sankt Petersburg. Nach dem Zweiten Weltkrieg entführten die Russen zahlreiche Bücher aus deutschen Bibliotheken, darunter der Staatsbibliothek zu Berlin: Ein Teil der Bände ist bis heute in Moskau verblieben. Ein berühmter Dokumentenbestand, der im Verlauf militärischer Operationen »erobert« und beschlagnahmt wurde, war das Archiv der Kommunistischen Partei in Smolensk, das 1941 zunächst in den Besitz der Deutschen, 1945 dann der Amerikaner geriet, die es an das Federal Records Center überstellten. Dort wurde es von einem Sowjetologen in einer Studie mit dem Titel *Smolensk under Soviet Rule* (1958) ausgewertet. Es bot dem Autor, in dessen eigenen Worten, »eine nie dagewesene Möglichkeit, die Abläufe der regionalen und örtlichen Verwaltung von innen heraus zu verfolgen«.

Immer mehr Manuskripte wurden in dieser Zeit in Archiven zusammengefasst. Die Geschichte der Archive reicht weit zurück, aber jetzt gab es bedeutende Innovationen. Eine davon war es, Dokumente in eigens zu diesem Zweck errichteten Gebäuden unterzubringen. Eine weitere war die Professionalisierung der Archivare. Eine dritte – die erst nach und nach in die Praxis umgesetzt wurde – bestand darin, Dokumente den Gelehrten zugänglich zu machen und, noch später, der allgemeinen Öffentlichkeit. In den 1780er Jahren etwa überzeugte Juan Bautista Muñoz, ein Historiker, dem die Bedeutung von Primärquellen überaus bewusst war, den *Consejo de Indias* (das wichtigste Verwaltungsorgan für die spanischen Besitzungen in Amerika und Asien), ein Archiv für den Forschungsgebrauch aufzubauen.[54] Im Jahr 1794 öffnete ein Dekret des französischen Nationalkonvents die Archive der Regierung, die von 1800 an Archives nationales genannt wurden. Andernorts war die Errichtung oder Öffnung staatlicher Archive zumindest teilweise eine unbeabsichtigte Folge der napoleonischen Eroberungen, die traditionelle Herrschaftsstrukturen beseitigten, vom Heiligen Römischen Reich bis zur Republik Venedig, und so deren Dokumentbestände praktisch obsolet machten.

Sobald Archive einmal eingerichtet waren, floss ihnen ein Strom von Dokumenten zu. Die italienischen Staatsarchive, die 1861 nach der Vereinigung des Landes eingerichtet wurden (aber auch Material besaßen, das unter früheren Regierungen gesammelt worden war), enthielten 1905 bereits 3.736.892 Archivstücke.[55] Heute werben die britischen National Archives im Londoner Bezirk Kew mit der Auskunft, dass ihre Kataloge die Beschreibungen von 11 Millionen Dokumenten enthalten.

Große öffentliche Bibliotheken wurden immer größer, häufig dadurch, dass sie kleinere private schluckten. Selbst die Bibliotheken von Institutionen konnte es treffen. Als zum Beispiel 1773 der Jesuitenorden aufgehoben wurde, fielen die Bestände der Ordensbibliotheken in verschiedenen Teilen der Welt häufig anderen Institutionen zu, darunter den Universitäten Freiburg und Olmütz (Olomouc). Und als 1802/03 die deutschen Klöster aufgelöst wurden, wurden deren Manuskripte und Bücher oft weltlichen Bibliotheken überstellt, etwa der Bayerischen Staatsbibliothek in München. Was Bibliothekare »Akquisitionen« nennen, sind oftmals Übernahmen.

So ist es kein Wunder, dass bedeutendere Bibliotheken ihre Bestände sehr schnell erweiterten. Um 1800 galt die Bibliothek der Universität Göttingen mit 200.000 Bänden als eine der besten in Europa. Das British Museum besaß 1837 235.000 Bände, aber schon 1856 hatte sich diese Zahl auf 540.000 mehr als verdoppelt. Die Bayerische Staatsbibliothek hatte 1914 knapp 700.000 Bände, während die Bodleian Library in Oxford bereits die Million überschritt. Heute enthält die Widener Library Harvard fast 5 Millionen Bücher, die Bibliothèque nationale de France in Paris 13 Millionen, die British Library 14 Millionen und die Library of Congress 30 Millionen Bücher und die atemberaubende Zahl von 100 Millionen Objekten unter Einschluss von Manuskripten und Bildern – Fotografien, Zeichnungen, Drucke und so weiter.[56]

Spielarten der Feldforschung

Die Welt außerhalb der Museen und Universitäten wurde nicht allein als ein Warenhaus betrachtet, aus dem sich geeignete Stücke beziehen ließen, sondern auch als ein Feld, in dem man forschen und beobachten konnte.[57] Die Feldforschung wuchs sich im späten 18. Jahrhundert zu einer etablierten Praxis aus und gab Anlass zu Konflikten zwischen »Feld« *(terrain)* und Studierzimmer *(cabinet)* und zu Rivalitäten zwischen nomadischen und sesshaften Forschern, Arbeitern an der Peripherie und solchen in den Zentren.

Feldforscher drückten häufig Verachtung für den »Stubengelehrten« aus und sahen sich selbst als näher an der Wirklichkeit, der natürlichen wie der kulturellen. Für den Bereich der Naturgeschichte behauptete andererseits Georges Cuvier – trotz der geologischen Arbeiten im Feld, die er betrieben hatte – die Überlegenheit des Gelehrten in seinem Studierzimmer, der das Ganze im Blick habe, über den *naturaliste-voyageur*, der nur einen Ausschnitt der Wirklichkeit zu Gesicht bekomme.[58]

Anthropologen betrachten die Feldforschung, die 1910 von dem Engländer Alfred Haddon als »das intensive Studium begrenzter Gebiete« definiert wurde, manchmal als ihr Monopol, und ich werde mich im Sinne einer Fallstudie hier auf ihre Disziplin beschränken.[59] Tatsächlich hatte Haddon, der einige Zeit an der Zoologischen Station in Neapel verbracht hatte, den Begriff »Feldforschung« der Naturgeschichte entliehen. Als er an der Cambridge-Expedition zur Torresstraße teilnahm, wollte er die Fauna und die Korallenriffe ebenso untersuchen wie die örtlichen Bräuche. Die Praxis – oder das Bündel von Praktiken – ist die gleiche bei Ausübenden einer ganzen Palette von »Feldwissenschaften«: den Naturforschern mit Feldstecher und Schmetterlingsnetz, den Archäologen, die der Vergangenheit mit dem Spaten auf den Leib rücken, den Geologen mit ihren Hämmern, den Ökologen, Ethologen, Geographen, Soziologen und sogar den Hydrographen – deren »Feld« das Wasser ist – und Astronomen (denjenigen, die in die Tropen oder in den Weltraum reisen, im Unterschied zu denen, die von zu Hause aus beobachten).

Außerhalb der akademischen Welt findet sich ein ähnlicher Gegensatz von Feld und Arbeitszimmer im Journalismus, zwischen investigativen Reportern und Auslandskorrespondenten einerseits und ihren Redakteuren andererseits, und auf dem Gebiet der Spionage, zwischen *field agents*, den operativen Agenten, und ihrem Hauptquartier in Whitehall oder Langley in Virginia (dem Sitz der CIA). Der Film *Der Mann, der niemals lebte (Body of Lies)* von 2008 zeigt einen solchen Konflikt zwischen einem Agenten (Leonardo DiCaprio) und seinem Vorgesetzten im Büro (Russell Crowe).

Lange Zeit kursierte eine Geschichte, die sich als der »Malinowski-Mythos« bezeichnen ließe, die besagte, dass Bronisław Malinowskis Arbeit auf den Trobriand-Inseln (1914–1918) die Methode hervorbrachte, die bezeichnend für die Anthropologie wurde.[60] Malinowski verfasste mit der Einleitung zu seinem Werk *Argonauten des westlichen Pazifik* (1922) ein Manifest für diese Methode, in dem er das »Geheimnis effektiver Feldforschung« darin sah, von der Veranda herabzusteigen und

»ohne andere Weiße direkt unter den Eingeborenen« zu leben, um zu beobachten, zu befragen und »konkrete Informationen« zu sammeln, die geeignet waren, »die älteren rohen Informationen von Reisenden, Missionaren usw.« neu zu fassen. Die Methode war scharf abgegrenzt gegen die Praxis des berühmtesten Anthropologen der Zeit, Sir James Frazer, der ein Mann des Studierzimmers war.

Wie den zahlreichen Ursprungsmythen, die von Anthropologen studiert werden, so kommt auch diesem symbolische Bedeutung zu, aber er sollte nicht wörtlich genommen werden. Tatsächlich vollzog sich die Veränderung schrittweise und nicht sprunghaft. Malinowski schlug nicht ständig sein Zelt »unter den Eingeborenen« auf. Umgekehrt hatten bereits manche Missionare jahrelang in einer bestimmten Region gewohnt, die Bewohner sorgfältig beobachtet und deren Sprache erlernt, ganz so wie spätere Anthropologen. Einige Missionare wurden zu akademischen Anthropologen, darunter der Franzose Maurice Leenhardt, der bei den Kanaken Neukaledoniens arbeitete.[61]

Neuere historische Forschungen legen nahe, dass es unmöglich ist, zwischen früheren Reisen und späterer »Feldforschung« eine klare Linie zu ziehen.[62] Als etwa Edward Lane in den 1820er Jahren in Ägypten lebte, beschrieb er sich selbst als jemanden, der »die Sprache des Landes sprach und die Sitten meiner moslemischen Nachbarn übernahm«, eingeschlossen den »Verzicht auf den Gebrauch von Messer und Gabel«.[63] Frank Cushing wiederum, der bei den Zuñi lebte (von 1879 an), wurde in deren Priesterschaft des Bogens aufgenommen und beanspruchte, die Zuñi »von innen heraus« zu studieren. Franz Boas erkundete die örtlichen Gesellschaften mit Sorgfalt, als er vergleichsweise kurze Zeit bei den Eskimos (1883) und auf Vancouver Island (1886) verbrachte.

Die ausdrückliche Unterscheidung von feldforschenden Anthropologen und Stubengelehrten wurde schon vor Malinowski formuliert, in Alfred Haddons *History of Anthropology* von 1910. Und 1911 empfahl W. H. Rivers im Bericht an das Carnegie Institute »intensive Arbeit«, die definiert wurde als »ein Jahr oder mehr innerhalb einer Gemeinschaft«.[64] Tatsächlich schreit Malinowskis eigener Bericht geradezu danach, mit Malinowskis eigenen Mitteln als eine Geschichte der Vergangenheit analysiert zu werden, die als »Charta« von Institutionen der Gegenwart fungiert und die Grenze zwischen der Anthropologie und anderen Disziplinen aufrechterhält.[65]

Kehrt man zu den Feldforschung treibenden Wissenschaften im Allgemeinen zurück, ist es offenkundig, dass der Gegensatz zwischen Feld und Studierzimmer oft zu scharf gezeichnet worden ist. So ignoriert er etwa Übergangsräume wie das Museum, den botanischen oder zoologischen Garten und das Labor, eine kontrollierte Umgebung für Versuche. Experimente begannen nicht erst in dieser Zeit: Sie spielten eine entscheidende Rolle in der wissenschaftlichen Revolution des 17. Jahrhunderts, besonders physikalische Versuche, von Galilei bis Newton. Dennoch wurden in unserer Zeit sehr viel mehr Versuche durchgeführt, und dies auf sehr viel zahlreicheren Wissensgebieten.

Experimente werden häufig durchgeführt, um Hypothesen zu überprüfen (siehe unten S. 90) oder um Ergebnisse öffentlich zu demonstrieren, aber sie ermöglichen auch eine besondere Art der Beobachtung und tragen so zur Erweiterung des Wissens bei. Was als »mimetisches Experiment« bezeichnet worden ist, versucht zum Beispiel, Naturerscheinungen im Labor zu reproduzieren, wie im Fall der Erzeugung einer Wolke in der sogenannten Nebelkammer, die 1895 konstruiert wurde.[66]

Die Entgegensetzung von Feld und Studierzimmer war für viele Akteure auf der Bühne des Wissens wichtig, aber sie verlangt nach Abstufungen, ohne die Gespräch und gemeinsames Handeln nicht möglich sind. Neben der Konkurrenz zwischen zwei Spezies von Gelehrten finden wir auch gegenseitige Ergänzung und Arbeitsteilung.

So können etwa ein und dieselben Gelehrten Feldforschung betreiben, wenn sie am Beginn ihrer Laufbahn stehen, und von der »Studierstube« aus arbeiten, wenn sie älter werden. Joseph Banks reiste als junger Mann, aber war später an den Schreibtisch »gefesselt«, wie er es ausdrückte.[67] Der junge Linné betrieb in den 1730er Jahren Feldforschung in Lappland, zog sich später jedoch in seinen botanischen Garten zurück, eine Art Arbeitszimmer unter freiem Himmel, und stützte sich auf seine Schüler, die für ihn reisten (buchstäblich von China bis Peru), und auf Korrespondenten, die ihm Informationen und Proben zukommen ließen. Alexander von Humboldt wiederum unternahm seine berühmte Reise nach Südamerika in seinen frühen Dreißigern, bevor er sich niederließ, zunächst in Paris und dann in Berlin. Der amerikanische Soziologe William F. Whyte betrieb für sein Buch *Street Corner Society* von 1943 Feldforschung in einem Bostoner Slum, tauschte aber die Arbeit auf den Straßen mit der am Schreibtisch, als er an Polio erkrankte.

Fragebögen erlaubten es sesshaften Gelehrten, die Forscher im Feld zu beeinflussen, wie im Fall der Fragebögen für Reisende, die der schwedische Botaniker Carl von Linné und der viktorianische Anthropologe Edward Tylor entwickelten.[68] Umgekehrt führten Entdeckungen im Felde zur Verfeinerung von Fragebögen, zu einer bewussteren »Kunst der Fragestellung«.[69] Auch hier könnte und sollte man eine eher relative als absolute Unterscheidung zwischen Feldforschung und freier Beobachtung und Konversation treffen. »Feldforschung« impliziert größere Strenge und Systematik und eine längere Zeitspanne, die vor Ort verbracht wird.

Auf lange Sicht scheint sich eine Veränderung der Balance zwischen dem Feld und dem Arbeitszimmer ausmachen zu lassen, wobei das Feld von der Mitte des 18. bis zur Mitte des 20. Jahrhunderts an Bedeutung gewinnt. In jüngerer Zeit aber scheint sich diese Bewegung umgekehrt zu haben, zumindest in einigen Bereichen. Veränderungen der Kommunikation haben den alten Gegensatz abgeschwächt. Während Cook Jahre ohne Verbindung zu seinem Heimatstützpunkt verbrachte, war Armstrong bei seinem Mondspaziergang in ständigem Kontakt mit dem Kontrollzentrum in Houston. Der schon erwähnte Film *Der Mann, der niemals lebte* zeigt sehr deutlich, wie es moderne, satellitengestützte Technik ermöglicht, aus Tausenden Kilometern Abstand Vorgänge auf der Erde in Echtzeit und offenbar aus unmittelbarer Nähe zu verfolgen und in diese einzugreifen, womit dem lokalen Agenten zumindest ein Teil der Initiative genommen ist.

Spielarten der Beobachtung

Als eines der Hauptargumente für die Überlegenheit der Feldforschung gegenüber dem Studierzimmer ist angeführt worden, dass das Feld einen günstigeren Standpunkt für Beobachtungen biete. »Wenn ich meinen Morgenspaziergang durch das Dorf machte«, schreibt Malinowski über seinen Aufenthalt auf den Trobriand-Inseln, »konnte ich intime Details des Familienlebens sehen, Toilettemachen, Kochen, Essen. Ich konnte die Erledigungen der Tagesarbeit beobachten, Leute, die mit ihren Besorgungen begannen, oder Gruppen von Männern und Frauen, die mit irgendwelchen Handarbeiten beschäftigt waren.«[70]

Der Begriff »Beobachtung« scheint unproblematisch – nur ein anderes Wort für »Hinsehen« – und die Praktik selbst scheint zeitlos, ob wir nun an Reisende, an Heiler oder an Sterngucker denken. Demgegenüber möchte ich im Folgenden auf die Historizität der Beobachtung hinweisen, nicht nur in Hinblick auf den immer rascheren Zuwachs an Hilfsmitteln zur Beobachtung, sondern auch auf ein wachsendes Bewusstsein für die Problematik dieser Methode.[71]

Von der Mitte des 18. Jahrhunderts an lässt sich ein wachsendes Interesse an genauer, systematischer oder disziplinierter Beobachtung feststellen, egal ob diese nun als eine Kunst oder als eine Wissenschaft betrachtet wurde. Die von dem Verleger Johann Zedler veranstaltete berühmte deutsche Enzyklopädie von 1740 enthielt einen Eintrag über Beobachtung. Im Jahr 1770 schrieb eine wissenschaftliche Vereinigung aus Haarlem (die *Hollandsche Maatschappij der Wetenschappen*) einen Preis für den besten Essay über die Kunst des Beobachtens aus. In Frankreich und anderswo scheint im 18. Jahrhundert der klinischen Beobachtung gesteigerter Wert zugemessen worden zu sein.[72]

Im Jahr 1799 wurde in Paris die Société des observateurs des hommes gegründet, zu deren Mitgliedern später Cuvier, der Abbé Sicard (ein Pionier der Beobachtung von Taubstummen) und der Philosoph Joseph-Marie Degérando gehörten. Degérando verfasste 1800 seine Bemerkungen zur »Beobachtung wilder Völker« (*Considérations sur les diverses méthodes à suivre dans l'observation des peuples sauvages*), die dem Kapitän Boudin und seinen Begleitern auf deren Expedition nach Australien von Nutzen sein sollten. Er kritisierte die Oberflächlichkeit früherer Reisender und betonte – wie Anthropologen nach ihm – die Notwendigkeit, sich länger als nur für kurze Zeit auf unbekanntem Terrain aufzuhalten und die Sprache der Einwohner zu erlernen (vor allem um feststellen zu können, ob die »Wilden« über abstrakte Ideen verfügten, eine Frage, die den Philosophen besonders interessierte).[73]

Im frühen 19. Jahrhundert beschrieb der Astronom William Herschel Beobachtung als eine Kunst, die erlernt und geübt sein wollte. Herschel, der auch Komponist und Musiker war, verglich den Blick durch ein Teleskop mit dem Spielen eines Musikinstruments.[74] Der Universalgelehrte Alexander von Humboldt, selbst ein beachtlicher Beobachter, schrieb über den »beobachtenden Verstand«.

Am Ende des 19. Jahrhunderts wurde die Bedeutung scheinbar unwesentlicher Details auf so weit auseinanderliegenden Geistesgebieten unterstrichen wie der Kunstkritik, der Psychoanalyse und dem Detektivwesen. Der italienische Kunstkenner Giovanni Morelli identifizierte Maler, indem er sich auf die Art und Weise konzentrierte, in der sie Kleinigkeiten wie etwa Ohren darstellten. Freuds *Psychopathologie des Alltagslebens* (1901) beschäftigte sich mit kleinen »Fehlleistungen« wie Versprechern als Indikatoren psychologischer Zustände. Conan Doyles Sherlock Holmes, der seinen ersten literarischen Auftritt 1887 hatte, beschwerte sich bei seinem Freund Watson, er werde ihm wohl niemals »die Bedeutung von Hemdsärmeln, die Aussagekraft von Fingernägeln oder das Maß an schwerwiegenden Folgerungen, die von einem einzigen Schnürsenkel abhängen«, nahebringen können.[75]

Ein weiteres beeindruckendes Beispiel ließe sich aus dem Bereich der Paläographie anführen, die um diese Zeit von dem deutschen Gelehrten Ludwig Traube dominiert wurde. Nach aufmerksamer Untersuchung eines frühmittelalterlichen Manuskripts des antiken Historikers Ammianus Marcellinus unter Berücksichtigung der Fehler des Schreibers konnte Traube 1903 zeigen, dass die Abschrift von einem Exemplar stammte, das wahrscheinlich in Fulda von einem englischen oder irischen Schreiber angefertigt worden war, und dass dieser einen in Majuskeln verfassten Kodex vor Augen gehabt hatte.[76] All diese Beispiele ließen sich als Arten von Diagnosen beschreiben, und es ist sicherlich kein Zufall, dass Doyle, Freud und Morelli eine ärztliche Ausbildung hatten, während Ludwig Traube der Sohn eines bekannten Arztes war. Die Unterschiede zwischen Beobachtern der Natur und Beobachtern der Kultur schließen wechselseitige Anleihen nicht aus.

Trotz derartiger Analogien müssen die Unterschiede der Beobachtungsweise deutlich hervorgehoben werden. Beobachter der Kultur verlassen sich gewöhnlich auf das »unbewaffnete Auge«, aber es wurde zunehmend Wert auf die Notwendigkeit wie auch die Schwierigkeit gelegt, *richtig* hinzusehen. Ratgeber zum Thema wurden im frühen 19. Jahrhundert veröffentlicht, darunter *How to Observe* von der englischen reformerischen Publizistin Harriet Martineau (1838) und *What to Observe* von dem Geographen Colonel Julian Jackson. In seinen Studien zur Familie, die Mitte des Jahrhunderts verfasst wurden, hielt der französische Soziologe Frédéric Le Play die Notwendigkeit der »direkten Beobachtung von Tatsachen« fest, während sein deutscher Kollege Ferdinand Tönnies später in diesem Jahrhundert die Gründung von, wie er es nannte, staatlich finanzierten »soziographischen Observatorien« befürwortete.[77] Die Organisation Mass Observation, die 1937 in Großbritannien gegründet wurde und ein Team von Forschern zur Aufzeichnung des Alltagslebens einsetzte, erinnert an den Fortbestand dieser Tradition.[78]

Als sich die Beobachter der Gesellschaft bemühten, genauer und systematischer zu werden, traten auch Probleme immer deutlicher hervor. Da gab es das alte Problem des »Standpunktes« oder »Gesichtspunktes«, das in jüngerer Zeit unter dem Leitbegriff »der Blick« (*le regard; the gaze*) diskutiert worden ist. Unterschiedliche Individuen mit unterschiedlichen Interessen, Kenntnissen und Vorurteilen und unterschiedliche Arten von Menschen beobachten auch unterschiedlich. In einer Studie zur komparativen Politik schrieb der deutsche Historiker August von Schlözer über den »statistischen Blick«.[79] Noch später haben Gelehrte den medizinischen Blick (wie er von Foucault beschrieben wurde), den männlichen und den weiblichen Blick, den touristischen Blick, den kolonialistischen Blick, den wissenschaftlichen Blick, den Kennerblick, den militärischen Blick (der alle taktischen Möglichkeiten in einem Moment erfasst, auch bekannt als *coup d'œil*) und so weiter unterschieden.[80]

Im Fall der Soziologie ist die Debatte über Beobachtungsprobleme besonders intensiv geführt worden. Am Ende des 19. Jahrhunderts bemerkte die englische Soziologin Beatrice Webb, dass Beobachtung entwertet wird, »wenn die beobachteten Personen wissen, dass sie beobachtet werden«.[81] Dieses Problem war es, das Anthropologen zur Feldforschung brachte: Sie blieben so lange, bis ihre Anwesenheit selbstverständlich wurde. Malinowski erklärte: »Da die Eingeborenen mich täglich sahen, hörte meine Gegenwart auf, sie zu interessieren, zu beunruhigen oder befangen zu machen, und ich hörte auf, ein störendes Element in dem Stammesleben zu sein, das ich studieren wollte und durch meine Anwesenheit doch veränderte.«[82] Inzwischen praktizierten Soziologen die »teilnehmende Beobachtung«, ein Begriff, der sich um die Mitte des 20. Jahrhunderts durchgesetzt hatte.[83] Beatrice Webb selbst untersuchte in den 1880er Jahren den jüdischen Bekleidungshandel im Londoner Eastend, suchte dort eine Anstellung und ging als Jüdin durch.[84]

Auf ganz ähnliche Weise ließ sich Paul Göhre, ein deutscher Theologiestudent, 1891 für drei Monate in einer Fabrik in Chemnitz anstellen, um die dortigen sozialen Verhältnisse zu untersuchen. Göhre ging es darum, dass er »mit eigenen Ohren hörte und mit eigenen Augen sah«, wie die »arbeitende Klasse« lebte, dachte und fühlte, deshalb ging er inkognito, »in struppigem Haar und Bart als richtiger Handwerksbursche«, verbrachte die Abende und Sonntage mit seinen Kameraden und fragte sie über ihre politischen und religiösen Ansichten aus.[85]

Beispiele für die Teilnahme eines Beobachters an den beobachteten Vorgängen waren nicht auf Anthropologie und Soziologie beschränkt. Man denke an Orientalisten wie Edward Lane, der sich als Araber kleidete, oder an Christiaan Snouck Hurgronje, den holländischen Forscher, der 1884 in der Verkleidung eines muslimischen Pilgers nach Mekka gelangte. Auch Spione praktizieren unter ihrem Deckmantel die teilnehmende Beobachtung.

Im Verlauf des letzten Jahrhunderts hat sich die Zahl der technischen Hilfsmittel zur Beobachtung vervielfacht. Flugzeuge wurden im

Ersten Weltkrieg zur Luftaufklärung eingesetzt, was Marcel Griaule, einen ehemaligen Flieger, in den 1930ern auf den Gedanken brachte, sie für die anthropologische Forschung zu nutzen.[86] Allerdings ist es die Spionage, oder allgemeiner die Überwachungspraxis, die die beeindruckendsten Beispiele für technische Hilfsmittel zur Beobachtung von Menschen zu bieten hat, besonders in den letzten Jahrzehnten. Spionageflugzeuge wurden im Kalten Krieg von den USA und der UdSSR eingesetzt, was 1960 zu einem internationalen Zwischenfall führte, als eine amerikanische U-2 über russischem Territorium abgeschossen wurde. Sie wurden von UAVs abgelöst (*unmanned aerial vehicles*, unbemannte Flugkörper). Im Spionagejargon: HUMINT (*human intelligence*) wird zunehmend durch TECHINT (*technical intelligence*) ersetzt.

Unten auf dem Boden kamen in den 1960er und 1970er Jahren Videoüberwachung und geschlossene Überwachungsnetzwerke in Gebrauch, zunächst auf Bahnhöfen und bei politischen Demonstrationen, aber schon bald ausgeweitet auf Geschäfte und Einkaufszentren. Die Entwicklung von Kommunikationssatelliten in den 1950er und 1960er Jahren hat die Beobachtung aus der Luft für Nachrichtendienste und Geographen gleichermaßen erleichtert – Google Earth (eingeführt 2005) ist nur der sichtbarste Teil dessen, was heute unter dem Sammelbegriff »geographische Informationssysteme« bekannt ist. Auf kleinster Ebene gibt es die »Spyware«, ein Begriff, der 1995 entstand und definiert worden ist als »Software, die personenbezogene Informationen ohne Wissen und Zustimmung des Benutzers an dritte Parteien übermittelt«. Einmal auf Rechnern installiert, gibt diese Software Informationen über den Besitzer weiter, die sich zu politischen oder wirtschaftlichen Zwecken nutzen lassen.

Was die Natur betrifft – um auf sie zurückzukommen –, so reicht die präzise und systematische Beobachtung weit in der Zeit zurück, etwa auf die hippokratische Medizin im antiken Griechenland oder auf die Tradition astronomischer Observatorien in der islamischen Welt. Zur Unterstützung des »bloßen Auges« waren sowohl Fernrohre als auch Mikroskope im 17. Jahrhundert bereits in regelmäßigem Gebrauch.

Dennoch änderte sich die Beobachtung der Natur, als immer leistungsfähigere Werkzeuge dafür erfunden wurden. Die Teleskope wurden größer: William Herschels berühmtes, 1789 fertiggestelltes Spiegelteleskop blieb ein halbes Jahrhundert lang das größte Teleskop der Welt, um dann von einer Abfolge immer stärkerer Instrumente abgelöst zu werden wie dem 60-Zoll-Spiegelteleskop, das 1908 im Mount-Wilson-Observatorium in Kalifornien eingeweiht wurde, wiederum als weltgrößtes seiner Zeit; dem 100-Zoll-Spiegel, abermals am Mount Wilson (1917); und dem 200-Zoll-Teleskop von Mount Palomar, ebenfalls in Kalifornien (1949). Auch in anderer Hinsicht wurden Teleskope raffinierter, indem sie etwa die Beobachtung von infraroter Strahlung erlaubten, während die Spiegel je nachdem konvex oder konkav, sphärisch oder elliptisch, aus Metall oder aus Quarzglas, fest oder flüssig waren.

Heute sind einige Teleskope weltraumgestützt, so zum Beispiel das Hubble-Weltraumteleskop (1990 in den Orbit gebracht) oder das Herschel-Weltraumteleskop (2009). Raumstationen erlauben es Astronauten, die Sterne, die Sonne und sogar die Erde zu beobachten, was einen von ihnen zu einer Bemerkung über deren überraschende Leere veranlasste: »Wir nehmen nicht viel Platz auf unserer Welt ein.«[87] Unbemannte Raumsonden übertragen Daten, die von Wissenschaftlern auf der Erde ausgewertet werden können, so die Informationen über Staubstürme und Schneefall auf dem Mars, die 2008 von der Sonde *Phoenix* übermittelt wurden.

Die Medizin ist ein weiteres Gebiet, auf dem die menschliche Beobachtung durch ein rasch wachsendes Arsenal ausgeklügelter Methoden und Apparate unterstützt worden ist, vor allem seit dem letzten Jahrhundert und besonders in den letzten Jahrzehnten. Die Röntgenstrahlen wurden 1895 entdeckt, gefolgt von Brillen, die den Ärzten erlaubten, Röntgenbilder in Echtzeit zu betrachten. Farbgebungen erleichterten es den Ärzten, innere Organe zu beobachten. Die Radionuklid-Szintigraphie begann in den 1950er Jahren, die Ultraschallaufnahme (die Töne in Bilder verwandelt) in den 1960ern und die Computertomographie, die Schnittbilder vom menschlichen Körper liefert, in den 1970ern.

Zuhören, befragen, verhören

Es liegt auf der Hand, dass für die Beschaffung von Informationen nicht nur die Augen, sondern auch die Ohren nützlich sind. Man könnte das Hören nach zwei Haupttypen unterscheiden – Belauschen und Verhör –, die nicht so sehr zwei geschlossene Kategorien darstellen als die entgegengesetzten Enden eines Spektrums von Möglichkeiten.

Obwohl das Belauschen so alt sein muss wie die Sprache selbst, lassen sich in unserer Zeit Veränderungen feststellen. Die teilnehmende Beobachtung schloss das Hören ein. Die Mitarbeiter am Projekt Mass Observation in den 1930er Jahren wurden angewiesen, Alltagsgespräche zu belauschen, während die Abhörgeräte, die von den Geheimdiensten unterschiedlicher Nationen entwickelt wurden, traurigen Ruhm erlangten – sie lassen sich bis auf das Jahr 1912 und die Erfindung des »Dictographen« zurückverfolgen, eines Geräts mit verstecktem Mikrophon, das bei Scheidungsverhandlungen ebenso zum Einsatz kam wie bei Spionen und der Geheimpolizei. Ein Großteil der Arbeit von Soziolinguisten besteht darin, Alltagsunterhaltungen zuzuhören und aufzuzeichnen, wann, wo und unter welchen Umständen Sprecher von einer Sprache oder von einer Spielart der Sprache in die andere verfallen.

Als Beispiel für eine mittlere Ebene zwischen Belauschen und Verhör können wir uns wieder auf Malinowskis Auffassung von Feldforschung berufen, zu der es gehörte, sich von den Einwohnern überlieferte Geschichten erzählen zu lassen, mit ihnen über ihre Sitten und Gebräuche zu sprechen – Gespräche, die häufig in eine Befragung mündeten. Vom frühen 19. Jahrhundert an, dem Zeitalter der »Entdeckung des Volkes« durch die Mittelschicht, fiel eine Armee von Sammlern über die europäischen Dörfer her, auf der Suche nach volkstümlicher ländlicher Überlieferung, die auf Englisch und in einigen anderen Sprachen unter der Bezeichnung »Folklore« zusammengefasst wurde (das Interesse an städtischer Überlieferung war demgegenüber geringer).[88] Gleichzeitig entstanden auch Dialektwörterbücher.

Zu den Sammlern zählten auch Musikwissenschaftler, darunter Béla Bartók, der international eher als Komponist bekannt ist. Zu Beginn des 20. Jahrhunderts reisten Bartók und sein Freund Zoltán Kodály auf der Suche nach Volksmusik durch das ländliche Ungarn. Ein relativ spätes Beispiel für das Erfassen oraler Traditionen, aber ein ungewöhnlich gründliches Unterfangen war die 1935 begründete Irish Folk Commission mit ihren Hunderten Vollzeit- oder Teilzeitsammlern und ihren 40.000 Informanten, darunter Schulkinder und ihre Lehrer.[89]

Auch das Verhör hat eine lange Geschichte, wenn man sich an die mittelalterlichen und frühneuzeitlichen Inquisitoren erinnert. Im 19. Jahrhundert luden Britisch-Königliche Kommissionen wie die Kommission zur Kinderarbeit von 1842 nicht nur Zeugen vor und hörten sie an, sie nahmen sie auch ins Kreuzverhör, als stünden sie vor Gericht. Marcel Griaule praktizierte eine Methode der Befragung, die eher an das Vorgehen eines Untersuchungsbeamten erinnert als das eines Ethnographen in der anglo-amerikanischen Tradition. Er ging davon aus, dass Informanten ihm wesentliche Informationen vorenthielten, und er versuchte, sie in Widersprüche zu verwickeln, damit sie gezwungen wären, ihr Wissen preiszugeben.[90] Griaules britischer Kollege Edward

Evans-Pritchard behauptete, er habe einem Zauberer vom Volk der Azande Informationen entlockt, indem er ihm sagte, dessen Konkurrent wisse viel mehr als er. Auch Soziolinguisten greifen auf Methoden des Verhörs zurück, wie in der berühmten Studie über die Sprache von Angestellten in New Yorker Kaufhäusern, in der die Forscher etwa Fragen stellten, auf welche die Antwort »fourth floor« lautete, um so festzustellen, ob die Befragten das abschließende oder das vorkonsonantische »r« aussprachen oder nicht.[91]

Das Interview, wie es von Jounalisten, Soziologen oder als Patientenbefragung von Ärzten und Psychologen verwendet wird, lässt sich als eine im Allgemeinen mildere Form des Verhörs betrachten: In unserer Periode wurde sie zunehmend systematischer gehandhabt, vor allem was die Auswahl der Befragten anging. Journalisten wendeten diese Methode der Informationsgewinnung bereits im 18. Jahrhundert an: der Ballonfahrer Lunardo zum Beispiel gab der *Morning Post* 1784 ein Interview. Als der Journalist Henry Mayhew Mitte des 19. Jahrhunderts die Arbeits- und Lebensbedingungen der Londoner Armen für den *Morning Chronicle* untersuchte, stützte sich seine lebhafte Schilderung auf eine Art »Feldforschung« in der Stadt, bei der er gewöhnliche Leute auf der Straße ansprach und ihre Antworten auf seine Fragen im Artikel in direkter Rede wiedergab.[92] Émile Zola, ein Journalist, der zum Schriftsteller wurde, sammelte Material für seine Romane, indem er gewöhnliche Leute befragte – Bauern, Bergarbeiter, Prostituierte und Ladenpersonal. Einige der Aufzeichnungen, die er anlegte, sind publiziert worden.[93]

Die Verbreitung des Begriffs »Interview« zeigt die wachsende Anerkennung dieser Methode zur Informationsgewinnung. Ein Artikel in der britischen *Pall Mall Gazette* sprach 1884 von der »Akklimatisierung des ›Interviews‹ im englischen Journalismus«. Es war ein Zeichen für den Aufstieg des »investigativen Journalismus«, eines neuen Genres, bei dem Reporter nicht mehr abwarteten, dass sich etwas ereignete, sondern selbst herauszufinden suchten, wie sich die Dinge verhielten. In den 1880er Jahren zum Beispiel veröffentlichte W. T. Stead in der *Pall Mall Gazette* Artikel über die Londoner Elendsviertel und Minderjährige, die sich prostituierten, was er »weiße Sklaverei« nannte. Sein Pendant in den USA war Lincoln Steffens, der für seine Untersuchungen politischer Korruption und ein Buch mit dem Titel *The Shame of the Cities* (Die Schande der Städte) Berühmtheit erlangte.

Von der Zeitung aus verbreitete sich das Interview automatisch auf andere Medien – Radio und Fernsehen – und in andere Bereiche, wirtschaftliche, politische und akademische. Im späteren 19. Jahrhundert, während des Aufstiegs der Sozialerhebungen und Umfragen (siehe oben, S. 31), wurde es zunehmend üblich, dass Interviewer, bewaffnet mit einer Liste von Fragen, Informanten am Arbeitsplatz oder zu Hause besuchten. Im frühen 20. Jahrhundert führten Marktforscher und Meinungsforscher in den USA Interviews, und Soziologen folgten ihrem Beispiel.

Mit fortschreitender Erfahrung sah man auch die Probleme der Methode deutlicher. Wenn jemand mit höherem Status jemanden mit geringerem Status befragt, gibt der Informant vielleicht genau die Antworten, von denen er annimmt, dass der Befragende sie hören will. Der Amerikaner William I. Thomas, ein führender Soziologe des frühen 20. Jahrhunderts, ließ seinem Zynismus die Zügel schießen und beschrieb die Befragung als einen »Hort der Fehlerhaftigkeit, der bei künftigen Beobachtungen zum Vergleich herangezogen wird«.[94]

Fragebögen

Eine Alternative zur mündlichen Befragung wie auch eine Hilfe für diejenigen, die eine Befragung durchführen, ist der Fragebogen, eine gleichbleibende Reihe von Fragen, die unterschiedlichen Leuten vorgelegt werden, sodass die Antworten sich vergleichen oder zählen lassen. Heute ist der Fragebogen, besonders in seiner gedruckten Form, in der westlichen Welt zur Alltagserscheinung geworden, aber dieses literarische Genre hat eine sehr viel längere Geschichte. Im Mittelalter und der frühen Neuzeit besuchten etwa Bischöfe, persönlich oder über einen Stellvertreter, ihre Diözesen mit einer Liste von Fragen in der Hand, die den Zustand der Kirchen und die Moral der Hirten und ihrer Schäfchen betrafen. Zu unserer Zeit wurden Fragebögen länger und häufiger, und sie wurden dazu benutzt, vielfältigere Aspekte des Privatlebens kennen-, wenn nicht gar kontrollieren zu lernen.

Es ist hilfreich, in der Geschichte des Fragebogens von 1750 bis zur Gegenwart zwei Phasen zu unterscheiden. In der früheren Phase richteten sich Fragebögen an Mitglieder von Eliten, darunter der Klerus, Teilnehmer an wissenschaftlichen Expeditionen, Reisende, Schulinspektoren und Anthropologen, um sie bei ihren Beobachtungen oder Befragungen anzuleiten. So fertigte 1762 der deutsche Orientalist Johann David Michaelis eine Liste von Fragen an, die von den Mitgliedern der Niebuhr-Expedition nach Arabien (siehe oben, S. 27) benutzt werden sollte. Der böhmische Graf Leopold von Berchtold stellte 1789 2500 Fragen für den »patriotischen Reisenden« zusammen. Der französische Abbé Henri Grégoire entwarf 1790 einen Fragebogen zur regionalen Verbreitung der Mundarten in Frankreich, und 1805 formulierte die *Académie Celtique* eine Liste von einundfünfzig Fragen zu Volksbräuchen.[95] Wie der Gebrauch von »Enquete« im Deutschen, so lässt auch der Gebrauch von *questionnaire* im Englischen auf französische Anregung schließen. Im Laufe des 19. Jahrhunderts gab es dann unzählige Fragebögen, entworfen von Beamten und Gelehrten von Irland bis Russland, mit denen Informationen gesammelt wurden über volkskundliche Dinge, Arbeitsbedingungen, religiöse Orientierung und so weiter.

In einer späteren Phase der Geschichte des Fragebogens, mit dem Voranschreiten der Alphabetisierung, wurden die Fragen unmittelbar an die Menschen gerichtet, die Gegenstand der Untersuchung waren: Fabrikarbeiter, Soldaten, Konsumenten bestimmter Produkte oder, im Fall der Volkszählung, alle Haushaltsvorstände des jeweiligen Landes. Wie in der Geschichte der mündlichen Befragung, so wurden auch hier Probleme im Lauf der Zeit sichtbarer – das Problem des Missverständnisses zum Beispiel. Der Leiter des (1869 gegründeten) Massachusetts Bureau of Statistics of Labor erklärte, dass er persönliche Befragungen durch Mitarbeiter an Stelle von Fragebögen vorziehe, weil so seiner Ansicht nach Missverständnisse vermieden werden könnten. Ähnlich äußerte sich der deutsche Verein für Sozialpolitik, der 1872 staatliche Fragebögen kritisierte und vorschlug, Fachleute sollten über Land reisen und sich die Ansichten der Leute vor Ort anhören.[96]

Aufzeichnungen

In der Praxis lassen sich die Trennlinien zwischen Feld und Studierzimmer, Sammeln und Auswerten nicht allzu scharf ziehen, da die Bearbeitung von Informationen bereits zur Zeit des Sammelns anfängt. Das Schreiben beginnt häufig schon im Feld. Kapitäne wie James Cook führten ihre Logbücher, Anthropologen und Naturforscher machten sich im »Feld« bereits Notizen, Archäologen schrieben tägliche Berichte über den Stand ihrer Grabungsarbeiten. Indem sie dies taten, übersetzten sie in Worte, was sie gesehen hatten, und machten ihre aufgezeichneten Erfahrungen der Interpretation und Benutzung durch andere zugänglich.

Das geschriebene Wort war natürlich nicht das einzige Mittel, das festzuhalten, was man gefunden hatte; man denke etwa an die Bedeutung von Karten und Diagrammen. Die Entdecker und die Teilnehmer an den wissensorientierten Expeditionen, die früher in diesem Kapitel beschrieben wurden, kehrten mit mehr oder weniger groben Skizzen zurück, die später in Amtsstuben oder Arbeitszimmern zu Karten ausgearbeitet wurden. Die französische *carte topographique* Ägyptens, die 1825 veröffentlicht wurde, ist ein berühmtes Beispiel dafür. An die Seite der Landkarten traten Seekarten und Himmelskarten wie die *Uranographia* (1801), die vom Direktor des Berliner Observatoriums, Johann Bode, publiziert wurde. Eine weitere wichtige Entwicklung im 19. Jahrhundert war das Aufkommen thematischer Karten: Karten der Sprachverteilung, Karten des Alphabetisierungsstandes, Karten des Auftretens von Kriminalität, von Krankheiten, von Armut, geologische Karten, demographische Karten und viele mehr.[97] Am Ende des 19. Jahrhunderts wurde die Fotografie zum Erstellen von Sternkarten eingesetzt.[98]

Die Bedeutung von Bildern wurde von den Organisatoren wissensorientierter Expeditionen erkannt, und Künstler (später Fotografen) wurden in die Mannschaften aufgenommen. Darstellende Künstler – erwähnt seien William Hodges und John Webber – begleiteten Cook auf seinen berühmten drei Reisen, malten die Landschaften der Südsee und fertigten Zeichnungen der dort heimischen Völker.[99] In den 1830er Jahren führte George Catlin eigene Expeditionen durch, um das Erscheinungsbild der indianischen Stämme des amerikanischen Westens festzuhalten. In den 1840ern nahm der französische Künstler Eugène Flandin an einer archäologischen Expedition teil und hielt antike persische und assyrische Denkmäler im Bild fest. Nach demselben Muster entsandten Zeitungen und Regierungen regelmäßig darstellende Künstler wie auch schreibende Berichterstatter an die Schauplätze von Geschehnissen im Ausland, vor allem von Kriegen – dem Krimkrieg beispielsweise, dem Ersten Weltkrieg und sogar dem Zweiten (in dem neben anderen Edward Ardizzone und Edward Bawden als offizielle Künstler dienten).[100]

Zu dieser Zeit hatten natürlich schon seit Langem Fotografen die Ereignisse dokumentiert. Mathew Brady, ein früher Vertreter der Zunft, die einmal »Fotojournalisten« heißen sollte, wurde mit seinen Bildern aus dem amerikanischen Bürgerkrieg berühmt, ebenso wie Dorothea Lange mit ihren Aufnahmen aus der amerikanischen Depressionszeit. Auch Anthropologen machten vom Film Gebrauch. Franz Boas benutzte 1890 eine Kamera – und in den 1930ern eine Filmkamera – bei der

Feldforschung, während der russische Ethnograph Samuil Dudin wahrscheinlich vor allem für seine Fotografien vom Alltagsleben in Zentralasien bekannt ist, die zu Beginn des 20. Jahrhunderts entstanden. Bildarchive mögen erst vor relativ kurzer Zeit ins Blickfeld gerückt sein, aber sie haben eine viel längere Geschichte.

Immer weiter verfeinerte fotografische Ausrüstungen erlaubten das Sammeln von immer mehr Information. Wissenschaftler machten Aufnahmen von Atomen und sogar Elektronen, während Videokameras unablässig das Alltagsleben aufzeichnen. Die Luftaufnahme, die im Ersten Weltkrieg zur Erkennung feindlicher Positionen entwickelt worden war, konnte auch friedlich genutzt werden. Griaule, wie schon erwähnt, nutzte sie bei der Feldforschung in Afrika, während der dänische Geologe Lauge Koch dies im Verlauf seiner Feldforschung in Grönland tat.[101] Der Archäologe Kenneth St. Joseph, ein Offizier der Royal Air Force, der im Zweiten Weltkrieg Luftaufnahmen ausgewertet hatte, übertrug diese Methode auf die Erforschung römischer Überreste und mittelalterlicher Klosterstätten.

Tonaufnahmen sind neuer als Fotografien, aber von 1904 an nahm Bartók bereits ungarische Voksmusik auf Wachszylindern auf, während die Irish Folklore Commission das »Ediphone« benutzte (eine Verbesserung aus den 1920er Jahren).[102] Die leichtere Verfügbarkeit von Tonbandgeräten in den 1950er Jahren war ein Segen für Musikwissenschaftler, Volkskundler und auch Historiker und erleichterte den Aufstieg der »Oral-History«-Bewegung. Tonarchive enthalten heute Tausende von Bändern mit Interviews, beispielsweise denen, die während des amerikanischen »Veterans History Project« aufgezeichnet wurden und in der Library of Congress verwahrt werden. Einige Aufzeichnungen von Lauschangriffen haben ebenfalls überlebt: Das Stasi-Archiv in Berlin enthält Bänder einer Reihe von Gesprächen des ehemaligen Bundeskanzlers Helmut Kohl, die allerdings für Historiker noch nicht zugänglich sind.

Notizen, Akten und Karteien

Historiker der frühen europäischen Neuzeit haben kürzlich gezeigt, dass die Alltagspraxis von Studenten und Gelehrten, Informationen zu sammeln, indem sie sich Notizen zu ihrer Lektüre machen, zeitlichen Veränderungen unterworfen ist. Eine beliebte Methode der frühen Neuzeit, die auch in einigen Schulen gefördert wurde, bediente sich zu diesem Zweck sogenannter Kollektaneenbücher, Notizbüchern, in denen Anekdoten und andere Informationen unter bestimmten Überschriften gesammelt wurden, die häufig Tugenden und Laster bezeichneten und alphabetisch geordnet waren, damit der Besitzer leicht darauf zugreifen konnte, wenn er etwa eine Rede zu halten hatte.[103]

Während des größten Teils der hier behandelten Periode stützte sich die gelehrte Welt, vor allem in den Geisteswissenschaften, auf handschriftliche Aufzeichnungen – bei der Feldforschung, in Bibliotheken, in Vorlesungen –, die in Notizbüchern, losen Blättern für Ringbücher, auf Karteikarten und sogar auf den Rückseiten von Briefumschlägen oder gestärkten Hemdmanschetten festgehalten wurden. Darwin zum Beispiel brachte von seiner Reise mit der *Beagle* fast 1400 Seiten Notizen mit. Das mag für eine fünfjährige Forschungsreise keine besonders beeindruckende Ausbeute sein (ungefähr eine Seite pro Tag), aber es war reichlich genug, um es einigermaßen schwierig zu machen, Informationen zu einem bestimmten Thema wieder aufzufinden.

Im 19. Jahrhundert griff man immer häufiger zu Zetteln, wie im berühmten Fall des *Oxford English Dictionary*, das 1858 begonnen wurde. Der erste Herausgeber sortierte 100.000 Zettel mit Zitatbeispielen in vierundfünfzig Fächer ein. Später wurden zwei Tonnen Zitate gesammelt. Für das *Dialect Dictionary* (1896–1905) wurden mehr als eine Million Zettel verwendet.[104] Lose Zettel wurden auch auf die Seiten der schweren Folianten der Kataloge geklebt, die bis vor einer Generation einen zentralen Bestandteil der Möblierung größerer Bibliotheken ausmachten.

Papierzettel rissen nur allzu leicht, also ging man dazu über, Informationen auf Karten festzuhalten, nicht nur zum gelehrten Gebrauch, sondern auch als Informationsquelle über Kunden, Patienten oder Verdächtige, in der Geschäftswelt, der Medizin oder bei der Polizei. Ob sie es wussten oder nicht, alle diese Anwender traten in die Fußstapfen von Bibliothekaren. Im Jahr 1790 hatte die französische Nationalversammlung den offiziellen Auftrag vergeben, Inventare der örtlichen Bibliotheken auf dem Rücken von Spielkarten aufzunehmen, um so zu einem einheitlichen Gesamtkatalog zu gelangen.[105] Die erste bedeutende Universitätsbibliothek, die einen Kartenkatalog einführte, war Harvard (1861). Karten zum Zweck der Aufnahme und Ordnung von Information wurden eigens hergestellt und auf Initiative von Melvil Dewey, einem amerikanischen Bibliothekar mit unternehmerischem Ehrgeiz, standardisiert (er gründete eine Firma, die die Karten vertrieb).

Die Karten maßen 5 mal 3 Zoll, oder genauer 12,5 mal 7,5 Zentimeter (Dewey war begeisterter Anhänger des metrischen Systems). Es folgte eine lange Periode relativer Kontinuität von Karteisystemen, die in den 1980er Jahren vom Aufstieg des Personal Computers und der Datenbank unterbrochen wurde.

Aufbewahrung

Das Sammeln von Wissen bringt offensichtliche und stets wachsende Probleme der Aufbewahrung mit sich, wie das Beispiel der Museen deutlich zeigt. Das Science Museum in London enthält 200.000 Objekte und der Louvre doppelt so viele. Das British Museum verfügt über 13 Millionen Objekte und das Natural History Museum bewahrt gut 70 Millionen naturgeschichtliche Exemplare auf. Was wir in vielen Museen ausgestellt finden, ist nur die Spitze des Eisbergs, der Großteil der Sammlung verschwindet im Keller oder anderen Lagerräumen. Der Louvre zum Beispiel stellt weniger als 10 Prozent seiner Sammlung aus.

Oder man nehme den Fall der Enzyklopädien, die man als Lagerhäuser des Wissens beschreiben könnte. Der deutsche Philosoph Bernhard Groethuysen beschrieb die französische *Encyclopédie* einmal als Ausdruck des bürgerlichen Wunsches, Güter anzusammeln. »Die Enzyklopädisten führen den Menschen auf ihrem Anwesen herum. [...] Da habt ihr, was gelehrte Männer für euch zusammengetragen haben. [...] Betrachtet es von nun an als euer Eigentum.«[106]

Diese Lagerhäuser mussten größer und immer größer werden, um neuen Informationen Platz bieten zu können. Die große *Encyclopédie* hatte bereits 71.818 Artikel in fünfunddreißig Bänden umfasst und mehr als zwanzig Jahre gebraucht, um vollständig zu erscheinen. Ihr Nachfolgewerk, die *Encyclopédie méthodique*, brachte es schließlich auf 210 Bände, während die *Ökonomische Encyklopädie* 242 Bände hatte, die über fünfundachtzig Jahre hinweg erschienen (1773–1858). Die *Enciclopedia universal ilustrada europeo-americana* umfasst mittlerweile 118 Bände, die über mehr als ein Jahrhundert hinweg herauskamen (1905–2009). Das Lagern dieser Lagerhäuser ist schon selbst zu einem Problem geworden, das in einigen Fällen dadurch gelöst wurde, dass man online ging, wie es etwa die *Encyclopaedia Britannica* 1994 tat. Würde man die stetig wachsende Wikipedia drucken, so würde sie ein komplettes Haus in Beschlag nehmen.

Archivare hatten und haben Probleme mit der Aufbewahrung und messen ihre Bestände manchmal in Kilometern. Die Website des Holländischen Nationalarchivs etwa spricht von »93 Kilometern Dokumenten, Landkarten, Zeichnungen und Fotografien«. Das späte 18. Jahrhundert erlebte den Aufstieg von Archiven in Gestalt von eigens für die Aufbewahrung von Dokumenten vorgesehenen Gebäuden. Ein frühes Beispiel ist Register House in Edinburgh, entworfen von den Brüdern Adam und eröffnet 1789. Der Platz wurde schon bald knapp. Im italienischen Staatsarchiv gab es 1882 bereits 127.000 Quadratmeter Regalfläche, 1906 waren es schon rund 164.000 Quadratmeter.[107]

Heute umfasst der Katalog der British National Archives (früher Public Record Office) wie schon erwähnt 11 Millionen Beschreibungen von »Dokumenten«, wozu inzwischen auch Fotografien, Tonbänder und Videobänder zählen. Aus der Sicht von Archivaren lässt sich sicher sagen, dass die digitale Lagerung gerade noch rechtzeitig gekommen ist, in den 1970er Jahren auf Mainframe-Computern, in den Neunzigern schließlich im Internet.

Bibliothekare sehen sich ähnlichen Problemen gegenüber wie Archivare. Die Regale der British Library erstrecken sich über 625 Kilometer, und die der Library of Congress über 850 Kilometer. Und dabei nimmt der Strom von Büchern noch stetig zu: 1960 wurden 332.000 Titel veröffentlicht, 1990 waren es bereits 842.000.[108] Das Bedürfnis erhöhter Lagerkapazität war neben dem nationalen Prestige der Anlass für den Ersatz der alten Bibliothèque nationale in der Rue de Richelieu durch die neue Bibliothèque nationale de France.

Es ist ein schwacher Trost für Bibliothekare, dass der Platz, den mit der Hand oder der Schreibmaschine geschriebene Kartenkataloge in hölzernen Schubladenschränken früher eingenommen haben, dank der Online-Kataloge mittlerweile frei geworden ist. Eine nordamerikanische Universität feierte die Umstellung mit der Verbrennung der Karteikarten, und eine andere veranstaltete ein Pseudobegräbnis.[109] Die Umstellung auf Datenbanken hat auch die Beseitigung von Kartenkatalogen in anderen Institutionen wie etwa dem MI5 oder der CIA sowie in den Arbeitszimmern von Gelehrten ermöglicht. Die Aufbewahrung online, oder »in der Wolke«, wie Bill Gates es ausdrückt, sieht nach einer Ideallösung aus, aber auch hier zeichnen sich im Zeitalter der Informationsexplosion Probleme ab, wie wir noch sehen werden.

Schluss

Man ist versucht, die Geschichte des Zusammentragens von Wissen in Form eines Epos zu erzählen, mit all seinen Helden, besonders den Forschungsreisenden, und seinen Ausbrüchen von Gewalt wie im Fall der beschriebenen Plünderungen. Der kollektive Prozess der Auswertung, der im nächsten Kapitel beschrieben werden soll, ist eine friedlichere Angelegenheit, aber keine weniger faszinierende Geschichte. Wenn schon die Aufbewahrung ein zunehmend drängendes Problem geworden ist, kann man sich leicht vorstellen, welche Schwierigkeiten die Auswertung dieses ewig wachsenden Berges an Information machen wird, der im Verlauf der letzten 250 Jahre aufgeschüttet worden ist.

2. Wissen analysieren

Während es im vorherigen Kapitel vorrangig um das »Feld« ging, konzentriert sich dieses auf Stätten der Forschung wie Bibliotheken, Museen und Labore. Einige maßgebliche Gelehrte haben das Feld überhaupt nie betreten. Jules Sion beispielsweise stellte erstaunliche Beobachtungen zur Geographie Asiens an, ohne diesen Kontinent je bereist zu haben. Und ein Mann wie Theodor Nöldeke, »fast ein halbes Jahrhundert lang der bedeutendste Vertreter der Semitistik Deutschlands, gelangte nie weiter nach Osten als bis zu den Manuskriptsammlungen in Wien«.[1] Arthur Waley, im 20. Jahrhundert der vielleicht herausragendste britische Interpret der Kulturen Chinas und Japans, war nie in einem der beiden Länder. Diese und andere Gelehrte – führende Altphilologen wie etwa Ulrich von Wilamowitz-Moellendorff – erwarben sich einen hervorragenden Ruf durch ihre Analysen von Material, das andere zusammengetragen hatten.

Die Analyse ist ein Prozess, könnte man sagen, in dem relativ rohe Informationen zu realem Wissen verarbeitet werden. Der Begriff »Analyse« kam in der frühen Neuzeit in Gebrauch und wurde nach 1750 häufig in vielen Disziplinen verwendet. Er bezieht sich beispielsweise auf einen Zweig der reinen Mathematik. Chemiker sprechen von »organischer Analyse«, »spektroskopischer Analyse«, »Probenanalyse« und »analytischer Chemie«. Geologen machen »Erdanalysen«, Botaniker, Zoologen und Physiker führen »Gewebeanalysen« durch, Genetiker und Molekularbiologen »genetische Analysen«.

Auch Sozialwissenschaftler benutzen die Sprache der Analyse: Statistiker sprechen von »Pfadanalyse«, es gibt »Systemanalysen« oder »Finanzanalysen«. »Analytische Philosophie« ist ein Zweig – oder eine Schule – der Philosophie, und »analytische Archäologie« war der Titel eines Manifests von 1960, das einen neuen Ansatz in dieser Wissenschaft propagierte. Linguisten sprechen von »Sprachanalyse« und manche unter ihnen auch von »Diskursanalyse«. Textbearbeiter sprechen von »Textanalyse« im Unterschied zur »literarischen Analyse«, wie sie von Literaturwissenschaftlern angestellt wird. Geographen führen »Raumanalysen« durch, Archäologen »Serienanalysen« und »Clusteranalysen« von Artefakten, Freudianer erforschen die Seele mit Hilfe der »Psychoanalyse«. Anthropologen wie auch Ingenieure nehmen »Strukturanalysen« vor, während Ingenieure und Geschäftsleute »Risikoanalysen« erstellen.

Es versteht sich von selbst, dass die Verwendung des Begriffs »Analyse« je nach Kontext variiert, weshalb eine gewisse Skepsis gegenüber der – eigentlich reizvollen – Behauptung angebracht ist, die Jahre 1780 bis 1850 seien »das Zeitalter der Analyse«[2] gewesen. Der Schweizer Mathematiker Leonhard Euler unterschied beispielsweise zwischen »analytischen« (sprich: algebraischen) und »geometrischen« Methoden. Analyse bedeutet oft – aber nicht immer –, etwas in seine Einzelteile zu zerlegen, so wie es Chemiker häufig tun, wenn sie die Zusammensetzung einer Substanz bestimmen wollen. Der britische Physiker J.J. Thomson unterschied die neue Naturphilosophie von der älteren Naturgeschichte mit der Begründung, dass Erstere die Natur zerlege, um sie zu erklären. Analyse bedeutet oft – aber nicht immer –, unter die Oberfläche der Dinge zu gehen, so wie es Anatomen oder Botaniker tun, wenn sie die realen unbewussten Motive oder Triebe von den oberflächlichen bewussten unterscheiden, oder in der Soziologie die Strukturfunktionalisten, wenn sie die »latente Funktion« einer Institution von ihrer »manifesten Funktion« unterscheiden.[3] Analyse will nicht beschreiben, sondern erklären.

In diesem Kapitel wird der Begriff »Analyse« als eine Art Kürzel verwendet oder – um die Metapher zu variieren – als eine Art »Schirm«-Begriff, der sich auf eine Abfolge intellektueller Operationen bezieht: Diese sind zwar nicht universell, waren jedoch lange Zeit Gemeingut unterschiedlicher Disziplinen (beziehungsweise dessen, was sich im Laufe einer bestimmten Epoche als unterschiedliche Disziplinen herauskristallisierte). Zu diesen Operationen, die früher als eine Form des Verarbeitens beschrieben wurden, gehören das Beschreiben, Klassifizieren, Kodifizieren, Datieren, Messen, Testen, Interpretieren, Erzählen und Theoretisieren. In den folgenden Ausführungen wird es vor allem darum gehen, die geschichtliche Bedingtheit von Prozessen aufzuzeigen – mit anderen Worten, darzustellen, in welchem Maße und auf welchem Wege sich Formen der Analyse im Laufe der Zeit verbreiteten und, wenn auch nur nach und nach, veränderten.

Mit diesem selbstgesteckten Anspruch will ich nicht behaupten, frühere Wissenschaftler hätten nicht auch beschrieben, klassifiziert, datiert und so weiter. Doch viele dieser Verfahren wurden im Laufe unserer Zeit tatsächlich verfeinert, formalisiert und auch kritisch hinterfragt. Sie wurden, um einen Begriff des 18. Jahrhunderts zu verwenden, »methodisiert«. Einige Archäologen schrieben in den 1960er Jahren über den »Verlust der Unschuld« ihrer Disziplin, mit anderen Worten: Es machte sich zunehmend die Erkenntnis breit, dass Objektivität unmöglich herzustellen sei und dass verschiedene Methoden ihre Nachteile wie ihre Vorteile hätten.[4] Dieser Verlust der Unschuld – früher auch einmal als »Revolte gegen den Positivismus« bezeichnet – ereignete sich in den verschiedenen Disziplinen zu unterschiedlichen Zeiten und wurde so zu einem Hauptthema in der Geschichte des Wissens.

Klassifizieren

Klassifizierung im Sinne einer Kategorisierung von Phänomenen findet ständig statt, was aber den Historiker interessiert, ist die Reklassifizierung. Größere Veränderungen in den Klassifizierungssystemen kommen nur selten vor, doch einige von ihnen fanden in unserer Zeit statt.

In einem seiner bedeutendsten Werke analysierte Michel Foucault das Interesse an Klassifizierungssystemen, das Ende des 18. Jahrhunderts aufkam, wobei er sich auf Beispiele aus der Sprache, der Naturgeschichte und der politischen Ökonomie stützte.[5] Unter Rückgriff auf Foucaults Analyse, aber über sie hinausgehend, äußerte ein Wissenschaftshistoriker kürzlich: »Das 18. Jahrhundert war die große Zeit der Klassifizierung – nicht nur als Werkzeug, sondern als Modell für alle Arten von Wissen.«[6]

Bei seiner Erörterung von Sprache konzentrierte sich Foucault auf die sogenannte allgemeine Grammatik, doch die komparative Linguistik bietet noch auffälligere Beispiele für den Versuch, Sprachen nach »Familien«-Gruppen zu klassifizieren. Gegen Ende des 18. Jahrhunderts entdeckten die Philologen, dass die romanischen, germanischen, slawischen und keltischen Sprachen alle zu einer »indoeuropäischen« Familie gehörten, die sich vom Sanskrit herleitete, während sich das Ungarische und Finnische – trotz unterschiedlichen Wortschatzes – aufgrund ihrer grammatischen Struktur dem finno-ugrischen Zweig der ural-altaischen Familie zuordnen ließ.

Die naheliegende Feldstudie, die sich hier allerdings aufdrängt, ist die Botanik. Linné versuchte, Aristoteles zu ersetzen. Seine Systematik war hierarchisch gegliedert: Jede Pflanze ordnete er zunächst einer allgemeinen Klasse zu, dann einer Ordnung, einer Gattung, einer Art und schließlich einer spezifischen Varietät. In seiner berühmten binären Nomenklatur, die er 1753 veröffentlichte, bekam jede Pflanze zwei lateinische Namen, einen für die Gattung, einen für die Art, wie im Fall der *Rosa banksiana*, einer nach Joseph Banks benannten Rosenart. Nach einem ähnlichen Prinzip klassifizierte Linné auch Menschen und Tiere. Seine Bezeichnung für den »Menschen« war Homo sapiens, den er – entsprechend den seinerzeit vier bekannten Kontinenten – in vier Varietäten unterteilte: *europeanus*, *asianus*, *africanus* und *americanus*.[7]

Das Linnésche Klassifizierungssystem wurde zur Inspirationsquelle für Wissenschaftler auch in anderen Bereichen. Ein Freund Linnés, der französische Botaniker und Arzt François Sauvages de Lacroix, verwendete sein System, um die Nosologie zu reformieren – das heißt die Klassifizierung von Krankheiten, die er in Klassen, Ordnungen, Gattungen und 2400 Arten unterteilte. Nach dem Vorbild Linnés unterteilte sein ehemaliger Student Torbern Bergman Mineralien in Klassen, Gattungen, Arten und Varietäten. Bergmans Arbeit wiederum regte eine Gruppe französischer Chemiker an, unter ihnen Antoine Laurent Lavoisier, die binäre Nomenklatur auf die Chemie zu übertragen. Der französische Naturwissenschaftler Jean-Baptiste Lamarck machte sich die Linnésche Terminologie zu eigen, als er sein Buch über wirbellose Tiere als »*tableau général des classes, des ordres et des genres de ces animaux*« bezeichnete.[8] Auch der britische Chemiker Luke Howard folgte Linné und klassifizierte Wolken mit neuen Begriffen wie »Cirrus« oder »Cumulus«.

Einige Gelehrte stellten Linné auch in Frage oder revidierten ihn zumindest; dies betraf beispielsweise die Fortpflanzungsorgane von Pflanzen, die sie – anders als der Schwede – nicht als entscheidendes Klassifizierungsmerkmal betrachteten. Alternativen zum Linnéschen System entwickelten unter anderen Antoine Laurent de Jussieu in Frankreich (der sich auf die Arbeit seines Onkels Bernard de Jussieu stützte), der Schweizer Botaniker Augustin de Candolle und der Amerikaner Asa Gray. Während Linné den Homo sapiens in vier Rassen eingeteilt hatte, unterschied der Göttinger Anatom Johann Friedrich Blumenbach fünf: die weiße (»kaukasische«), die gelbe (»mongolische«), die braune (»malaische«), die schwarze (»äthiopische«) und die rote (»amerikanische«) Rasse.

Wie das letzte Beispiel verdeutlicht, vollzog sich die Reklassifizierung in unserer Periode in zumindest einigen Bereichen als kontinuierlicher Prozess. Auf dem Gebiet der Medizin finden wir beispielsweise neue Krankheitsklassifizierungen von Emil Kraepelin und Jacques Bertillon. Der deutsche Psychiater Kraepelin klassifizierte Geisteskrankheiten in seinem *Compendium der Psychiatrie* (1883) neu auf der Grundlage von Syndromen und nicht von Symptomen – mit anderen Worten, anhand von Clustern und nicht von individuellen Phänomenen. Der französische Arzt Bertillon klassifizierte die Todesursachen. Seine Arbeit fand ihre Fortsetzung in der *Internationalen statistischen Klassifikation der Krankheiten und verwandter Gesundheitsprobleme*, die von der Weltgesundheitsorganisation veröffentlicht und regelmäßig aktualisiert wird.

Ein anderer Bereich, in dem unterschiedliche Klassifizierungen lange miteinander konkurrierten, ist das Archivwesen. Pierre Camille Le Moine, Archivar an der Kathedrale von Toul, später in Lyon, empfahl in seiner Abhandlung *Diplomatique pratique* (1765) eine neue Verfahrensweise beim »*arrangement des archives*« und plädierte für eine thematische an Stelle der chronologischen Klassifizierung von Dokumenten. Jean Guillaume de Chevrières wiederum, Archivar des Fürsten von Monaco, kritisierte in seiner Schrift *Nouvel archiviste* (1775) die »*nouvelle manière*« Le Moines und verteidigte die traditionelle Anordnung nach Daten. In den 1850er Jahren wendete der Leiter des Toskanischen Staatsarchivs Francesco Bonaini ein drittes Prinzip an, das sogenannte Provenienzprinzip, also eine Klassifizierung von Dokumenten nach der Institution, die sie jeweils hervorgebracht hatte.

Diese große Bewegung der Reklassifizierung musste sich zwangsläufig früher oder später auch auf die verschiedenen Zweige des Wissens selbst übertragen.[9] Im einleitenden »Prospect« der *Encyclopédie* verwendeten ihre Herausgeber Denis Diderot und Jean d'Alembert das traditionelle Bild des »Wissensbaums«, doch im Unterschied zu ihren Vorgängern gliederten sie den Baum nicht in natürliche oder gegebene Zweige. Stattdessen ließ er sich, mehr oder weniger willkürlich, »auf mannigfache Weise gestalten«. Die Herausgeber beschlossen, zum – teilweise modifizierten – System Francis Bacons zurückzukehren und das Wissen in die drei Fähigkeiten des menschlichen Geistes zu unterteilen: Gedächtnis (darunter Geschichte und Naturgeschichte), Vernunft (Philosophie, Mathematik, Recht) und Einbildungskraft (Poesie und Künste).[10]

Im Laufe des 19. Jahrhunderts wurden zahlreiche – heute zumeist vergessene – Versuche unternommen, dieses Schema zu modifizieren, unter anderem von den Universalgelehrten Auguste Comte und Herbert Spencer. In seinen *Cours de philosophie positive* (1830–1842) unterteilte Auguste Comte die von ihm so bezeichneten »positiven Wissenschaften« in zwei Gruppen: die abstrakten Wissenschaften (Mathematik, Astronomie, Physik, Chemie, Biologie und Soziologie), die allgemeine Gesetze formulieren, und die konkreten Wissenschaften, in denen anhand dieser allgemeinen Gesetze spezifische Phänomene erklärt werden. Nach Comte sollte die Soziologie, die jüngste der abstrakten Wissenschaften, an der Spitze ihrer Hierarchie stehen (während der Engländer William Whewell die Astronomie aufgrund ihres »unübertroffenen Rangs« an erster Stelle sah).

Im Gegensatz zu Comte verneinte Spencer die Möglichkeit, die Wissenschaften in einer »wie auch immer gearteten Rangfolge« anzuordnen. Er selbst bevorzugte folgende Trias: einerseits »abstrakte Wissenschaften« (beschränkt auf Logik und Mathematik); andererseits »konkrete Wissenschaften« (Astronomie, Geologie, Biologie, Psychologie und Soziologie); und dazwischen die »abstrakten konkreten Wissenschaften«, sprich Mechanik, Physik und Chemie.[11] Nach 1900 gab es kaum noch neue Systematiken – hinsichtlich der Ordnung der Disziplinen bestand jetzt offenbar Konsens.

Anders als im Bereich der Botanik, Geologie und Medizin ist keineswegs klar, ob diese Versuche, die Zweige der Wissenschaft zu reklassifizieren, irgendwelche Auswirkungen auf die intellektuellen Praktiken hatten. Dagegen brachte die Reklassifizierung von Büchern durchaus praktische Konsequenzen mit sich, und man könnte mit Fug und Recht behaupten, dass unser geistiges Bild des Wissensbaums – dasjenige der Gelehrten wie auch des breiten Publikums – mehr durch die Organisation von Bibliotheken beeinflusst wird als durch irgendetwas sonst.

Bis in die 1870er Jahre hinein verwendeten Bibliotheken ihre jeweils eigenen Klassifizierungssysteme. Dabei stützten sie sich auf Weltkarten des Wissens, wie sie in der *Encyclopédie* präsentiert wurden, und behielten diese gelegentlich auch noch bei, nachdem sie längst als veraltet galten. Gegen Ende des 19. Jahrhunderts finden wir jedoch zwei Versuche – beide amerikanisch und beide erfolgreich –, die Klassifizierung von Büchern zu standardisieren. 1876 entwickelte Melvil Dewey die bibliothekarische Dezimalklassifikation (DDC). Dewey, ein wahrer Effizienzfanatiker, begeisterte sich für verschiedene Formen der Standardisierung, von einer vereinfachten Rechtschreibung bis zur Dezimalklassifikation. Wie die Weltkarte des Wissens in der *Encyclopédie* stützte sich auch Deweys Klassifizierung auf Francis Bacon, in diesem Fall allerdings nicht direkt, sondern vermittelt über den hegelianischen Philosophen und Pädagogen William T. Harris. Weiterentwickelt wurde sie von dem belgischen Bibliographen Paul Otlet.[12] Ein konkurrierendes System schuf der Bibliothekar Herbert Putnam, der vierzig Jahre lang (1899–1939) für die Library of Congress tätig war. Das Library of Congress Classification System (LCC) wurde vor allem von Universitätsbibliotheken in den USA und anderen Ländern übernommen.

Im Vergleich zu Büchern erwies sich die Klassifizierung von Bildern als sehr viel problematischer. Als die britische Kolonialverwaltung den Fingerabdruck von Kriminellen in Bengalen einführte, wurden Karteikarten mit Daumenabdrücken angelegt (1897 waren es etwa 7000) und in einem riesigen Aktenschrank mit 1024 Schubfächern verstaut. Nachdem die Praxis des Fingerabdrucks zunehmend Verbreitung fand, schlugen der Naturforscher Francis Galton und andere vor, diese nach Kategorien wie »Windungen«, »Zwillingsschleifen«, »Zeltbögen« und so weiter zu klassifizieren. Der argentinische Polizeibeamte und Kriminologe Juan Vucetich entwickelte 1892 anhand von Galtons Empfehlungen für die Anordnung von Fingerabdrücken eine Methode der Täteridentifizierung, die er später als Daktyloskopie bezeichnete.[13]

Polizeiakten enthielten oft auch Porträts von Kriminellen, die sich aber noch schwieriger klassifizieren ließen als Fingerabdrücke. Otlet, »der Mann, der die ganze Welt klassifizieren wollte«, hatte schon 1905 über »ein universelles ikonographisches Verzeichnis« nachgedacht, doch Systeme zur Klassifizierung von Bildern wurden erstmals von Kunsthistorikern erarbeitet, etwa der Princeton Index of Christian Art (1917) und Iconoclass, ein Klassifizierungskonzept, das der niederländische Gelehrte Henri van de Waal während seiner Kriegsgefangenschaft im Zweiten Weltkrieg entwickelte, das aber erst ab 1973 veröffentlicht wurde. Aus neuerer Zeit zu erwähnen ist die von Bill Gates 1989 begründete Datenbank Corbis, die inzwischen über vier Millionen digitale Bilder umfasst und ihr eigenes, benutzerfreundliches Klassifizierungssystem geschaffen hat.[14]

Die beschleunigte Akkumulation und Fragmentierung von Wissen sowie die damit einhergehende starke Zunahme konkurrierender Klassifizierungskonzepte – manchmal als »Krise der Klassifizierung« bezeichnet – führten 1964 zur Gründung der Classification Society. Seit 1974 gibt sie die vornehmlich für Bibliothekare und andere »Informationswissenschaftler« bestimmte Zeitschrift *International Classification* heraus. Angesichts der aufkommenden Krise und in der Hoffnung, ein größeres Publikum anzusprechen, wurde das Organ 1993 in *Knowledge Organization* umbenannt.

All die oben aufgeführten Klassifizierungssysteme büßten an Bedeutung ein, seitdem es in neuerer Zeit immer mehr Suchmaschinen mit sogenannten Facettenklassifikationen gibt, bei denen das Material entsprechend den Bedürfnissen des Benutzers nach unterschiedlichsten Kriterien sortiert wird. Ob die neue »digitale Ordnung« beziehungsweise »Unordnung« die traditionelle »Papierordnung« ersetzen oder diese neben ihr bestehen bleiben wird, lässt sich heute noch nicht mit Gewissheit sagen.[15]

Entziffern

In manchen Disziplinen ist die Arbeit der Analyse nur nach einer vorherigen Entzifferung von Texten möglich. Von der Renaissance an waren europäische Gelehrte mit der Existenz ägyptischer Hieroglyphen vertraut – auch wenn sie diese im Allgemeinen eher als symbolische Bilder betrachteten und nicht als eine Form des Schreibens –, und einige wenige hatten sogar Beispiele keilförmiger Inschriften zu Gesicht bekommen. Die systematische Entzifferung unbekannter Schriftzeichen setzte allerdings erst gegen Ende des 18. Jahrhunderts ein, wobei jeder neue Erfolg auf vorangegangene Erkenntnisse aufbaute. Die Geschichte dieser Dechiffrierungen liest sich wie ein Kriminalroman, und sie ist umso faszinierender, als es in den Geisteswissenschaften nur relativ selten vorkommt, dass man – wie in diesen Fällen – sagen kann: Das Rätsel wurde gelöst.

In den 1750er Jahren gelang es zwei Gelehrten – dem Franzosen Jean-Jacques Barthélemy und dem Engländer John Swinton –, unabhängig voneinander und nahezu zeitgleich das »Palmyrenische« zu entziffern (eine Schrift, die im syrischen Palmyra als eine Form des Reichsaramäischen für Inschriften verwendet wurde). Den Schlüssel lieferten einige zweisprachige Inschriften, von denen eine auf Griechisch abgefasst war. Zwei- oder dreisprachige Inschriften, voneinander unabhängige Forschungen und quasi simultane Entdeckungen werden im Folgenden noch öfter thematisiert werden.

Hieroglyphen waren schon jahrhundertelang studiert worden, doch die Geschichte ihrer systematischen Entzifferung beginnt erst 1799, als Soldaten Napoleons während des Ägyptenfeldzugs den Stein von Rosette entdeckten, der einen identischen Text in drei Versionen enthält: neben den Hieroglyphen auch in Demotisch (Altägyptisch) und Altgriechisch. Der berühmte französische Orientalist Silvestre de Sacy und sein ehemaliger Student, der schwedische Diplomat Johan David Åkerblad, entzifferten den demotischen Text. Das Problem der Hieroglyphen wurde in den 1820er Jahren von dem französischen Gelehrten Jean-François Champollion gelöst, der erkannte, dass die Zeichen manchmal phonetischer Natur waren, manchmal aber auch Ideogramme.[16]

Die nächste wichtige Schrift beziehungsweise Schriftfamilie, die man entzifferte, war die Keilschrift, wie sie im alten Persien und Mesopotamien verwendet wurde. Ihre Dechiffrierung vollzog sich in einem allmählichen Prozess, an dem konkurrierende Gelehrte aus verschiedenen Ländern (Deutschland, Frankreich, Dänemark und Norwegen sowie England und Irland) beteiligt waren. Die dreisprachige Behistun-Inschrift – verfasst in Altpersisch, Elamisch und Babylonisch –, die im Gebiet des heutigen Iran gefunden wurde, war das Keilschrift-Äquivalent des Steins von Rosette. Ein entscheidender Durchbruch gelang 1857, als die Royal Asiatic Society in London einen Wettbewerb veranstaltete, bei dem vier Teilnehmer – unter ihnen der irische Geistliche Edward Hincks und der englische Offizier Henry Rawlinson – versiegelte Übersetzungen einer assyrischen Inschrift vorlegten. Glücklicherweise ähnelten ihre Ergebnisse einander.[17]

Seitdem ist es der Wissenschaft gelungen, eine Reihe zuvor nicht verständlicher alter Schriften zu lesen und zu übersetzen, darunter Urartäisch, Ugaritisch und Hethitisch, wobei man vorher oft nicht einmal genau wusste, in welcher Sprache ein bestimmter Text verfasst worden war. Die berühmtesten Beispiele der Schriftentzifferung im 20. Jahrhundert betreffen »Linear B« und die Maya-Schrift. Linear B ist eine auf Kreta entdeckte Schrift, die von einem begabten Amateur, dem Architekten Michael Ventris, schon Anfang der fünfziger Jahre dechiffriert wurde; allerdings gab es auch andere Forscher wie etwa die Amerikanerin Alice Kober, die zur selben Zeit mit einigem Erfolg an dem Problem arbeiteten. Eine entscheidende Rolle bei der Maya-Schrift spielte, ebenfalls in den frühen fünfziger Jahren, der Russe Juri Knorosow. Nach seiner These handelte es sich bei den Glyphen nicht um Ideogramme, wie andere Forscher glaubten, sondern um eine Silbenschrift. An der Entschlüsselung dieser Schrift war auch die Amerikanerin Linda Schele beteiligt.[18]

Entzifferungen dieser Art verschaffen Geisteswissenschaftlern das seltene Vergnügen (das ihren Kollegen in den Naturwissenschaften eher vergönnt ist), die richtige Lösung für ein Problem gefunden zu haben. Das Dechiffrieren von Schriften wird manchmal auch als das »Knacken eines Codes« bezeichnet, und die Analogien zur Kryptographie sind in der Tat mehr als offensichtlich. Zwei der Forscher, die die ugaritische Schrift in den zwanziger Jahren entzifferten – der Deutsche Hans Bauer und der Franzose Edouard Dhorme –, waren im Ersten Weltkrieg, jeweils auf der gegnerischen Seite, als Kryptographen eingesetzt gewesen. Die Frequenzanalyse, eine bekannte Entschlüsselungsmethode, hatte Bauer zu einigen seiner Entdeckungen verholfen, da er sich auf Zeichen konzentrierte, die am Anfang und am Ende eines Worts erscheinen. Ähnlich gelagert ist der Fall des britischen Philologen John Chadwick, dem seine Erfahrung beim Entschlüsseln von Codes im Zweiten Weltkrieg half, Linear B zu entziffern.[19] Bei Geheimschriften »beginnt die Lösung normalerweise mit der Identifizierung derjenigen Zeichengruppen, die *Stopp* bedeuten«, wodurch die Struktur der Nachricht sichtbar gemacht wird.[20] Wie im Falle der Keilschrift bedeutete die Identifizierung des Worttrennungszeichens einen wesentlichen Durchbruch.

Dennoch gibt es einige Differenzen zwischen der Tätigkeit moderner Kryptographen und der Forschungsarbeit von Altertumswissenschaftlern, die betont werden müssen. Forscher haben den Vorteil, dass sie sich – ungeachtet des Konkurrenzdrucks – Zeit lassen können. Andererseits kamen Kryptographen zunehmend in die Lage – und waren auch zunehmend darauf angewiesen –, sich die Errungenschaften moderner Technik zunutze zu machen, wie im berühmten Fall »Enigma«, dem deutschen Code, der von einem Team in Bletchley Park in Buckinghamshire während des Zweiten Weltkriegs geknackt wurde.[21]

Rekonstruieren

Viele Informationen kommen nur als Fragmente daher, und der Prozess der Wissensproduktion besteht teilweise darin, eben diese Fragmente wie in einem Puzzle zusammenzusetzen. Eine solche Rekonstruktion oder Restaurierung erfordert Wissen, vermittelt aber auch Wissen.

Einige spektakuläre Beispiele der Rekonstruktion stammen aus dem Gebiet der Paläontologie, die sich etwa ab 1800 entwickelte. Um diese Zeit wurden riesige Knochen entdeckt, die sich keinem bekannten Tier zuordnen ließen, weshalb man sie als Relikte urzeitlicher Reptilien identifizierte, sogenannter Dinosaurier (die Bezeichnung kam 1842 auf). In Paris studierte Georges Cuvier ausgestorbene Tiere wie Mammute und Pterodaktylen, deren Skelette er mit den Methoden der vergleichenden

Anatomie restaurierte. Ausgehend von der Annahme, dass sämtliche Teile eines Organismus miteinander zusammenhängen, behauptete er, es sei möglich, das Geschlecht und die Spezies eines Tiers anhand eines einzelnen Knochenfragments zu bestimmen, womit er dem klassischen Sprichwort »man erkennt den Löwen an seinen Klauen« (*ex ungue leonem*) eine neue Bedeutung verlieh.[22]

In London folgte Richard Owen, der den Dinosauriern zu ihrem Namen verhalf, dem Beispiel Cuviers, aber seine berühmten Rekonstruktionen für eine Ausstellung im Crystal Palace von 1854, auf der lebensgroße Tierskulpturen gezeigt wurden, erwiesen sich als anfechtbar. Anhand der Skelette von 31 Iguanodonten, die 1878 in Belgien gefunden wurden, wies der Paläontologe Louis Dollo nach, dass der Dorn, den Owen auf der Nase des Iguanodons platziert hatte (in Analogie zum Horn des Rhinozeros), in Wirklichkeit ein Daumenfortsatz war.

Dieser Prozess der Rekonstruktion entspricht der Restaurierung alter Gebäude, die im 19. Jahrhundert ebenfalls eine bedeutende Rolle spielte. Zu den berühmtesten Beispielen gehören die Restaurierungen mittelalterlicher Bauten, die der französische Architekt Eugène Viollet-le-Duc im Auftrag der Regierung durchführte: Vézelay (ab 1840), Notre Dame de Paris (ab 1845) und die Befestigungsanlagen von Carcassonne (ab 1853). Wie im Falle der Paläontologie waren auch diese Rekonstruktionen umstritten. Viollet ging es darum, »einen Zustand von Vollständigkeit« herzustellen, »wie er vielleicht nie zu irgendeiner Zeit existiert hatte«.[23] Nach demselben Modell verfuhr man auch beim Kölner Dom, dem ab 1842 – entsprechend den ursprünglichen Bauplänen – ein zweiter Turm hinzugefügt wurde.

Problematisch war dieses Restaurierungskonzept besonders bei solchen Bauten, die aus einer Mischung aus verschiedenen Stilen bestanden. Bei Notre Dame eliminierte Viollet-le-Duc beispielsweise alle baulichen Ergänzungen aus dem 18. Jahrhundert. Sowohl seine Theorie als auch seine Praxis wurden stark kritisiert mit der Begründung, dass nur das, was tatsächlich einmal vorhanden war, rekonstruiert werden sollte.[24] Doch egal ob wir diese Restaurierungen billigen oder nicht, es lässt sich kaum bestreiten, dass sie Wissen erforderten oder sogar in gewisser Weise Wissen produzierten. Carcassonne können wir heute eigentlich nur noch durch die Augen Viollet-le-Ducs sehen.

Viele andere Artefakte wurden von Spezialisten rekonstruiert. Zahlreiche archäologische Funde präsentierten sich beispielsweise nur in Form von Bruchstücken. Das Zusammensetzen von Fragmenten assyrischer Keilschrifttafeln wurde mit einem »gigantischen Puzzlespiel« verglichen.[25] Und in der Tat erinnert gerade die Restaurierung von Mosaiken – ob in antiken römischen Villen oder im Markusdom in Venedig – an Puzzles.

Im Vergleich dazu mag die Aufgabe von Gemälderestauratoren kinderleicht erscheinen. Dennoch müssen auch Restauratoren zwischen dem Originalgemälde und späteren Übermalungen unterscheiden. Viele solcher nachträglichen Veränderungen gab es zum Beispiel in der Geschichte des berühmten *Abendmahls* von Leonardo, das gerade erst zwischen 1978 und 1999 restauriert wurde. Heutigen Restauratoren stehen moderne Techniken wie die Infrarot-Reflektographie zur Verfügung, mit deren Hilfe sie die originale Vorzeichnung des Künstlers unter der Gemäldeoberfläche erkennen können.

Eine wichtige Rolle spielte der Prozess der Rekonstruktion auch bei der Erforschung von Sprachen und Literaturen. Die Linguistik verfuhr nach der Methode der Regression, das heißt, ausgehend von heute gesprochenen Sprachen arbeitete man sich zurück, um frühere Formen (oder, wie manche Wissenschaftler des 19. Jahrhunderts auch behaupteten, die ursprünglichen Formen) zu rekonstruieren. Der deutsche Sprachforscher August Schleicher verglich beispielsweise Wörter in verschiedenen indoeuropäischen Sprachen miteinander (germanischen, romanischen, keltischen, slawischen und so weiter), um so zu einer »indogermanischen Ursprache« zu gelangen, von der man heute annimmt, dass sie vor 6500 vor unserer Zeitrechnung in Anatolien gesprochen wurde. Schleicher entwickelte die sogenannte Stammbaumtheorie, bediente sich also einer genealogischen Metapher, die schon lange vor Foucault verbreitet war.[26]

Während manche Linguisten des 19. Jahrhunderts eine Art Genealogie der Sprachen praktizierten, bemühten sich viele ihrer Kollegen (unter ihnen auch Schleichers Lehrer, der deutsche Philologe Friedrich Ritschl) um die Genealogie von Texten, eine Praxis, die heute als »Textkritik« bekannt ist.[27] Ihnen ging es darum, den von einem bestimmten Autor verfassten Text zu rekonstruieren. Selbst wenn handschriftliche Manuskripte vorhanden waren, kam man doch nicht umhin, spätere Ergänzungen zu identifizieren, während manche berühmte Texte – vom Neuen Testament bis Platon – nur als Manuskripte existierten, die lange nach dem Tod der betreffenden Autoren verfasst worden waren. Durch Generationen von Kopisten hatten sich Fehler oder »Korruptele« in das Original eingeschlichen, die korrigiert werden mussten – ein Prozess, der sich mit dem Reinigen alter Gemälde vergleichen lässt.

Eine Textkritik dieser Art wurde bereits im Europa der frühen Neuzeit praktiziert, etwa von Gelehrten wie Lorenzo Valla im 15. oder Richard Bentley im 18. Jahrhundert. Ihre Emendationen waren manchmal brillant, aber es fehlte ihnen an Systematik. Das Neue in unserer Zeit war die Entwicklung einer genealogischen Methode, die beispielsweise die etwa 5000 Manuskripte des Neuen Testaments in »Familien« gruppiert – mit anderen Worten, nach Manuskripten unterteilt, die lediglich frühere kopieren, und solchen, die eigene Aussagekraft besitzen.

Bei ihrer Suche nach dem verlorengegangenen Original – dem sogenannten Archetypus – rekonstruierten Textkritiker den Entstehungsprozess der von ihnen analysierten Manuskripte, bei denen es sich manchmal um eine Abschrift des dem Schreiber vorliegenden Manuskripts handelte (also um eine Version, bei der allzu leicht ein Buchstabe, ein Wort oder auch eine ganze Zeile vergessen werden konnte) und manchmal um eine Transkription nach Diktat (bei der dem Schreiber möglicherweise ein Hörfehler unterlaufen war).[28]

Zu den Meilensteinen in der Geschichte der Textkritik gehören die von dem deutschen Altertumswissenschaftler Christian Heyne besorgte Tibull-Ausgabe (1755) sowie die Editionen des Neuen Testaments (1830) und des Lukrez (1850) durch den deutschen Altphilologen Karl Lachmann, der nachwies, dass alle drei Hauptmanuskripte von ein und demselben Archetypus stammten: dem in Minuskeln kopierten Exemplar einer älteren in Capitalis geschriebenen Vorlage.[29] Die zunächst im Bereich biblischer und altphilologischer Studien entwickelte Methode wurde später auf vernakularsprachliche, vor allem mittelalterliche Texte angewendet, aber auch auf Shakespeare-Stücke, die ab Ende des 18. Jahrhunderts in »textkritischen« Ausgaben erschienen.

Bewerten

Eine weitere Aufgabe der Textkritik besteht in der Aufdeckung von Fälschungen. Ebenso wie die Fälschungen selbst hat diese Art der Ermittlung eine lange Geschichte, die mindestens bis zur klassischen Antike zurückreicht. In der frühen Neuzeit gab es sowohl Gelehrte, die Fälschungen produzierten, als auch andere – etwa Lorenzo Valla, Isaac Casaubon oder Richard Bentley –, die sie enthüllten.[30] Neu in unserer Zeit ist die Tatsache, dass man von der Fälschung klassischer Texte zur Fälschung vernakularsprachlicher – mittelalterlicher wie moderner – überging. In Großbritannien gab es in der zweiten Hälfte des 18. Jahrhunderts beispielsweise drei berühmte Fälle solcher Fälschungen: die von James Macpherson verfassten »Ossian«-Gesänge; die Gedichte von »Thomas Rowley« aus der Hand Thomas Chattertons; und die von Henry Ireland produzierten Shakespeare-Dokumente.

In den 1760er Jahren veröffentlichte der schottische Dichter James Macpherson seine angeblichen Übersetzungen gälischer Gesänge, die ein blinder Mönch namens Ossian im 3. Jahrhundert verfasst hatte. Die Gedichte lösten eine große Welle der Begeisterung aus und wurden schon bald in mehrere Sprachen übersetzt. Sie riefen aber auch Skepsis hervor, da Macpherson die Manuskripte, nach denen er übersetzt haben wollte, nie vorlegte. Ein von der Londoner Highland Society einberufenes Komitee, das die Angelegenheit untersuchen sollte, kam in seinem *Report* (1805) zu dem Schluss, dass es sich bei den veröffentlichten Gedichten nicht um Übersetzungen, sondern um selbstverfertigte Texte handelte, die aber auch Elemente mündlicher Überlieferung enthielten.[31]

Thomas Rowley, ein aus Bristol stammender Mönch des 15. Jahrhunderts, war der angebliche Verfasser einiger Gedichte, die in Wirklichkeit der jugendliche Thomas Chatterton geschrieben hatte und die 1777 nach dessen frühem Tod veröffentlicht wurden. Dieses Beispiel illustriert auf anschauliche Weise, über welche Art von Wissen ein literarischer Fälscher verfügen muss – sprachliche Kompetenz ist für ihn genauso unerlässlich wie technisches Knowhow. So verwendete Chatterton einerseits häufig archaische Wörter und Schreibweisen, andererseits benutzte er Pergamentpapier, das er mit Ocker einfärbte, auf dem Boden abrieb und in der Hand zerknüllte, um es alt erscheinen zu lassen. All diese Vorsichtsmaßnahmen konnten freilich nicht verhindern, dass die Texte 1782 von dem irischen Literaturwissenschaftler Edmund Malone als Fälschungen entlarvt wurden.[32]

Malone war es auch, der Henry Irelands Shakespeare-Dokumente, 1795 unter dem Titel *Miscellaneous Papers* veröffentlicht, als Fälschungen nachwies – unter allen drei genannten Fällen fraglos das bedeutsamste Beispiel in der Geschichte der Enthüllungstechniken, denn dieses Konvolut enthielt unterschiedlichste Texte, von Besitzübertragungsurkunden bis hin zu *King Lear*-Manuskripten.[33]

Diese Liste literarischer Fälschungen ließe sich ohne weiteres ergänzen, etwa durch die berüchtigten *Hitler-Tagebücher*, die 1983, unmittelbar nach ihrer Veröffentlichung, als gefälscht entlarvt wurden; zu berücksichtigen wären auch andere Methoden der Aufdeckung wie die Infrarot-Fotografie, die ab den 1940er Jahren zum Nachweis von Löschungen in Dokumenten verwendet wurde. Außerdem könnte man weitere Arten von Fälschungen in die Diskussion miteinbeziehen, etwa den sensationellen »Fund« des Piltdown-Menschen: 1912 wurden ein menschlicher Schädel und Unterkieferknochen entdeckt, die der Wissenschaft seinerzeit als prähistorische Fossilien galten. Erst 1953 stellte sich heraus, dass der Schädel aus dem Mittelalter stammte und zusammen mit dem Kieferknochen eines Affen vergraben worden war.[34]

Auch Gemälde sind immer wieder gefälscht worden, und manchmal sogar mit beträchtlichem Erfolg. Ein notorischer Fall ist der des niederländischen Künstlers Han van Meegeren, der sich auf Vermeer-Gemälde spezialisiert hatte. Seine Produktionen blieben lange unerkannt. Erst als er unter der Anschuldigung verhaftet wurde, er habe Göring während der deutschen Besatzung der Niederlande einen Vermeer verkauft, gestand er die Fälschungen, um sich vom Vorwurf der Kollaboration reinzuwaschen. Zum Beweis, dass er tatsächlich ein Fälscher war, musste der Künstler während der Untersuchungshaft vor Zeugen einen weiteren Vermeer malen – ein Test, den er erfolgreich bestand. Mittels chemischer Analysen und gaschromatographischer Verfahren ließ sich dann nachweisen, dass seine »Vermeers« mit modernen Pigmenten wie etwa einer bestimmten Art von Bleiweiß gemalt worden waren.[35] Wie das letzte Beispiel verdeutlicht, wechseln neue Angriffs- und Verteidigungsformen – wie im Kriegsfalle – einander ab, so dass »neue Arten des Fälschens nach neuen Arten des Entlarvens verlangen«.[36] Man kommt gar nicht umhin, sich zu fragen, wie viele unentdeckte Fälschungen es wohl noch geben mag.

Fälschungsnachweise sind im Grunde nichts anderes als besonders dramatische Beispiele eines im Übrigen ganz alltäglichen wissenschaftlichen Verfahrens, das wir als »Testen« oder »Bewerten« bezeichnen könnten. Chemiker führen Tests in ihren Labors durch, während Historiker die Verlässlichkeit ihrer unterschiedlichen Quellen und Belege zu bewerten haben, zu denen offizielle Dokumente ebenso gehören wie persönliche Zeugnisse oder Fotografien.

Datieren

Die Datierung ist mehr als nur eine Technik zur Aufdeckung von Fälschungen. Um herauszufinden, ob es sich bei bestimmten Objekten um menschliche Artefakte handelt oder um ein Werk der Natur, ist es oft unerlässlich zu wissen, wann sie entstanden. Im Laufe der letzten 250 Jahre wurde eine beeindruckende Menge von Datierungstechniken entwickelt.

Antike Chronologien waren schon in der frühen Neuzeit intensiv von Gelehrten wie Isaac Newton studiert worden, und zwar oft nach einer komparativen Methode, mit der man versuchte, Äquivalente oder »Synchronismen« zwischen verschiedenen Datierungssystemen herzustellen – griechischen, römischen, jüdischen, muslimischen und so weiter (der Begriff »Anachronismus« kam in dieser Zeit als Bezeichnung für fehlerhafte Synchronismen auf). In unserer Zeit jedoch wurden alte Chronologien aufgrund archäologischer Funde revidiert und neue entdeckt. Der Philologe Rasmus Rask schrieb über ägyptische und jüdische Chronologien. Assyrische Herrscher wie Assurbanipal, die man im Zuge der Entzifferung von Keilschrifttafeln entdeckte, konnten dank alttestamentarischer Verweise auf Assyrien in eine allgemeine Chronologie der Alten Welt eingeordnet werden.[37]

Altertumsforscher der frühen Neuzeit waren bereits in der Lage, viele Artefakte nach ihrem Stil – klassisch, gotisch und so weiter – zu datieren. Anknüpfend an diese Tradition zeigte Johann Joachim Winckelmann in seiner *Geschichte des Alterthums* (1764), dass sich Werke der antiken griechischen Bildhauerkunst auch nach Perioden gliedern ließen, in archaisch, klassisch und hellenistisch. Ähnlich unterschied der britische Architekt Thomas Rickman in seinem Werk *An Attempt to Discriminate the Styles of Architecture in England* (1812–1815) drei Perioden der englischen Gotik – »Early English«, »Decorated« und »Perpendicular« –, eine Periodisierung, die bis heute Geltung hat.

Wenn Archäologen bestimmte Artefakte wie Axtköpfe in entwicklungsgeschichtlichen Serien anordneten, so berücksichtigten sie dabei auch den Stil und das Material, aus dem sie gemacht waren. Christian Thomsen, der 1816 zum Kustos des zukünftigen Dänischen Nationalmuseums berufen wurde, gliederte frühe Artefakte nach drei aufeinanderfolgenden Perioden, die er als Stein-, Bronze- und Eisenzeit bezeichnete. Diese Perioden wurden später mittels einer verfeinerten Methode, der sogenannten Seriation, noch weiter unterteilt, namentlich durch den schwedischen Archäologen Oscar Montelius, der Artefakte aus demselben geographischen Gebiet miteinander verglich. In neuerer Zeit wurde die Seriation dank der Anwendung statistischer Techniken noch weiter verfeinert.[38]

In der hier behandelten Zeit kam unter Geologen und Archäologen eine weitere Form der Altersbestimmung auf: die Datierung nach »Strata«. Dass unterschiedliche Felsschichten unterschiedlichen Phasen der Erdgeschichte entsprechen, war schon seit Langem bekannt. So hatte im 17. Jahrhundert der dänische Naturforscher Nicolaus Steno bei seinen Untersuchungen von Felsformationen in der Toskana die These aufgestellt, dass die Strata Ereignisse der Vergangenheit dokumentieren, und das sogenannte Lagerungsgesetz formuliert, wonach die dem Boden am nächsten liegenden Schichten die ältesten sind. Doch erst zu Beginn des 19. Jahrhunderts wurde diese Erkenntnis zur Grundlage systematischer Forschungen. Ab da datierte man Fossilien nach den Strata, in denen sie gefunden worden waren (umgekehrt datieren »Biostratographen« im Zirkelschluss die Schichten nach den in ihnen gefundenen Fossilien).[39]

Wenn sich Fossilien auf diese Weise datieren ließen, so galt das natürlich auch für menschliche Artefakte. Frühzeitliche Siedlungsstätten wuchsen im Laufe Tausender von Jahren in die Höhe, da die Bewohner jeweils auf den Sedimenten ihrer Vorgänger aufbauten. Dies vollzog sich wahrscheinlich in einem komplexen Prozess der Interaktion, aber vereinfacht könnte man sagen, dass die Archäologen von den Geologen lernten, sich sowohl mit Schichten als auch mit den in ihnen gefundenen Objekten zu beschäftigen, oder – in der Sprache der Literaturwissenschaftler – ebenso mit »Kontext« wie mit »Text«.

Die Begriffe »stratifizieren«, »stratigraphisch« und »Stratigraphie«, die im Laufe des 18. Jahrhunderts in Gebrauch kamen, wurden zunächst in einem geologischen Kontext verwendet. In der Praxis sah es so aus, dass der französische Geologe Alexandre Brogniart schon im ersten Jahrzehnt des 19. Jahrhunderts Strata untersuchte, während Archäologen erst in der Mitte des Jahrhunderts zur Schichtengrabung übergingen. Wegbereiter waren dabei der Däne Jens Worsaae, dessen Funde Thomsens Dreiperiodensystem bestätigten, und der Italiener Giuseppe Fiorelli, der Ausgrabungen in Pompeji durchführte.[40]

Seit etwa hundert Jahren stehen den Archäologen noch subtilere Methoden wie die Dendrochronologie und die Radiokarbondatierung zur Verfügung. Bei seinen Untersuchungen über den Sonnenfleckenzyklus entdeckte der amerikanische Astronom Andrew Douglass, dass sich an vielen Bäumen in den gemäßigten Zonen Jahresringe entwickeln, die in einem eher trockenen Jahr enger und in einem eher feuchten Jahr breiter ausfallen. Ab 1916 wurde diese Entdeckung für die Datierung von Artefakten genutzt, die man im US-Bundesstaat New Mexico gefunden hatte. Die Bedeutung der Methode lag darin, dass sie eine jahresgenaue »Präzisionsdatierung« ermöglichte. Am Beispiel einiger langlebiger Eichen in Deutschland konnte man auf diese Weise sogar bis zu 10.000 Jahre zurückgehen.[41]

Schon sehr früh in unserer Zeit gingen Geologen dazu über, das Alter von Felsproben anhand physikalischer und chemischer Experimente zu ermitteln. Wie wir gesehen haben, schätzte Buffon das Erdalter aufgrund von Erkaltungsexperimenten. Zu Beginn des 20. Jahrhunderts leistete Ernest Rutherford, der vor allem als Atomphysiker bekannt ist, einen Beitrag zu dem heute als »Geochronometrie« bezeichneten Verfahren, indem er den Heliumgehalt von Felsen bestimmte. Diese Arbeit resultierte aus seinem Interesse am Zerfallsprozess von Radioaktivität.[42]

Rutherfords radiometrische Messungen führten zur Radiokarbondatierung, die ab 1949 von einem Forscherteam unter Leitung des Amerikaners Willard Libby entwickelt wurde (was ihm 1960 den Nobelpreis für Chemie einbrachte). Die Methode beruht auf dem langsamen Zerfall von radioaktiven ^{14}C-Atomen, die in ehemals lebenden Organismen wie Samen und Knochen enthalten sind.[43] Mit der am Holz eines ägyptischen Flussboots (dessen Alter aufgrund anderer Messungen bekannt war) erfolgreich erprobten Radiokarbondatierung veränderte sich auch die Archäologie.

Der Nachteil der Radiokarbondatierung besteht darin, dass die Dauer des Zerfallsprozesses von ^{14}C-Atomen epochenabhängig leicht variiert. Die Daten, die der Radiokohlenstoff ab etwa 1500 vor unserer Zeitrechnung liefert, sind zu jung, weshalb die Resultate »kalibriert« werden müssen, indem man sie mit Daten von Baumringen und anderen Quellen vergleicht. Umgekehrt erweist sich die Methode an Stätten, die über 50.000 Jahre alt sind, als zwecklos. Bei älteren Objekten ist man daher inzwischen zur Kalium-Argon-Datierung übergegangen, basierend auf dem radioaktiven Zerfall des in den Artefakten enthaltenen Kaliums.

Zur richtigen Bewertung von Beweismaterial gehört, dass man es wiegt oder misst – im wörtlichen wie im metaphorischen Sinne. Dies ist eine der Hauptaufgaben von »Kalkulationszentren«, um den bekannten Terminus des französischen Soziologen Bruno Latour zu verwenden.[44] Wie bereits erläutert (siehe S. 31), hat vor allem die Zählung von Menschen eine lange Geschichte, während das Messen von Naturphänomenen erst in der frühen Neuzeit begann. So wurden das Quecksilber-Barometer im 17. und Gabriel Fahrenheits Quecksilber-Thermometer im 18. Jahrhundert erfunden. Neu in unserer Zeit ist, dass das Messen und Zählen zu einer wahren Obsession ausartete, die mit immer ausgefeilteren Methoden der Datenanalyse einherging.

Ein frühes, spektakuläres Beispiel für diese zunehmende Begeisterung und ihre praktische Anwendung war die systematische Art der Waldvermessung, wie sie der sächsische Forstbeamte Johann Gottlieb Beckmann im späten 18. Jahrhundert ersann: Zum »Taxiren der Wälder«, schrieb er,

> ist ein Vorrath von Bindfaden, und eine Anzahl Nägel [...] nöthig. Solche Nägel müssen auch unterschieden gefärbet werden, so, daß deren weisse, schwarze, rothe, grüne, gelbe u.s.w. erforderlich sind. Denn durch diese ihre unterschiedenen Farben bemerket man die unterschiedenen Bäume [...]. Die taxirenden Förster müssen auch die Zahl der Nägel von jeder Farbe oder Sorte wissen, damit sie [...] mit dem Revier einer Waldung fertig sind, nur die übrig gebliebenen [...] Nägel zählen dürfen, um zu berechnen, wie viel Stämme sie von einer jeden Sorte Bäume in derselben angetroffen haben.
>
> Ist man nun mit diesen nothwendigen Stücken versehen, so umziehet man ein Revier der Waldung mit Bindfaden. [...] Die spitzigen hölzernen Nägel selbst werden nur in die Rinde der Bäume gesteckt. Nunmehr zählet man die übrig gebliebenen Nägel jeder Sorte, ziehet solche von der anfangs gehabten Summe ab, und erfähret auf diese Weise, wie viele von jeder Sorte gebrauchet worden, und wie viele Stämme von jeder Abtheilung der Bäume sich in demselbigen Revier befinden.[45]

Ein berühmtes Beispiel für einen »Vermessungsenthusiasten« in den Naturwissenschaften zu Beginn des 19. Jahrhunderts ist Alexander von Humboldt. Auf seiner Forschungsreise durch Hispanoamerika (1799–1804) führte er nach eigener Beschreibung über vierzig Messinstrumente mit sich, unter anderen ein Altimeter zur Höhenmessung, ein Hygrometer zur Niederschlagsmessung, ein Magnetometer zur Messung des Erdmagnetismus und sogar ein Cyanometer zur Messung der Himmelsbläue.[46]

Messverfahren wurden im Laufe der Zeit auf immer mehr Phänomene angewendet, etwa auf die Unterschiede zwischen menschlichen Körpern oder gesellschaftlichen Gruppen. Die ab Ende des 18. Jahrhunderts praktizierte »Kraniometrie« ordnete Schädel nach einem ganzen Formenspektrum, von breit (brachyzephal) bis lang (dolichozephal). Der italienische Gerichtsmediziner Cesare Lombroso stellte in den 1870er Jahren die These auf, Verbrecher besäßen bestimmte messbare körperliche Eigenheiten: Adlernasen, hohe Wangenknochen, ausgeprägte Kinnpartien und so weiter. Etwa zur selben Zeit entwickelte der französische Kriminologe Alphonse Bertillon ein Verfahren zur Personenidentifizierung anhand von Körpervermessungen, die sogenannte Anthropometrie.[47] Auf dem Gebiet der Gesellschaftsforschung veröffentlichte der italienische Statistiker Corrado Gini 1912 mit dem nach ihm benannten »Gini-Koeffizienten« eine Methode zur Darstellung der Ungleichverteilung von Einkommen in einer Volkswirtschaft.

In unserer Zeit gewann der statistische Ansatz im Bereich der Naturwissenschaften zunehmend an Bedeutung, beginnend mit der Astronomie im 18. Jahrhundert: das Zählen der Sterne, die Berechnung der Umlaufbahnen der Planeten und so weiter. In der Medizin folgte Johann Ludwig Casper mit seinen Beiträgen zur medizinischen Statistik, die 1825 veröffentlicht wurden.[48] Ab Mitte des 19. Jahrhunderts spielte Francis Galton eine wichtige Rolle bei der Entwicklung statistischer Methoden in der Biologie und anderen Disziplinen. Und in den 1870er Jahren begründete der österreichische Physiker Ludwig Boltzmann die statistische Mechanik.

Zahlen wurden allmählich immer wichtiger, für das Wissen über die Gesellschaft ebenso wie für das Wissen über die Natur. Bis zu einem gewissen Grad kam die Anregung zu dieser »statistischen Wende« sogar aus der Naturwissenschaft selbst: Nicht von ungefähr waren es zwei Astronomen, die im späten 18. und frühen 19. Jahrhundert die Geschichte der Sozialstatistik maßgeblich prägten – der Schwede Pehr Wargentin und der Belgier Adolphe Quetelet – und in ihren jeweiligen Ländern die ersten Volkszählungen durchführten. Quetelet, der die Statistik auch auf die Kriminologie anwendete, übertrug die »Fehlertheorie« der Astronomie auf die Sozialwissenschaften, indem er statistische Abweichungen vom Mittelwert untersuchte und das Konzept des »Durchschnittsmenschen« *(homme moyen)* entwickelte.[49]

Der Begriff »Statistik« bezog sich ursprünglich auf die Beschreibung einer Region, insbesondere eines Staats – seiner Bevölkerung, natürlichen Ressourcen, Industrien und so weiter –, eine wissenschaftliche Disziplin, die sich vor allem zwischen 1770 und 1800 an der Universität Göttingen verbreitete.[50] In diesen Beschreibungen spielten Zahlen zunehmend eine so wichtige Rolle, dass Mathematiker wie der Marquis de Condorcet und der Marquis de Laplace von Regierungen als Berater hinzugezogen wurden, und in diesem Zusammenhang bekam der Begriff »Statistik« auch seine heutige Bedeutung.[51] Staaten gründeten statistische Büros, um Daten zu sammeln und auszuwerten: Frankreich 1802, Preußen 1805, Neapel 1810, das Habsburgerreich 1829, Spanien 1856, Norwegen 1875. Zur Förderung dieser Wissensmethode wurden entsprechende Gesellschaften gegründet: die Statistical Society of London (1834), die American Statistical Association, Boston (1839) und die Pariser Société de statistique (1860).[52] Auch empirische Studien über Probleme wie Armut, Analphabetentum, Kriminalität und Krankheit (siehe S. 32) stützten sich auf statistische Auswertungen.

Die statistische oder – allgemeiner gesagt – die mathematische Wende machte sich zunehmend in den sozialwissenschaftlichen Disziplinen der Universitäten bemerkbar. Führend war in dieser Hinsicht die Volkswirtschaftslehre. 1838 untersuchte Augustin Cournot erstmals die mathematischen Prinzipien, die der Theorie des Reichtums zugrunde liegen, und 1862 veröffentlichte William Jevons *A General Mathematical Theory of Political Economy*. 1930 wurde die Econometric Society gegründet. Paul Samuelsons Grundlagenwerk *Foundations of Economic Analysis* (1947) trug dazu bei, den mathematischen Ansatz weiter zu verbreiten, der in den 1960er Jahren zur vorherrschenden Form der Volkswirtschaftslehre geworden war. Vielleicht sollte man eher von »Formen« im Plural sprechen, da neben den statistischen Methoden auch Algebra und Geometrie zu Hilfe genommen wurden.

In der Soziologie gewannen quantitative Methoden um die Mitte des 20. Jahrhunderts an Bedeutung, vor allem in den Vereinigten Staaten, wo Paul Lazarsfeld zu einem der Vorreiter dieses Trends wurde. Die Politikwissenschaft arbeitete ab der zweiten Hälfte des 20. Jahrhunderts vermehrt mit quantitativen Wahlanalysen, ein Ansatz, für den 1952 der Begriff *psephology* (Wahlforschung) geprägt wurde (abgeleitet von griechisch ψῆφος = Kieselstein, den man im antiken Griechenland zur Stimmabgabe benutzte). Zur selben Zeit entwickelten einige Sprachwissenschaftler eine Methode, die sie als »Lexikostatistik« bezeichneten.

Ähnliche Ansätze verbreiteten sich auch in der Geschichtswissenschaft, von der Erforschung der Preisentwicklung in den 1920er bis zur Bevölkerungsgeschichte in den 1950er Jahren, nach Vorbildern aus der politischen Ökonomie beziehungsweise der Demographie. Einige Archäologen gingen dazu über, Artefakte und ihre Verbreitung statistisch zu analysieren. Die »Kliometrie«, wie sie bisweilen genannt wird – vor allem von solchen Historikern, die sie ablehnen –, erlebte in den 1960er und 1970er Jahren einen wahren Boom, namentlich in den Vereinigten Staaten und in Frankreich (wo sie unter der Bezeichnung *histoire sérielle,* »serielle Geschichte«, bekannt ist und auf die Sozial- und Kulturgeschichte ausgedehnt wird). Inzwischen ist die Begeisterung etwas abgeflaut, aber die Statistik gehört nach wie vor zum Handwerkszeug des Historikers.

In der Literaturwissenschaft sollte man statt von einer »quantitativen Wende« eher von einer Methode sprechen, die unter der Bezeichnung »Stilometrie« firmiert und mit der die Frequenz bestimmter Wörter oder Wortgruppen gezählt wird; sie kam im ausgehenden 19. Jahrhundert auf, um die Autoren anonymer Werke zu identifizieren oder die Chronologie etwa von Plato- oder Shakespeare-Texten zu bestimmen. Einer ihrer Wegbereiter war der polnische Philosoph Wincenty Lutosławski, der 1890 die *Principes de stylométrie* veröffentlichte. Ähnlich verfahren auch Entschlüsselungsexperten bei ihren Frequenzanalysen (siehe S. 69). Die zunehmende Verbreitung von Computern ab den 1960er Jahren förderte diese Art von Untersuchungen, da sie den Arbeitsprozess des Analysierens beschleunigte.[53]

In der akademischen Welt reichen die Versuche, Wissen und Verständnis von Studenten anhand schriftlicher Prüfungen zu ermitteln, bis ins China des 7. Jahrhunderts zurück. In Europa wurde dieses System erst im 18. Jahrhundert übernommen, als sich preußische Staatsbeamte und Studenten schriftlichen Einstufungstests zu unterziehen hatten, um etwa zur Pariser École polytechnique, zur University of Cambridge oder anderen Institutionen zugelassen zu werden. In Großbritannien wurden schriftliche Examen für den Eintritt in den öffentlichen Dienst in den 1850er Jahren eingeführt. Seitdem hat sich das akademische Prüfungswesen – eine Art Buchführung der Leistungsnachweise – bekanntlich stark vermehrt.[54]

Die zunehmende Anwendung der Statistik führte zu Debatten und weiteren methodischen Verfeinerungen. In den 1870er Jahren kritisierten Galton und Louis-Adolphe Bertillon beispielsweise Quetelets Betonung der Durchschnittlichkeit. Ab Ende des 19. Jahrhunderts praktizierte man vermehrt Zufallsstichproben, um das Typische einer zu untersuchenden Gruppe oder »Population« herauszufinden. Anders Kiær, Gründungsdirektor des Norwegischen Zentralbüros für Statistik, legte 1894 seinen Plan einer »repräsentativen Enumeration« vor, der im Jahr darauf vom International Statistical Institute erörtert wurde.[55]

Mit zunehmender Verfeinerung der statistischen Methoden – etwa der Regressionsanalyse – stieg auch der Bedarf an mechanischen Kalkulationshilfen. Rechenmaschinen waren nichts Neues: Sowohl Gottfried Wilhelm Leibniz als auch Blaise Pascal hatten eine solche im 17. Jahrhundert erfunden, aber diese Maschinen konnten noch keine großen Datenmengen erfassen. Um dieses Problem zu lösen, entwickelte der amerikanische Ingenieur Herman Hollerith sein sogenanntes Electric Tabulating System, ein Lochkartenverfahren, bei dem Karten an verschiedenen Stellen zum Zwecke der Informationsdarstellung gelocht wurden, so dass sich die Zahlen mechanisch addieren ließen.

Holleriths 1896 gegründete Tabulating Machine Company erhielt den Zuschlag, die amerikanischen Volkszählungen von 1890 und 1900 maschinell zu tabellieren, wodurch die Auszählung genauer wurde und zudem schneller vonstattenging. Die Regierungen von Österreich, Kanada, Norwegen und Russland setzten für ihre Volkszählungen in den 1890er Jahren ebenfalls Holleriths Tabelliermaschinen ein, und auch andere große Organisationen wie die US-Army oder die Southern Railway Company gehörten zu seinen Kunden. Das Statistische Reichsamt in Deutschland erwarb nach 1924 mehrere Hollerith-Maschinen zur Auswertung von Wirtschaftsdaten, und diesem Beispiel folgte 1937 auch die Wehrmacht, um die Stahlmengen zu berechnen, die zur Waffenproduktion benötigt wurden.[56] Zu dieser Zeit hatte sich Holleriths Firma mit zwei weiteren zu einem Konzern zusammengeschlossen, der jetzt unter dem Namen IBM (International Business Machines) firmierte.[57]

Beschreiben

Auf die Überprüfung der Fakten mit all diesen verschiedenen Mitteln folgen schriftliche »Nachträge« in einer subtileren und bisweilen auch eher literarischen Form. Die Vielfalt deskriptiver Praktiken, die in unserer Zeit anzutreffen sind, verdient besondere Beachtung. Beginnen könnte man mit der Kompilation von Listen und Katalogen, die nicht nur Archiv-, Bibliotheks- und Museumsbestände betreffen, sondern auch die Gestirne. Bodes *Uranographia* (1801) verzeichnete 17.240 Sterne; heute ist die Zahl der bekannten Sterne auf 19 Millionen angestiegen. In ähnlicher Weise katalogisierten Botaniker eine ständig wachsende Zahl von Pflanzen, und Meeresbiologen taten dasselbe für die Meerespopulation. Jenseits der akademischen Sphäre wären Verkaufskataloge zu nennen, angefangen beim Versandhauskatalog von Sears Roebuck (erstmals 1888 veröffentlicht) bis zum *Whole Earth Catalog* (1968) des amerikanischen Ökologen Stewart Brand.

Zum Katalogisieren bedarf es der technischen Beschreibung, vor allem in den Naturwissenschaften. Linné war berühmt für seine Kurzbeschreibungen von Pflanzen und Buffon für seine etwas ausführlicheren von Tieren. Weniger technisch, aber genauso spezialisiert waren die Beschreibungen, die von Anthropologen, Archäologen, Psychologen, Soziologen, Historikern und Kunsthistorikern verfasst wurden – der deutsche Kunsthistoriker Erwin Panofsky sprach in diesem Zusammenhang von der »vorikonographischen Beschreibung«, die der Bildinterpretation vorauszugehen hat. Im nicht-akademischen Bereich kommen einem die schriftlichen Berichte von Diplomaten und Spionen in den Sinn.

Die Publikationen, die aus wissenschaftlichen Expeditionen und Erkundungen resultierten, waren oft außerordentlich umfangreich. Napoleons Ägypten-Expedition brachte beispielsweise dreiundzwanzig Bände hervor (darunter zehn Bände mit Abbildungen), deren Veröffentlichung zwanzig Jahre – von 1809 bis 1829 – in Anspruch nahm. Die United States Exploring Expedition von 1838 bis 1842 produzierte sogar noch mehr Berichte: fünfunddreißig Bände (darunter elf mit Abbildungen und Karten), die in einem Zeitraum von dreißig Jahren (1844–1874) publiziert wurden. Die Ausbeute der Challenger-Expedition – *Report on the Scientific Results of the Exploring Voyage of H.M.S. Challenger during the Years 1873–76* – belief sich auf fünfzig reich illustrierte Bände, die zu veröffentlichen fast zwanzig Jahre dauerte (1877–1895).

Wie bei der Beobachtung, die im vorherigen Kapitel erörtert wurde, lag auch im Falle der Beschreibung der Schwerpunkt auf der Präzision. Laut Buffon war Beobachtung »die einzige Möglichkeit, die Wissenschaft voranzubringen«. Sein Diktum: »Nur was genau beschrieben wurde, ist auch richtig definiert.« Buffon selbst wurde von einigen Zeitgenossen für seinen deskriptiven Stil gelobt, mit dem er Tierporträts aus

Worten schuf, wohingegen sein Rivale Cuvier ihn als zu literarisch und nicht genügend wissenschaftlich kritisierte. Cuvier misstraute der Theorie und beschränkte sich ganz bewusst auf die Beschreibung.[58] Verfasser beschreibender Darstellungen konzentrierten sich seinerzeit vor allem auf die Unmittelbarkeit. Ein in der Reiseliteratur beliebtes Stilmittel war die Briefform, die bei den Lesern das Gefühl weckte, sie seien selbst zugegen. In dieser Hinsicht ließen sich die Reiseschriftsteller fraglos vom Genre des Briefromans anregen, das gegen Ende des 18. Jahrhunderts seinen Höhepunkt erreichte.[59]

Einige spätere Romanautoren wie Walter Scott zeichneten sich in der Beschreibung von Sitten und Gebräuchen aus. Im Vorwort zu seinem historischen Roman *Waverley* (1814) nannte Scott diesen »eine Skizze der altschottischen Gebräuche [...] eines Volks, das – wiewohl in einer zivilisierten Zeit und einem zivilisierten Land lebend – sehr stark von Sitten geprägt ist, die einer frühen Phase der Gesellschaft angehören«. Scott wurde von maßgeblichen Historikern seiner Zeit wie Thomas Macaulay und Augustin Thierry bewundert, die ihrerseits bemerkenswerte Gesellschaftsporträts verfassten, der eine über das 17., der andere über das 11. Jahrhundert.

Der Übergang vom 18. zum 19. Jahrhundert wurde gelegentlich als die große Zeit der Beschreibung bezeichnet, insbesondere im Bereich der Naturwissenschaften. Die Gelehrten unterschiedlicher Disziplinen legten – so Michel Foucault – vor allem Wert darauf, ein »Bild« zu produzieren. Nicht von ungefähr taucht in den Titeln einiger berühmter Bücher, die zu dieser Zeit erschienen, immer wieder der Begriff »Beschreibung« auf: Man denke etwa an die 113 Bände der französischen *Descriptions des arts et métiers* (1761–1788), Carsten Niebuhrs *Beschreibung von Arabien* (1772), die er nach seiner berühmten Expedition veröffentlichte, oder an die napoleonische *Description de l'Egypte* (1809–1828).

In Nachahmung des letztgenannten Werks verfasste der englische Reisende Edward Lane seine eigene *Description of Egypt*. Das Manuskript erwies sich für eine Veröffentlichung als zu umfangreich, aber der Auszug, der 1836 unter dem Titel *Manners and Customs of the Egyptians* erschien, wurde zu einem Klassiker; Henry Brougham, der sich für die Drucklegung des Werks engagierte, bemerkte über Lane: »Ich frage mich, ob dieser Mann eigentlich weiß, worin seine Stärke liegt? In der Beschreibung.«[60] Der Liste ließen sich problemlos weitere, auch weniger bekannte Beispiele hinzufügen, etwa Gilbert Imlays *Topographical Description of the Western Territory of North America* (1792), die *Beschreibung der Kinderkrankheiten* (1803) des deutschen Professors Jacob Schaeffer oder die geographische und ökonomische Beschreibung Lapplands durch den schwedischen Naturforscher Göran Wahlenberg (*Geografisk och ekonomisk Beskrifning om Kemi Lappmark*, 1804).

Um dieselbe Zeit verbreiteten sich zunehmend auch die deskriptive Geometrie und die deskriptive Statistik. 1800 erschien die *Géometrie descriptive* des französischen Mathematikers Gaspard Monge, und Gottfried Achenwall, der später Rechtswissenschaft und Philosophie an der Universität Göttingen lehrte, wendete in seinem Werk *Staatsverfassung* (1749) erstmals den Begriff »Statistik« an, womit er die Beschreibung eines Staats, seiner Organisation und Ressourcen meinte.

In den Geistes- und Sozialwissenschaften folgten die Meisterwerke der Beschreibung allerdings erst etwas später. In seinem berühmten Werk *Die Kultur der Renaissance in Italien* (1860) unternahm der Schweizer Kunst- und Kulturhistoriker Jacob Burckhardt den Versuch, ein ganzes Zeitalter zu porträtieren. Etwas spezialisierter ist Lewis Namiers *The Structure of Politics at the Accession of George III* (1929), das ebenso zu einem Klassiker wurde wie *Herrenhaus und Sklavenhütte*, die »sinnliche Geschichte« des Brasilianers Gilberto Freyre, die Bilder, Klänge und sogar Gerüche beschwor (*Casa Grande e Senzala*, 1933).

Ein meisterhaftes Porträt eines Zeitalters schuf auch der niederländische Historiker Johan Huizinga mit seinem *Herbst des Mittelalters* (*Herfsttij der Middeleeuwen*, 1919), in dem er Bilder und Klänge (etwa von Glocken) aufs Anschaulichste beschrieb und den spätmittelalterlichen Hof als eine Art Bühne präsentierte: »Die Hoftafel Karls des Kühnen«, schrieb Huizinga, »mit all ihren mit nahezu liturgischer Würde geregelten Diensten von *panetiers* und Vorschneidern und Mundschenken und Küchenmeistern glich der Aufführung eines großen und ernsten Schauspiels.«[61]

Die im vorangegangenen Kapitel erwähnten Sozialerhebungen führten ihrerseits zu einigen anschaulichen Beschreibungen sozialer Umfelder, unter ihnen Friedrich Engels' *Die Lage der arbeitenden Klasse in England* (1845) und Henry Mayhews *London Labour and London Poor* (1851). Mayhew suchte beispielsweise einen Weber in seiner Werkstatt auf und beschrieb den Raum, zu dem er »über eine steile Treppe hinaufstieg«, wie folgt:

> Es war eine enge, schlauchartige Wohnung mit je einem Fenster an Vorder- und Rückseite, die sich über die gesamte Länge des Hauses erstreckte – von einem Ende bis zum anderen. Der Mann war ein typischer Vertreter seiner Klasse – eine untersetzte, hagere Gestalt

> mit dünnem Gesicht und eingefallenen Wangen. In dem Raum befanden sich drei Webstühle und einige Spinnräder [...]. An den beiden Fenstern auf jeder Seite standen kleine Töpfe mit Fuchsien, deren lange scharlachrote Blüten beim Rattern der Webstühle, das den Raum erzittern ließ, sanft hin und her schwangen.[62]

Naturwissenschaftler wie auch Soziologen interessierten sich zunehmend für die Beschreibung der Umwelt. Um das Jahr 1800 waren Botaniker beispielsweise dazu übergegangen, nicht nur spezielle Pflanzenarten zu studieren, sondern auch ihre Geographie, also die Beziehung zwischen der Verbreitung von Pflanzen und den physischen Bedingungen ihrer Umgebung. Alexander von Humboldts *Essai sur la géographie des plantes* (1807) ist ein bekanntes Beispiel für den neuen Trend, ebenso wie Candolles *Géographie botanique* und die erwähnte Lappland-Beschreibung Wahlenbergs. Das Wort »Ökologie« wurde 1866 (auf Deutsch) geprägt, aber erst ab den 1920er Jahren setzte sich der Begriff allgemein durch.

Im soziokulturellen Bereich betonte der französische Kritiker und Historiker Hippolyte Taine die Bedeutung des sozialen Umfelds, des Milieus, für die Entstehung eines Kunstwerks. Auch die Romanschriftsteller unter seinen Landsleuten, von Balzac bis Proust, pflegten die präzise, anschauliche Schilderung sozialer Milieus.[63] Zola, der Taines Werk bewunderte (auch wenn dieser nach seiner Auffassung den Individuen zu wenig Platz einräumte), widmete seinen zwanzigbändigen Romanzyklus der Rougon-Macquart (1871–1893) der »Natur- und Sozialgeschichte einer Familie im Zweiten Kaiserreich«, wobei er die Auswirkungen ihrer Umwelt auf das Leben von Individuen in den Vordergrund rückte, wie etwa im Falle der in *Germinal* (1885) beschriebenen Bergarbeiter. Nach eigener Aussage ging es ihm darum, »das Volksmilieu [zu] zeigen« (*montrer le milieu peuple*), denn, so sein Argument, »der Mensch lässt sich nicht von seinem Milieu trennen« – seiner Kleidung, seinem Haus, seiner Stadt, seiner Provinz und so weiter. So wie Mayhew verstand es auch Zola, ein einzelnes Zimmer einprägsam zu beschreiben: das Wohn- und Schlafzimmer einer neunköpfigen Familie mit den zwei Fenstern, den drei Betten, dem Spind und den beiden Stühlen aus dunklem Nussbaumholz.[64]

Thomas Hardy wiederum fasste eine Reihe seiner Bücher unter der Bezeichnung »Novels of Character and Environment« zusammen, in denen er ländliche Bräuche aus der Zeit seiner Geburt präzise und liebevoll beschrieb. Es ist vielleicht kein reiner Zufall, dass der »Moment des

Naturalismus« im ausgehenden 19. Jahrhundert mit der zunehmenden Verbreitung von statistischen Erhebungen zusammenfiel. Angesichts der Arbeit von Romanautoren wie Zola, Hardy oder Theodor Fontane (auch er, wie Zola, ursprünglich ein Journalist, der zum Romancier wurde) nimmt es nicht wunder, dass ein Historiker, der über die Soziologie des 19. Jahrhunderts arbeitet, diese »zwischen Literatur und Wissenschaft« angesiedelt hat.[65]

Ein weiteres Meisterwerk der Beschreibung, wenn auch international nicht so bekannt wie *Germinal*, ist *Os Sertões* (*Krieg im Sertão*, 1902) des Brasilianers Euclides da Cunha, die Geschichte eines Volksaufstands gegen das neue republikanische Regime. Der Verfasser, der als Ingenieur wie auch als Journalist tätig war, schildert zu Beginn des Buchs auf minutiöse, anschauliche und dramatische Weise Land und Volk einer kargen Region im Nordosten Brasiliens. Wie den Soziologen und Romanschriftstellern seiner Zeit kam es Euclides da Cunha darauf an, den Charakter der lokalen Bevölkerung anhand ihrer Umgebung zu erklären. Im Folgenden ein Porträt des Sertanejo, also des typischen männlichen Bewohners aus dem Sertão:

> Er ist ungeschlacht, ungelenk, krumm. [...] Sein kraftloser, haltungsloser, beinahe schaukelnder und torkelnder Gang erscheint wie die Fortbewegung ausgerenkter Gliedmaßen. Diesen Eindruck verschlimmern die zumeist geduckte Haltung und der Ausdruck von Trübseligkeit, die ihm einen Zug von bedrückender Demut verleihen. Bleibt er, zu Fuß unterwegs, stehen, lehnt er sich unweigerlich gegen die erstbeste Wand oder Türrahmung; [...] Er ist der immerfort Ermattete.
>
> In allem legt er eine unausrottbare Trägheit an den Tag, eine immerwährende Schlaffheit der Muskeln: in der schleppenden Sprechweise, im unbeholfenen Gebärdenspiel, im ungeraden Gang, im schmachtenden Rhythmus der *modinhas*, im ständigen Hang zu Reglosigkeit und Stillstand.
>
> Indessen, all dieser Schein von Müdigkeit trügt. [...]
>
> Es genügt ein beliebiger Zwischenfall, der ihm die Weckung seiner schlummernden Energien abverlangt. Der Sertanejo wird ein anderer. Er richtet sich auf [...] und die Allerweltsfigur des unbeholfenen Dörflers bietet unversehens den herrischen Anblick eines kupferhäutigen, mächtigen Titans, in einer verblüffenden Entfaltung außergewöhnlicher Kraft und Behendigkeit.[66]

Die meisten dieser Beschreibungen lassen sich als »dicht« charakterisieren, um das einprägsame Epitheton des Anthropologen Clifford Geertz zu verwenden – mit anderen Worten, sie enthalten ein wichtiges Element der Deutung, das weiter unten (S. 92) erörtert werden soll.[67]

Vergleichen

Das Messen und Zählen dient unter anderem dazu, genaue Vergleiche zu ermöglichen. Ab 1853 wurden internationale Statistikkongresse organisiert, um Kategorien zu standardisieren und so den Vergleich zu erleichtern. Der – auch kontrastierende – Vergleich war lange Zeit Teil unseres intellektuellen Rüstzeugs, man denke etwa an Machiavellis berühmte Gegenüberstellung Frankreichs und des Osmanischen Reichs in *Der Fürst*. Doch erst ab dem späten 18. Jahrhundert entwickelte sich die Praxis des systematischen Vergleichs in einer Disziplin nach der anderen.

Zu den Pionieren gehörten die Vertreter der vergleichenden Anatomie, insbesondere Georges Cuvier, dessen Arbeit über die Paläontologie bereits erwähnt wurde. Der Anatom Richard Owen war es dann, der den grundlegenden Unterschied zwischen Homologien (Ähnlichkeiten aufgrund eines gemeinsamen evolutionären Ursprungs) und Analogien (Ähnlichkeiten aufgrund einer gemeinsamen Funktion) formulierte.

Eine weitere Disziplin, in der sich der systematische Vergleich relativ früh entwickelte, war die Philologie. So demonstrierte der britische Orientalist William Jones 1786 die Homologien zwischen Latein, Griechisch und Sanskrit, und 1799 zeigte der ungarische Philologe Samuel Gyarmathi auf, welche »Affinitäten« zwischen Ungarisch, Finnisch, Estnisch und Sami bestehen.

Ab dem späten 19. Jahrhundert zeigt sich ein zunehmendes Interesse am Religionsvergleich. Der deutsche Orientalist Max Müller erhielt 1868 den Ruf auf einen Lehrstuhl für »komparative Theologie« in Oxford; 1890 erschien die Erstausgabe von James Frazers *The Golden Bough* (dt. *Der goldene Zweig*, 1928) und 1912 Émile Durkheims Studie *Die elementaren Formen des religiösen Lebens*. Ebenso wie Kulturen begann man jetzt auch Religionen unter dem Aspekt ihrer Vielfalt zu betrachten, auch wenn man sie nicht als gleich ansah und das Fach an den Universitäten hauptsächlich von christlichen Dozenten gelehrt wurde. In diesem Kontext wären auch die berühmten Studien Max Webers über die Religionen Chinas und Indiens zu nennen, mit denen er sein ehrgeiziges Projekt verfolgte, durch systematische Vergleiche und Kontraste die Unterschiede zwischen abendländischen und anderen Kulturen zu definieren.

So könnte man sagen, dass Weber die komparative Geschichtsschreibung begründete. Zwar hatte Leopold von Ranke schon 1827 eine vergleichende Studie des Osmanischen und des Spanischen Reichs vorgelegt, doch sie war eher deskriptiv als analytisch. In den 1920er Jahren stellten dann auch einige Fachhistoriker – unter ihnen der Belgier Henri Pirenne, der Franzose Marc Bloch und der Deutsche Otto Hintze – Vergleiche à la Weber und Durkheim an, um Unterschiede zu erklären.

Unterschiedliche Disziplinen marschieren nicht immer im Gleichschritt. In der Anthropologie war es beispielsweise so, dass Malinowski (siehe oben S. 41 f.) in den 1920er Jahren Frazer vorwarf, bei seinem komparativen Ansatz den Kontext der von ihm verglichenen Praktiken zu vernachlässigen. Aufgrund dieser Kritik gingen viele Anthropologen von der globalen zur lokalen Betrachtung über.[68] In der Politikwissenschaft kam es in den 1950er Jahren zu einer komparativen Wende; eingeleitet wurde sie von dem Norweger Stein Rokkan und einigen seiner amerikanischen Kollegen, die 1954 das Committee on Comparative Politics gründeten.

In der Archäologie übernahmen einige Wissenschaftler – namentlich Lewis Binford in den USA und Colin Renfrew in Großbritannien – in den 1960er und 1970er Jahren Analogien aus relativ primitiven Gesellschaften, die von Anthropologen untersucht worden waren, um Lücken in ihrer eigenen Disziplin auszufüllen. So lebte etwa Binford, der das Paläolithikum auf dem Gebiet des heutigen Frankreich untersuchte, eine Zeitlang bei den Nunamiut-Eskimos in Alaska, um das Leben der Jäger aus erster Hand zu studieren.[69]

Erklären

Systematische Vergleiche wurden aus verschiedenen Gründen angestellt. Sowohl Anatomen als auch Linguisten interessierten sich in der Genealogie von Tieren und Sprachen für den Ursprung. Der Historiker Pirenne schätzte den Vergleich als Mittel zur Vermeidung nationaler Vorurteile. Andere Wissenschaftler sahen im Vergleich vor allem eine Möglichkeit, die sie interessierenden Phänomene zu erklären, wenn sie nach dem suchten, was der britische Philosoph John Stuart Mill in seinen Schriften der 1840er Jahre als Methode der »sich begleitenden Veränderungen« bezeichnete. »Eine Naturerscheinung, die sich verändert, wenn sich eine andere Naturerscheinung in irgendeiner besondern Weise verändert«, erklärte Mill, »ist entweder eine Ursache oder eine Wirkung dieser Naturerscheinung, oder durch irgendeinen Kausalzusammenhang damit verknüpft.«[70]

Erklärungsversuche müssen so alt sein wie das Denken selbst, aber auch sie haben eine eigene Historie – die Geschichte des zunehmenden Interesses an Analyse oder des Wettbewerbs zwischen unterschiedlichen Stilen des Erklärens. Eine gelegentlich vertretene These besagt, dass auf eine Zeit der deskriptiven Naturgeschichte – angesiedelt im späten 18. und frühen 19. Jahrhundert – eine eher analytische Zeit der »Naturphilosophie« folgte. Der Titel von Charles Lyells *Principles of Geology* (1830–1833, dt. *Lehrbuch der Geologie*, 1833–1835) spielte auf Newton an, und auf der Titelseite bezeichnete der Verfasser sein Werk als einen »Versuch, die früheren Veränderungen der Erdoberfläche durch noch jetzt wirksame Ursachen zu erklären«.

Das Experiment, mit dem schon vor 1750 in Physik und Chemie gearbeitet wurde, verbreitete sich auch in anderen Disziplinen.[71] Im Bereich der Medizin erleben wir beispielsweise, wie sich Experimente zum Behufe der Erklärung immer mehr durchsetzten und die Tradition der beschreibenden Beobachtung verdrängten oder, genauer gesagt, neben ihr existierten. Claude Bernards *Médecine expérimentale* (1865) war das berühmteste, wenn auch keineswegs das erste Beispiel für diesen neuen Trend.[72] Geologen experimentierten an Felsen – etwa durch die Erhitzung von Kalkstein – und reproduzierten Gletscher en miniature. In den 1880er Jahren schlossen sich auch Psychologen dem Trend an.

Im 20. Jahrhundert waren es dann einige Gruppen in den Gesellschafts- und Geisteswissenschaften, die experimentelle Methoden übernahmen. Dies betrifft zum Beispiel Soziologen, die in den ersten Jahren des Jahrhunderts die Arbeitsbedingungen in Fabriken untersuchten, was später auch in der Politikwissenschaft üblich wurde. In der Archäologie imitierte eine Gruppe auf der Butser Experimental Iron Age Farm (1972) frühe landwirtschaftliche Praktiken, und ein beherzter Wissenschaftler testete sogar die Effizienz eines Lederschilds aus dem bronzezeitlichen Irland, indem er selbst mit einer Replik kämpfte.[73]

In der Geschichtswissenschaft und der Ökonomie, der Soziologie und anderen sozialwissenschaftlichen Disziplinen lässt sich ab dem frühen 19. Jahrhundert ein Konflikt zwischen zwei Erklärungsmethoden registrieren – der individualistischen und der holistischen –, bei dem jede Seite ihre Position in Abgrenzung gegen die andere definierte. Auf der einen Seite standen die Vertreter des methodologischen Individualismus, die behaupteten, »daß es möglich sein muß, das ›Verhalten‹ und die ›Handlungen‹ von Kollektiven wie Staaten und Sozialgruppen auf das Verhalten und die Handlungen menschlicher Individuen zu reduzieren« – so etwa der österreichische Nationalökonom Carl Menger 1883 – oder wie es Margaret Thatcher, eine spätere Anhängerin der individualistischen Schule, apodiktisch formulierte: »So etwas wie Gesellschaft gibt es nicht.« Die Holisten wiederum – beziehungsweise die »methodologischen Kollektivisten« (etwa Karl Marx oder Émile Durkheim), wie der österreichische Philosoph Karl Popper sie nannte – lehnten diese Form des Reduktionismus ab und betonten demgegenüber die Bedeutung verschiedenartiger Systeme.[74]

In den Natur- wie in den Sozialwissenschaften wurde ein System oft unter dem Aspekt der Anpassung an seine (physische oder soziale) Umgebung oder seiner Funktion erklärt. In der Soziologie und Sozialanthropologie – ein Ansatz, der seine Blütezeit mehr oder weniger von den 1920er bis zu den 1960er Jahren erlebte – ging man davon aus, dass die Hauptfunktion einer Praxis oder einer Institution in ihrem Beitrag zur Aufrechterhaltung des sozialen Systems besteht.

In zahlreichen Disziplinen gewann die Analyse im oben erörterten Sinne zunehmend Bedeutung, also eine Analyse, die unter die Oberfläche der Dinge geht: Physiker fanden ihre Erklärungsmodelle in der Mathematik, Vertreter der physikalischen Chemie in der Physik, Astronomen und Biologen in Physik und Chemie. Marx liefert vielleicht das berühmteste Beispiel eines soziologischen und historischen Ansatzes: Kultur und Ideen sind aus seiner Sicht nichts anderes als der »Überbau« (die architektonische Metapher stammt von Marx selbst), der – ob es den Einzelnen nun gefällt oder nicht – von der sozialen und ökonomischen »Basis« geformt wird. Sein Hauptwerk *Das Kapital* (1867–1894) verstand Marx als eine dynamische »Analyse des Kapitals in seiner Kernstruktur«, die letztlich darauf abzielte, »das ökonomische Bewegungsgesetz der modernen Gesellschaft zu enthüllen«.[75]

Wie diese Marx-Zitate verdeutlichen, bedienten sich Forscher, die in anderen Wissensbereichen arbeiteten, gerne der Sprache und – wo dies möglich war – auch der Methoden der Naturwissenschaften. Von diesen entlehnten sie Begriffe, namentlich den des »Gleichgewichts« in der Volkswirtschaftslehre und der Soziologie. Ihre Forschungsgebiete beschrieben sie mit Termini wie »Moralwissenschaft«, »Sozialwissenschaft«, »Sozialphysik« oder »Sozialstatistik«; sie verwendeten naturwissenschaftliche Metaphern (etwa Freuds hydraulisches Modell der Emotionen); und sie bezeichneten Einrichtungen mit unterschiedlichsten Forschungsgegenständen wie Ethnographie, soziale Beziehungen, öffentliche Meinung und so weiter als »Labore«.

Diese Metaphern offenbaren, welchen Reiz naturwissenschaftliche – vor allem physikalische – Methoden ausübten, von denen sich Mediziner und Psychologen ebenso inspirieren ließen wie Soziologen. Die Physik war deshalb anregend, weil sie klare und einfache Erklärungen lieferte. Der positivistische Erklärungsansatz wurde beschrieben als »Subsumption individueller Sachverhalte unter hypothetisch angenommene allgemeine Naturgesetze, einschließlich Gesetze der ›menschlichen Natur‹«.[76] Selbst ein Romanautor wie Zola bediente sich des naturwissenschaftlichen Vokabulars, als er eines seiner Werke als »experimentell« beschrieb (*Le Roman expérimental*, 1880). Er sah sich selbst als eine Art Analytiker, der das Verhalten gewöhnlicher Menschen anhand ihres Milieus erklärt.

Comte behauptete, das Zeitalter des »Positivismus« sei angebrochen, indem er die religiöse oder metaphysische Haltung zum Wissen durch eine wissenschaftliche ersetzte. Marx sah sich selbst als eine Art Naturwissenschaftler und hätte sein *Kapital* gerne Darwin gewidmet. Claude Lévi-Strauss glaubte nach eigenem Bekenntnis, »daß verstehen heißt, einen Typus der Realität auf einen anderen zu reduzieren«, weil »die wahre Realität niemals diejenige ist, die sich am offenkundigsten zeigt«. Er begeisterte sich für Geologie, den Marxismus und die Psychoanalyse, ehe er dann seine berühmte Wende zum Strukturalismus vollzog.[77]

Interpretieren

Vom ausgehenden 19. Jahrhundert an machte sich in einigen Disziplinen – namentlich in der Soziologie und der Geschichtswissenschaft – eine Reaktion gegen den »Szientismus« beziehungsweise »Positivismus« bemerkbar: Das Modell der Naturwissenschaften (inklusive solcher Verfahren wie Zählen, Messen und Vergleichen), vor allem aber ihre Erklärungsmodelle, stießen zunehmend auf Ablehnung. »Reduktion« wurde zu einem negativen Begriff.[78] Der deutsche Philosoph Wilhelm Dilthey unterteilte die Welt des Wissens in die Naturwissenschaften einerseits, in denen Gegenstände von außen beobachtet und ihre Ursachen erklärt werden, und die Geisteswissenschaften andererseits, in denen es um das innere »Verstehen« ihrer Bedeutung gehe.

Eine ähnliche Auffassung wie Dilthey vertrat in der Soziologie Max Weber und in der Geschichtswissenschaft der britische Philosoph, Historiker und Archäologe Robin G. Collingwood. Letzterer traf die denkwürdige Aussage: »Wenn der Naturwissenschaftler fragt: ›Warum wurde dieses Lackmuspapier rosa?‹, so meint er damit: ›Unter welchen Umständen werden Lackmuspapiere rosa?‹. Wenn dagegen der Historiker fragt: ›Warum hat Brutus den Cäsar erstochen?‹, dann meint er damit: ›Welche Gedanken haben Brutus zu seiner Tat bewogen, welche Erwägungen brachten ihn zu dem Entschluß, Cäsar zu erstechen?‹«[79]

Um die Erfahrungen anderer Menschen und ihrer Kulturen zu verstehen, bedurfte es nach Auffassung der Gegner des Positivismus eines imaginativen Einfühlungsvermögens, unterstützt durch die Methode der Hermeneutik. Im frühen 19. Jahrhundert hatte der deutsche Theologe Friedrich Schleiermacher – neben einigen anderen Gelehrten wie dem Philologen Friedrich Ast – die Bibelexegese hermeneutisch gewendet, also eine etwas allgemeinere Interpretationsweise entwickelt, die sich mit einer Vielfalt von Texten beschäftigte, darunter die griechischen und lateinischen Klassiker (und später auch vernakularsprachliche Literatur). Im Rechtswesen spielte die Textinterpretation schon immer eine wichtige Rolle, allerdings bedienten sich Juristen erst relativ spät der Hermeneutik, und in ihrer Praxis der Rechtsprechung unterscheiden sich Richter nach wie vor von Historikern oder Literaturwissenschaftlern.[80] Während Historiker fragen, was ein Text zur Zeit seiner Abfassung bedeutete, müssen Richter entscheiden, was er heute bedeutet.

Die Hermeneutik griff allmählich auch auf die Interpretation menschlicher Handlungen und menschlicher Kultur über. In den 1920er und 1930er Jahren verabschiedeten sich beispielsweise Kunsthistoriker von der Formanalyse und untersuchten stattdessen lieber die Bedeutung von Bildern. In einem berühmten programmatischen Essay unterschied Erwin Panofsky drei Ebenen der Untersuchung: die bereits erwähnte »vorikonographische Beschreibung«; die korrekte »ikonographische Analyse«, die beispielsweise eine Frau mit einem Rad als heilige Katharina identifiziert; und die »ikonologische Interpretation«, in der es um die Deutung symbolischer Werte geht.[81]

Diese drei visuellen Ebenen des Panofsky-Programms entsprechen ziemlich genau den drei Ebenen, die zu Beginn des 19. Jahrhunderts Friedrich Ast unterschied: die wortwörtliche oder grammatische Ebene, die historische Ebene (auf der es um die konventionelle Bedeutung geht) und die kulturelle Ebene, die den Text als »geistigen« Ausdruck eines Zeitalters behandelt. Sie entsprechen auch den drei Ebenen, die Karl Mannheim in einem Essay zur Weltanschauungsinterpretation unterschied – ein Text, der Panofsky bekannt gewesen sein dürfte.[82]

Obwohl Freud sich einer naturwissenschaftlichen Sprache bediente, könnte man die Psychoanalyse durchaus als eine Art Hermeneutik betrachten, als eine neue Form der »Traumdeutung« zum Beispiel (ein Begriff, den Freud zum Titel eines seiner Bücher machte).[83] Freuds Analyse verborgener Triebe ließe sich auch als eine Art Ermittlungstätigkeit bezeichnen. Angesichts der wachsenden Popularität, derer sich Sherlock Holmes und andere Helden der Kriminalliteratur zu Beginn des 20. Jahrhunderts erfreuten, wurde das Bild des Forschers als Detektiv, der die von einem Verbrecher hinterlassenen Spuren deutet, zu einer beliebten Metapher. Collingwood, der die Parallele ausführlich erörterte, argumentierte beispielsweise, der Unterschied zwischen Holmes, der Beweismaterial sammelt, und Agatha Christies Hercule Poirot, für den die gedankliche Arbeit im Vordergrund steht (»die kleinen grauen Zellen«), spiegele »deutlich den Wandel in der Auffassung der geschichtlichen Methode in den letzten vierzig Jahren wider« – also erst Fragen zu stellen, ehe man sich ans Sammeln von Beweismaterial macht.[84]

Für Wissenschaftler aus unterschiedlichsten Disziplinen, die in dieser Tradition arbeiten, war und ist die zentrale Metapher die des Lesens: Symptome lesen, Bilder lesen, Kulturen lesen und so weiter. Schon im 18. Jahrhundert verstanden einige Geologen ihre Aufgabe als ein Lesen von Gesteinen und Fossilien. In der Anthropologie ging man in den 1960er Jahren dazu über, nicht mehr gesellschaftliche Strukturen und Funktionen zu analysieren, sondern Kulturen zu interpretieren; eine maßgebliche Rolle bei diesem Wandel spielte Geertz, der seine Methode als »dichte Beschreibung« charakterisierte – mit anderen Worten, eine Beschreibung, die Bedeutungen in sich einschließt. In den 1980er Jahren beschrieben einige Archäologen ihre Tätigkeit als ein Lesen der Vergangenheit.[85] Aber auch hier ist darauf hinzuweisen, dass unterschiedliche Disziplinen nicht immer im Gleichschritt marschieren.

Wie diese Beispiele verdeutlichen, kann man nicht einfach davon sprechen, dass die Erklärung durch die Interpretation ersetzt worden wäre. Trotz der »antipositivistischen Reaktion« gegen Ende des 19. Jahrhunderts kam in der Zeit zwischen den beiden Weltkriegen »der Positivismus wieder auf, und zwar stärker denn je«.[86] Heutzutage folgt die »Detektivarbeit« immer mehr einem wissenschaftlichen und weniger einem interpretativen Modell. Die Welt eines Holmes und Poirot haben wir hinter uns gelassen und bewegen uns hin zur Welt von *Crime Scene Investigation*, einer US-Fernsehserie, die 2000 gestartet wurde und bis heute erfolgreich läuft. Erklärung und Interpretation existieren nach wie vor nebeneinander. Manche Disziplinen wie auch einzelne Wissenschaftler legen Wert auf das eine, andere auf das andere Modell. Bisweilen – etwa in der Archäologie, Anthropologie und Geographie – verläuft die Trennlinie nicht zwischen verschiedenen Disziplinen, sondern innerhalb ein und derselben.

Erzählen

An dieser Stelle ist zu fragen, wie die verschiedenen Arten von Analyse, die bisher erörtert wurden – Datierung, Verifizierung, Messung, Erklärung und so weiter –, Synthesen hervorbringen konnten, bei denen es nicht nur um den Ausgleich von Divergenzen oder die Organisation um zentrale Ideen geht und die insofern mehr sind als bloße Kompilationen.[87] Sinnvollerweise sollte man zwei Hauptformen der Synthese unterscheiden: Erzählung und Theorie.

In der Geschichtsschreibung ist die erzählende Schilderung die traditionelle, man könnte sogar sagen das Standardverfahren der Darstellung. Die berühmten historischen Beschreibungen eines Burckhardt, Huizinga oder Namier, die bereits erwähnt wurden, sahen sich alle dem Vorwurf ausgesetzt, sie zeichneten ein statisches und kein dynamisches Bild eines Zeitalters. Historische Erzählungen wiederum wurden als »banale Aneinanderreihungen« kritisiert, die nichts erklären. Wie wir gesehen haben, wurde den Kritikern der »bloßen« Beschreibung unter anderem das Argument entgegengehalten, eine gute oder »dichte« Beschreibung schließe ja immer auch eine Art von Erklärung mit ein. Ähnlich ließe sich argumentieren, dass einige Erzählungen dichter sind als andere und eben deshalb umso effektiver.[88]

Dies gilt ganz sicherlich für Geschichten, die von großen Romanautoren erzählt werden. Zola zum Beispiel hatte nach eigener Aussage einen zweifachen Anspruch: Er wollte durch Beschreibung »das Volksmilieu zeigen« und anhand einer spezifischen Geschichte »die Sitten des Volks erklären« (*expliquer les mœurs peuple*). Einigen Verfassern historischer Romane wie Scott und Tolstoi verdanken wir Geschichtsinterpretationen von besonderer Klarheit. Zu einer Zeit, als Historiker eine Geschichtsschreibung von oben betrieben – sich also vor allem auf

Könige und Feldherren konzentrierten –, erzählten die Romanautoren von einfachen Menschen und oft aus ihrer Perspektive. Die erzählende Schilderung hat auch ihren Platz in den Naturwissenschaften. Berichte von Experimenten kommen gerne in narrativem Gewand daher. Geologen erzählen Geschichten der Erde, die sich über einen so langen Zeitraum erstrecken, dass Historiker sie sich kaum vorstellen können. Darwin erzählte in seinem Werk *On the Origin of Species* (1859, dt. *Über die Entstehung der Arten*, 1860) eine Geschichte des langfristigen Wandels.[89]

Im Laufe der etwa letzten fünfzig Jahre geriet allerdings insbesondere die historische Erzählung unter Beschuss. Schon zu Beginn des 20. Jahrhunderts kritisierten Durkheim und andere französische Sozialwissenschaftler das, was sie abwertend als »Ereignisgeschichte« (*histoire événementielle*) bezeichneten. Fernand Braudels *La Méditerranée* (1949) leitete dann eine neue Art der Geschichtsschreibung ein. Nach seiner Auffassung, die sich auch einige andere Historiker zu eigen machten, ließ sich die Vergangenheit am besten verstehen, wenn man Strukturen aus der Perspektive der *longue durée* analysiert, anstatt die Geschichte »oberflächlicher« Ereignisse zu erzählen. Das sollte man lieber Romanschriftstellern und Journalisten überlassen. Gleichwohl behauptete der Philosoph Paul Ricœur, Braudel sei selbst ein Erzähler.[90]

Eine Generation später geriet die »große Erzählung« oder »Metaerzählung« in die Schusslinie der Kritik, die sich vor allem an der Geschichte des Aufstiegs der abendländischen Zivilisation festmachte – Renaissance, Reformation, Aufklärung, Französische Revolution, industrielle Revolution und so weiter –, da diese nur einen Teil der Welt und eine ganz bestimmte gesellschaftliche Gruppe privilegiert, nämlich die männlichen Angehörigen der weißen Oberschicht. Die Kritik der großen Erzählung artikulierte sich explizit im Essay *La condition postmoderne* (1979) des französischen Philosophen Jean-François Lyotard, ein »Bericht über das Wissen«, der maßgeblich dazu beitrug, die Debatte über die »Postmoderne« zu eröffnen.[91]

Eine derartige Kritik wurde auch in den neuen Konzeptionen von Geschichtsschreibung formuliert, wie sie sich in mehreren anderen Ländern entwickelte: der *history from below* in Großbritannien, der *microstoria* in Italien und der »Alltagsgeschichte« in Deutschland.[92] In allen Fällen ging es vornehmlich darum, den Stimmen gewöhnlicher Männer und Frauen Gehör zu verschaffen und die Art und Weise, wie sie ihre Welt zu verstehen versuchten, in die Geschichte miteinzubeziehen, so wie es Romanautoren schon sehr viel früher getan hatten. Die Untersuchung städtischer Unruhen konzentrierte sich beispielsweise deutlicher als zuvor auf »Gesichter in der Menge«, auf individuelle Entscheidungen ebenso wie auf kollektive Aktionen. In dieser Hinsicht folgten die Wissenschaftler Beispielen aus der Belletristik, namentlich Walter Scotts Schilderung der sogenannten Porteous-Unruhen in Edinburgh 1736 oder der Geschichte eines Volksaufstands wegen zu hoher Brotpreise in Mailand 1630, über den Alessandro Manzoni in seinem Roman *I promessi sposi* (dt. *Die Brautleute*) berichtete.[93]

In neuerer Zeit haben auch Soziologen, Anthropologen, Juristen und Mediziner einen ähnlichen Weg eingeschlagen. In den Vereinigten Staaten entwickelte sich in den 1980er Jahren beispielsweise eine Bewegung zur Aufarbeitung der Rechtsgeschichte, die unter der Bezeichnung *legal storytelling movement* bekannt geworden ist. 1995 fand an der Yale Law School eine Konferenz zu diesem Thema statt, bei der sich Literatur- und Rechtsexperten zum Gedankenaustausch trafen. Im *storytelling movement* interessiert man sich für traditionell untergeordnete Gruppen – insbesondere ethnische Minderheiten und Frauen –, denn die Geschichten, die von Angehörigen dieser Gruppen erzählt werden, stellen ein Rechtssystem in Frage, das von weißen männlichen Juristen geschaffen wurde, welche die Bedürfnisse und Interessen anderer Gruppen nicht immer hinreichend berücksichtigten.[94]

Auch in Medizinerkreisen ist ein wachsendes Interesse an Geschichten zu beobachten: Die Sicht des Patienten rückt heute verstärkt in den Vordergrund, und immer mehr setzt sich die Erkenntnis durch, dass in mancher Hinsicht die Menschen ihren eigenen Körper und ihre eigenen Krankheiten besser verstehen als Außenstehende, ja sogar Außenstehende mit professionellen Qualifikationen (Psychoanalytiker hören ihren Patienten natürlich schon seit über einem Jahrhundert zu).[95] Das bei Soziologen und Anthropologen bestehende Interesse für individuelle »Lebensgeschichten« hängt auch mit einem wachsenden Respekt vor der Intelligenz und der Erfahrung der von ihnen untersuchten Menschen zusammen, die nicht mehr als bloße Forschungsgegenstände oder »Sozialtrottel« behandelt werden, sondern ganz im Gegenteil als Subjekte, die ihre eigene Kultur verstehen und den »Sozialwissenschaftlern« mindestens ebenso viel beibringen, wie sie von ihnen lernen können.[96]

Die Formen und bis zu einem gewissen Grade auch die Zwecke der Erzählung haben sich im Laufe der letzten zweihundert Jahre eindeutig gewandelt. Im Falle der Theoriebildung ist der Wandel zwar weniger offensichtlich, aber dennoch vorhanden.

Definiert man eine Theorie als allgemeine Aussage über eine bestimmte Klasse von Phänomenen, dann ist klar, dass die Theoriebildung und die Formulierung von »Gesetzen« in der Mathematik und den Naturwissenschaften eine lange Tradition haben, die sich auch in unserer Zeit fortsetzte. Berühmte Beispiele hierfür sind die vier Hauptsätze der Thermodynamik in der Physik und das Gesetz der konstanten Proportionen in der Chemie, die Gaußsche Fehlertheorie in der Astronomie, die Mendelschen Regeln in der Genetik, die Darwinsche Evolutionstheorie, die Maxwellschen Gleichungen des Elektromagnetismus, die Spieltheorie in der Mathematik und natürlich Einsteins spezielle und allgemeine Relativitätstheorie. In diesen Gebieten gilt der Wert von Theorien als etwas Selbstverständliches, obwohl nach wie vor über die Möglichkeit einer »finalen Theorie«, einer »großen vereinheitlichten Theorie« oder einer »Weltformel« debattiert wird, die alle Kräfte der Natur – also alle physikalischen Phänomene – anhand einiger weniger Gleichungen erklären würde.[97]

In den Geistes- und Sozialwissenschaften dagegen war die Theoriebildung eher etwas Innovatives, und sie gestaltete sich auch kontroverser. In seinem *Lehrbuch der Geschichte der Philosophie* (1893) unterschied der deutsche Philosoph Wilhelm Windelband zwischen den »nomothetischen« Disziplinen, vor allem den Naturwissenschaften, in denen es darum geht, allgemeine Gesetze zu formulieren, und den »idiographischen« Disziplinen der Kulturwissenschaften, etwa Geschichte, die sich mit individuellen Fällen beschäftigen. Das große Problem besteht darin, wo diejenigen Disziplinen zu verorten sind, die Gesellschaft und Kultur untersuchen.

Die Sprachwissenschaft beispielsweise ist eine Disziplin, die Gesetze und Theorien produziert. Eines der berühmtesten ist das »Grimmsche Gesetz« der Lautverschiebung, das Jacob Grimm 1822 formulierte, ein anderes Noam Chomskys Theorie einer »Universalgrammatik«, die sich auf die verschiedenen Grammatiken spezifischer Sprachen stützt.

In der »härtesten« oder präzisesten aller Sozialwissenschaften – der Nationalökonomie – gibt es eine Fülle von Gesetzen und Theorien: David Ricardos »Gesetz der komparativen Kostenvorteile« zum Beispiel, das er 1817 aufstellte; die Grenznutzentheorie, die der Österreicher Carl Menger und andere in den 1870er Jahren formulierten; John Maynard Keynes' *Allgemeine Theorie der Beschäftigung, des Zinses und des Geldes* (1936); und die verschiedenen Theorien zur Wirtschaftsentwicklung, die sich bei Marx, Joseph Schumpeter (1911) oder Walt W. Rostow in seinem Buch *Stadien wirtschaftlichen Wachstums* (1960) finden. Einige dieser Theorien kamen in der Sprache der Mathematik daher, so zum Beispiel *Spieltheorie und wirtschaftliches Verhalten* (1944).[98] Manche Theorien fanden allgemeine Zustimmung, während andere, namentlich die Arbeitswerttheorie, umstrittener sind.

Komplizierter wird die Situation, wenn wir von der Ökonomie zur Gesellschaft übergehen. So wurden etwa von der Soziologie und der Kriminologie »Gesetze« formuliert, aber es handelt sich um eine andere Art von Gesetzen, wie sie in der Physik oder selbst in der Ökonomie gelten. »Diese neuen Gesetze« aus dem 19. Jahrhundert »wurden nach Kriterien der Wahrscheinlichkeit aufgestellt. In ihnen waren Normalität und Abweichungen von der Norm als Konnotationen enthalten.«[99]

Bei der Untersuchung der Gesellschaft herrschte an Theorien kein Mangel. Im späten 18. Jahrhundert stellten einige Autoren der französischen und schottischen Aufklärung eine »Stadientheorie« auf, nach der sich die Geschichte der bürgerlichen Gesellschaft und des Eigentums in vier Stadien entwickelt, die von Jägern/Sammlern, Hirten, Bauern beziehungsweise Händlern dominiert wird. Seitdem gab es unterschiedlichste Theorieangebote, von der »Theorie der rationalen Entscheidung« bis zur »allgemeinen Handlungstheorie«, die der amerikanische Soziologe Talcott Parsons zwischen den 1930er und 1950er Jahren entwickelte, oder der 1972 von dem französischen Soziologen Pierre Bourdieu ausgearbeiteten »Theorie der Praxis«. Jede dieser Theorien hatte ihre Kritiker, während das Unternehmen einer allgemeinen oder »großen Theorie« als solches in den 1940er und 1950er Jahren von Soziologen angefochten wurde, die sich lieber mit »Theorien mittlerer Reichweite« beschäftigten.[100]

Bescheiden – zumindest in seinen Anfängen – war auch der Vorschlag, an Stelle von Theorien »Modelle« auszuarbeiten: Modelle im Sinne bewusst vereinfachter Beschreibungen, welche die doch eher komplexen und verworrenen Situationen, denen man in der realen Welt begegnet, zu erklären vermögen. Das erste dieser noch unsicheren Modelle entwickelte 1826 der deutsche Wirtschaftsgeograph Johann Heinrich von Thünen, der sich vorzustellen versuchte, welche Auswirkungen die Urbanisierung auf die Bodennutzung in einem »isolierten Staat« mit einer einzigen Stadt hätte. Die Stadt in einer solchen idealtypischen Region wäre nach Thünens Idee von konzentrischen Kreisen umgeben, in denen das Land für verschiedene Zwecke genutzt würde: etwa ein innerer Kreis zur Produktion von leicht verderblichen Nahrungsmitteln für die Stadtbewohner und äußere Kreise für Getreidebau und Forstwirtschaft, also für die Produktion von Gütern, die nicht so schnell zu ihrem Bestimmungsort transportiert werden müssen.

Einige dieser Denkmodelle gehen über die bloße Beschreibung nicht hinaus, beispielsweise das von Historikern diskutierte »Feudalsystem« oder die »Bürokratie«, die von Politikwissenschaftlern untersucht wird. Andere wiederum lassen sich leicht visualisieren, egal ob es sich um zweidimensionale Diagramme wie die »Thünenschen Ringe« handelt oder um dreidimensionale Atom- und Molekularmodelle, wie man sie aus der Chemie kennt. Wissenschaftshistorikern wurde gelegentlich vorgeworfen, Modelle zu vernachlässigen, obwohl sie ihren Nutzern beim Denkprozess doch oft förderlich sind.[101] Der britische Physiker William Thomson sagte beispielsweise, er könne nichts verstehen, solange er es nicht als mechanisches Modell vor Augen habe. Bei ihrer berühmten Entdeckung der DNA-Struktur hantierten Francis Crick und James Watson mit räumlichen Modellen aus Karton und Kupferdraht, die ihnen halfen, sich die Doppelhelix vorzustellen.[102]

Andere Modelle arbeiteten dagegen nach mathematischen Regeln, so etwa das makroökonomische Modell, das Jan Tinbergen, ein Pionier auf diesem Gebiet, in den 1930er Jahren für die niederländische Volkswirtschaft entwarf, oder das »Modell des individuellen Wachstums«, das der Österreicher Ludwig von Bertalanffy ursprünglich in der Biologie formulierte, später aber auch für die Lösung von Fragen anderer Art heranzog. Gegen Ende des 20. Jahrhunderts wurden Computer in verschiedenen Disziplinen eingesetzt – von der Wirtschaftswissenschaft bis zur Archäologie –, um die Resultate solcher mathematischen Modelle zu simulieren und sie so zu testen.[103]

Der Wert von Modellen beschränkt sich nicht allein auf ihren Beitrag zur Entdeckung und Analyse; sogar noch wichtiger sind sie für den Prozess der Verbreitung, der im folgenden Kapitel zu behandeln sein wird.

3. Wissen verbreiten

Nachdem bislang das Sammeln und Analysieren von Wissen – vornehmlich durch Gelehrte – beschrieben wurde, widmet sich dieses Kapitel seiner allgemeineren Verbreitung durch verschiedene Kommunikationsmittel: mündliche, bildliche, gedruckte und elektronische. Dass die Verbreitung einen hohen Stellenwert besitzt, wurde schon oft betont. Sie trägt dazu bei, das Problem des »verstreuten Wissens« zu lösen, also eines Wissens, das für viele, die es benötigen, innerhalb einer bestimmten Institution unerreichbar bleibt. Außerdem vermag sie politische oder wirtschaftliche Führungskräfte aus der misslichen Lage ihres »Informationskokons« zu befreien, in dem sie nur zu hören bekommen, was sie nach Meinung anderer hören wollen.[1] Nicht umsonst seufzte einmal der Präsident der Computerfirma Hewlett-Packard: »Wenn wir nur wüssten, was wir bei HP wissen!«[2]

Heute setzt sich Google erklärtermaßen zum Ziel, »die Informationen der Welt zu organisieren und allgemein zugänglich und nutzbar zu machen«.[3] Schon in der zweiten Hälfte des 18. Jahrhunderts wurde eine Zunahme der Wissensverbreitung beobachtet, gepriesen mit Bemerkungen über den »raschen Fortschritt und die allgemeine Verbreitung von Gelehrsamkeit und Zuvorkommenheit« oder eine »weitere Ausbreitung nützlichen Wissens« und gefördert von der Gründung von Gesellschaften wie der britischen Society for Constitutional Information (1780), deren Ziel es war, »im gesamten Königreich [...] ein Wissen über die grundlegenden Prinzipien konstitutioneller Freiheit zu verbreiten«.[4] Aber auch hier müssen mehrere Varianten des Wissens unterschieden werden. Einige sind eher »wässrig« und verbreiten sich umso leichter, andere sind eher »klebrig«, sprich undurchlässiger.[5] Auf jeden Fall kann man nicht ohne Weiteres von einer zunehmenden Wissensverbreitung sprechen, denn eine solche Behauptung würde mindestens drei entscheidende Probleme übersehen.

Die offensichtliche Frage, die eine Sozialgeschichte des Wissens wie das vorliegende Buch zu stellen hat, muss natürlich lauten: »Wissensvermittlung für wen?« Geographisch geantwortet: Wissen über einen Teil der Welt, das Menschen in anderen Teilen zunehmend vermittelt wurde. Soziologisch geantwortet: Wissen, das zunehmend popularisiert wurde. Das letztere Konzept ist allerdings etwas heikel.

Für Spezialisten ist jegliches Sprechen oder Schreiben für Nicht-Spezialisten eine Art von »Popularisierung«. Das Problem besteht nur darin, dass diese Nicht-Spezialisten keine kulturell homogene Gruppe sind.[6] Ein binäres Modell von »Elite« und »Volk« ist zu simpel, wie Historiker der Populärkultur schon vor einer Generation feststellten. Vielmehr müssen bestimmte Grade von Kulturferne und verschiedene Arten von Zuhörern beziehungsweise Zuschauern unterschieden werden. Dieses Publikum rekrutiert sich aus Kollegen, Akademikern anderer Disziplinen und Beamten, die den Wissenschaftlern das Material für ihre Untersuchungen liefern. Es gibt auch das, was man zu viktorianischen Zeiten als »Allgemeinheit«, manchmal auch als »Laien« bezeichnete (im Unterschied zum »Klerus« der Spezialisten oder Experten). Angesichts seines unterschiedlichen Wissens muss dieses »breite Publikum« weiter differenziert werden, nach Männern und Frauen, Erwachsenen und Kindern, Mittelstand und Arbeiterklasse. Das Ideal der »Wissenschaft für alle« oder des »Wissens für alle« lässt sich nicht in die Praxis umsetzen, indem man jeden und jede auf dieselbe Art behandelt. Aus diesem Grund verwenden manche Autoren auch lieber den neutralen Begriff »Exposition« an Stelle von »Popularisierung«.[7]

Ein zweites Problem betrifft den Prozess der Diffusion oder Verbreitung, der von den Wissensvermittlern selbst oft als ein einfacher Prozess der Weitergabe oder Überlieferung betrachtet wird. Allerdings ist die Unterscheidung zwischen einem aktiven Vermittler und einem passiven Empfänger zu grob, wie Theoretiker der literarischen »Rezeption« immer wieder betont haben. Wissensvermittlung ist ja kein Prozess, bei dem »Informationen wie Kartoffeln auf einem Fließband weiterbefördert werden«. Besonders deutlich zeigt sich dies in Untersuchungen über die verschiedenen Arten, wie ein Buch rezipiert werden kann – bei der einsamen Lektüre, im privaten Gespräch, der öffentlichen Debatte und so weiter.[8]

Zum einen gibt es Vermittler, Torwächter oder »Wissensmakler«, die das, was sie empfangen, zunächst einmal filtern.[9] Zum anderen wählen Einzelpersonen und Gruppen aus, was sie anspricht oder was sie zu benötigen glauben. Die Übermittlung verläuft nicht eingleisig in eine

Richtung, vielmehr sollte man sich die Zirkulation von Wissen als ein »Aushandeln« von Informationen und Ideen vorstellen oder auch als einen Dialog (der gelegentlich allerdings zum Dialog zwischen Tauben geraten kann).[10] Diese Sicht impliziert unter anderem, dass die Unterscheidung zwischen der Produktion von neuem und der Übermittlung von altem Wissen zwangsläufig unscharf ist. Innovation ist oft eine Art Bastelei, eine Neustrukturierung von Wissen, die sich aus einem Zusammentreffen unterschiedlicher Kulturen ergibt.[11]

Bei ihrem Transport durch verschiedene Medien oder Sprachen werden Informationen immer auch durch die Menschen gefiltert, die sie übermitteln. Einige dieser Menschen sind Torwächter, die den freien Informationsfluss behindern können. Andererseits gibt es die »Wissensmakler«, die die Verbreitung aktiv fördern. Auf jeden Fall kann dieselbe Botschaft von unterschiedlichen Individuen oder Gruppen unterschiedlich verstanden werden, da diese oft ihre eigenen Vorstellungen haben und das Wissen auf eine Weise verwenden, wie sie vom ursprünglichen Übermittler nie intendiert war.

Ein drittes Problem betrifft die Geschichte der Medien. Man würde es sich zu leicht machen, beschriebe man diese Geschichte lediglich als eine Abfolge, in der das eine Kommunikationsmittel durch ein anderes ersetzt wird – etwa das Radio durch das Fernsehen oder Zeitungen durch das Internet. Alte und neue Medien existieren nebeneinander und beeinflussen sich gegenseitig, so wie es Manuskript und Buchdruck im Europa der frühen Neuzeit getan haben. Alte und neue Medien konkurrieren bisweilen miteinander, aber oft entwickelt sich zwischen ihnen eine Arbeitsteilung.[12]

Es gibt auch ein ganz praktisches Problem: Wie ist die ungeheure, ständig wachsende Menge von Informationen zu bewältigen, die sich im Laufe von 250 Jahren angesammelt hat? Das Problem stellt sich in jedem Kapitel der vorliegenden Untersuchung, doch in diesem hier ist es besonders akut. Die folgende Darstellung versucht das Problem wenn schon nicht zu lösen, so doch zumindest in den Griff zu bekommen, und wird sich deshalb vornehmlich mit der Verbreitung von Wissenschaft in Großbritannien befassen – Forschungsgegenstand einer Reihe neuerer exzellenter Studien – und daneben kontrastierende Vergleiche mit anderen Ländern und anderen Wissensbereichen anstellen.[13] Eine solche Fallstudie scheint besonders geeignet, da die Kluft zwischen Spezialisten und Laien in den Naturwissenschaften schon immer größer und tiefer war als in anderen Wissensbereichen und sich in unserer Zeit noch mehr verbreiterte und vertiefte, je unverständlicher die Wissenschaftssprache wurde und je weiter sich die Tätigkeit des Wissenschaftlers von der Alltagserfahrung entfernte.[14]

Im Großbritannien des Jahres 1800 war der Begriff *popular science* noch neu, und die Bezeichnung *popularizer of science* wurde erstmals 1848 registriert.[15] In Frankreich kam das sprachliche Äquivalent *vulgarisation* in den 1850er Jahren in Gebrauch und wurde 1867 von Zola auf die Wissenschaft angewendet.[16] Paradoxerweise verwendeten manche Englisch schreibenden Autoren lieber den französischen Begriff, während manche Französisch schreibenden Autoren den englischen übernahmen und ihr Ziel als *populariser la science* definierten.[17]

Zum Zweck der Wissenschaftspopularisierung wurden neue Institutionen gegründet, in Großbritannien unter anderen die bis heute bestehende Royal Institution (1799), die Society for the Diffusion of Useful Knowledge (1826) und die Polytechnic Institution (1838) sowie in Frankreich das Conservatoire (1794), das heute unter dem Namen Conservatoire national des arts et métiers firmiert. Die Aufgabe der Royal Institution bestand nach ihrem Selbstverständnis ursprünglich darin, »das Wissen [...] über nützliche mechanische Erfindungen zu verbreiten«. Aber ihre legendären Weihnachtsvorlesungen widmeten sich den Naturwissenschaften generell, der deutsche Sprach- und Religionswissenschaftler Max Müller hielt dort 1861 eine erfolgreiche Vorlesungsreihe über die Ursprünge der Sprache.

Die Verbreitung des Wissens im Allgemeinen wurde im Großbritannien des 19. Jahrhunderts durch Institutionen der Erwachsenenbildung für Arbeiter stetig gefördert. Das erste dieser sogenannten Mechanics' Institutes war das Londoner (1817), 1850 gab es landesweit bereits 600 solcher Institute mit einer halben Million Mitglieder.[18] Eine parallele Entwicklung fand in den Vereinigten Staaten und anderen Ländern statt – so wurde in Dänemark die erste »Volkshochschule« (*folkehøjskole*) 1844 gegründet, Norwegen und Schweden sollten diesem Beispiel sehr bald folgen.

Der globalen Bedeutung einer größeren Verbreitung wissenschaftlicher Kenntnisse trug auch die UNESCO Rechnung, als sie 1952 den Kalinga-Preis für die Popularisierung der Wissenschaft ins Leben rief; demselben Ziel fühlt sich in Großbritannien die Bewegung Public Understanding of Science verpflichtet, die weiter unten noch zu erörtern sein wird.

Ein Punkt wurde in den Geschichten der Medien oft vernachlässigt, obwohl er von allen doch der offensichtlichste ist: die anhaltende Bedeutung des täglichen verbalen Austauschs in seinen verschiedenen Spielarten – Konversation, Debatte, Vortrag und so weiter – sowie die Veränderungen, die die mündliche Kommunikation aufgrund neuer Techniken erfahren hat (etwa durch die zunehmende Verbreitung von Diktiergeräten). Welche Bedeutung der Rede im akademischen Bereich zukommt – neben dem Lesen, dem Schreiben und dem gedruckten Wort –, ist erst in den letzten Jahren in den Blickpunkt von Wissenschafts- und Universitätshistorikern geraten.[19] Auch haben die Intellektuellen zumindest bis vor relativ kurzer Zeit es versäumt, ihre eigenen Formen der Rede zu untersuchen, also das, was man als »akademische Oralität« bezeichnen könnte.

Dass die Welt der Mündlichkeit ein für alle Mal der Vergangenheit angehört, ohne jegliche Spuren zu hinterlassen – zumindest vor dem Aufkommen des Tonbandgeräts –, wäre eine denkbare Vorstellung gewesen; allerdings ist es durchaus möglich, die Geschichte der akademischen Oralität anhand von Briefen, Notizen von Studenten, Universitätsstatuten, Memoiren und Anleitungen zur Leistungseffizienz zu rekonstruieren.

Beispielsweise blieb die Tradition mündlicher Prüfungen an den Universitäten bis in unsere Zeit hinein erhalten. Eine anschauliche Schilderung dazu findet sich etwa in Tolstois halbautobiographischer Erzählung *Jugendzeit* (1857), in der eine Prüfungskommission beschrieben wird, bestehend aus drei Professoren, die an einem Tisch sitzen: Einer von ihnen »mischte Fragezettel wie ein Kartenspiel«, jeder Kandidat musste vortreten, einen Zettel ziehen, die darauf stehende Frage lesen und sofort beantworten. Bis heute gibt es, nur in Oxford und Cambridge, mündliche Disputationen. Noch in den 1960er Jahren gehörte das *viva voce* obligatorisch zur Semesterabschlussprüfung an der Oxford University, obwohl das Resultat nur zählte, wenn das Weiterkommen des betreffenden Studenten gefährdet war.[20]

Auch Vorlesungen überdauerten die Gutenberg-Revolution. Man könnte das 19. Jahrhundert sogar als das goldene Zeitalter nicht nur der Vorlesung, sondern auch der Rede und der Predigt betrachten; das Spektrum der Zuhörer reichte dabei von Studenten bis zum allgemeinen Publikum und das der Redner von berühmten Wissenschaftlern bis zu

Enthusiasten aus der Arbeiterklasse, wie die zahlreichen Vorträge über Phrenologie belegen, die in Großbritannien in den 1830er Jahren gehalten wurden.[21]

Neben der traditionellen Vorlesung und dem direkten Gespräch zwischen Lehrendem und Lernendem bildeten sich in unserer Zeit im akademischen Bereich verschiedene neue »Redegenres« heraus, wie der russische Literaturtheoretiker Michail Bachtin sie nannte.[22] Das Forschungsseminar zum Beispiel, das ursprünglich ein Mittel zum Lehren wissenschaftlicher Methoden war, wurde am Ende des 18. Jahrhunderts in Göttingen eingerichtet und verbreitete sich von dort aus relativ zügig in anderen Teilen Deutschlands, aber auch in den USA, in Frankreich, Großbritannien und weiteren Ländern. Es war ein Vehikel zur Weitergabe von implizitem Wissen und von Forschungstechniken, die durch das Beobachten eines Gelehrten bei der Arbeit erlernt werden konnten.[23]

In der Geschichtswissenschaft wurden die Berliner Seminare Rankes zum Vorbild, die verschiedene Optionen zuließen: die Präsentation und Kritik eines Papiers, das von einem Jungakademiker vorgelesen wurde, aber auch die kollektive Analyse eines Originaldokuments oder einer wissenschaftlichen Monographie. Ein amerikanischer Historiker in der Frühzeit der Johns Hopkins University (die 1876 als Forschungsinstitution nach deutschem Modell gegründet wurde) beschrieb seine Seminare einmal als »Labore, in denen Bücher wie mineralogische Proben untersucht werden«.[24]

Dank der verbesserten Transportmöglichkeiten im Zeitalter der Dampfschifffahrt konnten europäische Dozenten des 19. Jahrhunderts Vortragsreisen in die Vereinigten Staaten, nach Kanada und sogar bis nach Australien unternehmen. Der internationale Kongress – eine neue Organisationsform, die sich um die Mitte des 19. Jahrhunderts herausbildete (siehe S. 195 ff.) – bot einen Rahmen nicht nur für traditionelle Redegenres wie die Vorlesung, sondern auch für neuere wie das Round-Table-Gespräch oder, noch jüngeren Datums, die sogenannte Postersession, eine Innovation der 1970er Jahre, bei der junge Wissenschaftler ihre Forschungsarbeit einem interessierten Publikum anhand von Postern erläutern und Fragen beantworten.[25] Der öffentliche Vortrag eines Akademikers für eine nicht-akademische Zuhörerschaft könnte als ein eigenes Genre betrachtet werden. Im Falle der Naturwissenschaften war es beispielsweise so, dass sich das englische Modell der viktorianischen Zeit in den 1860er Jahren auch in Frankreich verbreitete.[26]

Das informelle Gespräch muss für den intellektuellen Austausch immer von großer Bedeutung gewesen sein, aber die äußeren Bedingungen solcher Aktivitäten wandelten sich im Laufe der Jahrhunderte. Im London des späten 17. Jahrhunderts galten einige der neu eröffneten Kaffeehäuser als Diskussionszentren, in denen man über bestimmte Themen debattierte, von Literatur bis zu Naturphilosophie. In Cambridge avancierte der sogenannte *laboratory tea* in den 1870er Jahren zu einer veritablen Institution.[27] Von noch größerer Bedeutung für die Geschichte des Wissens im Großbritannien des 19. und 20. Jahrhunderts war der Pub. Wer immer über Naturwissenschaft diskutieren wollte – etwa Hobbybotaniker in Lancashire im 19. Jahrhundert –, tat das am besten in einer Kneipe.[28] Die Pubs in Oxford spielten eine entscheidende Rolle für die Entwicklung der britischen Anthropologie in den 1930er und 1940er Jahren, erst unter der Ägide von Alfred Radcliffe-Brown, dann von Edward Evans-Pritchard. Und im *Eagle* in Cambridge wurde nachgerade Wissenschaftsgeschichte geschrieben, als Francis Crick hier 1953 – vermutlich in feuchtfröhlicher Runde – die Entdeckung der DNA-Struktur verkündete.

In Genf hingegen war es die Cafeteria des CERN, wo Tim Berners-Lee 1990 den Begriff World Wide Web prägte. In Silicon Valley sollen »Gespräche spät am Abend in ›Walker's Wagon Wheel Bar and Grill‹ in Mountain View mehr zur Verbreitung technologischer Innovation beigetragen [haben] als die meisten akademischen Veranstaltungen in Stanford«.[29]

Die Analyse von Redegenres muss verschiedene Vortragsstile und Formen der Geselligkeit berücksichtigen. Fachkräfte in einem Labor etwa oder Konferenzteilnehmer unterscheiden gemeinhin zwischen formellen und informellen Anlässen und behaupten, sie lernten am meisten bei zwanglosen Gesprächen, die sich spontan auf dem Flur oder beim Kaffee ergeben. Vorlesungen, bei denen der Sprecher auf einem Podium steht, sind tendenziell hierarchisch, während Seminare mehr Raum für Debatten bieten. Aus diesem Grund weigerte sich der französische Anthropologe Marcel Mauss, in einem Hörsaal zu sprechen, und hielt seine Kurse lieber in einem kleinen Raum ab, wo er mit den Studenten rund um einen Tisch sitzen konnte. Die amerikanische Anthropologin Margaret Mead empfahl einen runden Tisch, um eine egalitäre Atmosphäre zu schaffen und damit zwanglose Diskussionen zu fördern.[30] In vielen europäischen Universitäten ist der Vorlesungs- und Seminarstil im Laufe der letzten hundert Jahre entspannter geworden, ein Prozess, den Soziologen als »Informalisierung« bezeichnen würden.

Vorlesungen sind nicht einfach ein Akt des Sprechens, sondern enthalten immer auch ein Element der Selbstinszenierung des Vortragenden – Akademiker, die dergleichen missbilligen, reden in diesem Zusammenhang gern davon, dass jemand »für die Galerie spielt«. Im 17. Jahrhundert fand das Sezieren von Leichnamen bisweilen in »anatomischen Theatern« statt, und das Publikum kam dorthin wie zu einer Bühnenaufführung. Ab Mitte des 18. Jahrhunderts gab es in Großbritannien und den Niederlanden wissenschaftliche Vorträge mit visuellen »Demonstrationen«, zu denen das Publikum zahlreich strömte. Die Vorträge über den Kosmos, die Alexander von Humboldt 1827 und 1828 in Berlin hielt, lockten viele Zuhörer an, unter ihnen vornehme Damen der besseren Gesellschaft. Und auch Johann Gaspar Spurzheims Phrenologie-Vorträge in der Londoner Royal Institution bescherten ihm immer wieder ein volles Haus.[31]

Ab Ende des 18. Jahrhunderts wurden Experimente regelmäßig als öffentliche Spektakel dargeboten, als eine Art Inszenierung, bei der der Vortragende den Showmaster gab.[32] So trug etwa der britische Chemiker Humphry Davy im frühen 19. Jahrhundert zur Popularisierung der Wissenschaft bei, indem er seine Experimente in der Royal Institution vor einem heterogen zusammengesetzten Publikum zelebrierte. Als besonders wirkungsvoll für diese Art von Effekthascherei erwies sich die Elektrizität, da die Worte des Vortragenden von Blitzen und Knallern begleitet wurden.

Auch im viktorianischen England gab es solche »Showmaster der Wissenschaft«, die die Davy-Tradition fortsetzten. In Oxford hielt der Exzentriker William Buckland seine geologischen Vorlesungen bisweilen zu Pferd im Freien, und wenn er im Hörsaal auftrat, pflegte er seinen Ausführungen dadurch eine besondere Note zu verleihen, dass er Fossilien durchs Publikum reichen ließ oder die Bewegungen von Dinosauriern nachahmte.[33] In London machte sich John Henry Pepper einen Namen als Erfinder von »Special Effects«, wie wir heute sagen würden, indem er bei seinen Chemievorträgen an der Royal Polytechnic Institution Geister auf der Bühne erscheinen ließ. Kritiker prangerten diese Art von »Sensationswissenschaft« gelegentlich an, aber es lässt sich nicht leugnen, dass solche Methoden tatsächlich zur größeren Wissensverbreitung beitrugen.[34] Dass die klassische akademische Vorlesung im ausgehenden 20. Jahrhundert immer mehr zu einer multimedialen Inszenierung mutierte – erst durch den Einsatz von Diaprojektoren, dann (ab 1987) durch PowerPoint-Präsentationen –, ist also weniger eine Innovation, sondern hat eher mit einem Revival zu tun.

Mitte des 20. Jahrhunderts entwickelte sich ein weiteres Redegenre zur Wissensvermittlung: der zwanglose Rundfunkvortrag, der eine Illusion von Privatheit vermittelte. Dazu gehören etwa die legendären Reith Lectures der BBC, die 1948 mit dem Philosophen Bertrand Russell begannen und auch heute noch auf Radio 4 gesendet werden. In den 1950er Jahren war Isaiah Berlin für seine Rundfunkvorträge noch mehr berühmt als für seine akademischen Vorlesungen zur politischen Ideengeschichte. Der Astronom Fred Hoyle hielt in den 1950er Jahren eine berühmte Vortragsreihe in der BBC, in der er unter anderem seine »Urknall«-Theorie formulierte. In Frankreich wird das Radioprogramm *Les Lundis de l'Histoire*, in dem führende Historiker ihre Kollegen interviewen, seit 1966 ununterbrochen auf dem Kanal *France Culture* gesendet.

Zeigen

Man kann durchaus die Auffassung vertreten, dass das Auge für die Wissensaufnahme ein effektiveres Organ ist als das Ohr und dass insofern Ausstellungen und Museen zur Verbreitung von Wissen im Allgemeinen und von naturwissenschaftlichen Kenntnissen im Besonderen mehr beigetragen haben als Vorlesungen.

Ausstellungen fanden schon im 18. Jahrhundert statt – man denke etwa an die Gemälde, die im alljährlichen Pariser Salon gezeigt wurden –, doch ihre wahre Entfaltung erreichte diese Form der Zurschaustellung erst im späteren 19. Jahrhundert, wobei die Great Exhibition im Londoner Hyde Park von 1851 oft als Modell diente.[35] Diese war im Wesentlichen eine gewaltige Leistungsschau der Industrie Großbritanniens und seines Weltreichs. Mit ihren 100.000 Exponaten half sie, das Wissen über Rohstoffe, Handwerkskunst, Maschinerie und Geographie einem breiten Publikum zugänglich zu machen – es wurden über 4,5 Millionen Eintrittskarten verkauft –, weshalb ein Zeitgenosse sie auch mit einer »industriellen Enzyklopädie« verglich.[36]

Nach Beendigung der Ausstellung fand sie einen dauerhaften Platz im Museum of Manufactures, das 1852 in London gegründet wurde; bald darauf wurde es in South Kensington Museum und später in Victoria and Albert Museum umbenannt. Das neue Museum deckte einen größeren Themenbereich ab, zu dem auch die Geschichte des Kunstgewerbes in verschiedenen Teilen der Welt gehörte, verfolgte aber ein ähnliches Ziel wie sein Vorgänger, nämlich die Verbesserung des Gewerbes durch Bildung der Handwerker. Noch allgemeiner wurde dieses Ziel in einer Erklärung des Select Committee on Arts and Manufactures des britischen Unterhauses (1835) formuliert: Es komme darauf an, »den Gefallen an den schönen Künsten und das Wissen über sie unter den Menschen zu fördern«. Ab 1858 blieb das Museum – was seinerzeit ungewöhnlich war – auch abends geöffnet, um, in den Worten seines Direktors, »praktisch festzustellen, welche Zeiten für die arbeitstätige Bevölkerung am passendsten sind«.[37]

Die Londoner Industrieausstellung war eine Herausforderung, zugleich aber auch ein Modell, nach dem in der Folge internationale oder »Weltausstellungen« in anderen Ländern organisiert wurden: in Paris 1855, 1878, 1889 und 1900, in Philadelphia 1876, in Amsterdam 1883, in Chicago 1893, in San Francisco 1915 und so weiter. Die Besucherzahlen der Weltausstellungen entwickelten sich sprungartig und sprechen für sich selbst: 1855 in Paris waren es fünf Millionen, 1893 in Chicago über 27 Millionen, 1889 in Paris 32 Millionen und 1900 in Paris über 50 Millionen. Mit anderen Worten, die Blockbuster-Ausstellung von heute ist keine neue Erfindung. Schon im 19. Jahrhundert erreichten Ausstellungen bei Weitem mehr Menschen, als es Bücher oder Zeitschriften vermochten.[38]

Erwähnenswert ist auch der Versuch, die Welt anhand einer Auswahl von Objekten aus vielen verschiedenen Ländern zu zeigen. So mussten vier Ägypter, die 1899 Paris besuchten, zu ihrem Befremden feststellen, dass auf der *Exposition universelle* eine rekonstruierte Kairoer Straße zu sehen war.[39] Die Methoden, mit denen westliche Ausstellungsmacher in diesem Zeitalter des Imperialismus andere Kulturen präsentierten, sind in neuerer Zeit stark in die Kritik geraten, insbesondere die sensationsheischenden Völkerschauen mit ihren menschlichen »Exponaten«, die als exotische, pittoreske Typen oder Exemplare vorgeführt wurden.[40] Doch es konnte auch ganz andere Geschichten geben, wie das Beispiel der Pariser Weltausstellung von 1889 zeigt. Dort nämlich hörte der französische Komponist Claude Debussy erstmals javanische Gamelan-Musik, die in seinen Werken dauerhafte Spuren hinterlassen sollte. Ganz allgemein bleibt festzuhalten, dass das Interesse und die Bewunderung des Westens für Artefakte aus anderen Kulturen – buddhistische Skulpturen, afrikanische Masken, islamische Kalligraphie und so weiter – durch diese großen Ausstellungen stark gefördert wurden, aber auch durch kleinere, eher spezialisierte wie diejenigen zur islamischen und afrikanischen Kunst, die 1903 beziehungsweise 1916 in Paris zu sehen waren.

Diese temporären Ausstellungen entfalteten eine dramatische Wirkung, anhaltender aber war die Erfahrung, die Dauersammlungen vermitteln konnten. Der Aufstieg des öffentlichen Museums begann gegen Ende des 18. Jahrhunderts, als in Kassel mit dem Fridericianum eines der ersten zweckbestimmten Museumsgebäude errichtet wurde. Ein weiterer Meilenstein auf diesem Weg war die Öffnung des Louvre für das allgemeine Publikum (1793), gefolgt vom Dänischen Nationalmuseum (1809), dem British Museum (1823), dem Smithsonian Museum in Washington, DC (1846) und dem Metropolitan Museum of Art in New York (1870).

Spezialisierte Museen trugen zur Verbreitung der naturwissenschaftlichen Kenntnisse bei.[41] Der Jardin Royal in Paris zum Beispiel wurde 1793 unter seinem neuen Namen Musée national d'histoire naturelle der Allgemeinheit zugänglich gemacht, und in der Folge kam es zur Gründung einer ganzen Reihe naturgeschichtlicher Museen. Nicht von ungefähr wurde das ausgehende 19. Jahrhundert als das »Zeitalter der Museen« bezeichnet.[42]

1822 Museo Nacional de Historia Natural, Santiago
1823 Museo de Historia Natural, Bogotá
1866 Peabody Museum, Yale University
1869 Museum of Natural History, New York
1881 Natural History Museum, London
1889 Naturhistorisches Hofmuseum, Wien

Zoologische und botanische Gärten können als lebendige Museen betrachtet werden. 1765 öffnete die kaiserliche Menagerie in Wien ihre Pforten für das Publikum, es folgten Tiersammlungen in Madrid (1770), London (1828) und andernorts. Die königlichen botanischen Gärten in Madrid und in den Londoner Kew Gardens wurden 1755 beziehungsweise 1759 eingeweiht, gefolgt von ähnlichen Anlagen in Kingston, Jamaika (1775), Kalkutta (1787), Mexico City (1788) und Rio de Janeiro (1808).[43]

Ein wichtiges Ziel vieler dieser Institutionen war die Verbreitung und Speicherung von Wissen. Die Smithsonian verdankt ihre Existenz beispielsweise dem Vermächtnis James Smithsons, eine Institution für »die Vermehrung und Verbreitung von Wissen« zu gründen. Schon im 19. Jahrhundert mussten sich manche Museumskuratoren den Vorwurf gefallen lassen, sie präsentierten ihre Sammlungen nicht publikumsfreundlich genug. »Auch das Interesse, das es für den Experten haben mag«, schrieb der viktorianische Kritiker John George Wood, »kann nicht darüber hinwegtäuschen, dass ein Museum welcher Art auch immer für das breite Publikum auf unerträgliche Weise langweilig ist.«[44] In Deutschland führte das gesteigerte öffentliche Interesse an Museen im späteren 19. Jahrhundert zu einer Debatte über ihre Funktion, insbesondere über die Frage, welchen Beitrag sie zum Wissen leisten und inwiefern sie dem Publikum (auch Kindern) dienen können.[45]

Der deutsch-amerikanische Anthropologe Franz Boas beispielsweise war einer derjenigen, die ein »einladendes« Museum wollten, das »den Besucher in eine fremde Umgebung versetzt«, damit er »das ganze Dorf und die Lebensweise seiner Bewohner sieht«.[46] Ihm gefiel die Idee modellhafter »Lebensgruppen«, die Kultur in einem lokalen Rahmen in Aktion zeigen, eine Präsentationstechnik, die sich allgemein in Museen verbreitete, nachdem sie auf den Weltausstellungen von Paris 1889 und Chicago 1893 zum Einsatz gekommen war.

Die ersten Versuche, Museen »benutzerfreundlicher« zu machen und dadurch mehr Menschen Wissen zu vermitteln, gehen auf das 19. Jahrhundert zurück, und sie sollten sich auszahlen. 1872 lockte das South Kensington Museum beispielsweise weit über eine Million Besucher an, und 1882 konnte das British Museum 767.000 Entrees verbuchen. Gegen Ende des 20. Jahrhunderts gewannen die Kuratoren allerdings selbst den Eindruck, noch nicht genug in diese Richtung getan zu haben. So war etwa die Ausstellung »Food for Thought«, die 1989 im Londoner Science Museum stattfand, als ein weiterer Schritt dieser Art geplant, ebenso wie die Folgeausstellung »Future Food« (2008), mit der eine Debatte über gentechnisch verändertes Getreide in Gang gesetzt werden sollte.[47]

Natürlich wäre es blauäugig anzunehmen, dass ein Museum lediglich eine neutrale Ansammlung menschlichen Wissens ist und nicht etwa auch ein Instrument des Kolonialismus sein kann (dazu mehr weiter unten, S. 150ff.). Historiker kommen nicht umhin, sich genau anzuschauen, auf welche Weise Museen Wissen verbreitet haben – schon allein durch die Art ihrer Organisation, bei der manche Objekte nebeneinander, andere getrennt voneinander gezeigt und einige auf Kosten anderer privilegiert werden. In diesem Sinne »spricht der Raum«, obwohl es exakter wäre zu sagen, dass manche Menschen durch die Anordnung von Objekten anderen Menschen Botschaften übermitteln. Gelegentlich war die Anordnung umstritten, was Entscheidungen sichtbar machte, die normalerweise eher hinter den Kulissen getroffen werden.

So formulierte etwa Boas seine anti-evolutionistischen, den kulturellen Pluralismus betonenden Ideen im Verlauf einer Kontroverse über die Anordnung indianischer Artefakte in amerikanischen Museen. Im Smithsonian Museum hatte sich der dortige Kurator, der Ethnologe Otis Mason, für eine Anordnung der Artefakte entschieden, die die menschliche Evolution verdeutlichen sollte. Boas kritisierte diese Auffassung und plädierte für eine Anordnung nach Regionen, bei der die Vielfalt menschlicher Kulturen im Vordergrund steht.[48] Und noch bis in die 1990er Jahre hinein präsentierte der »Rassensaal« des Naturhistorischen Museums in Wien seine Exponate nach einem Konzept, das die Menschheit nach rassischen Merkmalen einteilte; eine solche Sicht, die im Westen früher einmal als selbstverständlich galt, mutete im Laufe der Zeit immer merkwürdiger an und wurde inzwischen von der Wissenschaft auch weitgehend aufgegeben.[49]

Schreiben

Was für das Sprechen gilt, trifft auch für das Schreiben zu: Seine Funktionen und Methoden wandelten sich im Laufe der Zeit aufgrund technischer Veränderungen und einer neuen Arbeitsteilung zwischen den Medien. Zu Beginn unserer Zeit wurden Briefe und Bücher noch mit dem Federkiel geschrieben, aber im 19. Jahrhundert setzten sich metallene Schreibfedern immer mehr durch, ihnen folgten Füllfederhalter am Ende des Jahrhunderts, Kugelschreiber in den 1940er und Tintenroller in den 1980er Jahren. Die Schreibmaschine kam ab Ende des 19. Jahrhunderts in Gebrauch, erst im Büro, dann auch im privaten Arbeitszimmer, da Verlage und Universitäten zunehmend darauf bestanden, Bücher und Dissertationen als Typoskripte geliefert zu bekommen und nicht mehr in Form von Manuskripten. An der Johns Hopkins University wurden maschinenschriftliche Dissertationen schon 1885 empfohlen.[50] Ab den 1930er Jahren bekamen mechanische Schreibmaschinen Konkurrenz durch elektrische, ehe beide dann in den 1980er Jahren sehr schnell durch Personal Computer abgelöst wurden. Die Übermittlung schriftlicher Kurznachrichten wurde zunächst durch die zunehmende Verbreitung von Postämtern und später durch die Erfindung des Telegraphen revolutioniert. In den Vereinigten Staaten versendete Western Union 1910 rund 75 Millionen Nachrichten.[51]

Auf weniger sichtbare, aber dennoch genauso wichtige Weise veränderten sich auch die Funktionen des Schreibens. Seit der Erfindung des Buchdrucks hatte sich das Schreiben zunehmend auf die private Kommunikation beschränkt. Gleichwohl wäre es unrealistisch, zwischen öffentlichem und privatem Bereich eine scharfe Trennlinie zu ziehen. Wissen wurde auch in unserer Zeit noch auf schriftlichem Weg übermittelt, nämlich in jenen Sphären, die man als »halböffentlich« bezeichnen könnte.

In der akademischen Welt blieben Briefe an einzelne Personen, mit denen sich die Erwartung verband, ihr Inhalt werde einem größeren Kreis zugänglich gemacht werden, lange Zeit ein wesentliches Mittel, Informationen und Ideen schneller – oder provisorischer – zu kommunizieren, als es Drucksachen vermocht hätten. Linnés ehemalige Studenten oder »Apostel« übermittelten diesem auf brieflichem Wege ihre Entdeckungen nach Uppsala, dem Zentrum eines weitreichenden Netzwerks von Botanikern.[52] Wie die Korrespondenz Alexander von Humboldts, Charles Darwins, Max Webers, Henri Pirennes, Carl Gustav Jungs und vieler anderer offenbart, standen ältere Gelehrte und Denker oft im Zentrum kleinerer Netzwerke dieser Art – was zum Teil sogar noch immer der Fall ist, auch wenn die Briefe sie heute per E-Mail erreichen. Allein Humboldt schrieb 50.000 Briefe, und es scheint nur angemessen, dass sich inzwischen auch eine eigene Internet-Plattform, *Humboldt im Netz*, dem Studium seines Werks widmet.[53]

Auf brieflichem Wege kommunizierten auch viele der freiwilligen Mitarbeiter am *Oxford English Dictionary* mit dessen Herausgeber Henry Murray: Es wurde sogar extra »ein Briefkasten vor Murrays Haus in Oxford installiert«, der es ihm erleichtern sollte, ihnen zu schreiben.[54] Per Korrespondenz übermittelten auch Amateure ihre Informationen an die örtlichen Gelehrtengesellschaften, die im 19. Jahrhundert allenthalben entstanden (siehe unten, S. 195 ff.). Diese Briefe wurden bei Versammlungen bisweilen verlesen, ehe sie in gedruckter Form in den Sitzungsberichten der Gesellschaft erschienen. Es handelte sich also mit anderen Worten um eine Hybridform aus Sprechen und Schreiben. Ähnliches ließe sich über das gedruckte Interview sagen. Als Mittel der Informationssammlung wurden Interviews bereits weiter oben erörtert (S. 51), aber Interviews mit Experten sind auch ein übliches Mittel, Informationen in gedruckter Form, im Rundfunk oder im Fernsehen zu verbreiten. Das vermehrte Aufkommen von E-Mails und Textnachrichten hat dazu beigetragen, einen seit Längerem bestehenden Trend der Hybridisierung zu verstärken und das Schreiben der umgangssprachlichen Ausdrucksform anzunähern.

Das Schreiben gewann in der ersten Hälfte der hier behandelten Zeit immer mehr an Bedeutung, sowohl auf Regierungsebene als auch im Geschäftsleben. Gegen Ende des 18. Jahrhunderts wurde der Begriff »Bürokratie« – wörtlich die Herrschaft des Büros – im Französischen, Englischen, Deutschen und anderen Sprachen gebräuchlich. Der neue Terminus war durchaus angemessen, da der Schriftverkehr in der täglichen Verwaltung hochzentralisierter Staaten ständig wuchs: Immer mehr Berichte kamen herein, um in Akten oder Dossiers abgelegt zu werden, und immer mehr schriftliche Verfügungen gingen hinaus – was Max Weber als »traditionelle« Administration bezeichnete, verlagerte sich teilweise zu einer »rationalen«, die expliziten Regeln folgte.[55] Der Preis einer solchen rationalen Administration war allerdings eine Flut bürokratischer Regulierungen und Formulare, also der ganze »Papierkrieg«, von dem wir auch heute noch sprechen, wenn wir die unnötige Anhäufung von Dokumenten meinen.

Auch die Sozialerhebungen des 19. Jahrhunderts wie etwa Volkszählungen müssen wir uns als gewaltige Schreibaktionen vorstellen, erst durch die Befrager selbst, dann durch ein Heer von Angestellten, die die ursprünglichen Umfrageergebnisse handschriftlich in Register übertrugen und dabei Zwischen- und Endsummen berechneten; ein mühseliger Prozess, bei dem sich in sämtlichen Stadien Fehler einschleichen konnten. So wie die Übersetzung ist auch die Abschrift eine Form von Verrat.

Als im späteren 19. Jahrhundert die Firmen größer wurden, gewann das Schreiben als Mittel der betriebsinternen Kommunikation zunehmend an Bedeutung: Anweisungen gingen von oben nach unten, Berichte von unten nach oben. Frederick Taylor, ein Wegbereiter dessen, was als Scientific Management bekannt werden sollte (siehe unten, S. 136), empfahl beispielsweise schwarze Bretter mit schriftlichen Anweisungen oder »Instruktionskarten« für die Arbeiter, um die Effizienz einer Firma zu verbessern. Man könnte sagen, dass die Jahre von 1880 bis 1920 genau die Zeit waren, in der die amerikanischen Firmen von der »traditionellen« zur »rationalen« Administration übergingen. So wie Weber in seiner Analyse des Staats setzten die neuen Manager ganz auf Effizienz, deren Bedeutung sie darin sahen, dass mündliche Anweisungen, die oft schlecht in Erinnerung blieben, durch schriftliche ersetzt wurden. Mit dem »Memo« wurde ein neues Genre erfunden, das innerhalb einer bestimmten Firma eine schriftliche Form von Kommunikation ermöglichte, die weniger formal und zeitraubend war als Geschäftsbriefe. Nicht von ungefähr erhöhte sich die Zahl der Angestellten in amerikanischen

Firmen innerhalb eines halben Jahrhunderts fast um das Vierfache, von 74.200 im Jahr 1870 auf 2.837.700 im Jahr 1920.[56]

Schreiben war für die Opposition genauso wichtig wie für staatliche Behörden. An manchen Orten, namentlich in Finnland und Griechenland, existierten handschriftliche Zeitungen noch bis zu Beginn des 20. Jahrhunderts, was zum Teil damit zu tun hatte, dass sie von rein lokalem Interesse waren, zum Teil aber auch, weil die in ihnen vertretenen Ansichten als subversiv galten.[57] Schreiben spielte – und spielt noch immer – eine entscheidende Rolle für die klandestine Kommunikation, zumal in autoritären Regimen, auch wenn sich Klandestinität nicht ohne Weiteres definieren lässt.[58] Der Unterschied zwischen öffentlicher und klandestiner Kommunikation sollte vielleicht eher als ein quantitativer und weniger als ein qualitativer gesehen werden, wobei es eine Grauzone zwischen den Extremen gibt (tatsächlich wird der Begriff »graue Literatur« bisweilen für nicht-kommerzielle Publikationen verwendet).

Ein bekanntes Beispiel der klandestinen oder semi-klandestinen Verbreitung von Informationen ist das Aufkommen der Literatur des *Samisdat* (wörtlich: »Selbstverlegtes«) in den letzten Jahrzehnten der kommunistischen Herrschaft in der UdSSR und ihren Satelliten. Zwischen 1968 und 1972 gab es sogar eine *Samisdat*-Zeitung auf Russisch, *Chronik der laufenden Ereignisse*, die Informationen über die Verfolgung von Dissidenten lieferte. Wie im Falle der Literaturverbreitung durch Abschriften im Mittelalter nahmen die Schreiber beim Kopieren ihrer Texte oft Veränderungen vor, sei es durch Hinzufügungen oder durch Auslassungen.[59] Das Beispiel des *Samisdat* erinnert auch daran, auf welche Weise Manuskripte oder Typoskripte vervielfältigt wurden, nämlich durch die Verwendung von Kohlepapier oder mit Kopiergeräten diverser Firmen, von Gestetner bis Xerox (beide wurden 1906 gegründet).

Die Zeitschriftenpresse

Die *Samisdat*-Literatur wurde manchmal auf kleinen klandestinen Pressen gedruckt, aber der Buchdruck gehört natürlich eher der öffentlichen Sphäre an. Nach der ersten Buchdruck-Revolution des Abendlands, die Gutenberg und seine Kollegen mit ihrer Arbeit in der Mitte des 15. Jahrhunderts ausgelöst hatten, gab es zu Beginn des 19. Jahrhunderts eine zweite Revolution, als die dampfgetriebene Schnellpresse – ebenfalls von einem Deutschen, Friedrich Koenig, erfunden – zum Einsatz kam. Die sogenannte Koenig-Maschine beschleunigte das Druckverfahren ganz erheblich. Zusammen mit dem Aufkommen billigen Papiers (das zunehmend aus Zellstoff und nicht mehr aus Hadern hergestellt wurde) läutete sie eine Ära der Massenkommunikation mittels Zeitungen, Zeitschriften und Büchern ein.

1814 installierte *The Times* eine der neuen Schnellpressen. Im 19. Jahrhundert wurden billige Zeitungen zu einem entscheidenden Medium, um neue Informationen zu verbreiten. Diese Funktion hatten Zeitungen schon seit ihrer Entstehung im frühen 17. Jahrhundert erfüllt, vor allem während der Französischen Revolution (1789 wurden allein in Frankreich 130 neue politische Zeitungen gegründet), aber im 19. Jahrhundert erreichten sie mehr Menschen denn je.

In der zweiten Hälfte des 19. Jahrhunderts wurde dank des Telegraphen auch die Nachrichtenübermittlung schneller: Spezialisierte Pressebüros bedienten sich dieses Geräts, um Berichte an die Zeitungen zu verkaufen, so etwa die Agence Havas, ursprünglich ein Übersetzungsbüro, das 1835 von Charles-Louis Havas in Paris gegründet wurde, oder die von seinem ehemaligen Angestellten, dem Deutschen Paul Reuter, 1865 in London eröffnete Nachrichtenagentur. Eine weitere wichtige Entwicklung in dieser Zeit war das Aufkommen der Massenblätter in den Vereinigten Staaten und Europa. Früher waren Zeitungen für gewöhnliche Leute zu teuer, aber ab 1883 verkaufte Joseph Pulitzer täglich eine halbe Million Exemplare der *New York World* zum Stückpreis von 1 Cent. Bald nach 1900 erreichten die *Daily Mail* und der *Daily Mirror* in Großbritannien sowie *Le Journal* und *Le Matin* in Frankreich einen täglichen Absatz von jeweils über eine Million Exemplaren.

Von Tageszeitungen könnte man sagen, dass sie eigentlich eher »Informationen« als »Wissen« verbreiten oder sogar »Desinformationen«, denn die knappen Drucktermine lassen ihnen kaum Gelegenheit, die Geschichten, die sie drucken, auch zu verifizieren. Zeitschriften dagegen – von der Wochen- bis zur Vierteljahresschrift – haben die Möglichkeit, seriöseres Wissen zu vermitteln, und auch den Raum, die jeweiligen Nachrichten zu kommentieren. Die Zeitschriftenpresse, darunter gelehrte Periodika wie die *Transactions* der Royal Society oder die *Nouvelles de la République des Lettres*, hatte sich schon im 17. Jahrhundert herausgebildet, aber erst im 19. nahm sie an Umfang und Vielfalt entscheidend zu. Zu dieser Zeit lassen sich drei wesentliche Kategorien von Periodika unterscheiden: die Fachzeitschrift, das Intelligenzblatt für die gebildeten Stände und das eher populäre Magazin.

Parallel zur zunehmenden Professionalisierung des Lernens (siehe unten, S. 190 ff.) vermehrten sich ab Mitte des 19. Jahrhunderts auch die Fachzeitschriften, wobei Deutschland eine führende Rolle spielte. Es entstanden die *Zeitschrift für wissenschaftliche Zoologie* (1848), die *Historische Zeitschrift* (1859), die *Zeitschrift für Völkerpsychologie* (1860), die *Zeitschrift für ägyptische Sprache und Altertumskunde* (1863) und so weiter. Im Bereich der Geschichtswissenschaft diente das deutsche Beispiel von 1859 als Modell für die Gründung entsprechender Periodika in anderen Ländern: die französische *Revue Historique* (1876), die *Rivista Storica Italiana* (1884), die *English Historical Review* (1886) und viele mehr.

Das System der Zeitschriftenpresse blieb – zusammen mit vielen der Publikationen selbst – bis zum Ende des 20. Jahrhunderts weitgehend unverändert bestehen (auch wenn die Zahl spezialisierter Zeitschriften zunahm). Seit dem Jahr 2000 wird eine wachsende Zahl von Zeitschriften, zumal wissenschaftlicher Periodika, online veröffentlicht, selbst wenn viele von ihnen nach wie vor auch als Printversionen erhältlich sind. Manche wissenschaftliche Artikel zirkulieren vor ihrer offiziellen Publikation bereits online, worin sich das Bedürfnis nach einer immer schnelleren Informationsverbreitung in den Naturwissenschaften widerspiegelt.

Für die Gebildeteren und finanziell Bessergestellten unter dem allgemeinen Publikum entwickelte sich in dieser Periode, vor allem im 19. Jahrhundert, eine ganze Reihe von Zeitschriften. In Frankreich gab es beispielsweise die langlebige Wochenschrift *Le Journal des Débats* (1789–1944), die Berichte über Debatten in der Nationalversammlung mit einem literarischen Magazin kombinierte, für das berühmte Autoren schrieben, und die *Revue des Deux Mondes* (1829), eine bis heute existierende Monatsschrift, die bis 1879 liberal war, danach aber eher konservativ wurde. In Großbritannien erschienen zu Beginn des 19. Jahrhunderts mehrere bedeutende Vierteljahresschriften, die neue Bücher und neue Ideen diskutierten und die Leser unterschiedlicher politischer Einstellungen ansprachen, unter ihnen die *Edinburgh Review* (1802) für die Whigs; die *Quarterly Review* (1809) für die Tories und die *Westminster Review* (1823) für die Radikalen.[60]

Erwähnenswert ist der breite Raum, den die Naturwissenschaften in diesen Zeitschriften einnahmen. In Frankreich zum Beispiel schrieb der Physiker und Astronom Jacques Babinet regelmäßig über wissenschaftliche Themen sowohl für das *Journal des Débats* als auch für die *Revue des Deux Mondes*.[61] In Großbritannien veröffentlichten Wissenschaftler vom Kaliber eines John Herschel, Charles Lyell und Thomas

Huxley in der *Edinburgh*, der *Quarterly* beziehungsweise der *Westminster Review*. Noch weitere Verbreitung fand das Wissen durch eine Reihe billiger Publikationen wie das britische *Penny Magazine* (1832), das eine Rekordauflage von 200.000 Exemplaren erreichte, oder spezialisiertere Magazine, deren Zielgruppen sich aus interessierten Laien rekrutierten, etwa *National Geographic* (1888) oder *History Today* (1951).

In den Naturwissenschaften haben diese zwischen Fach- und Publikumszeitschriften angesiedelten Periodika eine besonders wichtige Rolle gespielt. In den USA gab es beispielsweise den ursprünglich von Handwerkern herausgegebenen *Scientific American* (1845) und *Popular Science* (1872), die beide noch existieren. In Deutschland gab es *Die Natur* (1852), ausweislich ihres Untertitels »eine Zeitung [...] für Leser aller Stände«. Imitiert wurde sie in Frankreich mit der Publikation von *La Nature* (1873), die um 1885 eine Auflage von 15.000 Exemplaren druckte.[62] Im viktorianischen Großbritannien folgte man demselben Modell mit *Nature* (1869), einer Wochenschrift, die bei Macmillan erschien und für 4 Pence verkauft wurde, während *Knowledge* (1881), ein laut eigenen Angaben »illustriertes Magazin der klar formulierten und exakt beschriebenen Wissenschaft«, wöchentlich schon für 2 Pence zu bekommen war.[63]

Da sich nach 1850 immer mehr Spezialdisziplinen entwickelten, wurde die Funktion des Vermittelns oder Übersetzens wichtiger denn je. Die Spezialisten, zumal die Naturwissenschaftler, bedienten sich einer zunehmend technischen Sprache, die sich immer weiter von derjenigen des allgemeinen Publikums entfernte. Aus Sorge um diese Abgehobenheit gründeten amerikanische Wissenschaftler 1920 den Science Service, einen Presseverband, in dem Wissenschaftler und Journalisten zusammenarbeiteten; zwei Generationen später folgten die Briten mit der Bewegung Public Understanding of Science, die ein gleichnamiges Journal gründete und spezielle Lehrstühle in London und Oxford einrichtete. Heutzutage werden Universitätskurse zum Thema »Wissenschaftskommunikation« angeboten.[64]

Im 20. Jahrhundert gewann der Wissenschaftsjournalismus, der die Kluft zwischen Wissenschaftlern und anderen Bürgern überbrücken sollte, zunehmend an Bedeutung – ironischerweise handelte es sich um eine Spezialisierung, um das Spezialistentum zu bekämpfen. In Großbritannien war es der (damalige) *Manchester Guardian*, der 1928 erstmals einen Wissenschaftsjournalisten einstellte, und in Frankreich wurde 1955 ein Verband wissenschaftlicher Journalisten gegründet. Die wissenschaftlichen Aspekte von Nachrichten beleuchteten Journalisten, die – normalerweise mit einem naturwissenschaftlichen Universitätsabschluss ausgestattet – in einer leicht verständlichen Sprache für ein nicht-wissenschaftliches Publikum schrieben: Earl Ubell zum Beispiel, der Albert Einstein für die *New York Herald Tribune* interviewte, oder Ritchie Calder, der 1953 im *News Chronicle* über die Entdeckung der DNA-Struktur berichtete. Wie andere Journalisten wurden auch Wissenschaftspublizisten häufig der Sensationsmache bezichtigt.[65]

Gleichwohl gibt es Kontinuitäten, die nicht übersehen werden dürfen. Selbst im Zeitalter von Fernsehen und Internet (Näheres dazu unten, S. 315 ff.) ist noch immer ein Publikum für wissenschaftliche Magazine vorhanden. Der *Scientific American* erreichte 1986 eine Verbreitung von einer Million Exemplaren und erscheint heute in fünfzehn verschiedenen Sprachen. *Nature* erscheint nach wie vor wöchentlich, und auch ohne eine Fachzeitschrift zu sein veröffentlicht das Journal doch regelmäßig Beiträge von Wissenschaftlern. Das französische Pendant *La Nature* hat inzwischen mit dem Monatsmagazin *La Recherche* fusioniert, das sich an ein halb-akademisches Publikum aus Wissenschaftsstudenten richtet. Auch in den Geisteswissenschaften gibt es nach wie vor Raum für Monatsmagazine, die ihre Leser unter nicht-professionellen Enthusiasten finden, in Großbritannien etwa *History Today* (1951) und *Current Archaeology* (1967), aber auch entsprechende Periodika in vielen anderen Ländern.

Bücher

Eine faszinierende, wenn auch praktisch kaum zu beantwortende Frage betrifft die relative Bedeutung, die Büchern und Zeitschriften bei der Verbreitung von Wissen zukommt. Angesichts der unübersehbaren Zahl von Büchern, die im hier behandelten Zeitraum produziert wurden, wäre es wahrscheinlich unklug, irgendeine auch nur annähernd substanzielle Aussage über sie treffen zu wollen, egal ob es sich um Monographien für Spezialisten handelt, um Bücher für die gebildete Allgemeinheit oder um verschiedenartige Werke im Dienste der Popularisierung. 1960 wurden weltweit 332.000 Titel veröffentlicht, aber 1990 war ihre Zahl schon auf 842.000 angestiegen.[66] 2005 erschienen allein in Großbritannien 206.000 Titel, 172.000 in den USA und 123.000 in der Russischen Föderation.

Um nur eine einzelne Abteilung dieser gigantischen Bibliothek ohne Mauern zu beleuchten, wollen wir noch einmal zur Verbreitung der Naturwissenschaften zurückkehren. Für das 18. Jahrhundert wären zwei bedeutende Popularisierer dieser Disziplin zu nennen: Linné, der mit seinen kleinen, einfach geschriebenen und in rascher Folge übersetzten Büchern die »pädagogische und finanzielle Aufnahmegebühr für das Studium der Natur« senkte;[67] und Buffon, dessen *Histoire de la nature* aufgrund des literarischen Stils sowie der Ideen des Autors zum »wahrscheinlich am meisten gelesenen wissenschaftlichen Werk des Jahrhunderts« wurde.[68]

Im 19. Jahrhundert waren es einige wissenschaftliche Grundlagenwerke, die eine relativ breit gestreute Leserschaft erreichten, namentlich Charles Lyells *Principles of Geology* (1830–1833), die ungeachtet ihrer Länge bis 1875 zwölf Auflagen erlebten; und Charles Darwins Hauptwerk *On the Origin of Species* (1859), von dem noch vor Ende des Jahrhunderts 56.000 Exemplare verkauft wurden. Das anonym veröffentlichte populärwissenschaftliche Buch *Vestiges of the Natural History of Creation* (1844, dt. *Natürliche Geschichte der Schöpfung*, 1851), eine »viktorianische Sensation«, erlebte vierzehn Auflagen mit 40.000 verkauften Exemplaren und war Gegenstand lebhafter Diskussionen sowohl in der Öffentlichkeit als auch im privaten Bereich.[69] Einige führende Wissenschaftler trugen selbst zur Popularisierung der Wissenschaft bei, unter ihnen der französische Astronom und Physiker François Arago oder die Briten Humphry Davy (wie wir gesehen haben) und Thomas Huxley. In Deutschland dagegen gab es keinen maßgeblichen Wissenschaftler, der dem Beispiel Humboldts gefolgt wäre und mit einem breiten Publikum kommuniziert hätte – die Popularisierung blieb hier den Journalisten überlassen.[70]

Trotz dieser bemerkenswerten Erfolge blieben die Verkaufszahlen der Bücher wissenschaftlicher Autoren weit hinter denjenigen populärwissenschaftlicher Schriften zurück. Ebenezer Brewers *Guide to the Scientific Knowledge of Things Familiar* (1847, dt. *Katechismus der Naturlehre*, 1855) erreichte 1892 die vierundvierzigste Auflage mit insgesamt 195.000 verkauften Exemplaren, und John George Woods *Common Objects of the Country* (1858) brachte es bis 1889 auf 86.000 Exemplare.[71] In Frankreich wurde Camille Flammarions *Astronomie populaire* (1879, dt. *Himmels-Kunde für das Volk*, 1907) bis zum Ende des Jahrhunderts 100.000-mal verkauft.[72]

Auch im 20. Jahrhundert bemühten sich manche Verleger, akademisches Wissen einem größeren Publikum näherzubringen. In Großbritannien gab es die *Home University Library of Modern Knowledge* (1911). Spezialisten wurden gebeten, zu unterschiedlichsten Themen kurze, leicht lesbare Bücher zu schreiben, die in Auflagen von 20.000

Exemplaren auf den Markt kamen (eine Zahl, von der die meisten heutigen Akademiker nur träumen können).[73] Eine ähnliche Serie kam in Frankreich 1941 mit *Que sais-je?* heraus, die heute Tausende von Titeln umfasst. Dennoch scheint gerade die zweite Hälfte des 19. Jahrhunderts ein goldenes Zeitalter der Populärwissenschaft – zumindest in Buchform – gewesen zu sein, da sich einerseits die Lesefähigkeit zunehmend verbreitete und andererseits der Glaube an die Wissenschaft als Motor des Fortschritts noch ungebrochen war.[74]

Ende der 1920er Jahre gab es ein Revival der Populärwissenschaft, angeführt von professionellen Wissenschaftlern wie dem Physiker Arthur Eddington, dessen *Nature of the Physical World* (1928, dt. *Das Weltbild der Physik und ein Versuch seiner philosophischen Deutung*, 1931) sich bis 1943 26.000-mal verkaufte, und dem Kosmologen James Jeans mit seinem Buch *The Mysterious Universe* (1930, dt. *Der Weltenraum und seine Rätsel*, 1931), das es bis 1937 auf 140.000 verkaufte Exemplare gebracht hatte.[75] Einige dieser Wissenschaftler standen politisch links, unter ihnen der Physiker Jean Perrin, dessen 1913 erstmals veröffentlichtes Buch über Atome zahlreiche Auflagen und Übersetzungen erlebte; der Genetiker J. B. S. Haldane, der im *Daily Worker* eine wöchentliche Kolumne über wissenschaftliche Themen schrieb; der Zoologe Lancelot Hogben, Verfasser von *Science for the Citizen* (1938, dt. *Mensch und Wissenschaft*, 1948–1950); und der Physiker John Desmond Bernal, der *The Social Function of Science* (1939, dt. *Die soziale Funktion der Wissenschaft*, 1986) schrieb. Zur Beliebtheit von Hogbens Buch trugen auch die Zeichnungen des linken Karikaturisten J.F. Horrabin bei, der schon H.G. Wells' Bestseller *Outline of History* (1920, dt. *Die Weltgeschichte*, 1928) illustriert hatte.

Während die Popularisierung für manche ihrer Kollegen nichts weiter war als eine unerwünschte Ablenkung von ihrem eigentlichen Geschäft – der Forschung –, betrachteten diese Wissenschaftler sie als ein Mittel der Bewusstseinserweiterung und der gesellschaftlichen Veränderung. Dennoch verzögerte Hogben die Veröffentlichung seines auf einer Vorlesungsreihe basierenden Beststellers *Mathematics for the Million* (1936, dt. *Mathematik für alle*, 1953), da er fürchtete, dies könne seinem professionellen Ruf genau in dem Augenblick abträglich sein, wo er hoffte, in die Royal Society aufgenommen zu werden.[76]

Seitdem gab es eine ganze Reihe von Publikationen wissenschaftlicher Autoren, die sich sehr gut verkauften, darunter Isaac Asimovs *The Intelligent Man's Guide to Science* (1960) und Stephen Hawkings *A Brief History of Time* (1988, dt. *Eine kurze Geschichte der Zeit*, 1988), sowie zahlreiche Bücher über Biologie wie Richard Dawkins' *The Self-*

ish Gene (1976, dt. *Das egoistische Gen*, 1978) und Stephen J. Gould *The Panda's Thumb* (1981, dt. *Der Daumen des Panda*, 1987).

Visuelle Hilfen

Wie viele Menschen wie viel von diesen Massen an Material lasen, ist eine weitere Frage, die sich genauso wenig beantworten lässt, auch wenn zu vermuten steht, dass sich die Lektüre eher auf ein flüchtiges Überfliegen beschränkte. Für ein solches Urteil spricht die Präsentation von Büchern und Artikeln, egal ob fachlicher oder populärwissenschaftlicher Natur. Tabellen, Graphiken, Diagramme und Bilder unterschiedlichster Art machten die gedruckte Botschaft nicht nur klarer, sondern boten sogar einen Ersatz für sie.[77] In der gesamten hier behandelten Zeit finden wir eine zunehmende Verbreitung visueller Hilfsmittel zur Unterstützung des gedruckten Texts – sei es, um ihn für Spezialisten schneller zu kommunizieren, sei es, um einem breiteren Publikum die Wissenspille zu versüßen. Auf der Angebotsseite wurde dieser Trend durch neue Techniken verstärkt, auf der Nachfrageseite durch das Bedürfnis, neue Arten von Material, insbesondere Statistiken, zu präsentieren.

Sozialerhebungen und Ausschussberichte wie auch Bücher und Artikel enthielten ab den 1820er Jahren immer öfter Statistiken, die zu einer regelrechten »Lawine gedruckter Zahlen« wurden.[78] So erklärt sich die zunehmende Bedeutung von Tabellen oder »tabellarischen Aufstellungen«, wie die Statistical Society of London sie nannte. Eine solche Methode wurde auch in den Naturwissenschaften übernommen, etwa von dem deutschen Geologen Heinrich Bronn, der an der Universität Heidelberg sowohl »Gewerbswissenschaft« als auch Naturgeschichte lehrte und 1831 seine Fossilientabellen veröffentlichte.[79]

Ein weiteres Mittel der visuellen Darstellung waren Graphiken, die zunächst für Wirtschafts-, dann auch für andere Arten von Daten verwendet wurden (eine Graphik, die das Steigen und Fallen von Quecksilber in einem Barometer je nach Wetterlage zeigt, wurde allerdings schon 1686 veröffentlicht).[80] Ein Wirtschaftsatlas von Europa aus dem Jahr 1782 enthielt Graphiken, die der schottische Nationalökonom William Playfaire später in seinem *Commercial and Political Atlas* (1786) verwendete. Von der Wirtschaftsgeographie aus verbreitete sich die Graphik in der Soziologie (Adolphe Quetelet), der Astronomie (William Herschel) und der Epidemiologie (William Farr).[81]

Die Verbreitung von Tabellen und Graphiken ging mit neuen Arten von Diagrammen einher. Joseph Priestley erfand das biographische Zeitdiagramm zur Darstellung von Lebensphasen unterschiedlicher Personen, der Schweizer Mathematiker Johann Heinrich Lambert arbeitete in seiner Abhandlung *Pyrometrie oder vom Maaße des Feuers und der Wärme* (1779) mit Zeitleisten, und Playfair benutzte in seinem *Statistical Breviary* (1801) erstmals das, was wir heute als Tortendiagramm und Balkendiagramm kennen. Offensichtlich von Playfair angeregt, fügte Humboldt in seinen *Essai politique sur le Royaume de la Nouvelle-Espagne* (1811) Balkendiagramme ein. Geologen gehörten zu den Ersten, die mit Querschnittsdarstellungen arbeiteten, namentlich Brogniart und Cuvier in ihrem *Essai sur la géographie minéralogique des environs de Paris* (1811) und William Smith in seinem Kartenwerk *Delineation of the Strata in England and Wales* (1815), das ihm den Spitznamen »Strata Smith« einbrachte.

Geologen waren auch mit die Ersten, die Spezial- oder Themenkarten verwendeten, in ihrem Falle also solche, die Mineralien und Felsformationen zum Gegenstand hatten. Es folgten Karten zum Analphabetentum (1826), zur Kriminalität (1829), zur Bevölkerung (1841) und so weiter. Im London des 19. Jahrhunderts gab es zwei berühmte thematische Karten, diejenige des Arztes John Snow zur Ausbreitung der Cholera (1854) und die »beschreibende Armutskarte« (1891) des philanthropischen Unternehmers Charles Booth. Mit seiner *Carte figurative des pertes successives en hommes de l'armée française dans la campagne de Russie 1812–1813* (1861) demonstrierte der französische Ingenieur Charles Joseph Minard, wie dynamisch sich eine Karte gestalten lässt. Der Schrumpfungsprozess der Grande Armée auf dem Weg nach Moskau und zurück während Napoleons katastrophalem Russlandfeldzug konnte wohl kaum dramatischer dargestellt werden.[82]

Die Kartographie erfasste immer weitere Bereiche: Astronomen kartierten die Sterne und Ozeanographen die Weltmeere. Besonders detailliert waren die Wind- und Strömungskarten, die Matthew Maury 1848 für die US-Marine herstellte und in denen er spezielle Symbole für Windrichtungen und -stärken entwarf. Auch Naturwissenschaftler machten zunehmend Gebrauch von Diagrammen. So stellte etwa John Dalton in seinem Werk *New System of Chemical Philosophy* (1808) Atome von Salpetersäure, Zucker und anderen Substanzen durch einfache Kreise oder Cluster dar, die von Zweier- bis zu Siebenergruppen reichten. Inzwischen sind diagrammatische Darstellungen wie der Plan der Londoner U-Bahn von 1933 – das »vielleicht einflussreichste Netzwerk-

Diagramm, das je geschaffen wurde«[83] – für das breite Publikum eine Selbstverständlichkeit.

Illustrationen in Büchern verbreiteten sich zunehmend in dem Maße, wie sie aufgrund von Veränderungen in der Technik billiger wurden. An die Stelle von Holzschnitten traten Stahlstiche, da Metallplatten weniger schnell verschleißen. Die Erfindung der Lithographie zu Beginn des 19. Jahrhunderts machte Illustrationen noch billiger. Abbildungen erhöhten den Reiz von Zeitschriften wie den *Illustrated London News* (1842), das erste illustrierte Nachrichtenmagazin, das in den 1850er Jahren eine wöchentliche Verkaufsauflage von 200.000 Exemplaren erreichte, als es Zeichner und Fotografen zur Berichterstattung über den Krimkrieg entsandte. Mit der Entsendung eines Fotografen auf die Krim begann eine neue Epoche der Verbreitung wie auch des Sammelns und der Analyse von Wissen: der Aufstieg des Fotojournalismus. Auf akademischer Ebene trug die Fotografie zur Revolutionierung der Kunstgeschichte bei, indem sie den Studenten weitverstreute Meisterwerke zugänglich machte, sei es in Form von Buchillustrationen oder als Lehrmittel bei Vorlesungen, auch wenn die jeweiligen Bilder nur in Schwarzweiß-Reproduktionen oder in mangelhafter Farbqualität gezeigt werden konnten.

Visuelle Hilfsmittel bei Vorlesungen sind nichts Neues, wie wir aus Rembrandts Gemälde *Die Anatomie des Dr. Tulp* wissen. Geologen konnten ihre Ausführungen anhand von Gesteinsproben demonstrieren, Paläontologen hatten Knochen zur Verfügung. In der Chemie war es schon etwas problematischer, aber auch hier gab es Lösungen. Bei seinen Vorlesungen am Royal College of Chemistry in London in der Mitte des 19. Jahrhunderts verwendete August Wilhelm von Hofmann beispielsweise einfache Atom- und Molekularmodelle in Form von Holzkugeln, die durch Stäbe miteinander verbunden waren.

Manchen Wissenschaftspopularisierern wie dem »Geistermann« John Henry Pepper (siehe oben, S. 108) ist es zu verdanken, dass bei Vorlesungen neue visuelle Hilfsmittel eingeführt wurden. So verwendete der französische Mathematiker und Physiker François Moigno, ein ehemaliger Jesuit, bei seinen populärwissenschaftlichen Vorlesungen Mitte des 19. Jahrhunderts regelmäßig die sogenannte Laterna magica, einen Vorläufer des Diaprojektors. Dessen Nachfolger, das Rundmagazin, kam 1962 auf den Markt und sollte über dreißig Jahre lang zum unverzichtbaren Accessoire jeder Kunstgeschichtsvorlesung werden.

Um die Mitte des 20. Jahrhunderts hatten einige Akademiker bereits große Fernsehprominenz erlangt, unter ihnen der britische Historiker

Alan J. P. Taylor und sein französischer Kollege Georges Duby. Man könnte sagen, dass das Fernsehen die eindringlichsten visuellen Hilfsmittel für die Präsentation von Wissen bereithält, oder dass es Wissen auf eine eindringliche Weise präsentiert, in der das gesprochene Wort nur eine Nebenrolle spielt. Im Laufe der letzten beiden Generationen haben sich die TV-Programme von der einen zur anderen Alternative verlagert. In den 1950er Jahren bekamen die Fernsehzuschauer reine Vortragssendungen geboten – mit oder sogar ohne Illustrationen –, etwa im Stil von Taylors berühmten halbstündigen Vorlesungen über den Ersten Weltkrieg für ITV. Als dagegen Simon Schama die BBC-Dokumentationsreihe *A History of Britain* (2000–2002) präsentierte, verließ der Historiker das Fernsehstudio und begab sich direkt an die Orte, über die er sprach, es wirkten auch Schauspieler mit, und das Bild hatte größere Bedeutung als der Text.

Bilder haben gegenüber Worten unter anderem den großen Vorteil, dass sie weltweit ausgestrahlt werden können, ohne einer Übersetzung zu bedürfen. Das neue Medium eignet sich für manche Arten von Wissen auch eher als für andere. Sehr gut funktioniert es beispielsweise in Zusammenhang mit der Archäologie. Die Tatsache, dass der Archäologe Mortimer Wheeler 1954 zur britischen »TV-Persönlichkeit des Jahres« ernannt wurde, nachdem er eine Serie zu seinem Fachgebiet präsentiert hatte, sagt einiges über die Bildwirksamkeit des Themas aus wie auch über Wheelers persönliches Charisma. Naturgeschichte ist ein weiterer Wissenszweig, der sich gut zur Darbietung im Fernsehen eignet – man denke etwa an David Attenboroughs bekannte Programme *Life on Earth* (1979), *The Living Planet* (1984) und *The State of the Planet* (2000). Auch Geschichte, insbesondere Kriegsgeschichte, erfreut sich bei Fernsehproduzenten und Zuschauern großer Beliebtheit: *The Great War* (1964) für die BBC, *The World at War* (1974) für ITV, *The Civil War* (1990) des amerikanischen Regisseurs Ken Burns für PBS und zuletzt *La guerra filmada* (2006) für TVE, eine kommentierende Sendung zu dem Filmmaterial, das im Spanischen Bürgerkrieg von beiden Seiten gemacht worden war.

Der Fernunterricht via TV und neuerdings via Internet hat auch dafür gesorgt, dass die Erwachsenenbildung in der British Open University (1969) ganz erheblich ausgeweitet werden konnte – 1997 hatten bereits zwei Millionen Studenten an dem Programm teilgenommen. Inzwischen gibt es ähnliche Institutionen in den Niederlanden, in Spanien und vielen anderen Ländern mehr. 2003 verbuchte der »Online Campus« der University of Phoenix über 70.000 Einschreibungen.[84]

Dieses Kapitel hat zahlreiche individuelle Versuche, aber auch einige kollektive Kampagnen zur Verbreitung von Wissen im Laufe der letzten 250 Jahre aufgezeigt. Die Übermittlung von Informationen – richtiger wie falscher – erfolgte immer schneller und immer umfangreicher. Enthusiasten würden behaupten, Wissen habe sich stärker verbreitet als je zuvor, Kritiker würden dagegen sagen, es sei zu spärlich geflossen. Das folgende Kapitel wird die Kommunikation von Wissen aus der Perspektive der Empfänger und nicht der Sender untersuchen und der Frage nachgehen, auf welch unterschiedliche Weise verschiedene Arten von Menschen sich Wissen zunutze machten.

4. Wissen anwenden

Dieses Kapitel behandelt den letzten in der Kette von Prozessen – Sammeln, Auswerten, Weitergeben und Handeln –, die im ersten Teil des vorliegenden Buches beschrieben werden. Während die Weitergabe von Informationen im vorangehenden Kapitel untersucht wurde, soll jetzt im Mittelpunkt stehen, wie Information aufgenommen und genutzt wird. Mit anderen Worten, es wird im Folgenden um die Beziehung zwischen Wissen und seinem gesellschaftspolitischen Gebrauch gehen oder, wie Michel Foucault gern sagte, Wissen und Macht, *savoir* und *pouvoir*.[1] Das schließt das »Recycling« von Wissen ein, seine Wieder-Verwendung (um einen Begriff zu benutzen, der für den Theoretiker Michel de Certeau zentral ist, *ré-emploi*) für eine Reihe von Zwecken (darunter solchen, die sich die ursprünglichen Verbreiter nie vorgestellt hatten).[2] Tatsächlich ließe sich die Auffassung vertreten, dass die meisten intellektuellen Innovationen, wie etwa technische Neuerungen, kreative Anpassungen früherer Gedanken oder Artefakte sind, womit das, was wir gemeinhin »Originalität« nennen, eher ein relatives als ein absolutes Merkmal wird.

Bevor man sich nach Wissen richten oder es anwenden kann, muss es jedoch erst einmal den Wissensspeichern entnommen werden können, von denen früher die Rede war.

Wissen abrufen

Die offensichtlichste und am weitesten verbreitete Form des Abrufens von Wissen ist das menschliche Erinnern, aber Grenzen und Fehleranfälligkeit des Gedächtnisses haben zu einer langen Reihe von Versuchen geführt, ihm mit künstlichen Hilfsmitteln aufzuhelfen. Die traditionelle

»Kunst des Gedächtnisses«, wie sie in der Antike, im Mittelalter und der frühen Neuzeit geübt wurde, war darauf ausgelegt, Rednern und Predigern zu helfen, und fußte darauf, das zu Erinnernde mit lebhaften Bildern zu verknüpfen, die dann in vorgestellten Tempeln, Kirchen oder Theatern räumlich angeordnet wurden.[3] Diese Kunst wird immer noch von den Gewinnern einiger weltweiter Gedächtniswettbewerbe praktiziert, aber sie wurde ungefähr vom Jahr 1800 an durch andere Methoden der Mnemotechnik für Studierende der Rechte, der Geschichte, Geographie, Astronomie oder der Pharmakologie ergänzt: das Übersetzen historischer Daten in eine Buchstabenfolge zum Beispiel, das Verfassen von Versen oder das Anfertigen wortspielerischer Zeichnungen.[4]

Die Kunst oder Wissenschaft des Gedächtnisses brachte einigen ihrer Vertreter, die Bücher zum Thema schrieben oder Vorträge hielten, im 19. Jahrhundert Geld und Ruhm ein, aber auf lange Sicht erwiesen sich andere Methoden des »Informationsabrufs«, wie wir es heute nennen, als erfolgreicher – bei Büchern etwa die Register, wenn es sie denn gibt. Im späteren 19. Jahrhundert sah der deutsche Wissenschaftler Hermann von Helmholtz eine Verbindung zwischen intellektuellem Fortschritt und der Verbesserung einer, wie er es nannte, »äusserlichen mechanischen Ordnung« – »Kataloge, Lexica, Register, Indices, Literaturübersichten« –, die es ermöglichten, dass Wissen »jeden Augenblick von demjenigen, der es braucht, gefunden werden kann«.[5]

In Bibliotheken beispielsweise wurden die Kataloge immer detaillierter und analytischer. Antonio Panizzi, der Chefbibliothekar am British Museum – das damals noch nicht von der British Library getrennt war –, organisierte einen neuen Katalog auf der Grundlage von einundneunzig Regeln, die 1841 formuliert und zum Vorbild für zahlreiche spätere Kataloge wurden, darunter das weitverbreitete System der Dezimalklassifikation von Melvil Dewey und dessen schärfste Konkurrenz, das Klassifikationssystem der Library of Congress (siehe oben, S. 66).[6]

Die Suche nach Informationen in Akten von Büros und Archiven warf ihre eigenen Probleme auf: Informationen über Kriminelle zum Beispiel. In Großbritannien wurde 1869 ein Habitual Criminals Register eingerichtet, ein Verzeichnis von Gewohnheitsverbrechern mit Personenbeschreibungen. Das Problem war, dass man schon einen Namen kennen musste, um es richtig benutzen zu können – was seinem Zweck als Hilfsmittel zur Identifizierung einigermaßen zuwiderlief.[7]

Im späteren 19. Jahrhundert nahm das Papieraufkommen in Büros ständig zu, was ein neues System der Ablage und Entnahme nötig machte. Die traditionelle Methode zur Aufbewahrung von Briefen zum

Beispiel bestand darin, sie in chronologischer Reihenfolge so in Kästen abzulegen, dass der aktuellste obenauf lag. Die Wiederauffindung war zeitraubend, denn »die gesamte Korrespondenz oberhalb des gesuchten Stückes musste herausgehoben werden«.[8] Als Antwort auf die Frage nach einem neuen System wurde 1875 in den USA der erste Aktenschrank hergestellt, der mit Schubladen und alphabetischen Trennern ausgerüstet war, während 1898 ein Schrank entworfen wurde, der es erlaubte, Hefter mit Unterlagen vertikal in hohen Schubladen alphabetisch oder thematisch zu ordnen.

Der wesentliche Fortschritt in der »äußerlichen mechanischen Ordnung«, wie Helmholtz es nannte, fand allerdings erst nach dessen Zeit statt. Herman Holleriths »elektrisches Tabuliersystem« zur Datenentnahme aus Volkszählungsinformationen und anderen großen Datenbeständen ist im zweiten Kapitel besprochen worden. In den 1930er Jahren schlugen der belgische Bibliograph Paul Otlet und der amerikanische Ingenieur Vannevar Bush unabhängig voneinander eine thematische Verknüpfung von Informationen als Mittel einer besseren Zugänglichkeit vor, Bush mit seinem »Rapid Selector« und Otlet in seinem *Traité de documentation*.[9] Mit dem Abstand einer Generation kehrten andere Erfinder zu diesem Vorschlag zurück. Ein »File Retrieval and Editing System« (FRESS) wurde in den 1960ern an der Brown University entwickelt. Seitdem haben wir den Aufstieg von Datenbanken erlebt, zunächst auf Computern und dann im Netz, die Information so aufbereiten, dass »Suchmaschinen« wie Google auf sie über Schlagwörter oder *tags* zugreifen können.

Das Wiederauffinden von Bildern – Fingerabdrücken zum Beispiel – stellte sich wegen der Schwierigkeit, sie zu klassifizieren (siehe oben, S. 66), problematischer dar als das Wiederauffinden von Texten. Aus diesem Grund hatte Scotland Yard 1895 die wissenschaftliche Hilfe Francis Galtons gesucht. In den USA hatte das National Bureau of Criminal Identification bis 1929 bereits mehr als 1.700.000 Akten angehäuft. Es kann also nicht verwundern, dass Vannevar Bush, der an einem System arbeitete, das er Memex nannte, einem mechanischen Analogon zum menschlichen Gedächtnis, in den 1930ern an das FBI herantrat und seine Hilfe beim Auffinden von Fingerabdrücken in den Akten anbot, indem er eine Maschine entwickelte, die 1000 Abdrücke in der Minute prüfen konnte. Aber erst mit der Digitalisierung in den 1990er Jahren wurde das Problem handhabbar – gerade noch rechtzeitig, da das FBI beim Start seines Automatic Fingerprint Identification Systems (AFIS) bereits gut 43 Millionen Karten mit Fingerabdrücken in seinem Besitz hatte.

Menschen rufen Informationen ab, weil sie glauben, dass sie ihnen von Nutzen sind. Aber was als nützlich zählt, schwankt beträchtlich von Ort zu Ort und von einer Zeitperiode oder gesellschaftlichen Gruppierung zur anderen. Die Vorstellung von nützlichem Wissen selbst (oder angewandtem oder praktischem oder technischem Wissen) hat ihre eigene Geschichte, in der Art und Weise, wie sie gegen die »reine«, »höhere« oder »Grundlagenwissenschaft« abgegrenzt wird oder gegen das Wissen um seiner selbst willen (nach dem Vorbild des berühmten Mottos »l'art pour l'art« aus dem 19. Jahrhundert).

Die Wendung »nützliches Wissen« lässt sich schon vor 1750 finden, aber zum Slogan wurde sie im Englischen und anderen Sprachen im späten 18. und frühen 19. Jahrhundert. Eine Reihe von Vereinigungen verwendete sie in ihrem Namen, so die Akademie gemeinnütziger Wissenschaften in Erfurt (1754). Titel dieser Art waren besonders in Nordamerika verbreitet: die American Philosophical Society for the Promotion of Useful Knowledge in Philadelphia (1766), die Trenton Society for Improvement in Useful Knowledge (1781), die New York Society for Promoting Useful Knowledge (1784) und so weiter. Das Ohio Mechanics' Institute (1828) wurde mit dem Zweck »der allgemeineren Verbreitung nützlichen Wissens« gegründet.[10]

In London, wo der Präsident der Royal Society, Joseph Banks, gern die »nützlichen« Wissenschaften von denen abhob, die, wie er es nannte, bloß »zur Zierde« da waren, wurde 1799 die Royal Institution gegründet mit dem Zweck »der Verbreitung des Wissens um nützliche mechanische Erfindungen und Verbesserungen und der Erleichterung deren allgemeiner Einführung« sowie »der Anwendung der Wissenschaft auf die gewöhnlichen Zwecke des Lebens«. Die Geological Society of London wurde 1807 eingerichtet, damit »sich ein Fundus praktischer Kenntnisse anlegen ließe, der zur Verbesserung und zum Nutzen der Öffentlichkeit Anwendung finde«.[11] Die United Service Institution (1831) wurde gegründet, um »den Wunsch nach nützlichem Wissen« in der britischen Armee und Marine zu fördern. Die British Society for the Diffusion of Useful Knowledge (1826) gab zahlreiche Bücher heraus, während in Frankreich 1832 das *Journal des Connaissances Utiles* gegründet wurde. Manchmal wurden mehrere Arten von nützlichem Wissen unterschieden: So verwies etwa die East India Company 1810 darauf, dass Erhebungen und Datensammlungen nützliche Informationen bereitstellten für »militärische Zwecke sowie solche des Geldverkehrs und des Handels«.[12]

Die Formulierung »nützliches Wissen« ist immer noch geläufig, besonders vielleicht im Diskurs von Ökonomen und Wirtschaftshistorikern, der sich an eine Studie von Simon Kuznets zur Bedeutung »erprobten Wissens« für das Wirtschaftswachstum anschloss.[13] Der Slogan hat nichts an Kraft verloren, vor allem nicht in seiner revidierten Form »nützliches und gesichertes Wissen« (*useful and reliable knowledge*, URK). Ein Kongress von Wirtschaftshistorikern in Leiden 2004 stellte die »Erzeugung von nützlichem und gesichertem Wissen« in den Mittelpunkt, und in Großbritannien läuft derzeit ein gemeinschaftliches Forschungsprojekt zur globalen Geschichte von URK.[14]

Ein damit verwandtes Schlagwort – das besonders im späten 19. und frühen 20. Jahrhundert in Umlauf war – ist das vom »Wohl der Menschheit«. Als der Erfinder Alexander Bell die Zeitschrift *Science* neu herausgab (1883), hieß es im Leitartikel: »Forschung ist um nichts weniger wahre Forschung, [wenn] die Wahrheit, die sie aufdeckt, sich zum Wohl der Menschheit anwenden lässt.«[15] Der Millionär und Philanthrop Andrew Carnegie sagte, die Carnegie Institution in Washington (gegründet 1902) solle »die Anwendung von Wissen zur Verbesserung der Menschheit« demonstrieren. Das Ziel der Russell Sage Foundation in New York, gegründet 1907, war »die Anwendung von Forschung auf die Behebung gesellschaftlicher Missstände«.[16] Warren Weaver, der 1932 als Direktor der Abteilung für Naturwissenschaften der Rockefeller Foundation berufen wurde, erklärte, »die Wohlfahrt der Menschheit« hänge von der Wissenschaft ab.[17]

In diesem Punkt stimmten ausnahmsweise die Bolschewiken mit Kapitalisten wie Carnegie und Rockefeller überein. Nikolai Bucharin, ein Mitglied des Politbüros, argumentierte, die Wissenschaft sei »von Zielen bestimmt, die langfristig praktischer Natur« seien, und kritisierte »die Armseligkeit der Vorstellung, die ›Nützlichkeit‹ der Wissenschaft mindere ihren Wert«. Linke britische Wissenschaftler äußerten ähnliche Ansichten. J. D. Bernal veröffentlichte 1939 ein Buch mit dem Titel *The Social Function of Science* (Die gesellschaftliche Aufgabe der Wissenschaft), während Lancelot Hogben ungefähr um dieselbe Zeit die Meinung vertrat, die Bewegung zur Erwachsenenbildung habe »keinerlei Bedarf für elegante Darstellungen nutzloser Literatur«. Was nötig sei, seien »Kurse über Unterernährung, über Gesundheitspolitik und über die Umwälzung landwirtschaftlicher Techniken, die durch gegenwärtige Entdeckungen der Biologie ermöglicht worden ist.«[18]

Trotz aller Rhetorik vom Nutzen für die Menschheit ist – vor allem von Intellektuellen – nützliches Wissen häufig als geringerwertig gegenüber seiner »reinen« Form betrachtet worden, die nicht den Makel einer Verbindung mit Wirtschaft oder Politik trägt. »Angewandte« Mathematik zum Beispiel ist oft als weniger wert angesehen worden als reine Mathematik, und die Experimentalphysik als weniger wert als die »theoretische« Physik. Die Tradition ist lang und geht bis auf das antike Griechenland und das Vorurteil gegen körperliche Arbeit zurück, das typisch für eine zumindest teilweise auf Sklaverei aufgebaute Gesellschaft ist.

Im hier behandelten Zeitraum hat jedoch das gestiegene Interesse an nützlichem Wissen auf Seiten von Armeen, Regierungen, Unternehmen, Vereinigungen und anderen Institutionen die Anhänger des reinen Wissens zunehmend in die Defensive gedrängt. So fühlte sich beispielsweise der Physiker Henry Rowland in den USA schon 1883 veranlasst, eine Schrift zu veröffentlichen, die er ein »Plädoyer für eine reine Wissenschaft« (*A Plea for Pure Science*) nannte. In Deutschland wurde die Trennung zwischen der reinen Forschung an Universitäten und angewandter Forschung an den Technischen Hochschulen mit ihrem geringeren Status zu Beginn des 20. Jahrhunderts in Frage gestellt, als die Kaiser-Wilhelm-Institute gegründet wurden. Adolf Harnack, Theologe und gleichzeitig Wissenschaftsmanager, hielt es für nötig, an den Kaiser zu schreiben und zu erklären, dass »reine wissenschaftliche Forschung, die keinerlei praktische Ziele verfolgt«, dennoch »von größter wirtschaftlicher Bedeutung« sein könne.[19] Und 1945 formulierte Vannevar Bush das, wie er es nannte, »perverse Gesetz«, dass »angewandte Forschung unweigerlich die reine verdrängt«, und prägte den Begriff »Grundlagenforschung«, um die Bedeutung von Forschung zu unterstreichen, die »ohne jeden Gedanken an praktische Zwecke« durchgeführt wird.[20]

Ob Bushs Gesetz (angelehnt an das Gesetz des elisabethanischen Finanzmoguls Thomas Gresham, dass »schlechtes Geld das gute verdrängt«) nun universell gültig ist oder nicht, festzuhalten ist, dass »angewandte Forschung« eine kulturelle Hybridbildung ist. Sie repräsentiert nicht so sehr einen Sieg des praktischen Wissens über das akademische Wissen als vielmehr eine gegenseitige Durchdringung beider Wissensformen. Manche Forschung ist Grundlagenforschung und »nutzengeleitete« Forschung zugleich, wie im Fall der Arbeiten des Franzosen Louis Pasteur auf dem Feld der Mikrobiologie, die zum Verfahren des »Pasteurisierens« führten.[21] Vielleicht aber wäre es genauer, von »nutzbarem« statt von »nützlichem« Wissen zu sprechen, da es im Vorhinein schwer zu bestimmen ist, was für welchen Zweck einmal nützlich sein wird. Um diese Punkte klarer zu fassen, wollen wir die Wechselwirkungen unterschiedlicher Arten von Wissen in vier Bereichen betrachten: Wirtschaft, Krieg, Regierung (einschließlich der Herrschaft von Imperialmächten) und schließlich Universitäten.

Wissen in Handel und Industrie

Die Nutzung technischen Wissens zur Verbesserung der industriellen Leistung war schon von Beginn unseres Zeitraumes an gut bekannt, bei Beamten wie bei Geschäftsleuten. Es ist die Auffassung vertreten worden, die industrielle Revolution sei passender als »industrielle Aufklärung« bezeichnet, mit der Begründung, dass das Großbritannien des ausgehenden 18. Jahrhunderts örtlich wie zeitlich der Schauplatz einer besonders vitalen Wechselwirkung zwischen reinem und angewandtem, Grundlagen- und Praxiswissen gewesen sei. Daher zum Beispiel die Gründung von Technischen und Wirtschaftshochschulen (siehe unten, S. 260).[22]

Im Großbritannien des 19. Jahrhunderts kümmerte sich das Select Committee on Arts and Manufactures (1835) darum, »Kenntnisse der Künste und der Prinzipien der Gestaltung unter den Menschen (insbesondere der handwerklich arbeitenden Bevölkerung)« zu verbreiten, damit sich britisches Handwerk im Ausland besser verkaufte. Im Anschluss an den großen Erfolg der Weltausstellung von 1851 wurde ein Museum der Manufaktur eingerichtet, damit Kunsthandwerker der Government Schools of Design sich mit Handwerkstraditionen vertraut machen konnten, die bis ins Mittelalter zurückreichten. Das Museum wurde später, wie erwähnt, in das South Kensington Museum und noch später in das Victoria and Albert Museum umgewandelt. Die Initiative wurde in Wien (1864), Hamburg (1869) und Frankfurt (1877) aufgegriffen.

Die Fassade eines weiteren Monumentalbaus, Sitz des US Department of Commerce in Washington (1903), trägt eine Inschrift, mit der das Handelsministerium seine Absicht kundtut, den Interessen von Industrie und Handel »mit experimenteller Forschung und der Verbreitung von Wissen« zu dienen. Mit zunehmender Konkurrenz in einem Zeitalter der Industrialisierung begannen Unternehmen in Deutschland, den USA und anderswo vom ausgehenden 19. Jahrhundert an, beträchtliche Summen in die wissenschaftliche Forschung (später »Forschung und Entwicklung« genannt) zu investieren und industrielle Laboratorien einzurichten.

In Dänemark zum Beispiel gründete der Brauer Jacob Christian Jacobsen (der Besitzer der Carlsberg-Brauerei) 1875 das Carlsberg-Laboratorium, das erste bedeutende dänische Forschungsinstitut außerhalb einer Universität, ein Jahr bevor der Erfinder Thomas Edison sein Laboratorium in Menlo Park in New Jersey eröffnete, das manchmal als »das erste industrielle Forschungslaboratorium [...] auf der Welt« beschrieben wird.[23]

Der Nutzen, den die Erforschung von synthetischen Farben und Geweben durch Chemiker brachte, wurde durch die Gründung chemischer Laboratorien in den Werken der Badischen Anilin- & Sodafabrik (BASF) und an anderen Orten anerkannt. Bereits im Jahr 1900 wurde eine Allianz zwischen Pharmakologen und der pharmazeutischen Industrie geschlossen.[24] In den USA richteten General Electric, Standard Oil, Eastman Kodak und Bell Telephone vor 1914 eigene Laboratorien ein.[25] Kurz, der Nutzen wissenschaftlichen Wissens für die Industrie ist seit Langem bekannt, und die kommerzielle Finanzierung wissenschaftlicher Forschung ist nichts Neues. Was wir heute in einer Reihe von Fachgebieten erleben, von der Softwareentwicklung bis zur Biotechnologie, ist eine Beschleunigung älterer Prozesse.

Eines der Hauptprobleme, das durch die kommerzielle Finanzierung von Forschung aufgeworfen wird, das des Eigentums an Wissen, ist ebenfalls ein altes Problem. Das Bureau fédéral de la propriété intellectuelle wurde 1888 in Bern gegründet. Die World Intellectual Property Organization (WIPO) wurde durch ein Stockholmer Abkommen 1967 ins Leben gerufen. Die Frage der Gewinne aus Patenten, die aus universitärer Forschung entstanden, wurde auch in den deutschen Kaiser-Wilhelm-Instituten in den frühen Jahren des 20. Jahrhunderts gestellt. Es wurde vorgeschlagen, dass Entdecker 25 oder 33 Prozent der Gewinne an das Institut abführen sollten, an dem sie arbeiteten.[26]

Die Gesetze des geistigen Eigentums sind als eine Art von »Informationsfeudalismus« beschrieben worden, als »ein Transfer von Wissensgütern aus dem gemeinsamen intellektuellen Besitz in private Hände«, die Hände einer »Unternehmenselite«, wobei den Schöpfern des Wissens – sprich, Forschern und Entdeckern – nur geringer Lohn bleibe. So haben Unternehmen, die eigene Forschungslaboratorien betreiben, häufig die Publikation wissenschaftlicher Aufsätze durch ihre Mitarbeiter eingeschränkt, um die Nutzung dieser Informationen durch Wettbewerber zu verhindern. Das Ziel dieses »Wissensspiels«, wie es genannt worden ist, war und ist es, so viel Wissen wie möglich zu privatisieren. Im Fall westlicher Firmen, die indigenes Wissen aus anderen Kontinenten patentieren lassen, ist dieses Vorgehen als »Biopiraterie« bezeichnet worden.[27]

Wo manche Industrien von wissenschaftlichen Kenntnissen abhingen, die durch Forschung erworben werden konnten, benötigten andere eher praktische und aktuelle Informationen über Rohstoffe, potentielle Kunden und so weiter. Firmen, die mit verderblichen Gütern handelten, wie etwa die Fleischwarenhersteller in Chicago, waren auf einen steten Fluss von Informationen über Angebot und Nachfrage angewiesen, ebenso wie die Börsen auf Informationen über Warenpreise und die Leistungsdaten von Unternehmen. In beiden Fällen wurde der Telegraph von der Mitte des 19. Jahrhunderts an ein unerlässliches Hilfsmittel.[28] Die Entwicklung der Telegraphie verwandelte Nachrichten überhaupt, nicht nur solche wirtschaftlicher Art, in eine Ware, mit der, wie wir gesehen haben (siehe oben, S. 117), spezialisierte Agenturen wie Havas oder Reuters handelten, indem sie sie an die Zeitungen verkauften. Der Schienenverkehr – wie später der Flugverkehr – bietet ein weiteres schlagendes Beispiel für eine Branche, die ungemein abhängig von Informationen war – Informationen über die aktuelle Verteilung des Fuhrparks, über Fahr- und Reisebedingungen und so weiter –, so dass es kaum überraschen kann, dass Eisenbahngesellschaften in den USA zu den Vorreitern des Gebrauchs von Lochkarten wurden, die im »System täglicher Berichte und Prüfungen«, wie einer ihrer Inspektoren es 1855 beschrieb, eingesetzt wurden.[29]

Von Beginn des 19. Jahrhunderts an erkannten Unternehmensmanager die Notwendigkeit besserer Kenntnisse über die Firma selbst als Voraussetzung dafür, sie effizient betreiben und ihre Arbeitsleistung koordinieren, bewerten und finanziell veranschlagen zu können. General Motors hatte eine Vorreiterrolle im Sammeln von Information, besonders von statistischen Daten, zur Überwachung der Arbeitsleistung der unterschiedlichen Unternehmensabteilungen und zur monatlichen Vorausplanung des Bedarfs an Material und Arbeitern. Ein Stempelkartensystem kam allgemein in Gebrauch, das über Zeiten und Kosten informierte, und zahlreiche Bürokräfte wurden eingestellt, wie wir gesehen haben, um diese Informationen auszuwerten.[30]

Das frühe 20. Jahrhundert war auch das Zeitalter der »wissenschaftlichen Betriebsführung«, wie es in Anlehnung an Frederick Taylors Buch *The Principles of Scientific Management* von 1911 hieß. Taylor, selbst

Ingenieur, vertrat in den 1880er Jahren den Standpunkt, die Produktivität lasse sich durch die Koppelung der Entlohnung an den Ausstoß steigern sowie durch Ermittlung der jeweils effizientesten und schnellsten Methode zur Ausführung einzelner Aufgaben durch systematische Beobachtung der Arbeiter und der Zeitnahme ihrer Tätigkeit mit einer Stoppuhr.[31] Frank Gilbreth, der Besitzer einer Baufirma, entwickelte diese Methode in einer Untersuchung über das Maurerhandwerk weiter. In seiner bahnbrechenden Untersuchung zeitbezogener Bewegungsabläufe, die 1909 unter dem Titel *The Bricklaying System* veröffentlicht wurde, schlug Gilbreth eine Methode vor, die Bewegungen, die beim Vermauern eines Ziegels ausgeführt werden, von achtzehn auf vier zu reduzieren. Er führte später weitere experimentelle Untersuchungen durch, wobei er Bewegungen mit der Kamera festhielt.[32] *The Psychology of Management* von 1914, verfasst von seiner Frau Lillian, war ebenfalls bahnbrechend, wie auch die psychologischen und soziologischen Untersuchungen der Hawthorne Works, einer Fabrik der Western Electric in der Nähe Chicagos, in den 1920er und 1930er Jahren. Amerikanische Unternehmen griffen bei der Einstellung und Bewertung ihrer Arbeitskräfte zunehmend auf die Psychologie und auf Psychologen zurück. Wissenschaftliche Betriebsführung im Sinne Taylors wurde auch in Frankreich bei Unternehmen wie Renault und Michelin eingeführt.[33]

Der Nutzen von Wissen nicht nur bei der Herstellung, sondern auch beim Verkauf von Produkten wurde fast zur selben Zeit und am selben Ort entdeckt. In den USA verbreitete sich die Marktforschung durch Unternehmensabteilungen und unabhängige Organisationen vom frühen 20. Jahrhundert an. Charles Parlin zum Beispiel wurde 1911 Direktor der Forschungsabteilung der Curtis Publishing Company und behielt diese Stelle dreißig Jahre lang. Archibald Crossley gründete 1926 eine Marktforschungsfirma, Crossley Inc., und wurde weithin bekannt durch seine Erhebungen über die Zuhörerschaft von Radiosendungen. George Gallup, berühmt für seine politischen Umfragen, arbeitete in der Marktforschung, bevor er sein Meinungsforschungsinstitut gründete.[34] Heute hat sich die Marktforschung, im Verbund mit der Anlage und dem Austausch von Adressendateien und dem Sammeln von Informationen über die Kreditwürdigkeit von Kunden, so rasant entwickelt, dass man von einem »Netzwerk bürokratischer Überwachung des Konsumverhaltens« sprechen kann.[35]

In der Geschäftswelt hat es in der letzten Generation eine Verschiebung vom Wissen auf dem Gebiet des Managements zum Management von Wissen gegeben. Die ältere Auffassung von wissenschaftlichem Management gründete im Vertrauen auf das Urteil von Managern, während der neue Ansatz größeres Gewicht auf Zusammenarbeit legt. Eine Bedeutungszunahme des Wissens lässt sich in der Behandlung von Innovation, Entscheidungsfindung und Wettbewerbsfähigkeit von Betrieben sowie allgemein in der Diskussion von Wirtschaft im Zeitalter der »Wissensökonomie« beobachten. Die neue Sparte oder Disziplin des »Wissensmanagements« ist entstanden, definiert als der Einsatz von Wissen zur Erhöhung der Effizienz eines Unternehmens, und hat eigene Zeitschriften wie *Knowledge Management Research and Practice* hervorgebracht (2002).[36] Andere Spezialisten sprechen von der »Leitung durch Wissen« (*knowledge governance*) und diskutieren die Vor- und Nachteile von mehr oder weniger zentralisiert oder hierarchisch aufgebauten Führungsmodellen.[37] Wissen, definiert als »die Summe all dessen, was in einem Unternehmen gewusst wird und ihm einen Wettbewerbsvorteil verschafft«, wird als bedeutender Aktivposten gesehen.[38]

Das Center for Business Knowledge bietet heute »Dienste im Wissensmanagement« an. Gewöhnlich stellen aber Unternehmen ihre eigenen »Chief Knowledge Officers« (CKO) ein (seit der Berufung Leif Edvinssons durch Skandia, 1994), und dazu Wissensanalysten, Wissensmakler und »Wissensingenieure«.[39] Die Betonung liegt darauf, lokal vorhandenes oder implizites (»stilles«) Wissen anzuzapfen und verfügbar zu machen – gewöhnlich innerhalb der Organisation, aber manchmal auch für andere Firmen. Japanische Unternehmen werden in dieser Hinsicht für besonders effizient und damit für besonders wettbewerbsfähig gehalten.[40] Der Glaube an den ökonomischen Wert des Wissens drückt sich im Begriff »intellektuelles Kapital« oder »Wissenskapital« aus. Das *Journal of Intellectual Capital* wurde 1999 gegründet, und im selben Jahr verließ Edvinsson Skandia und wurde Professor für Wissenskapital an der Universität Lund.

Wissen im Krieg

Militärische Befehlshaber haben schon seit Jahrtausenden Erkenntnisse über Position und Stärke feindlicher Kräfte eingeholt, indem sie Kundschafter aussandten, ebenso wie sie die Spezialkenntnisse von Schmieden und anderen Handwerkern nutzten, die Waffen herstellten.

Es ist neuerdings und sehr nachdrücklich die Auffassung vertreten worden, dass die Bedeutung geheimdienstlicher Informationen im Krieg allgemein überschätzt wird, da es in der Regel Spionen schwergefallen oder gar unmöglich gewesen ist, ihre Erkenntnisse so rasch zu übermitteln, dass sie wirklich genutzt werden konnten. Dennoch gibt es eine Reihe nachrichtendienstlicher Erfolge – oder von Erfolgen als Ergebnis nachrichtendienstlicher Erkenntnisse – im hier behandelten Zeitraum. Zieht man nur die Marine in Betracht, dann reichen sie von Nelsons Seeschlacht bei Abukir von 1798, der das Sammeln und die Auswertung von ortsbezogenen Informationen vorausging, bis zur Schlacht um Midway von 1942, bei der die Amerikaner einen Code knacken und den japanischen Nachrichtenverkehr abhören konnten.[41]

Was in diesem Zeitraum neu ist, ist ein Trend zur »Verwissenschaftlichung« des Krieges: der zunehmende Einsatz (und die Abhängigkeit) von spezialisierten Formen des Wissens in den Bereichen Erkundung und Datenerfassung, Navigation, Artillerie, Ingenieurswesen und Konstruktion und anderen sowie die Entwicklung neuer Technologien für die Kommunikation zwischen Feld und Hauptquartier (über Telegraphie, Telefon et cetera) und immer raffinierterer Methoden zur Verschlüsselung von Nachrichten und zur Entschlüsselung gegnerischer Codes (siehe oben, S. 69). Für Offiziere der Armee, Marine und später der Luftstreitkräfte entstand die wachsende Notwendigkeit, ihr Handwerk, das zu einem Beruf wurde, zu erlernen, indem sie an Militärakademien studierten. Die Bedeutung der Ballistik für die Kriegführung war schon im 16. Jahrhundert bekannt, wenn nicht schon früher, aber als die Geschütze komplizierter und anspruchsvoller wurden, brauchten Soldaten immer mehr technisches Wissen. So kam es zur Gründung der Artillerieschulen von Barcelona und Cádiz (1750), der Vereinigten Artillerie- und Ingenieurschule von Berlin (1816) und anderer mehr.

Der militärische Nachrichtendienst wurde nach und nach professionalisiert. In Großbritannien zum Beispiel wurde 1914 ein Intelligence Corps gegründet, wieder aufgelöst und 1940 neu gegründet. Die Notwendigkeit, sich vor einer Schlacht mit dem Terrain auseinanderzusetzen, führte zur Entwicklung der Landvermessung. Da Information solcher Art vertraulich war, wurden Landkarten geheim gehalten und die Vermessungstätigkeiten von den Soldaten selbst durchgeführt. Zur Zeit Napoleons etwa begleitete eine Gruppe *ingénieurs-géographes* die Armeen und kartierte Italien, Österreich, Russland und andere Gebiete.[42] In Großbritannien lernte Major James Rennell sein Handwerk in der Marine, bevor er 1764 zum obersten Leiter des Vermessungswesens in Bengalen ernannt wurde. Major Thomas Mitchell, später Leiter des Vermessungswesens in New South Wales, begann auf ähnliche Weise seine Laufbahn bei der Vermessung Spaniens für den Duke of Wellington während des Krieges auf der Iberischen Halbinsel (1807–1814). In den USA wurde 1838 ein Korps von Vermessungsingenieuren zusammengestellt und erforschte den Westen zur Zeit des Krieges mit Mexiko.

Befehlshaber und ihre Regierungen wurden sich zunehmend der militärischen Bedeutung von geographischen Kenntnissen bewusst. Auf die Niederlage gegen Napoleon in der Schlacht bei Jena und Auerstedt 1806 reagierte Preußen mit der Aufnahme zusätzlicher Geographiestunden in den Schulunterricht. Der Deutsch-Französische Krieg von 1870/71 wurde in einer berühmt gewordenen Formulierung (des Präsidenten der Amerikanischen Geographischen Gesellschaft) als ein Krieg bezeichnet, der »mit Landkarten ebenso sehr wie mit Waffen« ausgefochten wurde; und die geschlagenen Franzosen, dem Beispiel ihrer Gegner folgend, räumten der Geographie einen größeren Stellenwert in der Schulbildung ein.[43] In den beiden Weltkriegen wurde die Arbeit von Vermessern durch Radar und die Luftaufklärung ergänzt, während sich Armeen heute Satellitendaten zunutze machen (der Golfkrieg war der erste Krieg, in dem ausgiebiger Gebrauch von GIS, Geographical Information Systems, gemacht wurde).

Im Ersten Weltkrieg boten amerikanische Wissenschaftler Präsident Wilson ihre Hilfe durch »die Anwendung wissenschaftlicher Erkenntnisse zur Stärkung der nationalen Verteidigung« als Unterstützung der Kriegsanstrengungen an. In Frankreich setzte der Kriegsminister den Mathematiker Émile Borel an die Spitze der Forschung zu militärischen Zwecken. Die russische Akademie der Wissenschaften richtete für den Kriegsbedarf eine »Kommission zur Untersuchung der natürlichen Produktivkräfte« ein. Zivile Wissenschaftler waren an der Aufgabe beteiligt, die darin bestand, »in der Schlacht auftretende Probleme so zu messen und zu strukturieren, als handle es sich um naturwissenschaftliche Probleme«, was schließlich Operational Research genannt wurde.[44] Die britische Regierung setzte Archäologen, darunter Leonard Woolley, als Spione im Nahen Osten ein (die Feldforschung war eine ausgezeichnete Tarnung), und die US-Regierung schickte zum selben Zweck Anthropologen nach Mittelamerika, was heikle ethische Fragen aufwarf. Im Jahr 1919 stellte Franz Boas vier dieser Anthropologen an den Pranger. Wer »Wissenschaft als Tarnung für politische Spionage nutzt«, so lautete sein Verdikt, »prostituiert die Wissenschaft auf unentschuldbare Weise«.[45]

Im Zweiten Weltkrieg spielten Wissenschaftler eine noch bedeutendere Rolle. Deutsche Wissenschaftler entwickelten die V1- und V2-Raketen, während in den USA ein internationales Team am Manhattan Project arbeitete, das zum Bau der Atombombe führte. Das Office of Strategic Services der USA (OSS, gegründet 1942), das Informationen über den Feind sammelte, rekrutierte für seine Abteilung »Research and Analysis« so viele Akademiker, besonders von der Yale University, dass es kurzerhand »der Campus« genannt wurde. Der Diplomatiehistoriker William L. Langer wurde Direktor dieser Abteilung und stellte Conyers Read, damals bereits eine Autorität, was den elisabethanischen Meisterspion Francis Walsingham betraf, sowie eine Reihe junger Gelehrter ein, die später bekannte Historiker wurden.[46]

Auch Gesellschaftswissenschaftler wurden vom OSS angeworben – Barrington Moore aus der Politologie, Walt Rostow aus der Wirtschaftswissenschaft und Edward Shils aus der Soziologie –, während der Politologe Gabriel Almond Direktor der Sektion Enemy Information (Feindpropaganda) des Office of War Information wurde (der Regierungsbehörde für Kriegsinformation und -propaganda, OWI).[47] Die Vorstellung von »nachrichtendienstlicher Information« wurde auf die Kultur erweitert, um Missverständnissen zwischen amerikanischen Truppen und der einheimischen Bevölkerung an den zahlreichen Stationierungsorten von Burma bis Nigeria vorzubeugen. Anthropologen wie Ruth Benedict und Clyde Kluckhohn arbeiteten in der Abteilung für »Foreign Morale Analysis« des Office of War Information, und vom OWI kam auch der Auftrag für Ruth Benedicts international einflussreiche Untersuchung der japanischen Kultur, *Chrysantheme und Schwert* von 1946, die die japanische »Schamkultur« mit der amerikanischen »Schuldkultur« kontrastierte.[48]

Wie es bei Unternehmen der Fall war, so entdeckten auch Armeeführer bald den Nutzen von Wissen über die eigene Organisation und die Arbeitskräfte, die sie einsetzen. In den USA wurden Frederick Taylors Methoden der wissenschaftlichen Betriebsführung schon vor dem Ersten Weltkrieg in manchen Einrichtungen von Militär und Marine aufgenommen. Während des Krieges bediente sich die US-Armee der Hilfe von betrieblich orientierten Psychologen, um zu bestimmen, welche Rekruten am besten für welche Tätigkeiten einzusetzen seien. Im Zweiten Weltkrieg führte ein Team unter Leitung des Soziologen Samuel Stouffer eine statistische Erhebung an mehr als einer halben Million amerikanischer Soldaten durch. Es wurde auch in anderen Armeen allgemeine Praxis, Rekruten psychologischen Tests zu unterziehen und

Akten über jede Einzelperson zu führen, auf die man vor Versetzungen oder Beförderungen zurückgreifen konnte.

In den frühen 1960er Jahren richtete der damalige amerikanische Verteidigungsminister Robert McNamara das Office of Systems Analysis im Pentagon ein, womit er die Vorstellungen der Systemanalyse aus der Wirtschaft übernahm, besonders den Dreischritt Planung – Umsetzung – Budgetierung. Die Generäle, die sich nur ungern von Zivilisten bevormunden ließen, schickten einige ihrer Offiziere auf die Universität, wo sie das Vokabular der Gesellschaftswissenschaften erlernen sollten, um so besser für die Verteidigung ihrer Autonomie gewappnet zu sein.[49]

Wissen und Staat

Wie die Streitkräfte, so sind auch Regierungen auf Erkenntnisse – also Informationen – angewiesen, um bei der Verfolgung ihrer unterschiedlichen Ziele effektiv handeln zu können, von der Sicherheit bis zur Wohlfahrt. Im Laufe unseres Zeitraums interessierten sich Staaten zunehmend für etwas, das Deutsche im 18. Jahrhundert als »Polizei« bezeichneten, zunächst ein ziemlich pauschaler Begriff, der alles von der Zensur bis zur Armenspeisung umfasste. In den deutschen Staaten und im Habsburgerreich des späteren 18. Jahrhunderts gingen künftige Beamte auf die Universität und studierten »Polizeiwissenschaft« (also Verwaltungswissenschaften). In einer berühmt gewordenen Definition charakterisierte Max Weber die bürokratische Verwaltung als im Kern eine »Herrschaft durch Wissen« und sah in dieser Eigenschaft ihre spezifische Rationalität begründet.

Schon im 18. Jahrhundert unternahmen manche Staaten den Versuch, »eine Gesellschaft lesbar zu machen« durch »so disparate Maßnahmen wie die Schaffung verbindlicher Nachnamen, die Standardisierung von Gewichten und Maßen, die Aufstellung von Liegenschaftskatastern und Bevölkerungsregistern«, um die Steuererhebung und die Einberufung zum Wehrdienst zu erleichtern.[50] So verbot das postrevolutionäre Frankreich etwa seinen Bürgern 1793, andere Namen zu führen als diejenigen, die bei ihrer Geburt registriert worden waren.[51] Neben der immer wichtiger werdenden Erhebung von statistischen Daten existiert ein weit zurückreichender Trend zur Erhebung und zum Gebrauch von Informationen über Einzelpersonen.

Wie wir gesehen haben (siehe oben, S. 31), wurde die systematische Sammlung von Informationen durch den Staat vom späten 18. Jahrhundert an immer wichtiger. Ein Großteil dieser Informationen stammte aus offiziellen Erhebungen unterschiedlicher Art, darunter den Volkszählungen, während ein weiterer Teil durch Geheimagenten, »Informanten« oder Spione gewonnen wurde. Die Spionage ist ein altes Gewerbe, aber erst im hier behandelten Zeitraum wurde sie professionalisiert in dem Sinne, dass sie zur Vollzeitbeschäftigung wurde.

Traditionell erlangten Regierungen Kenntnisse über andere Länder, von den Absichten ihrer Herrscher bis zu Truppenbewegungen, auf dem Weg über ihre Botschafter, die sich wiederum auf ein Netzwerk von Zuträgern stützten. Im 19. Jahrhundert richteten einige autoritäre Regime eine politische Polizei ein, die Agenten im Inland wie auch im Ausland unterhielt. So war etwa der Polizeiminister in der Habsburgermonarchie des frühen 19. Jahrhunderts verantwortlich für die Spionage im In- und Ausland und kümmerte sich besonders um die italienischen Geheimgesellschaften, deren Mitglieder auf Unabhängigkeit hofften.[52] Die russische Ochrana wiederum, die Sicherheitsabteilung des zaristischen Innenministeriums, die »im damaligen Europa [...] ihresgleichen [suchte], was Machtfülle und Spektrum der Tätigkeiten betraf«, eröffnete 1882 in Paris ein Büro zur Überwachung russischer Emigranten, die eine Bedrohung des Regimes darstellen konnten.[53]

Erst im 20. Jahrhundert jedoch ergänzten oder ersetzten die meisten Regierungen die traditionellen Methoden der Sammlung von Erkenntnissen über das Ausland durch Einrichtung einer spezialisierten Abteilung der Geheimpolizei. In Großbritannien wurde 1909 MI5 gegründet, in Russland 1917 die Tscheka (später unter den Bezeichnungen GPU, NKWD, KGB und FSB agierend). Die Tscheka entwickelte sich »schnell zur größten politischen Polizei der Welt und zum schlagkräftigsten Geheimdienst für Auslandsoperationen«.[54] Der französische SDECE (später DGSE) wurde 1947 gegründet, im selben Jahr wie in den USA die CIA – also ungefähr zu Beginn des Kalten Krieges. In der DDR wurde 1951 unter dem Deckmantel eines Wirtschaftsforschungsinstituts der APN (Außenpolitischer Nachrichtendienst, später HVA, Hauptverwaltung Aufklärung) eingerichtet. Dieser Zweig des Geheimdienstes, ein Teil der Stasi, erlangte traurige Berühmtheit, als 1974 aufgedeckt wurde, dass Günter Guillaume, der persönliche Referent des Bundeskanzlers Willy Brandt, einer seiner Agenten war.[55]

Welche Rolle Verräter bei der Weitergabe von Geheiminformationen an fremde Mächte spielen, ist nur allzu bekannt, vor allem in Zusammenhang mit dem KGB. Auf dessen Lohnliste standen der britische Diplomat Donald Maclean, der Zugang zu wichtigen wissenschaftlichen wie auch politischen Informationen hatte, und der deutsche Physiker Klaus Fuchs, der im Zweiten Weltkrieg am Manhattan Project mitarbeitete und später am britischen Atomforschungszentrum in Harwell, was ihn in die Lage versetzte, den Russen wissenschaftliche Geheimnisse zu verraten.[56]

Dennoch hat sich im Verlauf des letzten halben Jahrhunderts das Gewicht von der Informationsgewinnung durch Menschen (Geheimdienstjargon: HUMINT, *human intelligence*) auf diejenige durch technische Mittel verlagert (TECHINT). TECHINT reicht von der Verwanzung ausländischer Botschaften bis zum Einsatz von Spionageflugzeugen wie der U-2 der CIA, die 1960 über der Sowjetunion abgeschossen wurde, oder in neuerer Zeit UAVs (unbemannter Flugkörper) oder Spionagesatelliten, die den Vorteil haben, keine Geständnisse ablegen zu können, sollten sie abgefangen werden.[57] Dieser Gegensatz der Methoden hat neben seiner eigenen Geschichte auch seine eigene Geographie: Im Kalten Krieg bevorzugten die Vereinigten Staaten TECHINT, während die UdSSR weiterhin auf HUMINT setzte. Es sind Belege dafür vorgebracht worden, dass HUMINT erfolgreicher war.[58]

Vom späteren 18. Jahrhundert an, wenn nicht schon vorher, haben Staaten allerdings die Tendenz gezeigt, den größeren Teil der Mittel ihrer Sicherheitsetats für das Sammeln von Informationen über die eigene Bevölkerung auszugeben. Die Franzosen waren Vorreiter in dieser Hinsicht, gefolgt von den Preußen, den Österreichern und den Russen. In Österreich zum Beispiel richtete Johann von Pergen in den 1780er Jahren als eine Art Polizeiminister ein Netzwerk von Agenten ein, die Geheime Staatspolizei.

Die Sorge um die innere Sicherheit nahm nach der Französischen Revolution zu. In Frankreich baute Joseph Fouché, der 1799 Polizeiminister wurde, ein Geheimdienstnetzwerk auf, das sich vor allem damit beschäftigte, Verschwörungen gegen das neue revolutionäre Regime aufzudecken. In Österreich untersuchte Pergens Polizei umstürzlerische Pläne von »Jakobinern«, also von Sympathisanten der Französischen Revolution.[59] In Russland wurde 1826 – nach der Revolte einiger Armeeoffiziere, der »Dezembristen« oder »Dekabristen«, gegen den autokratischen Zaren Nikolaus I. – die berüchtigte »Dritte Abteilung« der politischen Polizei gegründet. Auf die Dritte Abteilung folgte die Ochrana, die »Sicherheitsabteilung« (1866), eine Reaktion auf den Versuch, den Zaren zu ermorden. Die Ochrana wiederum wurde – nach einem weiteren Attentatsversuch – durch eine Abteilung der Staatspolizei ersetzt (1880).[60]

Im 20. Jahrhundert vermehrten sich überall Polizeiorganisationen, die sich mit der inneren Sicherheit befassten. Das FBI, die Inlandsabteilung des KGB und die Staatssicherheit der DDR sind nur die bekanntesten von zahlreichen ähnlichen Organisationen, die immer größer und immer teurer wurden und immer mehr Akten aufhäuften. Die Stasi zum Beispiel unterhielt, wie die Welt nach 1989 erfuhr, ein Spitzelnetzwerk von einer viertel Million »Inoffiziellen Mitarbeitern« – IMs, wie sie ab 1968 genannt wurden – und legte mehr als sechs Millionen Akten an.[61] Das FBI, gegründet 1908, hatte 1920 600 Spezialagenten, 1945 mehr als 4000, 1976 mehr als 8000 und 27.000 im Jahr 2001.[62] Sein Etat wuchs von 294 Millionen Dollar 1971 auf 4,3 Milliarden Dollar im Jahr 2003.[63] Es legte Akten an über Sozialisten, über schwarze Aktivisten, über Schwule (330.000 Seiten in einer Abteilung für »sexuell abweichende Personen«) und über 480.000 »feindliche Ausländer«, die während des Ersten Weltkriegs in den USA lebten. Im Jahr 2003 war eine Milliarde FBI-Akten online für diejenigen verfügbar, die autorisiert waren, sie einzusehen.

Das FBI befasste sich nicht nur mit innerer Sicherheit, sondern auch mit Verbrechen. Der Ku-Klux-Klan und die amerikanische Mafia gehörten zu den Zielen. Der Aufstieg von Organisationen, die sich mit der Aufdeckung von Verbrechen beschäftigten, war ebenfalls ein Trend des 19. und 20. Jahrhunderts. In Frankreich zum Beispiel wurde 1813 die Sûreté nationale gegründet. In den USA war die erste solche Organisation typischerweise eine private, Pinkerton's National Detective Agency (1850). In Preußen wurde die Kriminalpolizei 1872 eine eigenständige Einrichtung, während in England 1878 das Criminal Investigation Department (CID) gegründet wurde (eine Detektiveinheit aus zwölf Polizisten hatte in London seit 1842 bestanden).

Die Bedeutung dieser Organisationen für die Geschichte des Wissens lag in der systematischen Sammlung und Sichtung von Informationen im Zuge der Verbrechensbekämpfung. Wie oben gezeigt (S. 79), entwickelte der französische Polizeioffizier Alphonse Bertillon in den 1870er Jahren eine Methode zur Identifizierung von Personen durch Körpermessungen.[64] Im Jahr 1892 richtete ein Polizeioffizier in Argentinien, Juan Vucetich, das erste Büro für Fingerabdrücke ein, und das CID (1901), das FBI und andere folgten dem Beispiel.[65]

Das Nehmen von Fingerabdrücken ist ein bekanntes Beispiel für die Tendenz zur »Verwissenschaftlichung« der Verbrechensbekämpfung während der letzten rund 150 Jahre und Teil eines wachsenden Bestandes von Wissen, der häufig als »forensische Wissenschaft« bezeichnet wird. Das erste forensische Labor wurde 1910 in Lyon von Edmond Locard eröffnet, einem Pionier dessen, was heute »Tatortbefund« genannt wird. Er ging von dem Grundsatz aus, dass »jeder Kontakt eine Spur hinterlässt«, der die Ermittler folgen konnten. In der *New York Times* hieß es 1934: »In den letzten Jahren hat die Wissenschaft dem Ermittler zahlreiche nützliche Werkzeuge an die Hand gegeben; häufig lässt sich ein Verbrechen im Labor aufklären.«[66] Zu dieser Zeit benutzte das FBI bereits Röntgenstrahlen, um nach Bomben in Paketen zu suchen, und ultraviolettes Licht, um Radierstellen in Dokumenten zu finden. Zwei bedeutende neue Entwicklungen haben die Ermittlungsarbeit bei Verbrechen stark verändert: die Zulassung der DNA-Analyse als Beweismittel vor Gericht von den 1980er Jahren an und die Einrichtung von Datenbanken, darunter die Datenbank der Metropolitan Police bei New Scotland Yard und die Interpol-Datenbank zu internationalen Verletzungen von Rechten an geistigem Eigentum.

Ein weiterer traditioneller Grund für Staaten, Informationen über Personen zu sammeln, ist der Wunsch, Bewegungen verfolgen zu können, sowohl die Einreise von Ausländern als auch die Ausreise eigener Bürger. Pässe waren in Europa bereits vor 1789 in Gebrauch. Im 19. Jahrhundert gab es einen Trend zu größerer Bewegungsfreiheit, dem im 20. die allmähliche Wiederbelebung von Kontrollen folgte.[67] Die Regierungen von Staaten, die einen beträchtlichen Zustrom von Einwanderern anzogen, wie die USA im späten 19. und frühen 20. Jahrhundert, versuchten Kenntnisse zu erlangen, die bei der Entscheidung helfen konnten, wen sie einlassen sollten. Aus diesem Grund wurde die anthropometrische Untersuchung von fast 18.000 Immigranten und ihren Kindern aus sieben unterschiedlichen ethnischen Gruppen, die von 1908 bis 1910 von dem Anthropologen Franz Boas und seinen Assistenten durchgeführt wurde, von der US Immigration Commission unterstützt.

»Politisch relevante Informationen«, wie es manchmal genannt wird, wurden vom späten 19. Jahrhundert an immer nötiger, als die Staaten sich mit der Wohlfahrt ihrer Bürger zu beschäftigen begannen (ihrer Gesundheit, Erziehung, Freizeit und so weiter) und damit auf die gesellschaftlichen Probleme reagierten, die mit dem Industriekapitalismus einhergingen. Die frühe Soziologie in den USA und andernorts war mit Sozialreformen verknüpft, und gesellschaftsbezogene Umfragen und Erhebungen von Sozialdaten wurden manchmal zu diesem Zweck durchgeführt (siehe oben, S. 31). »Die modernen Sozialwissenschaften«, so ist argumentiert worden, »nahmen Gestalt an in enger Wechselwirkung mit den frühen Versuchen von Nationalstaaten, mit den gesellschaftlichen Folgen der kapitalistischen Industrialisierung umzugehen.« Es ist sicher kein Zufall, dass sich der Aufstieg der Forschungsuniversität und der des Wohlfahrtsstaates mehr oder weniger Hand in Hand im späten 19. Jahrhundert vollzogen.[68]

Als Beispiel bietet sich hier Schweden an, das manchmal als der Wohlfahrtsstaat par excellence und gleichzeitig in einer Vorreiterrolle für das Sammeln von Informationen zu offiziellen Zwecken gesehen wird. Im 19. Jahrhundert wurden Statistiken zur Landwirtschaft, zum Handel, zur Manufaktur und zum Transportwesen erstellt, ein zentrales Amt für Statistik wurde 1858 eingerichtet. Im späteren 19. Jahrhundert gab die Industrialisierung einer zuvor bäuerlichen Gesellschaft in Verbindung mit der Ausweitung des Wahlrechts und dem Aufstieg großer politischer Organisationen dem Staat Anlass, sich aktiver in der Gesellschaft zu engagieren als bisher. Als Grundlage dafür bediente sich die Regierung der Bildung von Ad-hoc-Untersuchungskommissionen, von denen es zwischen 1855 und 1974 ungefähr 4000 gab. Sie ermittelten Daten über die Zahl der Arbeitslosen, der alten Menschen und so weiter.[69] Als Reaktion auf die Berichte dieser Kommissionen wurden die Altersrente und die Versicherung gegen Krankheit und Arbeitslosigkeit eingeführt. Die Umsetzung der Maßnahmen erforderte die Erhebung von noch mehr Informationen.[70]

In gewisser Weise lässt sich der Staat als ein riesiges Unternehmen mit den Angestellten des öffentlichen Dienstes als Managern betrachten. Der Gedanke des »Wissensmanagements« (siehe oben, S. 138) ist vom privaten auf den öffentlichen Sektor übertragen worden. Archivare werden jetzt als Spezialisten für »Aufzeichnungs- und Informationsmanagement« bezeichnet, und Wissen wird zwischen Sozialarbeitern ebenso offiziell ausgetauscht wie zwischen Geheimdiensten, die nach Terroristen fahnden.

Heute, im Zeitalter des »digitalen Regierens«, haben Staaten riesige Datenbanken für alle möglichen Zwecke zur Verfügung. In Großbritannien zum Beispiel geht die elektronische Datenspeicherung bis auf die 1960er Jahre zurück. In den 1980ern begann das Government Data Network die Datenbestände aus verschiedenen Abteilungen miteinander zu vernetzen. Im Jahr 2004 wurde eine »e-Government«-Einheit als Teil des Cabinet Office gebildet, 2006 ein Government Chief Information Officer eingesetzt (der Titel, CIO, erinnert an die entsprechende Bezeichnung in Wirtschaftsunternehmen, und tatsächlich kam der erste

Inhaber dieses Amtes aus der Wirtschaft). Auch Archive werden im digitalen Zeitalter neu geordnet.[71]

All diese Entwicklungen sind unter Schlagwörtern wie dem vom »wissenden Staat«, dem »Archivstaat« oder dem »Informationsstaat« zusammengefasst worden.[72] Zu den zugespitzten Bezeichnungen gehören »Polizeistaat« (ein Begriff aus dem späten 19. Jahrhundert), »Überwachungsstaat« oder »totalitärer Staat«. Ein wissenschaftlicher Autor spricht von »informationellem Totalitarismus« *(totalitarisme informationnel)*.[73]

Wir sollten uns jedoch vor Überdramatisierungen hüten. Sicher ist es erhellender, den Grad der Ausprägung solcher Eigenschaften in Staaten zu berücksichtigen, statt einfach von ihrem Vorhandensein oder Fehlen zu reden – mit anderen Worten, Staaten als zunehmend zentralisiert und einmischungsbereit anzusehen. In Frankreich zum Beispiel war das Regime nach 1789 interventionistischer als seine Vorgänger. Aus diesem Grund brauchten Staatsbedienstete mehr Informationen und führten eine größere Zahl von Erhebungen durch.[74] In den 1860er Jahren wiederum gab es eine »Vermehrung statistischer Untersuchungen« in Italien, die dazu dienen sollten, die Probleme des neuen vereinigten Staates zu lösen.[75] In unserer eigenen Zeit haben neue Technologien den Staat in die Lage versetzt, einen detaillierteren Einblick in das Leben ihrer Bürger zu nehmen als jemals zuvor, aber die schiere Menge dieser Informationen stellt ein Hindernis für ihre effektive Nutzung dar.

Es spricht gewiss einiges dafür, gerade Russland als einen Überwachungsstaat zu charakterisieren, besonders nach der Einführung der Geheimpolizei (der »Dritten Abteilung«) 1826. Zu diesem Zeitpunkt wurde »Überwachung selbst zum Gegenstand der Überwachung«, wie sich ein führender Funktionär der Dritten Abteilung beklagte, als er feststellen musste, dass die gewöhnliche Polizei die rivalisierende Abteilung scharf im Blick hatte.[76] Der Grad der Überwachung nahm nach 1917 zunächst ab, um in den 1930er Jahren wieder zu steigen, als Stalin das traditionelle System der landesinternen Pässe wieder einführte. Wie der Volkskommissar für Innere Angelegenheiten 1935 erklärte: »Wir müssen eine Atmosphäre schaffen, die jedem Bürger deutlich macht, dass er ohne einen Pass nirgendwohin reisen kann.«[77] Auf ähnliche Weise versuchten im nationalsozialistischen Deutschland einige Behörden, Statistiken der Produktion und der Warenbewegung mit Statistiken über Familien und Einzelpersonen zu einem »nahtlosen System der Überwachung« zusammenzubinden.[78]

Überwachung unterschiedlicher Art – durch das menschliche Auge, durch Videoanlagen (erstmals in den 1960er Jahren eingesetzt), durch

Satelliten oder durch Archivierung – hat sich von autokratischen Staaten wie Preußen oder Russland (unter Einschluss der Imperialmächte wie des British Empire in Indien) nach und nach auf demokratischere Staaten ausgebreitet, die unter anderem auf die Anlage von Wählerverzeichnissen angewiesen sind. Die Ausgabe von Lebensmittelkarten oder Bezugsscheinen war nötig zur Planung der Verteilung von Lebensmitteln während der beiden Weltkriege. Ein Wohlfahrtsstaat könnte ohne eine Art von Überwachung nicht funktionieren – detaillierte persönliche Daten müssen gepflegt werden, um sicherzustellen, dass staatliche Leistungen denen zugutekommen, die ein Recht auf sie haben. Das Erfassen von Fingerabdrücken und anderer körperlicher Merkmale hat sich weit über die Behandlung von Straftätern hinaus verbreitet, wie Besucher bei der Einreise in die USA unschwer feststellen können. Jedem Bürger zur besseren Identifizierung eine Nummer zuzuteilen klingt wie der Traum eines Bürokraten, aber in Deutschland erhielt 1944 jede Einzelperson eine Identifikationsnummer.[79] Häftlinge sind in vielen Ländern so durchnummeriert worden, ebenso Soldaten: Als britischer Wehrdienstleistender in den 1950er Jahren war meine eigene Nummer die 23.179.445.

Eine alternative Bezeichnung für den wissenden Staat ist – angesichts der Notwendigkeit detaillierter statistischer Daten über die Gegenwart als Grundlage für Projektionen in die Zukunft – der »planende Staat«. Zentralisierte Wirtschaftsplanung war bis zur neo-liberalen Gegenbewegung in den 1980er Jahren ein machtvoller Trend im 20. Jahrhundert, wobei die Sowjetunion das eingestandene oder nicht eingestandene Vorbild abgab. Zwischen 1928 und 1991 wurde von Gosplan, der Staatlichen Planungskommission, eine Folge von Fünfjahresplänen für die Wirtschaft der UdSSR aufgestellt. Auch anderswo sind offizielle Stellen zunehmend informationsbewusst geworden, man denke an das Programm der »Total Information Awareness«, das vom amerikanischen Verteidigungsministerium 2001 in der Folge der Anschläge vom 11. September lanciert wurde.

Allerdings war das Sammeln von Informationen zur Vorbereitung von staatlichen Interventionen in der Regel nicht das Ergebnis von Planung, sondern eher eine Abfolge spontaner Reaktionen auf Bedrohungen durch Verschwörungen und vor allem durch Krieg, die dann zu Maßnahmen führten, die häufig ihren eigentlichen Anlass überdauerten. So war etwa die Einführung von Reisepässen in vielen Ländern ursprünglich eine befristete Maßnahme zu Kriegszeiten.[80] Das Gesetz der unbeabsichtigten Folgen trifft auch auf den wissenden Staat zu.

Als aktuelles Beispiel für Reaktionen auf eine wahrgenommene Bedrohung ließe sich die dramatische Zunahme von Aktivitäten der National Security Agency (NSA) der USA in der Folge der Anschläge auf das World Trade Center (»9/11«) anführen. Die NSA ist keine neue Institution. Sie entwickelte sich aus der Signal Security Agency, die im Zweiten Weltkrieg aktiv war und ihrerseits aus einem Büro zur Codierung und Entschlüsselung von Nachrichten entstand, ebenso wie das britische Gegenstück, Government Communications Headquarters (GCHQ), aus der Kryptographieabteilung Code and Cipher School entstand. Die NSA beschäftigt sich mit dem, was im Berufsjargon »Signals Intelligence« heißt (SIGINT), anders ausgedruckt, mit der Sammlung von Informationen durch das Abfangen von Botschaften: Briefen, Gesprächen (einschließlich Gesprächen über Telefon oder Funk) und neuerdings auch Online-Mitteilungen. Umgekehrt schützt die NSA die Geheimhaltung des Informationsaustausches von Mitgliedern der US-Regierung. So wollte die NSA Präsident Obama die Benutzung eines iPhones aus Sicherheitsgründen nicht gestatten und versuchte vergeblich, ihn vom Gebrauch eines Blackberry abzuhalten.

Was neu und für viele Bürger extrem beunruhigend ist, ist die massive Ausweitung der Aktivitäten der NSA nach 2001, die sich dazu verschiedener Programme zum elektronischen »Durchkämmen« von Daten wie etwa PRISM (eingeführt 2007) oder XKeyscore bedient, Programmen, die den Angestellten der NSA das Suchen und die Auswertung von Informationen im Internet (einschließlich privater E-Mails) und das Anzapfen von Mobiltelefonen erlaubt (das Telefon von Angela Merkel geriet so in die Schlagzeilen). Das Ausmaß des Ausspionierens befreundeter Regierungen durch die NSA wurde 2013 von Edward Snowden aufgedeckt (siehe unten, S. 321).

Wissen in imperialen Reichen

Die Notwendigkeit, Wissen zu sammeln, zu analysieren und weiterzugeben, bevor irgendwelche Maßnahmen ergriffen werden, ist noch offensichtlicher im Fall von Imperialmächten, da europäischen Regierenden und Verwaltern in Indien, Afrika und andernorts Kenntnisse der Territorien und ihrer Ressourcen, der Kultur und sogar der Sprachen der Einwohner fehlten.[81] Kein Wunder also, dass Warren Hastings, von 1772 bis 1785 Generalgouverneur von Bengalen, einmal schrieb: »Jegliches zusammengetragenes Wissen, und vor allem solches, das durch den Umgang mit Menschen erlangt ist, über welche wir eine auf das Recht der Eroberung gegründete Herrschaft ausüben, ist dem Staate von Nutzen.«[82]

Imperien »lesbar« zu machen erforderte größere Anstrengung, als es bei Nationalstaaten der Fall war.[83] Lesbar, könnte man sagen, im wörtlichen wie im übertragenen Sinne, da – von Irland bis Australien – Ortsnamen häufig durch Englisch geschriebene Namen ersetzt wurden: Ballybeg (Irisch: Baile Beag) ist ein Beispiel aus Brian Friels Theaterstück *Translations* von 1980, das im Irland des Jahres 1833 spielt, zur Zeit, da für den Ordnance Survey durch die britische Armee die Kartierung Irlands vorgenommen wurde.[84] Das Bedürfnis nach Lesbarkeit im erweiterten Sinne erklärt das Interesse europäischer Regierungen, detaillierte Bestandsaufnahmen und Vermessungen der eroberten Territorien durchzuführen, manchmal früher als die entsprechenden Maßnahmen im Lande selbst. So kartierten etwa militärische Landvermesser zwischen 1747 und 1755 Schottland im Rahmen eines Projekts, das die Anlage von Straßen und die »Befriedung« der Highlands nach dem Aufstand von 1745 umfasste. Es folgte die Vermessung Quebecs (1760/11), Bengalens (1765–1777) und Irlands (1778–1790). England selbst dagegen wurde erst am Ende des Jahrhunderts kartiert, zum Teil als Reaktion auf die Drohung einer Invasion zur Zeit der Französischen Revolution.[85]

In den USA gingen Untersuchungen der Kulturen der indianischen Ureinwohner unter der Ägide der Smithsonian Institution Hand in Hand mit der Unterwerfung dieser Völker im Zuge der Besiedelung des Westens. Vor der Entstehung der Anthropologie wurden solche Untersuchungen manchmal von sogenannten Indianeragenten wie Henry Schoolcraft durchgeführt.[86] In Russland war eine Reihe von geographischen Expeditionen im 18. und 19. Jahrhundert eng verknüpft mit der Expansion des Imperiums nach Osten: Expeditionen nach Alaska (1764), Sibirien (1768–1774, 1785–1794, 1843–1867) und Zentralasien (von den 1860er Jahren an). In der Folge der russischen Eroberung Turkestans (1865) wurde eine Expedition unter Leitung des Naturforschers Alexei Fedtschenko ausgesandt, die Region zu kartieren. Die Russische Geographische Gesellschaft beschäftigte sich vorrangig mit dem russischen Reich und dabei auch mit der Ethnographie der ansässigen Völker.[87] In den Niederlanden gab das Kolonialministerium die Erfassung der Besitzungen in Niederländisch-Indien in Auftrag (1857). Expeditionen nach Sumatra wurden von der Königlich-Niederländischen Geographischen

Gesellschaft (Koninklijk Nederlands Aardrijkskundig Genootschap, KNAG) zwischen 1877 und 1879 und dann wieder 1903 durchgeführt, gefolgt von einer Expedition nach Celebes (1909/10).[88]

Auch in Nordafrika folgte das Sammeln von Daten wieder der Ausdehnung von Herrschaft. In Marokko ging eine französische *Mission scientifique* (1904) dem Vertrag voraus, der das Land zu einem französischen Protektorat machte. In Algerien wurden nach der französischen Eroberung des Landes (1830) sogenannte *Bureaux arabes* eingerichtet. Das französische Kriegsministerium unterstützte die wissenschaftliche Erforschung Algeriens, die Ergebnisse wurden 1830 veröffentlicht. Die Kolonialverwaltung gab eine Reihe von Ethnographien in Auftrag, so der Tuareg, muslimischer Geistlicher und religiöser Gemeinschaften. Manche dieser Beschreibungen waren das Werk von Funktionären, andere das von Armeeoffizieren.[89]

Der Fall der britischen Besitzungen in Indien ist besonders genau untersucht worden. »Mit dem Erwerb jedes neuen Territoriums wurde eine Erhebung durchgeführt, die weit über die Zwecke des Kartierens und Vermessens hinausging und die Zoologie, Geologie, Botanik, Ethnographie, wirtschaftliche Erzeugungen, Geschichte und Soziologie des betreffenden Territoriums beschrieb und einordnete.« Eine Erfassung Indiens wurde im späten 18. und frühen 19. Jahrhundert mit dem Ziel durchgeführt, verlässliche Landkarten zu erhalten.[90] Eine geologische Erhebung folgte 1851. Von den 1850er Jahren an sammelte man in Volkszählungen in verschiedenen Regionen und schließlich im ganzen Land Daten über Namen, Alter, Beschäftigung, Kaste und Religion jeder Einzelperson.[91] Auch über Mörder, Räuber und andere Kriminelle wurden Daten gesammelt, einschließlich Fingerabdrücken.

Die ethnographische Erfassung Indiens (1901) verfolgte auch praktische Zwecke. »Es dürfte kaum nötig sein«, hieß es damals, »in aller Ausführlichkeit auszuführen, welche offensichtlichen Vorteile eine genaue und wohlgeordnete Aufzeichnung der Gebräuche und der Binnen- wie der gesellschaftlichen Beziehungen der unterschiedlichen Kasten und Stämme für viele Zweige der Verwaltung in diesem Land bietet.«[92] Informationen wurden auch zu Wohlfahrtszwecken gesammelt wie im Fall der Erfassung Orissas, die 1866 von einer Regierungskommission zur Verhinderung von Hungersnöten organisiert wurde, während die archäologische Erfassung Indiens, begonnen 1861, ein Beispiel für die staatlich finanzierte Sammlung von Wissen um seiner selbst willen ist.

Die Ausbildung von Kolonialbeamten in Europa machte sich das gesammelte Wissen zunutze. In Frankreich gründete der Staat 1889 die École coloniale zur Ausbildung künftiger Kolonialverwalter.[93] Ein Internationales Kolonialinstitut wurde 1894 in Brüssel gegründet, gefolgt vom Istituto coloniale italiano in Rom (1806), der Escola colonial in Lissabon (1906), dem Kolonialinstitut in Hamburg (1908) und dem Koloniaal Instituut Amsterdam (1910). Ein Lehrstuhl für Kolonialgeschichte wurde 1902 an der Universität Leiden eingerichtet, im selben Jahr, in dem Beamte des Kolonialdienstes für Niederländisch-Indien dort die Ausbildung aufnahmen. Er wurde gefolgt vom Beit-Lehrstuhl für Kolonialgeschichte an der Universität Oxford (1905), einem Lehrstuhl für Kolonialrecht, wieder in Leiden (1910), und einem Lehrstuhl für Kolonialgeographie an der Universität Berlin (1911).[94] Auch Museen trugen zur Kolonialforschung bei, so das Koloniaal Museum, Haarlem (1864), das Colonial Museum in Wellington (1865) und das belgische Musée coloniale (1904). Dazu kam eine Reihe von Museen in den Kolonien selbst.[95]

Agrarwirtschaft in den Tropen und Tropenmedizin gehörten zu den neuen Teilwissenschaften, die sich aus dem kolonialen Aufeinandertreffen entwickelten. Die London School of Tropical Medicine zum Beispiel wurde 1899 gegründet und das Institut d'agronomie coloniale in Paris 1921.[96]

Besonders die wissenschaftliche Anthropologie war eng mit dem Imperialismus verknüpft, von ihren Anfängen um das Jahr 1900 bis zum Zweiten Weltkrieg. In einem Beitrag zur Zeitschrift des Royal Anthropological Institute hieß es 1908: »Mehrere unserer herausragenden Kolonialverwalter in den Kolonien wie auch in Indien haben darauf hingewiesen, dass die meisten Fehler, die von Beamten im Umgang mit den Eingeborenen gemacht werden, einem Mangel an Ausbildung in den Grundlagen der Ethnologie geschuldet sind.«[97] Aus diesem Grund war 1904 in Cambridge ein Board of Anthropological Studies eingerichtet worden. Führende Anthropologen wie Bronisław Malinowski warben um offizielle Förderung mit dem Argument, ihre Arbeit »könnte sich als nützlich für die praktischen Zwecke der Verwaltung und Gesetzgebung erweisen«.[98]

Auf der anderen Seite bemühte sich Edward Evans-Pritchard darum, die reine von der von ihm so genannten »angewandten« Anthropologie zu unterscheiden, und manche Anthropologen, darunter Max Gluckman in Südafrika, wurden von den örtlichen Befehlshabern als subversiv eingestuft. Die Art, das Ausmaß und die Enge der Verbindung zwischen der Disziplin der Anthropologie und den Vorgaben der Kolonialherrschaft bleiben Gegenstand lebhafter Debatte, aber die Existenz einer solchen Verbindung kann schwerlich geleugnet werden.[99]

Wissen in den Universitäten

Universitäten werden seit je als Bastionen des Wissens um seiner selbst willen betrachtet, Horte der »Grundlagen-« oder »reinen« Forschung. Im Gründungsregister der Johns Hopkins University, der ersten der großen nordamerikanischen Forschungsuniversitäten, die 1876 eröffnet wurde, hieß es sogar ausdrücklich, die Universität biete »fortgeschrittene Ausbildung, nicht berufsorientierte, [...] in unterschiedlichen Fakultäten der Dichtung und der Wissenschaften«.[100]

Andererseits haben Universitäten, wie wir gerade gesehen haben, häufig Fachkräfte für Verwaltungsaufgaben ausgebildet. Andrew White, Präsident einer weiteren neuen Universität, Cornell (1868), erklärte: »Wir sollten Geschichte so unterrichten, dass sie auf die unmittelbaren Bedürfnisse unserer Zeit anwendbar ist. Es dürfte wohl kaum die Zeit gekommen sein für elegante und tiefschürfende Untersuchungen von Themen, die allenfalls für Gelehrte von Interesse sind.«[101] Die Debatte über die »Relevanz« akademischen Wissens, die seit den 1970er Jahren entlang dieser Linie geführt worden ist, ist wenig mehr als die neue Variante einer alten Kontroverse.

Vom Mittelalter an haben europäische Universitäten Platz gehabt für Theologie, Jurisprudenz und Medizin auf Graduiertenniveau – mit anderen Worten, als Berufsausbildung für drei traditionelle Berufe. Die Ausbildung in Recht, Medizin und in geringerem Ausmaß auch Theologie ist an nordamerikanischen Universitäten nach wie vor wichtig. Umstritten ist vom 19. Jahrhundert an die Frage, ob die Ausbildung für neue Berufe wie Ingenieure oder Chirurgen oder Buchhalter innerhalb oder außerhalb der Universität stattfinden sollte. Schritt für Schritt haben sie Eingang gefunden. An der Universität Edinburgh wurde bereits 1806 der Regius-Lehrstuhl für Militärchirurgie eingerichtet, und der Regius-Lehrstuhl für Ingenieurswesen an der Universität Glasgow datiert von 1840.

Nordamerikanische Universitäten boten und bieten noch immer mehr Raum für Berufsausbildung und angewandtes Wissen als europäische. Zum Ende des 19. Jahrhunderts wurden berufsbildende Kurse beispielsweise in Agrarwissenschaften, Betriebswirtschaft, Haushaltswirtschaft, Journalismus, Bibliothekswesen, Pädagogik, Leibeserziehung und Hygienik eingerichtet, und seit dieser Zeit sind zahlreiche weitere Studiengänge ins Curriculum aufgenommen worden. Der Ausbildungsgang Krankenpflege an der Yale University wurde 1923 eingeführt und der für Bibliotheksverwaltung an der University of Chicago 1928. Heute hat die University of Texas einen Fachbereich für Freizeit-, Erholungs- und Tourismuswissenschaft. Diese Praxis hat sich nach Europa ausgebreitet, auch an seinen älteren Universitäten: Ein Masterstudiengang Tourismus wurde 2004 an der Universität Bologna inauguriert.

Als Beispiel für den Aufstieg der berufsbildenden Studien innerhalb und außerhalb der Universitäten können wir die Betriebswirtschaft etwas genauer in den Blick nehmen. Die akademische Disziplin der Ökonomie, der Wirtschaftswissenschaften, kann natürlich in gewissem Sinne selbst in diesem Licht betrachtet werden. Sie entwickelte sich aus dem Nachdenken über Geschäftspraktiken und wurde im 19. Jahrhundert als Teil des »nützlichen Wissens« betrachtet. In der deutschsprachigen Welt war sie Teil der Kameralwissenschaft, des Wissens, das im öffentlichen Dienst erwartet wurde. So wurden Lehrstühle in »Politökonomie«, wie sie häufig genannt wurde, 1754 in Neapel, damals unter österreichisch-habsburgischer Herrschaft, und 1766 in Göttingen eingerichtet.

Die akademische Ökonomie wurde aber bald als zu abstrakt und theoretisch angesehen, und mehr praxisbezogene Studiengänge – darunter solche in Management oder *business administration*, wie man es nannte – gab es an Universitäten vom ausgehenden 19. Jahrhundert an. Im Fall der USA denkt man an die Wharton School an der University of Pennsylvania (1881), die Graduate School of Business an der Universität Chicago (1898) und die Harvard Business School (1908), die 1910 den ersten Titel eines Master of Business Administration (MBA) verlieh. Zwischen der Initiative Harvards und dem seit einiger Zeit zu beobachtenden internationalen Aufstieg des MBA lag eine lange Pause. Im Jahr 1957 wurde INSEAD in Fontainebleau zur ersten europäischen Universität, die diesen Titel anbot, 1964 gefolgt von der Smurfit Business School am University College in Dublin. Seither haben sich solche Abschlüsse weit verbreitet.

Akademische Forschung in den Gesellschaftswissenschaften ist ebenfalls von Regierungen und ihren Einrichtungen genutzt worden. McGeorge Bundy, zwischen 1966 und 1979 Sicherheitsberater mehrerer amerikanischer Präsidenten, äußerte einmal die Hoffnung auf »ein hohes Maß an wechselseitiger Durchdringung zwischen Universitäten, die Regionalwissenschaften anbieten, und den informationssammelnden Diensten der Regierung der Vereinigten Staaten«, zu beiderseitigem Nutzen.[102]

Am Zentrum für Russlandstudien in Harvard gab es in der Tat einen Grad »wechselseitiger Durchdringung« zwischen Regierung und Universität. Die Idee zu diesem Zentrum kam nicht aus der Universität, sondern entstammt einer Anregung des Direktors der Abteilung Information und Erziehung der US Army an die Carnegie Corporation. Das FBI »mischte sich in die Belange des Zentrums ein«, durchleuchtete Forscher und erwartete, dass deren Forschungsergebnisse vor Veröffentlichung dem Bureau zugänglich gemacht wurden. Unter dem Druck des FBI wurde der Historiker Stuart Hughes wegen linker Tendenzen als Leiter des Zentrums abgesetzt.[103]

Was die CIA betrifft, so schickte sie zwei Agenten pro Jahr zum Studium an das Russian Research Center und unterstützte bis Mitte der 1960er Jahre auch das Center for International Studies (CENIS) am Massachusetts Institute of Technology. Es wurden Geheimseminare abgehalten, manche in einer Villa in Saigon, und der Soziologe Talcott Parsons beriet den Dienst in der Personalpolitik.[104] Während der 1980er Jahre erhielt der Direktor des Center for Middle Eastern Studies (Zentrum für Nahostforschung) in Harvard, Nadav Safran, mehr als 100.000 Dollar für Forschungsarbeiten zu Saudi-Arabien und über 45.000 Dollar für die Organisation eines Kongresses über Islam und Politik. Es wurde ihm untersagt, die eingeladenen Gelehrten über das Engagement der CIA aufzuklären, aber die Information sickerte durch.[105] Die CIA nutzte auch die großen Stiftungen wie Carnegie, Rockefeller und Ford als Kanäle, um Finanzmittel verdeckt an Projekte fließen zu lassen, die ihnen genehm waren.[106] Ironischerweise scheint die CIA die Technik der »Infiltration« von Organisationen von den Kommunisten gelernt zu haben, gegen die sie kämpfte.

Alternative Institutionen

Es ist nicht schwer, eine ökonomische Erklärung für den derzeitigen, offenbar unaufhaltsamen Aufstieg betriebswirtschaftlicher Studiengänge an den Universitäten zu finden: die Konkurrenz um Studentenzahlen mit anderen Institutionen auf dem Sektor der tertiären Bildung. In den USA werden heute 22 Prozent aller Bachelor-Abschlüsse von Wirtschaftsstudenten erworben, die ganz offenbar annehmen, dass eine solche Ausbildung ihrer Karriere förderlich sein wird.[107]

Tatsächlich haben diese alternativen Institutionen eine längere Geschichte, als man annehmen möchte. Die Aula do Comércio in Lissabon wurde 1759 gegründet. Die École spéciale de commerce in Paris, 1820 gegründet von zwei Seidenkaufleuten, existiert noch heute (unter dem Namen École supérieure de commerce) und beansprucht, die älteste Betriebswirtschaftsschule der Welt zu sein. In Deutschland gibt es Handelsschulen seit dem späteren 18. Jahrhundert, während die erste Handelshochschule, gemeinsam betrieben von der örtlichen Handelskammer und der Universität, 1898 in Leipzig gegründet wurde. Die Handelshochschule in Berlin (1906) ist beschrieben worden als »die erste Institution, die sich gezielt auf die Realität des Wirtschaftslebens bezog und gleichzeitig dem Charakter nach ganz und gar akademisch war«.[108]

Der Aufstieg dieser Wirtschaftsschulen war Teil eines allgemeineren Trends, der Verbreitung von Institutionen der höheren Bildung, an denen gelehrt wurde, was in den Universitäten zu kurz kam, besonders im Bereich Technologie (der Begriff Technologie wurde 1777 von dem deutschen Philosophen Johann Beckmann geprägt und definiert als die »Wissenschaft von der Kenntnis der Handwerke, Fabriken und Manufakturen«). Das berühmteste Beispiel liefern die Grandes écoles des napoleonischen Frankreich, die auf Grundlagen des Ancien régime aufbauten und neben Schulen des Bauingenieurswesens und des Bergbaus die École polytechnique (1794) und die École libre des sciences politiques (1872) einführten sowie die École nationale d'administration (1945), an der die Elite des öffentlichen Dienstes ausgebildet wird, die sogenannten *énarques*.

Anderswo in Europa gab es ähnliche Tendenzen. Zu den Institutionen der technischen Bildung gehörten die Bergbauschulen in Freiberg und an anderen Orten der deutschsprachigen Welt, die vom späten 18. Jahrhundert an gegründet wurden, und die allgemeiner auf Technik ausgerichteten (»polytechnischen«) Schulen in Prag (1803), Berlin (1821), Stockholm (1827) und so weiter. In den USA folgten dem Rensselaer Polytechnic Institute (1824) die Cooper Union for Advancement of Science and Art (1859), die sich auf Architektur und Bauwesen konzentrierte, und bald darauf das Massachusetts Institute of Technology (1861).

Ein neueres Netzwerk von Institutionen, die neben den Universitäten stehen und eher auf Forschung als auf Lehre und eher auf Politik und Wirtschaft als auf die Naturwissenschaften ausgerichtet sind, ist das der sogenannten Think-Tanks oder »Denkfabriken«. Der englische Begriff stammt aus dem Militärjargon des Zweiten Weltkriegs und bezog sich auf die Räume, in denen – abgeschottet wie in einem Aquarium (*fish tank*) – Strategien entworfen wurden. Eine solche Denkfabrik ließe sich definieren als eine nicht an Profit orientierte Organisation, die sich der Erforschung von Gegenwartsproblemen widmet und gewöhnlich unabhängig ist, manchmal aber auch in Verbindung mit der Wirtschaft (wie das Mitsubishi-Institut in Japan), mit der Regierung (wie das französische Institut national d'études démographiques) oder mit einer politischen Partei betrieben wird (wie das British Centre for Policy Studies, das 1974 von der Konservativen Partei eingerichtet wurde).

Ein frühes Beispiel für eine solche Institution ist die Russell Sage Foundation in New York von 1907, die sich der »Anwendung von Forschung zur Behebung gesellschaftlicher Missstände« widmet.[109] Andere sind Chatham House in London (1820), auch bekannt als das Royal Institute of International Affairs, und das Institut für Konjunkturforschung in Berlin, das 1925 zur Erforschung von Konjunkturzyklen gegründet wurde und je zur Hälfte von Staat und Wirtschaft finanziert wird.[110] Bis zum Jahr 2000 gab es mehr als 4000 Think-Tanks auf der Welt, allein 1600 davon in den USA. Sie beschäftigen Vollzeitforscher, organisieren Kongresse, veröffentlichen Zeitschriften und unterstützen häufig politische Lobbygruppen.[111]

Indem sie sozialwissenschaftliche Forschung mit einer politischen Ausrichtung verknüpfen, sind die Think-Tanks die Erben der Gesellschaften des 19. Jahrhunderts, die Informationen im Dienste des konkreten Handelns sammelten: des ökonomischen Handelns wie im Fall der zahlreichen landwirtschaftlichen Gesellschaften, die im späten 18. Jahrhundert eingerichtet wurden, der Beförderung des Imperialismus im Fall der Royal Geographical Society in Großbritannien und ihrer Pendants anderswo in Europa, oder des Handelns im Sinne gesellschaftlicher Reformen. Zu den Reformgesellschaften gehörten die British National Association for the Promotion of the Social Sciences (1857), die von dem Rechtsanwalt Henry Brougham gegründet wurde, um »die Gesetzgebung zu unterstützen, indem sie Maßnahmen vorbereitet, erklärt, der Gemeinschaft empfiehlt, oder gegebenenfalls die Gesetzgebung dazu anregt, sich ihrer anzunehmen«; die American Social Science Association (1865), gegründet, um »die öffentliche Meinung anzuleiten« und eine Vielzahl gesellschaftlicher Reformen zu fördern; und der deutsche Verein für Sozialpolitik (1873).[112]

Konvergenzen

Die Erscheinung, dass Personen zwischen Wirtschaft, Staat und akademischer Tätigkeit pendeln, ist nicht neu, besonders in den durch hohe Mobilität geprägten Vereinigten Staaten. Der Ökonom J. K. Galbraith beriet eine Reihe von Präsidenten von Roosevelt bis Johnson. Ein weiterer Ökonom, Walt Rostow, beriet Kennedy in der Außenpolitik, während der Historiker Richard Pipes einem Team von Analysten für Gerald Ford vorstand.[113] Auch Institutionen in ganz unterschiedlichen Bereichen borgen häufig Gedanken voneinander aus. Ein schlagendes Beispiel ist die Operations Research, die im Zweiten Weltkrieg entwickelt wurde, um militärischen Entscheidungen eine wissenschaftliche Grundlage zu geben, und dann an die Bedürfnisse der Wirtschaft angepasst wurde. Allgemeiner ausgedrückt: Über einen größeren Zeitraum hinweg neigen die Universitäten und anderen hier beschriebenen Institutionen zunehmend zur Konvergenz.

Auf der einen Seite lässt sich ein Trend zur Akademisierung ausmachen, mit anderen Worten, in Richtung auf akademischen Status und reines Wissen. Ein berühmter Fall ist das Massachusetts Institute of Technology (MIT), ein weiterer ist Caltech (1891), ursprünglich das Throop Polytechnic Institute. Diese technischen Hochschulen haben sich zu zwei der führenden Universitäten der Welt entwickelt. In den USA richtete, wie wir gesehen haben, eine Reihe von führenden Unternehmen früh im 20. Jahrhundert eigene Forschungslaboratorien ein, und in manchen davon war und ist bis heute die Atmosphäre akademisch geprägt: Personal wird für den Besuch von Seminaren freigestellt, es gibt Auszeiten und Forschungssemester, einen oder mehrere freie Tage in der Woche zur Verfolgung eigener Arbeiten und so weiter.[114] Das Hauptquartier von Apple im kalifornischen Cupertino ist sogar – wie die Research and Analysis Division im Krieg – unter dem Spitznamen »Der Campus« bekannt. In Deutschland erlangten die technischen Hochschulen 1900 Universitätsstatus, während die Handelshochschule in Frankfurt nach 1914 der Universität eingegliedert wurde. In Großbritannien entwickelte sich die Universität Manchester aus dem Owens College (1851), das von einem ansässigen Textilkaufmann gegründet worden war und ursprünglich praktische Fächer lehrte, und die Polytechnischen Schulen wurden 1992 in »Universitäten« umbenannt, fast ein Jahrhundert nachdem sie in Deutschland gleichgestellt worden waren.

Umstrittener ist auf der anderen Seite die Tendenz von Universitäten, sich gewinnorientierten Wirtschaftsunternehmen anzugleichen. Ein Kommentator hat es kürzlich so ausgedrückt: »Die amerikanische Forschungsuniversität hat unverhohlen den Charakter eines Unternehmens angenommen, was ihre institutionelle Struktur, ihre Größe, ihr Finanzwesen und viele ihrer Methoden zur Anerkennung akademischer Verdienste betrifft.«[115] Diese Tendenz ist erheblich älter als gewöhnlich angenommen. Schon 1918 veröffentlichte der amerikanische Soziologe Thorstein Veblen ein Buch mit dem eindrucksvollen Titel *The Higher Learning in America: A Memorandum on the Conduct of Universities by Business Men* (Höhere Bildung in Amerika: Ein Memorandum zum Betrieb von Universitäten durch Geschäftsleute). Heute würden sich Akademiker vielleicht wünschen, dass jemand die gegenwärtige Lage mit dem bissigen Witz eines Veblen analysiert, aber es bleibt festzuhalten, dass Veblen selbst den Aufstieg der »unternehmerischen« Universität, zumindest in den USA, bereits vor einem Jahrhundert beobachtete und beklagte, »die Geschäftsmänner« hätten es übernommen, »die Richtung des Strebens nach Wissen« zu bestimmen und »Geschäftsprinzipien« zu unterwerfen.[116]

Jetzt, da die Universitäten lernen, die Sprache der »Produktivität« zu sprechen, lohnt es sich vielleicht, über einige Präzedenzfälle nachzudenken, besonders den der Akademie der Wissenschaften in der UdSSR. Mit der Planung der Wirtschaft wurde in Russland in den 1920er Jahren auch die Planung der Wissenschaft diskutiert. Wie bei der Landwirtschaft, so war auch hier »Kollektivierung« ein Anliegen, das sich in Form einer Kritik an »akademischem Individualismus« und einer nachdrücklichen Aufwertung von Gemeinschaftsarbeit (an Wörterbüchern, Enzyklopädien, Statistiken über die natürlichen Ressourcen des Landes und so weiter) ausdrückte. Man zeigte Interesse an den Vorstellungen eines Frederick Taylor – was angesichts dessen Verbundenheit mit dem Kapitalismus nicht der Ironie entbehrt – und am Gedanken der akademischen Produktivität. Von 1930 an war die wissenschaftliche Forschung in die Fünfjahrespläne der Regierung eingebunden. Es gab eine Verschiebung von der reinen zur angewandten Wissenschaft und von der langfristigen zur kurzfristigen Forschung.[117]

Kurz: Das »faustische Dilemma der modernen Wissenschaft«, wie es genannt worden ist, mit dem Verlust der akademischen Autonomie als dem Preis, der für die Unterstützung durch Regierungen und Unternehmen gezahlt werden muss, ist durchaus nichts Neues.[118] Dennoch zeichnet sich ab, dass die Zukunft vor allem der wissenschaftlichen Forschung immer enger mit hybriden oder halb-akademischen Institutionen verknüpft ist wie etwa SINTEF in Norwegen (Stiftelsen for industriell og teknisk forskning, Stiftung für industrielle und technische Forschung). Die in Trondheim ansässige SINTEF, 1950 gegründet, hatte 2006 gut 2000 Angestellte und ein Einkommen von 2 Milliarden Kronen, das vorwiegend aus Aufträgen der Industrie stammt. Sie arbeitet mit den Universitäten in Trondheim und Oslo zusammen und teilt sich mit ihnen Laboratorien, Ausrüstung und Personal.

II. Der Preis des Fortschritts

Heute ist der Berg an Informationen, der Unternehmen, Regierungen und Universitäten über fast alles zur Verfügung steht, höher als je zuvor. Es ist zum Problem geworden, einen Zugang zu dem zu bekommen, was man eigentlich haben möchte, also Information über Informationen zu erlangen. Die Gefahr, notwendige Informationen zu verlegen, wird dabei immer größer, selbst im Zeitalter der Suchmaschinen. Die Geschichte der Informationen und des Wissens, das verlegt, vernichtet oder verworfen worden ist, ist Gegenstand des folgenden Kapitels.

5. Wissen verlieren

Von nützlichem und gesichertem Wissen – oder dem, was dafür gehalten wird – gehen wir jetzt über zur Kehrseite der Medaille: zu Wissen, das als nutzlos oder als unverlässlich betrachtet wird. Bisher standen der Erwerb und die Akkumulation von Wissen im Mittelpunkt dieses Buches. Das birgt ganz offensichtlich die Gefahr des Triumphalismus, einer Überhöhung der heroischen Leistungen von Forschungsreisenden, Botanikern, Archäologen, Astronomen, Dechiffrierern, Experimentierern, Popularisierern und so weiter. Ein Gegengift zu dieser Art der Großerzählung ist eindeutig vonnöten, damit Platz entsteht für die Niederlagen wie für die Siege. Tatsächlich ist die Forderung aufgestellt worden: »Jede positive Behauptung über Wissenschaft und Wissen sollte mit ihren Negationen und Widersprüchen konfrontiert werden; jeder Sieg der Wissenschaft mit einer Niederlage; jeder Gewinn mit einem Verlust.« Entscheidend ist, dass jeder dominierende Korpus von Wissen »teilweise dadurch geformt wird, was er ausschließt oder unterdrückt«.[1]

»Agnotologie«, wie die Untersuchung des Unwissens getauft worden ist, war bis vor kurzem ein vernachlässigtes Thema, trotz des Interesses daran, es unter verschiedenen Gesichtspunkten zu betrachten – »als Tragödie, als Verbrechen, als Provokation, als Strategie, als Stimulans, als Übermaß oder Mangel, als Handicap, als Verteidigungsmechanismus oder Hindernis, als Chance, als Garantie für richterliche Neutralität, als gefährliches Übel, als staunende Unschuld, als Ungerechtigkeit oder Erleichterung, als die beste Verteidigung der Schwachen oder die übliche Ausrede der Mächtigen«.[2] Das Feld, zu dem es zu werden im Begriff steht, zieht zunehmende Aufmerksamkeit auf sich, besonders in jenem Zweig der Betriebswirtschaft, der sich mit Risikomanagement unter Bedingungen der Ungewissheit befasst. Manche Anthropologen interessieren sich schon lange für etwas, das sie »strukturelle Amnesie« nennen (den Prozess, der dazu führt, dass in mündlich geprägten

Kulturen Wissen, das zu einem gegebenen Zeitpunkt nicht nützlich ist, allgemein vergessen wird), während eine ältere soziologische Tradition des Interesses an der Unwissenheit ebenfalls einen Aufschwung erlebt.[3]

Andererseits haben sich bisher nur wenige Historiker versucht gefühlt, an diesem Thema zu arbeiten, zumindest was die Epoche betrifft, mit der sich dieses Buch beschäftigt (der Verlust an Wissen in Westeuropa während des frühen Mittelalters dagegen ist gut erforscht). Hier bleibt viel zu tun, trotz einer bahnbrechenden Studie, die 1979 von Wissenschaftssoziologen aus Edinburgh durchgeführt wurde.[4] Die Exilierung von Gelehrten, besonders der Teilnehmer am »Großen Exodus« der 1930er Jahre (siehe unten, S. 247ff.), ist bislang eher unter dem Gesichtspunkt des Nutzens untersucht worden, den sie für die Gastländer bedeutete, also etwa die Entprovinzialisierung der britischen Kultur, als unter dem der Kosten, den sie für die Länder bedeutete, denen die Gelehrten den Rücken kehrten, die Reprovinzialisierung Deutschlands und Österreichs.

Die Verbringung von Büchern, Manuskripten oder anderen Artefakten von einem Teil der Welt in einen anderen bedeutet gleichzeitig und notwendigerweise das Abziehen von Wissen aus einem Ort und einen Zuwachs von Wissen an einem anderen. Objekte, die heute Millionen von Besuchern des British Museum zugänglich sind, stehen zum Beispiel Gelehrten in Tibet oder Nigeria nicht länger zur Verfügung. Der Aufstieg europäischer Reiche führte zur weiteren Verbreitung westlichen Wissens, aber auch zur Zerstörung vieler nicht-westlicher Wissensbestände, vom Verbrennen von Manuskripten durch Missionare bis zum Aussterben örtlicher Sprachen.[5] Die Entfaltung neuer Technologien wird von einem Verlust an Knowhow begleitet, das zum Betrieb der gerade obsolet gewordenen Maschinen benötigt wird.

Manche Wissensverluste, zumindest vorübergehende, sind praktisch unvermeidlich in dem Sinne, dass sie der Preis für die Anwendung von Paradigmen, Ansätzen oder Methoden sind, die zahlreiche positive Ergebnisse zeitigen. Wie der amerikanische Biologe Stuart Kauffman es ausdrückt: »Allein der Akt des Erkennens erfordert schon Unwissen.«[6] Damit hebt er hervor, was man die Schattenseite von Paradigmen nennen könnte. In der klassischen Periode der Anthropologie zum Beispiel bedeutete der Nachdruck, der auf Feldforschung vor Ort gelegt wurde und der enorme Verständniszuwächse erbrachte, die Vernachlässigung größerer räumlicher und zeitlicher Perspektiven. Auf ganz ähnliche Weise brachte die Revolution der historischen Methode, die mit dem Namen Leopold von Ranke verbunden ist, Kosten und Nutzen gleichzeitig mit sich; sie ermöglichte größere Strenge der Disziplin um den Preis der Verengung ihrer früheren Spannweite.[7] Es ist möglich, dass auch ganze Kulturen ihre Licht- und Schattenseiten haben, indem sie nämlich so strukturiert sind, dass sie bestimmte Wissensformen um den Preis der Ablehnung anderer in sich aufnehmen.

Die folgenden Abschnitte werden beabsichtigte wie auch unbeabsichtigte Verluste untersuchen und sich dabei auf drei Prozesse konzentrieren: das Verbergen, die Vernichtung und das Verwerfen von Wissen.

Wissen verbergen

Manches Wissen erreicht viele Menschen deshalb nicht, weil es vor ihnen verborgen wird. Praktisches Wissen ist zum Beispiel oft als Geschäftsgeheimnis betrachtet worden. Mittelalterliche Handwerkszünfte (auf Latein *misteria*) behandelten ihre Spezialkenntnisse als »Mysterien«, die nur den Eingeweihten enthüllt werden durften. Das 18. Jahrhundert, ein Zeitalter technischer Innovationen, war zugleich ein Zeitalter der Industriespionage, bei der Spitzel ausgesandt wurden, um die Erfolgsgeheimnisse der Konkurrenz im In- oder Ausland auszukundschaften.[8] Fabrikanten im 19. Jahrhundert versuchten das Wissen um ihre Herstellungsprozesse geheim zu halten, wie etwa der Eigner eines Stahlwerks, der sein Unternehmen nur nachts in Betrieb nahm.[9] Der Aufstieg privater Forschungslaboratorien verstärkte den Trend: »Wenn ein Industrieller die Forschung unterstützte, dann wollte er keine Veröffentlichung potentiell profitabler Ergebnisse.«[10]

Heute, in einer Zeit, die als »Informationsfeudalismus« beschrieben worden ist (siehe S. 135), ist es Wissenschaftlern, die in unternehmenseigenen Forschungslaboratorien arbeiten, möglicherweise gar nicht gestattet, ihre Forschungsergebnisse weiterzugeben.[11] Aktuelle Diskussionen des »Wissensmanagements« (siehe S. 137 f.) behandeln die Weitergabe von Informationen innerhalb eines Unternehmens oder einer Unternehmensgruppe, ignorieren aber den Schutz von Wissen gegenüber Außenstehenden. Aus Sicht der Firma trägt Geheimwissen dazu bei, die eigene Konkurrenzfähigkeit zu erhalten, aber aus einem weiteren Blickwinkel, national oder international betrachtet, ist eine solche Geheimniskrämerei ein Hindernis für das Wirtschaftswachstum.

Außenseiter, die man in Unkenntnis lässt, können nicht nur Konkurrenzunternehmen sein, sondern auch Kunden. Etiketten auf Lebensmitteln, Getränken, Zigaretten und anderen Produkten haben nicht schon immer Konsumenten über mögliche Gesundheitsgefährdungen aufgeklärt (Etiketten solcher Art auf in den USA verkauften Aspirinfläschchen gehen auf das Jahr 1986 zurück). Tatsächlich hat die Tabakindustrie seit den 1950er Jahren alles nur Erdenkliche unternommen, um die Verbindung zwischen Rauchen und Lungenkrebs in Zweifel zu ziehen. Sogenannte Transparenzlücken finden sich in der Werbung überall.[12]

In der Politik wie in der Wirtschaft sind »Verschlusssachen« – nichts anderes als ein Wort für absichtliches Verstecken – an der Tagesordnung. Politische und militärische »Aufklärung« wird manchmal definiert als der Erwerb von Information »mit verdeckten Mitteln«.[13] Tatsächlich beziehen Aufklärungsdienste schon seit Langem einen Teil ihrer Informationen aus öffentlichen Quellen, aber der größte Teil davon wird anschließend als »Verschlusssache« gestempelt – als »geheim« oder »streng geheim« – und der Weitergabe entzogen.

In Großbritannien etwa sprach eine Reihe von Gesetzen (*Official Secrets Acts* von 1889, 1911, 1920 und 1989) Angehörige von Aufklärungsdiensten »eines Vergehens schuldig«, falls sie »eine Information, ein Dokument oder einen anderen Gegenstand mit Bezug zur Sicherheit oder Aufklärung« zugänglich machten, in deren Besitz sie dank der Zugehörigkeit zu einem derartigen Dienst gelangt waren. Auf dieser Grundlage versuchte die britische Regierung – wenn auch erfolglos –, das Erscheinen von *Spycatcher* zu verhindern, der Memoiren eines früheren Agenten von MI5, während das mittlerweile berühmte Dechiffrierunternehmen von Bletchley Park im Zweiten Weltkrieg, die Operation Enigma, in der britischen Fernsehserie *The World at War* noch 1974 verschwiegen werden musste und erst im Jahr 2000 der Öffentlichkeit bekannt werden durfte.

In der frühen Neuzeit waren viele Landkarten von ihren Besitzern geheim gehalten worden, vor allem von Regierungen, und diese topographische Geheimhaltung setzte sich nach 1750 fort. Die Veröffentlichung der Ergebnisse militärischer Landvermessungen von Schlesien, des Habsburgerreiches und von Indien war verboten. Gleiches gilt für einige der Karten, die während der französischen Expedition von 1798 von Ägypten angefertigt wurden, wenn auch das Verbot nach Napoleons Sturz 1815 aufgehoben wurde.[14] Relativ aktuelle Beispiele für topographische Geheimhaltung sind nicht schwer zu finden. Im sowjetischen Russland beispielsweise waren »Geschlossene Städte« (Zentren der Nuklearforschung wie Sewersk oder Sarow) auf Landkarten und anderen offiziellen Dokumenten selbst noch zu Zeiten von Gorbatschow und

Glasnost unsichtbar, bis Boris Jelzin 1992 den Schleier lüftete.[15] Selbst in Moskau war zu Sowjetzeiten der Zugang zu Stadtplänen oder Telefonbüchern eingeschränkt, offenbar um Verabredungen zu Treffen zu erschweren, die Kritik am Regime schüren konnten. In Großbritannien durfte erst 1953 in der Presse erwähnt werden, dass Aldermaston in Berkshire Standort des britischen Forschungszentrums für Atomwaffen war. In den USA machte das Gesetz über die Informationsfreiheit (Freedom of Information Act, 1966) eine Ausnahme für die Lage von Ölquellen, die weiterhin geheim blieb.

Eine weitere traditionelle Methode des Verbergens von Wissen oder der Verhinderung seiner Weitergabe ist die Zensur, mit der – ob von Kirchen oder von Regierungsstellen – die Verbreitung bestimmter Bücher entweder gänzlich untersagt oder ihr Erscheinen nur dann erlaubt wurde, wenn bestimmte Passagen zuvor gestrichen oder »expurgiert« wurden. Auch diese Methode wurde nach 1750 weiter genutzt. Der *Index Librorum Prohibitorum* etwa, eine offizielle Veröffentlichung der Katholischen Kirche, wurde bis 1948 regelmäßig aktualisiert und erst 1966 abgeschafft. Die Zensur im Habsburgerreich, im zaristischen Russland und im Deutschen Reich von 1871 bis 1918 war streng, auch wenn sie im Rückblick demjenigen zahm vorkommen musste, der die Zensurpraxis im Dritten Reich oder der Sowjetunion erlebte.[16] Nicht nur Bücher und Zeitschriften, sondern auch Theateraufführungen und sogar Vorträge sind Gegenstand der Zensur geworden. So wurden etwa die Vorträge, die der Phrenologe Franz Joseph Gall im frühen 19. Jahrhundert in Wien hielt, vom Kaiser mit der Begründung unterbunden, sie förderten den Materialismus, den Atheismus und die Unmoral.[17]

Die Statistiken, die, wie wir gesehen haben, vom ausgehenden 18. Jahrhundert an in steigendem Umfang von Regierungen erhoben wurden (siehe oben, S. 80f.), wurden ursprünglich als Staatsgeheimnisse behandelt. Selbst Schweden, das für seine Tradition transparenter Regierungstätigkeit berühmt wurde, hielt seine Statistiken zunächst geheim, was dazu führte, dass der Politökonom Anders Berch protestierte, Tabellen seien nicht dafür gedacht, in Archiven beerdigt zu werden.[18] Der Aufschwung von Volkszählungen in Europa und anderswo warf das Problem des »Datenschutzes« auf – anders ausgedrückt, der Vertraulichkeit. Es bestand die Gefahr, dass Angaben wie Name, Alter, Anschrift, Familienstand, Beschäftigung und so weiter, die man den Zählern mitgeteilt hatte, für andere Zwecke als den der Anfertigung statistischer Tabellen missbraucht wurden. Daher die Häufigkeit offizieller Verlautbarungen wie dieser, die aus einem deutschen Gesetzesentwurf von 1935 stammt:

> Das Einzelmaterial [...] darf nur zu statistischen und zu allgemeinen wirtschafts-, sozial- und kulturpolitischen Zwecken, nicht zu anderen Zwecken verwendet werden. Die Verwendung als Grundlage von Einzelmaßnahmen in Bezug auf die befragten Personen, insbesondere zur Ermittlung und Festsetzung von Steuern ist unstatthaft.

Schon 1940 beschwerte sich der Präsident des Statistischen Reichsamts, dass der Staat die Vertraulichkeit der Daten missachtete.[19]

Schweizer Banken sind berühmt – oder berüchtigt – dafür, dass sie die Daten ihrer Kunden schützen, darunter auch diejenigen von Diktatoren, die sich am Vermögen des Landes, in dem sie herrschten, bereicherten. Das »Bundesgesetz über die Banken und Sparkassen« von 1934 begrenzte die Möglichkeit der Weitergabe von Kundendaten an Dritte, einschließlich ausländischer Regierungen. Das neue Gesetz ermöglichte es deutschen Juden, ihren Besitz vor den Nationalsozialisten in Sicherheit zu bringen – aber nach 1945 wurde dasselbe Gesetz als Rechtfertigung für die Weigerung der Banken angeführt, den Hinterbliebenen von Bankkunden Auskunft über diese Konten zu erteilen.

Vertraulichkeit erstreckt sich auch auf die Vergangenheit. So können in Großbritannien Volkszählungsdaten erst nach hundert Jahren veröffentlicht werden; die statistischen Daten von 1911 sind daher erst seit kurzem online verfügbar.[20] Andere amtliche Dokumente blieben bis 1958 unzugänglich, als ein Gesetz (Public Records Act) sie nach Verstreichen von fünfzig Jahren freigab. Die Fünfzig-Jahre-Frist wurde 1967 auf dreißig Jahre verkürzt.[21] Zahlreiche weitere Dokumente wurden nach dem Freedom of Information Act von 2000 zugänglich. Ein ähnliches Gesetz existiert in den USA seit 1966. In beiden Ländern ist die Offenlegung durch Ausnahmebestimmungen wie nationale Sicherheit, Geschäftsgeheimnis oder Betreff der Privatsphäre eingeschränkt. Ein Historiker, der sich für die Aktivitäten der CIA an amerikanischen Universitäten in den 1950er Jahren interessierte, konnte feststellen, dass die CIA »das Schlupfloch im Freedom of Information Act in vollem Umfang genutzt hat, um die Freigabe ihrer Dokumente auf ein Minimum zu begrenzen«.[22] WikiLeaks hatte 2010 die freie Auswahl unter vertraulichen Informationen, die der öffentlichen Bekanntmachung harrten.

Der technische Fortschritt ist im Dienst des Verbergens wie der Erlangung von Information eingesetzt worden. Die beste Antwort auf Spyware, Spionageprogramme (siehe oben S. 48), scheint die Installation von Anti-Spyware-Programmen zu sein. Der Zugang zu vielen elektronischen Datenbeständen wird durch eine sogenannte Firewall blockiert, die Nutzer ohne das richtige Passwort abweist. Allerdings hat diese Schutzmaßnahme nicht dazu ausgereicht, professionelle Hacker wie auch Amateure daran zu hindern, sich in den Dateien des Pentagon geheime Daten zu neuen Kampfflugzeugen und anderem mehr anzueignen.

Eine weitere Methode des Verbergens von Wissen ist das Ausstreuen von falschem Wissen, eine uralte Praxis, die erst vor Kurzem einen neuen Namen bekommen hat, Desinformation. In der UdSSR zum Beispiel wurden in manchen Landkarten Städte absichtlich an falscher Stelle verzeichnet, um ausländischer Spionage vorzubeugen. Während des Zweiten Weltkriegs wurde in Großbritannien das Twenty Committee eingerichtet, das die Aufgabe hatte, die Deutschen mit Falschinformationen zu »füttern«.

Eine andere Form des Wissensverlusts ist die verlegte Information. Das *Oxford English Dictionary* war, in den Worten des Gründungsherausgebers Henry Murray, darauf angelegt, »erschöpfend« zu sein, aber zu seinem Kummer musste Murray nach Erscheinen feststellen, dass Wörter wie *bondmaid* einfach fehlten, wahrscheinlich nur deshalb, weil einer der einzelnen losen Zettel, auf denen die Information festgehalten war, verlorengegangen war.[23] Eine unbeabsichtigte Folge neuer Technologien, die es erlauben, große Datenmengen auf kleinem Raum zu speichern, ist die gestiegene Wahrscheinlichkeit dieser Art von Datenverlust, wie im Fall der CDs, die 2007 in England abhandenkamen und Daten von sieben Millionen Familien enthielten (mitsamt deren Bankverbindungen), die Kindergeld in Anspruch nahmen. Das Video von der ersten Mondlandung ist von der NASA verlegt worden. Im Internet gehen »riesige Mengen von Information« Tag für Tag verloren.[24]

Verlegtes Wissen ist häufig das Ergebnis von Übermaß, des Nadel-im-Heuhaufen-Syndroms, oder, um es zeitgemäßer zu sagen, des Problems der Unterscheidung zwischen dem, was man wissen will, und bedeutungslosem »Rauschen«. Einer der Gründe dafür, dass man auf die Anschläge vom 11. September 2001 trotz bestehender Hinweise nicht rechtzeitig aufmerksam wurde, bestand einfach darin, dass diese Hinweise in der Datenflut untergingen. Wie Condoleezza Rice damals sagte, gab es »eine Menge Geschnatter im System«.[25] Das Problem wird häufig durch Unordnung verschärft, die sich am deutlichsten und greifbarsten in Sammlungen materieller Objekte zeigt. John Hunters Sammlung von über 10.000 Stücken, die 1799 ans Royal College of Surgeons kam, war fünfundzwanzig Jahre später noch immer nicht (oder nicht vollständig) katalogisiert. Im frühen 19. Jahrhundert standen im Musée d'histoire naturelle in Paris noch immer ungeöffnete Kisten mit Fundstücken herum, die von der französischen Ägyptenexpedition von 1798 stammten. Die amerikanische Südseeexpedition von 1838–42 wiederum schickte zahlreiche Kisten mit Funden an die neugegründete Smithsonian Institution, aber dort fehlte das Personal, das nötig gewesen wäre, die Proben auszupacken, Muschelschalen zu reinigen oder Vogelbälger auszustopfen.[26] Im ausgehenden 19. Jahrhundert konnte die Katalogisierung der deutschen ethnographischen Sammlungen nicht mit dem schwindelerregenden Tempo von Neuakquisitionen mithalten.[27]

Wissen vernichten

Die Vernichtung von Wissen schließt auch den Tod kenntnisreicher Personen ein – von Forschungsreisenden, die niemals von ihren Expeditionen heimkehrten, oder von Gelehrten, die etwa bei den »Säuberungen« Stalins oder im Anschluss an die deutsche Invasion Polens 1939 ermordet wurden.

»Implizites« oder »stilles« Wissen ist besonders verlustanfällig, weil es sich in den Köpfen von Einzelpersonen befindet. Wirtschaftsunternehmen sind sich der Verluste am manchmal so genannten »Unternehmensgedächtnis« zunehmend bewusst, die eintreten, wenn Angestellte ausscheiden, ohne ihr Wissen weitergegeben zu haben.[28] Anderes wertvolles Wissen kann »auf dem Übertragungsweg« verlorengehen, weil in hierarchischen Organisationen Personen in untergeordneten Positionen es zuweilen nicht für sinnvoll halten, Informationen nach oben weiterzugeben, von denen sie annehmen, dass ihre Vorgesetzten (Herrscher, Generäle, Unternehmensleitungen und dergleichen) gar nicht an ihnen interessiert sind.

Eine andere Form von Achtlosigkeit ließ die Zerstörung zahlreicher regionaler Wissensbestände zu Zeiten des Imperialismus zu. Gelegentlich wurden Teile dieses Wissens gerettet. Ishi zum Beispiel, der letzte Vertreter des Yahi-Volkes in Nordkalifornien, wurde 1911 entdeckt und sprach mit zwei Anthropologen, denen er seine Fertigkeiten beim Herstellen von Feuersteinwerkzeugen, beim Jagen und so weiter vorführte.[29] Viele solche Völker sind jedoch niemals dokumentiert worden, ebenso wie viele Sprachen ausgestorben sind, vor allem während der letzten Jahrzehnte. In einer entsprechenden Untersuchung vom Beginn des 21. Jahrhunderts wurde geschätzt, dass 96 Prozent der Sprachen der Welt von nur 4 Prozent der Bevölkerung gesprochen wurden, dass »nahezu 500 Sprachen von weniger als 100 Sprechern« am Leben gehalten würden und dass 3000 Sprachen bis zum Jahr 2100 ausgestorben sein dürften.[30] Auf ganz ähnliche Weise bedeutet die derzeitige Krise der Biodiversität eine Bedrohung für das biologische Wissen wie auch für die Arten selbst, die am Rande des Aussterbens stehen.

Die Vernichtung von Wissen geschieht manchmal unfreiwillig, manchmal aus Absicht und manchmal aus einer Mischung von beidem. Brände in Bibliotheken sind ein wiederkehrendes historisches Phänomen, von der Bibliothek in Alexandria (die um 48 v. Chr. niederbrannte) über die Library of Congress, die 1851 35.000 Bände durch Feuer verlor, die Bibliothek in Turin, die 1904 durch fehlerhafte Verkabelung in Brand geriet, bis zur Herzogin Anna Amalia Bibliothek in Weimar, in der 2004 mehr als 50.000 Bücher verbrannten.[31] Ausschachtungen für Neubauten fördern oft archäologische Stätten zutage und zerstören sie gleichzeitig. Schatzsuchende Amateure mit Metalldetektoren finden andere Stätten, aber beschädigen sie auch und reduzieren damit den Erkenntniswert. Archäologen gehen behutsamer vor, aber auch sie zerstören einiges an Wissen. Die Kehrseite der großen archäologischen Entdeckungen des 19. Jahrhunderts war der Zerfall von Artefakten, die nach Tausenden von Jahren erstmals wieder mit der Luft in Berührung kamen. Im Fall der assyrischen Paläste zerfielen »soeben freigelegte Reliefs vor den Augen der Ausgräber«. Ein Panzerhemd und Helme »fielen auseinander, sobald sie in Kontakt mit der Luft kamen«, während ein Thron aus Sennacheribs Palast »bei der leisesten Berührung in Stücke fiel«. Heutige Archäologen bedauern, dass manche Stätten ausgegraben wurden, bevor Techniken entwickelt wurden, die solche Verluste minimieren, aber sie räumen ein, dass »jede Ausgrabung in gewissem Maße auch Zerstörung« bedeutet.[32]

Die gezielte Zerstörung von Wissen, das in Bibliotheken, Archiven und Museen aufbewahrt wird, ist ebenfalls nur allzu üblich. Nach der Revolution ordnete die Gesetzgebende Versammlung in Frankreich die Vernichtung von Dokumenten an, die ihr als »feudalistisch« galten. In Brasilien befahl 1890 ein Minister, der Rechtsanwalt Ruy Barbosa, die Vernichtung zahlreicher Aufzeichnungen über die Sklaverei, nachdem diese abgeschafft worden war. Die Aufzeichnungen des belgischen Regimes im Kongo wurden 1908 gezielt verbrannt.[33] Das FBI zerstörte 1977 300.000 Aktenseiten über Personen, die als »sexuell abweichend«

eingestuft worden waren. Eine Schweizer Bank wurde kürzlich bei der Vernichtung von Unterlagen über die Konten ehemaliger jüdischer Kunden ertappt.

Neue Technologie bietet Hilfen beim Werk der Zerstörung. »Evidence Eliminator« zum Beispiel, ein Programm, das von Robin Hood Software mit Sitz in Nottingham für Microsoft-Windows-Computer entwickelt wurde, erhebt den Anspruch, geheime Daten von Festplatten so zu löschen, dass die Wiederherstellung unmöglich oder ungemein schwierig ist. Es wäre interessant zu wissen, wer diese Software kauft.

Manche Akte der Zerstörung gehen in großem Maßstab vor sich. Im Jahr 1871 setzten Anhänger der Pariser Kommune die Préfecture de police in Brand, wobei sie gut 6000 Kästen mit Polizeiakten und polizeiliche Register zerstörten. Während des Ersten Weltkriegs brannte eine deutsche Armee die Bibliothek der Universität Löwen nieder; während des Zweiten Weltkriegs vernichtete eine weitere deutsche Armee einen Großteil des Staatsarchivs in Warschau.[34] Andererseits verlor die Staatsbibliothek zu Berlin zwischen 1939 und 1945 um die 650.000 Bände, von denen rund 350.000 zerstört, meist durch Bombenangriffe, und 300.000 geraubt wurden. Zu den Zeiten, als die Ausleihe eines Buches im Lesesaal des British Museum das Ausfüllen eines Bestellformulars erforderte, war einer der wiederkehrenden Gründe für die Nichterfüllung des Bestellwunsches die auf der Rückseite des Formulars vorgedruckte Formulierung »im Krieg durch Bombenangriffe zerstört«. Die Vernichtung von Wissen endete natürlich nicht mit dem Zweiten Weltkrieg. Um nur zwei Beispiele unter vielen zu nennen: Die bosnische Nationalbibliothek in Sarajewo brannte nach ihrem Beschuss 1992 nieder, während die Plünderung des Nationalmuseums in Bagdad im Jahr 2003 noch in frischer Erinnerung ist.

Eine subtilere Form des Verlustes betrifft den Kontext oder das, was Kunsthistoriker die Provenienz nennen. Im Jahr 1786, in einem Brief an den General Miranda, und dann wieder 1815 verurteilte der französische Archäologe Quatremère de Quincy die Plünderung italienischer Kunstwerke durch Napoleon, Lord Elgin und andere mit der Begründung, dass eine solche Entwurzelung (*déplacement*) die Objekte ihres kulturellen Wertes beraube. Quatremères Argument war, dass ein Kunstwerk seine Bezüge, seine Bedeutung und seine Kraft aus seinem Ort und seinem Gebrauch beziehe. Es zu verpflanzen bedeute, es zu zerstören. Die angemessene Umgebung für italienische Kunstwerke sei Italien selbst, das er als *le Museum intégral* beschrieb – mit anderen Worten, als Museum ohne Wände.[35]

Andere Beispiele für Kontextverlust lassen sich in der Geschichte der Ethnographie und der Archäologie finden. So kritisierte der Anthropologe Franz Boas Sammler dafür, dass sie Informationen über den Hintergrund der gesammelten Stücke nur unzureichend verzeichneten – ihren Ursprung, ihren regionalen Namen und so weiter.[36] Auch in der Botanik und der Zoologie hat das Fehlen oder der Verlust von Etikettierungen mit Hinweisen auf die Herkunft von Exemplaren oder Präparaten für Wissenseinbußen gesorgt. Dasselbe Argument lässt sich für zahlreiche alte Fotografien anführen, bei denen Fotograf, Aufnahmeort und -zeit nicht festgehalten sind, was erst erlauben würde, sie als verlässliche Zeugnisse zu nutzen. In den letzten Jahrzehnten ist das Bewusstsein für dieses Problem gewachsen: Im British Museum beispielsweise wurde in den 1980ern ein Projekt initiiert, Provenienzdaten nachträglich zu ermitteln.[37]

Wissen verwerfen

Eine dritte Form des Wissensverlusts folgt aus der Überholtheit von Wissen – oder dem, was bestimmte Individuen oder Gruppen für seine Überholtheit halten. Das Wachstum des Wissens ist eng mit einem Prozess verknüpft, der »kollektives Vergessen« genannt worden ist – mit anderen Worten, dem Prozess, »sich falsifizierter oder hinfällig gewordener vergangener Überzeugungen zu entledigen«.[38] Dieser Vergessensprozess hat sich im Zeitalter der Informationsüberflutung beschleunigt. Das Problem ist durchaus nicht neu: Beschwerden über die »Bücherflut« gehen mindestens bis aufs 16. Jahrhundert zurück.[39] Das Problem der Überflutung hat sich jedoch beträchtlich verschärft. Eine der Konsequenzen aus der Beschleunigung von Entdeckungen, vor allem in den Naturwissenschaften, besteht darin, dass Wissen immer schneller veraltet. Daher ließe sich im Verwerfen alter Wissensbestände eine Spielart der »schöpferischen Zerstörung« sehen, wie es der Ökonom Joseph Schumpeter genannt hat, ein Vorgang, der Platz schafft für das Neue: Platz im buchstäblichen Sinne im Fall von Archiven, Bibliotheken und Museen, und Platz im übertragenen Sinne im Fall von Nachschlagewerken oder den Lehrplänen von Schulen und Universitäten.

Auf Wissen zu verzichten kann so gesehen erwünscht oder sogar, zumindest in gewissem Grade, notwendig sein, aber wir sollten die Verluste dabei genauso im Auge behalten wie den möglichen Gewinn. Daher brauchen wir Kulturhistoriker, die das studieren, was im Laufe der Jahrhunderte verworfen worden ist, den intellektuellen Abfall, zu dem Informationen, Vorstellungen und sogar Menschen gehören. Es ist oft bemerkt worden, dass Historiker gewöhnlich zugunsten der Sieger voreingenommen sind, trotz der Notwendigkeit, die »Sicht der Besiegten« zu rekonstruieren, um die Geschichte zu verstehen. Trotzki schrieb einmal, dass die Verlierer auf den »Müllhaufen der Geschichte« gehörten, und die *Große Sowjetische Enzyklopädie* ist berüchtigt dafür, wie sie von Auflage zu Auflage Personen, Gedankeninhalte und Dinge ausließ, die von der Kommunistischen Partei als politisch unerwünscht eingestuft wurden, an vorderster Stelle natürlich die Person Trotzki selbst nach seinem Bruch mit Stalin.

Es ist leicht, sich über die *Sowjetische Enzyklopädie* lustig zu machen, aber das Beispiel zeigt in Extremform einen Vorgang, der weit darüber hinaus verbreitet ist. Viele Disziplinen haben ihre in Ungnade gefallenen Vorläufer, Personen, die zu geistesgeschichtlichen Leichen im Keller geworden sind, manchmal aus politischen Gründen. Solche Vorläufer werden aus den Genealogien des Faches ausgeschlossen. Kriminalisten zum Beispiel möchten ungern daran erinnert werden, dass einer der Gründerväter ihrer Disziplin Cesare Lombroso war, ein strikter Anhänger der Vorstellung von »geborenen Kriminellen«, die anhand ihrer Schädelform und anderer physischer Merkmale identifizierbar seien, ebenso wie Anthropologen gern die enge Verknüpfung ihres Fachs mit der Doktrin der Überlegenheit der »weißen Rasse« vergessen.[40]

Studierende des politischen Denkens wiederum bemühten sich eine Generation lang nach Kräften, einen der Vorreiter ihres Fachs während der 1920er Jahre zu vergessen, Carl Schmitt, den Autor so wichtiger Schriften wie *Politische Theologie* (1922) und *Der Begriff des Politischen* (1927). Der Autor schloss sich später der NSDAP an und wurde nach 1945 vom akademischen Leben ausgeschlossen, auch wenn er weiter in Heidelberg und an anderen Orten seine Anhänger hatte. Erst in den 1980er Jahren wurde Schmitt neu bewertet, und sein Werk begann auf Englisch, Französisch, Italienisch und Spanisch zu erscheinen.[41]

Der Prozess des Verdrängens erstreckt sich auf Gegenstände und Informationen ebenso wie auf Personen. Archäologen sind daran gewöhnt, Kenntnisse über die Vergangenheit aus Abfallhaufen herauszulesen, aber Historiker müssen erst noch lernen, das auszuwerten, was man in Anlehnung an Trotzki den »Müllhaufen der Geistesgeschichte« nennen könnte. Im Übergang von einer Archäologie im mehr oder weniger wörtlichen Sinne zu einer »Archäologie« in dem Sinne, den Michel

Foucault dem Wort gab, könnten sie den Prozess studieren, der Wissen zu Abfall macht, indem er es in Formen des Nicht-Wissens oder des Pseudo-Wissens verwandelt.[42] Indem neue Formen oder Bestände des Wissens in eine gegebene Kultur eintreten und Platz für sie geschaffen werden muss, sei es in akademischen Lehrplänen, Nachschlagewerken, Archiven oder Bibliotheken, werden bestimmte Formen alten Wissens verdrängt – ein Vorgang, den man »kulturelle Selektion« nennen könnte.

Archive sind nur ein Beispiel. Im Jahr 1821 nahm sich ein französischer Präfekt im Département Aube vor, »die Massen von Papier, die zu nichts mehr zu gebrauchen sind«, loszuwerden, um »nützliche Papiere leichter aufzufinden«.[43] Als wiederum die italienische Regierung plante, den Großteil der Daten aus der Volkszählung von 1921 auf den Müll zu werfen, nutzte der Statistiker Corrado Gini die Daten und entwickelte daran seinen berühmten Gini-Koeffizienten.

Bibliotheken und Enzyklopädien

In der Geschichte der Bibliotheken und der Enzyklopädien finden wir zahlreiche Beispiele für den Vorgang der Verwandlung in Abfall von etwas, das zuvor als Wissen galt. Im 18. Jahrhundert kam der Gedanke auf, Bücher nicht deshalb zu vernichten, weil sie ketzerisch oder subversiv, sondern weil sie nutzlos waren. Ein Beispiel für solche Phantasien der Vernichtung nutzloser Bücher liefert der Philosoph David Hume. In seinem Werk *An Enquiry Concerning Human Understanding* von 1748 schreibt er: »Nehmen wir irgendeinen Band zur Hand, zur Theologie oder zur Schulmetaphysik zum Beispiel, so lasst uns fragen: Enthält er irgendeinen abstrakten Gedankengang über Größe oder Zahl? *Nein.* Enthält er irgendeinen auf Erfahrung gestützten Gedankengang über Tatsachen oder Dasein? *Nein.* Nun, so werft ihn ins Feuer, denn er kann nichts enthalten als Sophisterei und Täuschung!« In einem 1711 veröffentlichten Roman beschrieb der französische Journalist Louis-Sébastien Mercier wiederum eine aufgeklärte Gesellschaft des Jahres 2440, in der bis auf ein paar wesentliche Werke alle Bücher vernichtet worden sind.[44]

Die meisten Bibliothekare sind nicht so weit gegangen wie Hume oder Mercier, aber sie sind besorgt über die Flut neuer Titel, die es immer problematischer macht, Platz für neue Akquisitionen zu finden. Manche Bibliothekare haben sich entschieden, Bücher zu »de-akquirieren«, eine beschönigende Neuprägung dafür, sie wegzuwerfen. Andere verbannen einfach die für weniger nützlich gehaltenen Bücher in den Keller oder Lager in »Außenstellen«, eine Art offenen Vollzug oder intellektuelles Zwischenreich, nicht mehr im Rampenlicht, aber noch nicht ganz auf der Halde. Eine Untersuchung über die Bücher, die eine größere Bibliothek im Laufe der Jahrhunderte auf solche Weise verworfen hat, könnte uns eine Menge über sich wandelnde Prioritäten verraten. Die Langlebigkeit von Gedanken ließe sich am »Verfallsdatum« der Bücher studieren, die diese Gedanken enthalten.

Ebenso aufschlussreich, und beträchtlich einfacher durchzuführen, wäre eine ähnliche Untersuchung der Wissensbestände, die aus Enzyklopädien ausgeschieden wurden. Mit dem Wachstum des Wissens sind auch Enzyklopädien immer umfangreicher geworden. Dennoch genügt ein Vergleich aufeinanderfolgender Auflagen ein und derselben Enzyklopädie, um zu zeigen, dass Herausgeber und Redaktion zumindest vom 18. Jahrhundert an häufig große Mengen an altem Material geopfert haben, während sie das Buch auf den neuesten Stand brachten. Die Herausgeber und Redakteure selbst haben diesen Aspekt ihrer Arbeit betont. Als Abraham Rees seine *Proposals* zur Revision von Chambers' *Cyclopedia* entwarf, unterstrich er seine Absicht, »überkommene Wissenschaft auszuschließen, überflüssiges Material zu kürzen«. Der Chemiker Thomas Thomson erklärte im Supplement zur *Encyclopaedia Britannica* (1815–1824), in zehn Jahren sei so viel unaktuell geworden, dass er seinen Artikel zur Chemie komplett habe neu schreiben müssen.[45]

Es stimmt allerdings auch, dass Neufassungen dieser Art nicht immer stattfanden. Eine Untersuchung der Einträge zu den Naturwissenschaften in britischen Enzyklopädien während des 18. und 19. Jahrhunderts hat gezeigt, dass bis zur neunten Auflage der *Encyclopaedia Britannica* von 1875, in der eine grundlegende Reform vorgenommen wurde,[46] eine gehörige Menge von Informationen überlebt hatte, die von Wissenschaftlern inzwischen als falsch angesehen wurden – »alchimistischer Niederschlag« zum Beispiel. Seit 1875 aber ist die Menge an Material, die aus größeren Enzyklopädien ausgeschieden wurde – Larousse, Brockhaus, Winkler-Prins, der *Britannica*, der *Enciclopedia universal ilustrada europeo-americana* und so weiter –, in immer größerem Tempo gewachsen. Für manche dieser Auslassungen sprechen offensichtlich praktische Gründe. Wir dürfen aber durchaus annehmen, dass die Philosophie, die hinter ihnen steht, häufig eine mehr oder weniger naive Fortschrittsgläubigkeit ist, so, als wären die neuesten Ideen auch immer die besten. Aus diesem Grund ziehen Gelehrte, zumindest in den Geisteswissenschaften, häufig die elfte Auflage der *Britannica* (von 1911) ihren Folgeauflagen vor.

Ein paar Zahlenbeispiele mögen belegen, wie viel verlorengegangen ist. Im Jahr 1911 bekam König Charles I. dreizehn Spalten zugestanden und Kaiser Karl V. elf, aber beide mussten in der *New Encyclopaedia Britannica* von 1974 mit fünf Spalten auskommen. Raffael wurde von sechzehn Spalten auf fünf gestrichen, Cicero von dreizehn Spalten auf vier und Goethe von zwölf Spalten auf sechs. Luther wurde von vierzehn Spalten auf eine reduziert und Platon von dreiunddreißig auf weniger als eine volle Spalte – beredte Zeugnisse für den Niedergang des Interesses sowohl am Christentum als auch an der klassischen Kultur.

Selbst Online-Enzyklopädien scheiden Material aus, obwohl sie relativ frei von Sorge um begrenzten Platz sind – daher die Vorschläge für eine »Wikimorgue« oder »Deletopedia«, in denen ausgeschiedene Einträge weiterhin verfügbar blieben, als digitales Pendant zu alten Auflagen des Brockhaus oder der *Britannica*.[47]

Ideen aufgeben

Auch Ideen oder »Paradigmen« werden verworfen, und dies aus einer Mischung von Vernunfts- und gesellschaftlichen Gründen. So nahm etwa einmal die Vorstellung eines feuerartigen Elements, des Phlogistons, eine zentrale Stellung im Fach Chemie ein, verschwand aber im späten 18. Jahrhundert allmählich, nachdem Lavoisier eine alternative Erklärung für die Verbrennung vorgelegt hatte. In den 1950er Jahren wiederum bot der Strukturfunktionalismus den wesentlichen analytischen Rahmen für die Soziologie wie für die Anthropologie, geriet in den 1970ern aber in die Kritik und trat nach und nach zurück. Der Niedergang der marxistischen Theorie in einer ganzen Reihe von Fächern, von der Ökonomie bis zur Literaturwissenschaft, ist in jüngster Zeit eines der am besten bekannten Beispiele für intellektuelle Entwertung.

Die Gedankenwelt der Verlierer zu ignorieren hieße für Kulturhistoriker andererseits, das sprichwörtliche Kind mit dem Bade auszuschütten. Historiker wären daher gut beraten, dem englischen Philosophen Bertrand Russell zu folgen, dessen *Outline of Intellectual Rubbish* (»Geistiger Mumpitz in Umrissen«) von 1943 stammt, solange sie das Thema etwas souveräner und relativistischer angehen, als sein »ergötzlicher Katalog der organisierten und individuellen Dummheit« es tat, und

Tendenzen zur Abwertung alten Wissens eher beschreiben und erklären, als sie zu rechtfertigen.

Artikel in Fachzeitschriften haben eine immer geringere »Lebenserwartung«, besonders gering in den Naturwissenschaften, im mittleren Bereich in der Soziologie oder der Wirtschaftswissenschaft und etwas höher in Geschichts- und Literaturwissenschaft.[48] Aufeinanderfolgende Editionen klassischer Texte lassen Informationen fallen, während sie neue hinzufügen. Wie ein Herausgeber kürzlich bemerkte: »Ich kenne keinen einzigen Fall, in dem die Edition eines Werkes nicht einen Verlust von irgendetwas repräsentiert hätte.«[49] Ganz ähnlich laufen unmodische oder »kalte« Themen in vielen Fächern Gefahr, verworfen oder zumindest marginalisiert zu werden. Sie hören auf, »geläufige Münze« zu sein – wenn sie auch manchmal nach Generationen erneute Geltung erfahren.

Die Grenzen zwischen echtem und unechtem Wissen, Wissenschaft und Pseudowissenschaft, unterliegen ebenfalls zeitlichem Wandel: Gruppen von Gelehrten versuchen, bestimmte intellektuelle Praktiken aus dem gemeinsamen Kanon der Gelehrsamkeit auszuschließen, oft mit der Begründung, eine bestimmte Veröffentlichung, Methode oder Theorie sei »in Wirklichkeit« gar keine Geschichte, Philosophie, Wissenschaft oder was auch immer. Das ist es, was Foucault *savoirs disqualifiés* genannt hat, disqualifizierte Wissensformen. Es ist sogar gesagt worden, mit gelinder Übertreibung, die Geschichte der Wissenschaften »war und ist gleichzeitig auch immer eine Geschichte des Kampfes gegen das Unwissenschaftliche«.[50] Als sich zum Beispiel im späten 18. Jahrhundert die wissenschaftliche Medizin als Gewerbe in Großbritannien etablierte, wurden alternative Ansätze in den »medizinischen Randbereich« gedrängt oder noch darüber hinaus, und sie wurden als Pseudomedizin oder »Quacksalberei« stigmatisiert.[51] In gewissem Sinne brauchten die Fachkundigen die Quacksalber, um sich selbst eindeutiger als wissenschaftlich und orthodox positionieren zu können.

Was als Wissenschaft oder als »Pseudowissenschaft« zu gelten hat (der Begriff *pseudo-science* war im Englischen in den 1840er Jahren etabliert, schon kurz nach dem Begriff Wissenschaftler, *scientist*), schwankt nicht nur von Zeitpunkt zu Zeitpunkt, sondern auch in Abhängigkeit von dem Ort und dem Fach, in dem die Debatte darüber stattfindet.[52] Diese »Abgrenzungsarbeit« ist nicht nur eine theoretische Arbeit, Teil eines umfassenden Vorhabens der Klassifizierung von Wissen, wie sie in Teil I dieses Buches beschrieben wurde. Im Gegenteil, »Abgrenzung erfolgt gewöhnlich in alltäglicher, praktischer Umgebung«, so etwa durch

Ausschluss eines bestimmten Themas aus universitären Lehrplänen oder durch Ablehnung eines Aufsatzes, der bei einer Fachzeitschrift eingereicht wurde.[53]

Ganze »Disziplinen« (wie ihre Anhänger sie gewöhnlich nennen) sind als Pseudowissenschaften verworfen worden, von der Astrologie bis zu Scientology. Manche dieser Disziplinen wurden zu bestimmten Zeiten als Wissenschaft betrachtet, um zu anderen Zeiten als unwissenschaftlich verworfen zu werden. Die chinesische Medizin zum Beispiel, unter Einschluss der Akupunktur, wurde im 17. und 18. Jahrhundert von europäischen Ärzten ernst genommen. Als aber die westliche Medizin sich als wissenschaftlich definierte, wurden alternative Medizinformen abgelehnt. Das europäische Interesse an der Akupunktur »verebbte« zunächst und wurde dann »erstickt«. Erst in den ausgehenden 1960er und dann in den 1970er Jahren erfuhr das Interesse an dieser Technik im Westen eine Wiederbelebung.[54] Die Völkerpsychologie wiederum, die kollektive Psychologie der unterschiedlichen Völker der Erde, war im ausgehenden 19. Jahrhundert in Deutschland und anderswo ein Thema von großem Interesse, erlebte aber im 20. Jahrhundert – wie die Volkskunde – einen Niedergang und wurde von der Ethnologie ersetzt.[55] Die folgenden Fallstudien konzentrieren sich auf den Statusverlust von vier Disziplinen: der Astrologie, der Phrenologie, der Parapsychologie und der Eugenik.

Astrologie

Die Astrologie wurde bereits im 17. Jahrhundert von einigen und im 18. von zahlreichen gebildeten Europäern abgelehnt, auch wenn der Prozess dieser Abwertung länger dauerte und langsamer vor sich ging, als noch vor einer Generation angenommen wurde.[56] Es ist Historikern nicht schwergefallen zu erklären, warum die Astrologie einen Niedergang erlebte, konnten sie sich doch auf Max Webers berühmtes Diktum von der allgemeinen »Entzauberung der Welt« berufen. Nicht so einfach ist es, das Überleben oder die »Wiedergeburt« der Astrologie im 19. und 20. Jahrhundert zu erklären, wobei allerdings berücksichtigt werden sollte, dass dieses Überleben oder diese Neubelebung den Preis der Anpassung an eine sich verändernde Kultur kostete.

Am Ende des 19. Jahrhunderts versuchten einige Astrologen, ihr Gebiet auf einen neueren Stand zu bringen und es zu verwissenschaftlichen, um so aus ihrer Betätigung einen richtigen Beruf zu machen. Eine neue Zeitschrift mit dem Titel *Modern Astrology* wurde 1895 in London gegründet. Ihr erstes Editorial erklärte, die Zeit sei gekommen, »das uralte System der Astrologie zu modernisieren«. Einer dieser Modernisierer war ein gewisser Richard Morrison, ein ehemaliger Marineoffizier – zu einer Zeit, als auf See noch nach den Sternen navigiert wurde –, der sich den Namen »Zadkiel« beilegte und mit Hilfe einer Kristallkugel die Zukunft voraussagte. Ein weiterer, Walter Old, der als »Sepharial« bekannt war, bot seinen Klienten Vorhersagen über die Preisbewegungen an der Börse und den Ausgang von Pferderennen an.[57] Eine Gesellschaft für astrologische Forschung wurde in London 1902 gegründet, gefolgt von einem Astrologischen Institut 1910 und auch einer Astrologischen Loge, die wöchentliche Vorträge im Programm hatte.[58]

Der Hauptunterschied zwischen dieser wiederbelebten oder reformierten Astrologie und der traditionelleren Variante war ihr bewusster Synkretismus. Manche Astrologen übernahmen die Sprache des Feindes, der Wissenschaft des 19. Jahrhunderts. Sie betonten den Unterschied ihres Gebiets zu dem der Magie und schrieben über »spirituelle Wissenschaft«, »die wissenschaftlichen Grundlagen der Astrologie« oder »den wissenschaftlichen Beweis für die Verbindung zwischen Sternzeichen und menschlichem Verhalten«. Andere benutzten die Rhetorik der Statistik. In vergleichbarer Weise nutzen manche ihrer heutigen Vertreter Computer zur Erstellung von Horoskopen für ihre Klienten, nicht nur um Zeit zu sparen, sondern auch um ihre Vorhersagen mit einer Aura des Modernen zu versehen.

Andere Astrologen wiesen auf die Verwandtschaft ihrer Vorstellungen mit denen der Rosenkreuzer, der Freimaurer und der altägyptischen Mysterien hin. Viele von ihnen übernahmen Elemente aus östlichen Religionen wie dem Hinduismus und dem Buddhismus, ob sie diese Religionen nun direkt studierten oder auf dem Umweg über die synkretistische »Theosophie« oder »Anthroposophie«, die sich am Ende des 19. Jahrhunderts in England, Frankreich und anderswo ausbreitete (siehe unten, S. 256).[59]

Die Wiederbelebung des Interesses an der Astrologie im London der 1880er und 1890er Jahre war Teil von etwas, das sich als eine bürgerliche »Gegenkultur« bezeichnen ließe, in Analogie zur kalifornischen Gegenkultur der 1960er Jahre. Wer die Sterne studierte, war häufig auch neben der Astrologie an zum Beispiel Hypnose interessiert, an Vegetarismus und an Spiritismus. Mit den 1920er und 1930er Jahren hatten manche Astrologen damit begonnen, sich Terminologie und Gedanken der Psychologie Carl Gustav Jungs auszuborgen. (Umgekehrt studierte Jung selbst das Thema, und seine Tochter wurde Astrologin.) In seiner Nachfolge psychologisierten manche Autoren die Astrologie, beschrieben das Horoskop als »eine Landkarte der Psyche« oder sprachen von »den Planeten in uns«. Diese neue, synkretistische Astrologie, wie die Alternativmedizin und die Lehren von biologischer oder makrobiotischer Ernährung, schwamm auf der Welle der sogenannten New-Age-Bewegung der 1960er und 1970er Jahre, die ihren Namen den Diskussionen über das neue »Zeitalter des Wassermanns« verdankt, die von Jung und anderen in den 1940er Jahren geführt worden waren.

Von der akademischen Welt für wertlos erklärt, hat die Astrologie in anderen Teilen der Kultur im Gegensatz etwa zur Phrenologie bis heute überlebt und sogar eine Blüte erfahren. Warum? So paradox es klingt, ihr Reiz scheint in einer Kombination moderner und antimoderner Züge zu bestehen: auf der einen Seite die Berufung auf Wissenschaft oder Psychologie, auf der anderen die »nachvollziehbare Reaktion gegen die Modernität und ihren Fortschrittskult«.[60]

Phrenologie

Die Phrenologie ist beschrieben worden als »die populärste und meistpopularisierte ›Wissenschaft‹ des 19. Jahrhunderts«.[61] Den Phrenologen zufolge besteht das Gehirn aus getrennten Organen (die Zahl siebenunddreißig wird häufig genannt), die der Sitz unterschiedlicher Anlagen (wie »Liebenswürdigkeit« oder »Wohlwollen«) und Fähigkeiten (wie kausale Verknüpfung und Vergleichsfähigkeit) sind. Die Größe jedes Organs ist ein Maß für die Ausprägung der jeweiligen Eigenschaft, und die Schädelform ist ein Hinweis auf das, was im Inneren liegt. Der Begründer der Phrenologie, der deutsche Arzt Franz Joseph Gall, beschrieb sein System als »Schädellehre«. Auf Englisch war sie zunächst als *craniology* bekannt, dann, ab 1815, als *phrenology* (eine Bezeichnung, die auch im Französischen verwendet wird).[62] Manche Autoren verwiesen auf das »physiognomische System« der Phrenologen und darauf, dass die Vorstellung von der Schädelform als Ausdruck der Beschaffenheit des in ihm befindlichen Gehirns der Grundannahme traditioneller Physiognomen oder »Gesichtsleser« ähnelte.[63]

Nachdem ihm staatlicherseits untersagt worden war, in Wien Vorlesungen zu halten, ließ sich Gall 1807 in Paris nieder, wo er bald Anhänger unter Spezialisten für geistige Erkrankungen fand. Sein früherer Assistent Johann Gaspar Spurzheim ging nach England und verbreitete das Evangelium der Phrenologie in Edinburgh und London. Die Gründung der Edinburgh Phrenological Society (1820), der London Phrenological Society (1823) und des *Phrenological Journal and Miscellany* (1823) legen Zeugnis von der Bedeutung der Bewegung in Großbritannien während der 1820er Jahre ab.

Die Phrenologie wurde noch populärer in den Vereinigten Staaten, gefördert von Büchern wie *The Constitution of Man* des schottischen Rechtsanwalts John Combe von 1828, das die Phrenologie mit dem Gedanken der Selbsthilfe verknüpfte. *The Constitution of Man* war bis 1860 in England in 100.000 und in den USA in 200.000 Exemplaren verbreitet. Büsten, die die unterschiedlichen Gefühlsanlagen und Fähigkeiten zeigten, erschienen in den Schaufenstern der Apotheker, während zahlreiche praktische Ärzte in Badeorten und anderswo behaupteten, sie könnten künftige Erfolge dadurch voraussagen, dass sie die »Beulen« des Schädels erfühlten. Mit ihrer Verbreitung wurde die Phrenologie vereinfacht und wurde zu einer »Sozialphilosophie« oder gar einer »Art von eigenständiger Kirche«, einer »Form von optimistischem und sentimentalem Deismus«.[64]

Die Phrenologie wurde niemals »als akademische Disziplin anerkannt«.[65] Sie wurde von Anfang an scharf kritisiert, so etwa in der *Edinburgh Review* (1805, 1815) und in Satiren mit Titeln wie *The Craniad*. Ein Wissenschaftssoziologe hat die Phrenologen als Außenseiter beschrieben, die an sozialen Reformen interessiert waren und auf den »Widerstand etablierter Institutionen« stießen.[66]

Aus historischer Sicht ließe sich sagen, dass die Phrenologie zum falschen Zeitpunkt auftrat, dem Zeitalter der exakten Messung. Sie hätte besser in die frühe Neuzeit gepasst, wie die Physiognomik, aus der sie entwickelt wurde. Der Niedergang der Phrenologie begann in den 1840er Jahren mit dem Nachweis, »dass das Cranium nicht exakt den Konturen des in ihm befindlichen Gehirns folgte«, und er wurde zu einem »absturzartigen Verfall« in der zweiten Hälfte des 19. Jahrhunderts.[67] Die Phrenologie war jedoch bedeutend genug, dass ihr in der Dezimalklassifikation Deweys eine eigene Sachgebietsnummer zugeteilt wurde, die sie bis heute besetzt.[68] Das Thema wurde auch von Personen ernst genommen, die in je eigner Weise so bedeutend waren wie Lord Palmerston oder Alfred Wallace. Die phrenologische Tradition trug zur biologischen Anthropologie des späteren 19. Jahrhunderts bei, der es um das Studium von Rasse und Verbrechen ging, während phrenologische Einzelvorstellungen bis ins frühe 20. Jahrhundert Teil der Populärkultur blieben.[69]

Parapsychologie

Parapsychologie – der Begriff wurde 1889 auf Deutsch geprägt – war im englischsprachigen Raum auch unter der Bezeichnung *psychical research* bekannt.[70] In Großbritannien wurde die Society for Psychical Research 1882 gegründet und unterhielt Komitees, die sich der Erforschung der Telepathie, des Mesmerismus, der Medien, Geister, Spukhäuser und so weiter widmeten: Eines ihrer Projekte war eine statistische Erhebung über Halluzinationen. Gesellschaften nach dem Vorbild der englischen wurden auch anderswo gegründet: die American Society for Psychical Research (1885), die Selskabet for Psykisk Forskning in Dänemark (1905) und andere.[71]

Zumindest zu Anfang ließen sich die Mitglieder der britischen Gesellschaft schwerlich als Außenseiter oder ihre Forschungen als pseudowissenschaftlich beschreiben, denkt man daran, dass zu den ersten Vorsitzenden der bedeutende Intellektuelle Henry Sidgwick aus Cambridge und der Chemiker William Crookes gehörten, der später Präsident der Royal Society wurde. Führende Psychologen wie Freud, Jung, William James und William McDougall unterstützten die Gesellschaft.

Parapsychologische Phänomene wurden im Labor in Deutschland, Großbritannien und den USA untersucht. Die bekanntesten Studien dieser Art waren diejenigen über Telepathie oder »außersinnliche Wahrnehmung« (*extrasensory perception*, ESP), die von Joseph B. Rhine durchgeführt wurden, der 1927 zur psychologischen Fakultät der Duke University wechselte, um mit McDougall zusammenzuarbeiten, und später sein eigenes parapsychologisches Labor unterhielt. Eine von Rhines Methoden bestand darin, mit Freiwilligen Sitzungen zum Erraten von Spielkarten durchzuführen; einige der Ergebnisse waren bemerkenswert. Seine Experimente wurden anderswo wiederholt, und mit der Gründung des *Journal of Parapsychology* 1938 schien sich ein neues Fach zu entwickeln.

Rhines Experimente wurden jedoch von Privatpersonen finanziert, nicht von der Universität. Seine Arbeit, die er über Jahrzehnte fortsetzte, verlor an Glaubwürdigkeit, als sein Nachfolger als Direktor des Forschungszentrums an der Duke University 1974 beschuldigt wurde, seine

Ergebnisse zu fälschen. Das *Journal of Parapsychology* existiert noch, aber das Rhine Institute for Parapsychology ist umbenannt worden in Foundation for Research on the Nature of Man (Stiftung zur Erforschung der Natur des Menschen). Der anglo-ungarische Schriftsteller Arthur Koestler stiftete einen Lehrstuhl für Parapsychologie, aber die Universität Oxford schlug das Geld aus (der Lehrstuhl wurde schließlich in Edinburgh eingerichtet).

Die Parapsychologie spaltete die wissenschaftliche Gemeinde. Einige ihrer Mitglieder denunzierten sie als Pseudowissenschaft. Andere Wissenschaftler unterstützten sie jedoch, und ein paar Vorstellungen aus dieser Bewegung, so der Gedanke des »multiplen Selbst«, wurden von anderen Disziplinen aufgenommen.

Rasse und Eugenik

Bereits vor der Mitte des 18. Jahrhunderts war der Begriff der Rasse geläufig als Bezeichnung für Gruppen von Menschen, darunter Nationen, von denen man annahm, dass sie einen gemeinsamen Vorfahren hatten. Die eingehende Beschäftigung mit den Rassen der Welt aber erreichte ihre größte Intensität im Zeitraum zwischen 1750 und 1950.[72] Wie wir gesehen haben (S. 63), unterschied Cuvier drei Rassen, Linné vier, Blumenbach fünf und Buffon sechs.

Es gab eine Verbindung zwischen der Rassenkunde und der Phrenologie. Spurzheim verglich und kontrastierte die Köpfe von Chinesen, Afrikanern und Europäern. Die Kraniologen verschoben ihr Interesse nach und nach von Unterschieden zwischen Individuen auf solche zwischen Gruppen. Der schwedische Anatom Anders Retzius zum Beispiel entwickelte einen »Zephalo-Index« und unterschied zwei europäische Kopftypen – den langschädeligen (dolichozephalen, der mit blondem Haar einhergeht) und den rundschädeligen (brachyzephalen, mit dunklem Haar).

Ihre Anziehungskraft entwickelten anthropometrische Untersuchungen aus ihrem Bezug zur Frage der nationalen Identität. Im neugegründeten Deutschen Reich der 1870er Jahre führte der Arzt und Anthropologe Rudolf Virchow eine Erhebung über Haar- und Augenfarbe von 6 Millionen Schulkindern durch, um zu dem Schluss zu gelangen, dass es keine reine deutsche Rasse gebe, sondern eine Vermischung unterschiedlicher Völker. Verschiedene Studien folgten Virchows Beispiel, so eine ethnographische Erhebung in Großbritannien (1892), eine Untersuchung zur rassischen Zusammensetzung der Schweden (1902), die auf der Untersuchung von 45.000 Rekruten basierte, und eine ähnliche Studie in Dänemark (1904).

Studien dieser Art wurden auch vom Interesse an der Eugenik befördert, einem Programm zur Verbesserung der Rasse durch entsprechende Zuchtwahl. Der Begriff »Eugenik« wurde 1883 von Francis Galton geprägt (im Deutschen war ein breiter gefasster Begriff, »Rassenhygiene«, von 1895 an in Gebrauch). Im Jahr 1907 konnte ein Schüler Galtons schreiben: »Sie wären amüsiert zu erfahren, wie allgemein inzwischen die Verwendung Ihres Worts Eugenik geworden ist!«[73] Die Eugenik wurde rasch zu einer weltweiten Bewegung mit der Gründung der deutschen Gesellschaft für Rassenhygiene 1905, der Eugenics Education Society in Großbritannien 1908, der schwedischen Gesellschaft für Rassenhygiene (Svenske sällskapet för rashygien) 1909 und der Durchführung der International Eugenics Conference 1912.

Eugenik war mehr als ein Programm, sie wurde als Wissenschaft betrachtet. Dem britischen Statistiker Karl Pearson ging es darum, »die Eugenik als akademische Disziplin zu begründen«.[74] Ein russisches Lehrbuch der Eugenik von 1925 vertrat den Standpunkt, dass sie bereits ein autonomes wissenschaftliches Fach sei.[75] Dank finanzieller Unterstützung durch Galton wurden ein Eugeniklabor und ein entsprechender Lehrstuhl am University College London eingerichtet (1907, 1911). Nach dem Ersten Weltkrieg schritt die Etablierung der Eugenik in der akademischen Welt voran, mit Neugründungen von Instituten in Uppsala (1921), Berlin (1927) und anderswo und mit dem Engagement namhafter Wissenschaftler wie J. B. S. Haldane.[76]

Der wissenschaftliche Status von Eugenik und Rassenkunde erreichte wahrscheinlich seinen Höchststand in Deutschland unter den Nationalsozialisten, um danach geradezu senkrecht abzustürzen. Schwerwiegende Kritik war schon früher geäußert worden. Franz Boas' Untersuchungen der Schädel von Einwanderern und ihren Kindern in den USA brachten ihn dazu, den Einfluss der Umgebung herauszustreichen und dafür zu plädieren, den Begriff »Rasse« durch den der »Kultur« zu ersetzen.[77] Lancelot Hogben, Professor für Soziobiologie an der London School of Economics, war ein strikter Kritiker der Eugenik, und um 1934 hatte sich auch sein Freund Haldane in diese Richtung bewegt.[78] Was das Fach endgültig erledigte, war jedoch die Entdeckung der Experimente, die der SS-Arzt Josef Mengele, vormaliger Assistent am Universitätsinstitut für Erbbiologie und Rassenhygiene in Frankfurt und später in persönlichem Kontakt stehend zum Kaiser-Wilhelm-Institut für Anthropologie, menschliche Erblehre und Eugenik, in Auschwitz durchgeführt hatte.[79]

Was einmal eine modische Fachbezeichnung gewesen war, wurde zum Tabuwort, das durch Euphemismen wie »Humangenetik« oder »Soziobiologie« ersetzt wurde.[80] So wurden zum Beispiel 1954 die *Annals of Eugenics* zu den *Annals of Human Genetics*, während das *Eugenics Quarterly* ab 1969 *Social Biology* hieß. Auch Lehrstühle und Institute wurden umbenannt. Der Fall der Eugenik zog die Rassenkunde mit sich, abgesehen vom Gegenstand der »Rassenbeziehungen«, wo die Forschung sich auf wahrgenommene statt auf wirklich bestehende Unterschiede konzentriert. Einige der Forschungsresultate wurden gerettet. Wie so oft haben sich die Gewinner von den Verlierern mehr angeeignet, als sie zuzugeben bereit sind. Es ist die Auffassung vertreten worden, dass Rasse »in vielen unterschiedlichen wissenschaftlichen Fachgebieten verankert« blieb, selbst wenn der Begriff »Rasse« durch Wörter wie »Kultur« oder »Ethnie« ersetzt worden ist.[81]

Überleben kann sogar mit Wiederbelebung einhergehen, »Rückzug« mit »Rückkehr«.[82] Heute wird die Kraniometrie von Archäologen genutzt, die die menschliche Evolution studieren. Die Erforschung der Zusammensetzung von Nationen hat dank der Entdeckung der DNS eine neue Wendung genommen: Das Forschungsprojekt mit der Bezeichnung »Ein molekulares Porträt Brasiliens« (2000) hat die Mischung der Population noch deutlicher als je zuvor gezeigt. Es mochte 1969 verfrüht gewesen sein zu schreiben, »eine neue Eugenik ist erschienen«,[83] aber im Zeitalter des Humangenomprojekts sieht es so aus, als könne die Abwertung des Gegenstandes von einer Aufwertung gefolgt werden. Manche Wissenschaftler haben von einer neuerlichen »Rehabilitierung« der Rassenbiologie gesprochen.[84]

Das Schicksal der Volkskunde nach dem Zusammenbruch des Dritten Reiches, besonders in Deutschland und Skandinavien, ähnelt dem der Eugenik. Die Erforschung der »Volkskunde« war als akademisches Fach auf dem Kontinent, vor allem in Nordeuropa, sehr viel bedeutender, als es ihre Randstellung in England vermuten ließe. Aber das Thema wurde verunreinigt durch den Gebrauch, den die Nazis von ihm machten, die es in Verbindung mit »Rassenreinheit« brachten.[85] Selbst das Wort »Volk«, das heute eher mit Rassismus assoziiert wird, wurde zum Tabu. Was früher als »Volkstum« oder »volkstümlich« bezeichnet wurde, wurde umdefiniert in »Populärtradition« oder mit ethnologischer Begrifflichkeit belegt. Vieles an früherer Forschung konnte bewahrt werden, aber die Betonung verschob sich – wie im Fall der Anthropologie – von der Rasse auf gesellschaftliche und kulturelle Aspekte.

Die vier Fallstudien zu verworfenen Wissensfeldern haben in unterschiedliche Richtungen geführt. Die Astrologie war in der hier behandelten Zeitspanne nie ein akademisches Fach, obwohl sie früher einmal an Universitäten ernst genommen wurde. Aus der Welt der Gelehrsamkeit verbannt, fand sie eine neue Nische, die sie bis heute besetzt. Die Phrenologie, eine Mode von den 1820er bis zu den 1840er Jahren, konnte sich akademisch nie etablieren, obwohl es Wissenschaftler gab, die sie ernst nahmen, aber sie vererbte einige ihrer Vorstellungen an die Rassenlehre. Die Parapsychologie blieb akademisch eine Randerscheinung. Wie bei der Astrologie hat ihr augenscheinlich antiwissenschaftlicher Charakter sogar einen wesentlichen Teil ihrer Anziehungskraft ausgemacht. Relativ wenige ihrer Befunde blieben bewahrt, als das Fach seinen Niedergang erfuhr. Rassenkunde und Eugenik wurden etabliert und dann wieder verstoßen aus Gründen, die im Wesentlichen politischer Natur waren. Die Geschichte der Volkskunde und ihrer Verwandlung zur Ethnologie ist eine ähnliche. Dennoch lässt sich sagen, dass die Verlierer dieser Schlachten um Anerkennung der Nachwelt einige Prägungen aufdrückten.

Die behandelten Fallstudien werfen das Problem der Fachgrenzen auf, ob diese nun relativ klar gezogen oder eher verschwommen sind. Diese Grenzregionen werden ein Hauptthema des folgenden Kapitels sein.

6. Wissen teilen

Anfang der 1960er Jahre wurde errechnet, dass 50.000 wissenschaftliche Periodika sechs Millionen Veröffentlichungen hervorgebracht hatten und diese »sich mit einer Rate von mindestens einer halben Million pro Jahr vermehren«. Eine Studie aus dem Jahr 1969 ergab, dass sich zwischen 1954 und 1965 das Aufkommen physikalischer Aufsätze alle acht Jahre, dasjenige soziologischer Aufsätze aber alle drei Jahre verdoppelt hatte.[1] In der Zeit einer solchen »Explosion des Wissens« und der zwangsläufig zunehmenden »Informationsüberfrachtung« (siehe hierzu ausführlicher unten, S. 316ff.) wurde die Spezialisierung notwendiger denn je.

Schon um die Mitte des 18. Jahrhunderts hatte sich der Göttinger Medizinprofessor Albrecht von Haller für die Spezialisierung stark gemacht: »[D]er grosse Nuzen der Academien ists«, schrieb er, »daß man die Wissenschafften in kleine Theile abgetheilt, und einem jeden Manne nur eine kleine und eingeschränkte Pflicht zu bestreiten gelassen hat.«[2] Die Spezialisierung ermöglicht der Menschheit insgesamt größeres Wissen denn je und eröffnet unterschiedlichen Arten von Gelehrten eine wachsende Vielfalt intellektueller Nischen. Andererseits schränkt diese Tendenz den geistigen Horizont ein und erschwert es einzelnen Wissenschaftlern zusehends, auch nur ihre jeweils eigene Disziplin zu überblicken, ganz zu schweigen von einer umfassenden Sicht auf das Wissen der Menschheit.[3] Daher rührt die durchaus verbreitete zwiespältige Haltung gegenüber der Spezialisierung, wie sie vom Autor dieses Essays geteilt wird und der Max Weber mit dem ihm eigenen tragischen Realismus bleibenden Ausdruck verlieh: »[D]ie Beschränkung auf Facharbeit, mit dem Verzicht auf die faustische Allseitigkeit des Menschentums, welchen sie bedingt, [ist] in der heutigen Welt Voraussetzung wertvollen Handelns überhaupt.« (Weber selbst hielt sich nicht an die eigene Empfehlung.)[4]

Wer solche Unterteilung intellektueller Mühen begrüßt, nennt sie »Diversifizierung« oder »Professionalisierung« (ein gar nicht so eindeutiger Begriff, wie es den Anschein haben mag).[5] Wer sie ablehnt, spricht lieber von »Fragmentierung«. Zudem wird in diesem Lager das Umsichgreifen eines »Jargons« von Spezialisten verurteilt. »Die Fachsprache errichtet eine Barriere zwischen denjenigen, die sie sprechen und verstehen können, und jenen, die das nicht tun.«[6] Vor einem halben Jahrhundert klagte der anglo-ungarische Philosoph und Wissenschaftler Michael Polanyi: »Ein einzelner Wissenschaftler ist allenfalls befähigt, ein Hundertstel des derzeitigen wissenschaftlichen Gesamtertrags unmittelbar zu beurteilen.«[7] Man vergleiche dies mit der heutigen Lage!

Vor dreißig Jahren rief der angesehene amerikanische Historiker John Higham nach »einer noch ungeschriebenen Geschichte der Spezialisierung«.[8] Sie bleibt ungeschrieben, vielleicht weil ein solches multidisziplinäres Projekt einen nicht spezialisierten Wissenschaftler erfordert. Jedenfalls tritt klar zutage, dass der im vorliegenden Buch erörterte Zeitaum wesentliche Stadien des Prozesses oder vielmehr der miteinander verflochtenen sozialen und intellektuellen Prozesse einer Professionalisierung und Spezialisierung bezeichnet.

Im späten 18. Jahrhundert hatten Hauptwerke wie Edward Gibbons *Decline and Fall of the Roman Empire* oder *The Wealth of Nations* von Adam Smith umgehend Erfolg bei einem nicht spezialisierten Publikum. Freilich diskutierten Smith und sein Kollege Adam Ferguson bereits eine intellektuelle Spezialisierung hinsichtlich der Arbeitsteilung. Schon 1824 missbilligte der englische Romantiker Thomas de Quincey in einem Essay über »oberflächliches Wissen« eine »Tendenz in der Wissenschaft [...] zu extremer Untergliederung«. Mitte des 19. Jahrhunderts prägte Auguste Comte den Begriff *spécialisation*, und sein englischer Anhänger John Stuart Mill folgte seinem Beispiel.[9] Auf Englisch schlug sich der Begriff *specialist* zuerst in einem medizinischen Kontext (1856) schriftlich nieder, erfuhr jedoch bald breitere Verwendung, etwa durch Herbert Spencer, ebenfalls ein Anhänger Comtes.

Der Niedergang des Universalgelehrten

Ein Kennzeichen jener Zeit war der Einstellungswandel gegenüber dem Universalgelehrten. Wohl trifft zu, dass dem Polyhistor seit den alten Griechen gleichermaßen Misstrauen wie Bewunderung entgegengebracht wurde – Heraklit nannte Pythagoras wegen seines Anspruchs auf Universalwissen einen Scharlatan, während Roger Bacon und manch andere mittelalterliche Gelehrte teuflischer Beihilfe verdächtigt wurden, ein Argwohn, der sich im 16. Jahrhundert zur Faustsage fortentwickelte. Gleichwohl ist ein Einstellungswandel in unserer Epoche erkennbar.

Im frühen 19. Jahrhundert war es einem schöpferischen Individuum noch immer möglich, grundlegende Erkenntnisse in mehreren verschiedenen Disziplinen zu gewinnen, wie zwei Beispiele veranschaulichen mögen. Alexander von Humboldt bietet ein besonders hervorragendes Beispiel für Polymathie, umfassten seine Interessen doch Geologie, Astronomie, Meteorologie, Botanik, Physiologie, Chemie, Geographie, Archäologie, Nationalökonomie und Ethnographie. So unglaublich es heute scheint, vermochte er auf all diesen Feldern eigenständige Beiträge zum Wissen beizusteuern.[10]

Ein etwas bescheideneres Beispiel aus England wäre Thomas Young vom Emmanuel College in Cambridge, »der letzte Mensch, der alles wusste«, wie man ihn einmal bezeichnet hat.[11] Young wurde zum Arzt ausgebildet und betrieb medizinische Forschung, veröffentlichte aber auch wichtige Aufsätze über die Kalkulation von Lebensversicherungen oder die Physik von Licht und Schall. Überdies trug er zur Entschlüsselung ägyptischer Hieroglyphen bei, auch wenn seine Arbeit auf diesem Feld von derjenigen Champollions überholt wurde. Das »Phänomen Young«, wie ihn seine Zeitgenossen nannten, schrieb 63 ergänzende Artikel für die sechste Ausgabe der *Encyclopaedia Britannica* zu Themen, die sich von »Sprachen« bis »Gezeiten« erstreckten.

Youngs Kollege in Cambridge William Whewell, der seinerseits Bücher über Mathematik, Mechanik, Mineralogie, Astronomie, Philosophie, Theologie und Architektur verfasste, hatte eigener Aussage zufolge das unbändige »Verlangen, alle Arten von Büchern zugleich zu lesen«.[12] Der Dichter Samuel Coleridge gestand einmal einem Freund seinen Wunsch, vieles auf einmal zu studieren: »Mechanik, Hydrostatik, Optik und Astronomie, Botanik, Metallurgie, Fossilkunde, Chemie, Geologie, Anatomie, Medizin – dann *den Menschenverstand im Einzelnen und im Allgemeinen*, wie er uns in allen Reise- und Seefahrtberichten und Historien entgegentritt«.[13]

Dennoch wurde das intellektuelle Klima für Universalgelehrte rauher. Humboldt klagte einmal, die Leute fänden, er interessiere sich für zu viele Dinge gleichzeitig. Young veröffentlichte zuweilen anonym, um von beschränkteren Kollegen auch weiterhin als Arzt ernst genommen zu werden. Von Whewell hieß es, »Allwissenheit ist seine Marotte«.

Thomas Peacock verspottete Coleridge in seinem Roman *Headlong Hall* (1816) als »Mr Panscope«, »der den ganzen Reigen der Wissenschaften durchlaufen hatte und sich auf alle gleichermaßen gut verstand«.[14]

Der Aufstieg des Naturwissenschaftlers

Bekanntlich wurde das englische Wort »scientist« in den 1830er Jahren geprägt (was im Deutschen dem »Naturforscher« entsprach). Der neue Begriff trug dem Aufkommen einer neuen Spezies von Gelehrten Rechnung, die sich dem Studium der Natur widmeten, also einer Gruppe, die sich allmählich zu einer Profession entwickeln sollte.[15] Das neue Gemeinschaftsgefühl artikulierte sich in Wendungen wie *commonwealth of science* im Gegensatz zur älteren Idee des *commonwealth of learning* (*res publica literaria*, »Gelehrtenrepublik« und so weiter).

An einigen Orten wurde es Studenten möglich, sich auf ein Naturstudium zu spezialisieren. Im Fall des deutschen Sekundarschulwesens kommt einem die naturwissenschaftsorientierte Realschule in den Sinn, die in Konkurrenz zum herkömmlichen humanistischen Gymnasium gegründet wurde. Zu weiteren Beispiele auf Hochschulebene gehören die Gründung der École polytechnique in Paris (1794), gefolgt vom Prager Polytechnikum (1803), der Kungliga Tekniska Högskolan in Stockholm (1827), der deutschen Technischen Hochschulen und so weiter. In den USA wurden 1845 die Lawrence Scientific School in Harvard und 1854 die Sheffield Scientific School in Yale gegründet. In Großbritannien ging Cambridge mit der Einrichtung eines gesonderten Studiengangs in *natural sciences* voran (1851), es folgten das Yorkshire College of Science in Leeds (1874) und das Mason Science College in Birmingham (1875).

Eine langfristige Folge solchen Wandels war die Scheidung zwischen den »zwei Kulturen«, die Charles P. Snow (der von der physikalischen Chemie auf die Schriftstellerei umgesattelt hatte) 1959 in einer Vorlesung in Cambridge beklagte. Die Vorlesung traf genau den Zeitnerv, jedenfalls löste sie eine lange Debatte aus, zunächst in Großbritannien, später auch in Deutschland, Italien, Schweden und andernorts.[16] In seinen Ausführungen attackierte Snow an vielen Fronten gleichzeitig. Was uns hier vor allem interessiert, ist sein Argument, dass »das intellektuelle Leben in der gesamten westlichen Welt zunehmend in zwei polare Gruppen gespalten ist«, einerseits die »literaturorientierten

Intellektuellen«, andererseits die »Naturwissenschaftler«. Die naturwissenschaftliche Kultur sei – »nicht nur im intellektuellen, sondern auch im anthropologischen Sinne« – die Kultur einer Gemeinschaft, deren Mitglieder einander mehr oder weniger verstünden, während sie ein abgrundtiefes »Unverständnis« von den Intellektuellen in den Geisteswissenschaften trenne.[17]

Als Snows Vortrag und der Vortragende selbst mit gewohnter Heftigkeit von dem Literaturkritiker F. R. Leavis angeprangert wurde, schien dies den Gedanken einer Spaltung zu untermauern. Mehrmals wurde darauf hingewiesen, dass der Streit zwischen Snow und Leavis in mancher Hinsicht die Neuauflage eines höflicheren viktorianischen Disputs zwischen dem Wissenschaftler T. H. Huxley und dem Dichter Matthew Arnold war. Wie Snow ein Jahrhundert nach ihm machte Huxley geltend, dass die Naturwissenschaften eine wichtige Stellung in der Allgemeinbildung haben sollten, während Arnold größeres Gewicht auf das Literaturstudium legte.[18]

Sofern es tatsächlich eine Kluft des Unverständnisses in den 1880er Jahren gab, war sie jedenfalls beträchtlich schmaler. In der *Westminster Review* etwa, einer der intellektuellen Zeitschriften, die im viktorianischen England in Blüte standen, hatten die Naturwissenschaften ihren Platz neben den Künsten, stand die Chemie in Tuchfühlung mit der Philosophie. Zu den *Review*-Autoren gehörten Huxley und George Eliot, die über eine breite Spanne von Themen aus Wissenschaft und Kunst schrieben. Gleichzeitig hob sich die aufstrebende dritte Kultur der Sozialwissenschaften von den anderen beiden ab.[19]

Im Laufe des 19. und 20. Jahrhunderts taten sich zahlreiche Risse zwischen den verschiedenen Naturwissenschaften auf, die immer breiter wurden und schließlich in institutioneller Abgrenzung münden sollten, wie noch zu zeigen sein wird. Tatsächlich hätte es 1959 gute Gründe gegeben, Snow für seine monolithische Sicht auf die »Wissenschaft« zu kritisieren.

Warum betrat der Wissenschaftler im frühen 19. Jahrhundert die Bühne? Warum kam es schon wenig später zu einer regelrechten Zellvermehrung von Fachdisziplinen? Umgekehrt gefragt, warum entwickelten Wissenschaftler einen Argwohn gegenüber Universalgelehrten? Die Antwort liegt auf der Hand: Die Explosion des Wissens zwang die meisten Gelehrten dazu, ihren intellektuellen Ehrgeiz einzuschränken und somit den wenigen zu misstrauen, die sich dem verweigerten.

Eine stärker soziologisch orientierte Antwort, die bereits im späten 18. Jahrhundert von Smith und Ferguson umrissen und Mitte des 19.

Jahrhunderts von Karl Marx ausgearbeitet wurde, würde lauten, dass die intellektuelle Spezialisierung oder Professionalisierung Teil einer allgemeineren Arbeitsteilung war und mit dem Aufstieg der Handels-, dann der Industriegesellschaft zusammenhing. Vielleicht kommt es nicht von ungefähr, dass im selben Jahr 1851 nicht nur die erste Londoner Weltausstellung stattfand, sondern auch ein gesonderter Studiengang für Naturwissenschaften in Cambridge eingerichtet wurde. Ein Zeitgenosse von Marx, der englische Soziologe Herbert Spencer, registrierte das Aufkommen einer sozialen und kulturellen »Differenzierung«.[20] In jüngerer Zeit schrieb ein Soziologe vom »eisernen Gesetz« der Spezialisierung.[21]

Diese Argumente überzeugen, solange wir nicht unterstellen, dass sich die Entwicklung automatisch vollzog oder dass sich die Disziplinen in einem spontanen Prozess herausbildeten. Einzelne und Gruppen trugen ihren Teil dazu bei, den Trend zu befördern, sei es beabsichtigt oder nicht. Der Aufstieg der »science« oder Naturwissenschaft als eigenständige Wissensform verdankte sich nicht zuletzt der Gründung verschiedener Gesellschaften zu ihrer Förderung, unter ihnen die Gesellschaft Deutscher Naturforscher und Ärzte (1822) oder die British Association for the Advancement of Science (1831).

Gesellschaften, Zeitschriften und Kongresse

Die verschiedenen Phasen im Prozess der Spezialisierung und der Herausbildung von Disziplinen wurden bereits angesprochen. Dazu gehörte unter anderem die Gründung von Laiengesellschaften. 1839 nannte der deutsche Bibliothekar Karl Preusker seine Zeit »die Periode der Vereine, doch kann dieß nicht als Vorwurf gelten«.[22] Diese freiwilligen Zusammenschlüsse spielten eine wichtige Rolle bei der Einrichtung neuer Disziplinen. Im 18. Jahrhundert war eine Reihe von Gesellschaften gegründet worden, um Kunst und Wissenschaft im Allgemeinen oder »nützliches Wissen« im Besonderen zu fördern. Im Gegensatz dazu war das frühe 19. Jahrhundert eine Zeit, in der sich viele stärker spezialisierte Vereine auf lokaler, nationaler und internationaler Ebene bildeten. Der neue Trend stieß verbreitet auf Zustimmung, wurde aber auch von einigen Gelehrten bedauert, unter ihnen Joseph Banks, Präsident der Royal Society. »Ich sehe klar voraus«, schrieb er 1818, »dass all diese neumodischen Gesellschaften die Royal Society am Ende abtakeln und der alten

Dame keinen Fetzen mehr am Leib lassen werden.«[23] Dabei setzte die Entwicklung 1818 eben erst ein.

In Berlin etwa konstituierten sich die Gesellschaft für deutsche Sprache und Alterthumskunde (1815), der Verein der Geographen (1828), die Physikalische Gesellschaft (1845) und die Deutsche Geologische Gesellschaft (1848). In London folgten auf die Geological Society (1807) die Astronomical Society (1820), die Royal Asiatic Society (1823), die Zoological Society (1826), die Entomological Society (1833), die Statistical Society (1834), die Botanical Society (1836), die Philological Society (1842) und die Ethnological Society (1843). Unter den Gelehrtengesellschaften in Paris fanden sich die Société asiatique und die Société de géographie (beide 1821), die Société phrénologique (1831), die Société anthropologique (1832) und die Société ethnologique (1839); um 1885 gab es 120 solcher Vereine. Zahlreich waren auch die Gelehrtengesellschaften in der Provinz. In Frankreich gab es 1885 rund 560, die sich besonders der Lokalgeschichte und Naturkunde widmeten und von regionalem Patriotismus beflügelt waren.[24] Wurde in einem Land eine Gesellschaft zur Verbreitung eines bestimmten Forschungsgegenstands gegründet, löste dies häufig andernorts Nachahmungen aus. Auf die Gründung eines Vereins für Nationalökonomie in Paris (1842) folgten solche in Turin (1852), Brüssel (1855) und Madrid (1856).[25]

Vor einer Generation wurde gesagt, die Freiwilligenvereine hätten für die gesellschaftliche Modernisierung besonders in Europa und den USA eine wichtige Rolle gespielt.[26] Diese Auffassung ließe sich auf die Modernisierung einer überkommenen intellektuellen Ordnung ausweiten. Man darf ja nicht vergessen, dass zahlreiche dieser Gesellschaften unwissentlich an ihrer eigenen Auslöschung arbeiteten. Unter anderem fungierten sie als Druckmittel für die Einrichtung neuer Disziplinen. War der Druck erfolgreich, überlebten sich diese Gruppierungen allmählich oder wurden bestenfalls randständig. Zusehends beherrschten Fachleute das Feld, die häufig ihre eigenen Gesellschaften gründeten, um sich von den Laien abzuheben, wenn auch einige gemischte Gesellschaften überdauerten.

Disziplinäres Selbstbewusstsein wurde von Fachvereinigungen, wissenschaftlichen Zeitschriften und Kongressen begünstigt. In den USA etwa fiel die Gründung aller einschlägigen Gesellschaften genau in die Zeit, die für die Ausprägung von Disziplinen entscheidend war:

Modern Languages Association (1883), American Historical Association (1884), American Psychological Association (1892), American Physical Society (1899), American Anthropological Association (1902),

American Political Science Association (1903) und American Sociological Society (1905).

Die Entstehung akademischer Fachzeitschriften reicht sogar bis ins späte 18. Jahrhundert zurück. In der Chemie etwa wurden das *Chemische Journal* (später: *Chemische Annalen*) 1778 und die *Annales de chimie* 1789 gegründet. Beide Zeitschriften leisteten bereits einen Beitrag zur Ausbildung einer »chemischen Gemeinde«. So meinte beispielsweise 1786 ein anonymer Korrespondent der *Chemischen Annalen*, deren Gründung habe »eine Art von Verbindung zwischen den Chemisten und Naturforschern Teutschlands bereits gestiftet«, während ein anderer Verfasser jener Zeit vom »chemischen Publikum« sprach.[27]

Im späten 19. Jahrhundert kam jedoch eine neue Welle von Fachzeitschriften auf, die mit der Trennung in Disziplinen und Fachbereiche zusammenhing, das *American Chemical Journal* (1879) zum Beispiel. Parallel zu den erwähnten amerikanischen Gesellschaften wurden neue Zeitschriften gegründet, darunter das *Political Science Quarterly* (1886), das *Quarterly Journal of Economics* und das *American Journal of Psychology* (beide 1887), die *American Historical Review*, das *American Journal of Sociology* (beide 1895) und so weiter. Wie ihre weniger professionellen Vorläufer existierten diese Zeitschriften nicht allein zum Zweck der Wissensverbreitung, sondern auch einer guten Öffentlichkeitsarbeit, warben für eine neue Disziplin und ihre Vertreter. Buchbesprechungen und andere Nachrichten aus dem Fachbereich trugen dazu bei, die jeweilige wissenschaftliche Gemeinde herauszubilden und zu festigen.

Auf dem Gebiet der Geschichtswissenschaft wurde das in Deutschland führende Fachjournal *Historische Zeitschrift* 1859 gegründet, und diesem Vorbild folgte man auch in anderen Ländern: die französische *Revue historique* (1876), die *Rivista storica italiana* (1884), die englische *Historical Review*, die holländische *Tijdschrift voor Geschiedenis* (beide 1886) und so weiter. Rivalisierende Fachzeitschriften spiegelten und beförderten Kontroversen innerhalb der Disziplin. So wurden die französischen *Annales d'histoire économique et sociale* (Historikern schlicht als *Annales* geläufig) 1929 von Lucien Febvre und Marc Bloch als Alternative zur *Revue historique* gegründet, in der noch politische Geschichte überwog. Eine ähnliche Konkurrenz gab es in den USA: 1936 erschien die *American Sociological Review* als demokratische Alternative zum *American Journal of Sociology* (1895), das von seinen Rivalen als elitär und von der »Chicago School« dominiert angesehen wurde (siehe S. 288).[28]

Der Ausbau des Eisenbahnnetzes ermöglichte internationale Kongresse, die zur Festigung disziplinärer Identitäten führten. Die Statistiker hielten ihren ersten internationalen Kongress 1853 ab, die Mediziner 1867, die Geographen 1871, die Orientalisten – seinerzeit kein abfälliger Begriff –, Kunsthistoriker und Meteorologen 1873, die Geologen und Demographen 1878, die Dermatologen, Physiologen und Psychologen 1889, die Physiker und Anthropologen 1893 und die Historiker recht spät erst, im Jahr 1898.[29]

Keine dieser Entwicklungen war ein Selbstläufer. Einzelne oder kleine Gruppen mussten die Initiative ergreifen und sich der erforderlichen Mühe unterziehen, um Fachgesellschaften und Zeitschriften ins Leben zu rufen und Tagungen zu organisieren. So gründete der Belgier George Sarton 1924 die History of Science Society. Auf den englischen Philologen Frederick Furnivall ging eine ganze Reihe von Gesellschaften zurück, die sich mit englischer Literatur befassten: die Early English Text Society (1864), die Chaucer Society (1868), die Ballad Society (1868), die New Shakspere – so die Schreibweise – Society (1873), die Browning Society (1881), die Wyclif Society (1882) und die Shelley Society (1885).

Bildete sich auf solchen Wegen eine Disziplin heraus, erleichterte dies die Organisation weiterer, während sich die Idee einer Fachgesellschaft oder Fachzeitschrift verbreitete. Wie überall sonst ist das Nacheifern auch im akademischen Leben ein machtvoller Antrieb. Die Gesellschaften wurden immer größer. Zu Beginn der 1880er Jahre gab es beispielsweise in den gesamten USA nur rund 200 Physiker. Bis 1909 hatte die American Physical Society 495 Mitglieder angeworben. 1932 war die Mitgliederzahl auf 2500 angewachsen und 1939 auf 3600.[30]

Während sie an Größe zunahmen, zersplitterten die Fachgesellschaften allmählich in immer zahlreichere Untergruppen. So wurde die American Psychological Association 1947 in sieben Sektionen untergliedert, und bis 2010 war ihre Zahl auf 54 gestiegen.[31]

Disziplinen

War die erste Hälfte des 19. Jahrhunderts ein Zeitalter freiwilliger Vereinigungen, wurde seine zweite Hälfte zur Epoche der Gründung und Institutionalisierung neuer Disziplinen an den Hochschulen. An den Universitäten des Mittelalters und der frühen Neuzeit wurden Studienanfänger in den »freien Künsten« unterrichtet und fortgeschrittene Studenten in Theologie, Jura oder Medizin. Dieses System überdauerte in seinen Grundzügen bis ins 19. Jahrhundert, wobei Neuerungen gegebenenfalls innerhalb des Systems Platz fanden (in Deutschland etwa wurden die freien Künste in die philosophische Fakultät umgewandelt und im napoleonischen Frankreich in die Fakultäten der »sciences et lettres«). Im späten 19. Jahrhundert platzte das System aus den Nähten und zersplitterte, als die Universitäten, einst reine Lehranstalten, zugleich Forschungszentren wurden und sich eine neue Disziplin nach der anderen unabhängig machte.

Mitunter werden Disziplinen als etwas gleichsam Zeitloses angesehen, wohl insbesondere von den jeweiligen Fachleuten. Von außen betrachtet mag eine Disziplin andererseits »als nicht mehr denn eine Verwaltungsgröße« erscheinen.[32] Im Folgenden werden Disziplinen als historische Artefakte vorgestellt, die bedingt durch Zeit und Ort allmählich entwickelt wurden, um Herausforderungen zu begegnen und Probleme zu lösen, später aber gewissermaßen ein »Eigenleben« annahmen, wodurch sie schwer, wenn auch nicht unmöglich zu verändern sind. Eine typische, wenngleich nicht allgemeingültige Entwicklungslinie einer neu benannten Disziplin war die von einer Gesellschaft zu einer Fachzeitschrift, einem Lehrstuhl an einer breiter angelegten Fakultät, einem Seminar und schließlich zu einem Institut oder einer Abteilung, die häufig von einer schon bestehenden losgelöst wurde.

Die traditionelle Metapher des »Wissensbaums« hob die Verknüpfungen zwischen den verschiedenen Ästen und ihren Zweigen hervor (Verleger sprechen in Zusammenhang mit der Spezialisierung gelegentlich vom »Verzweigungseffekt«).[33] Ab dem 19. Jahrhundert wurde der Baum durch eine politische Metapher ersetzt, die die Autonomie der Disziplinen betonte. Whewell zum Beispiel sprach von der Gefahr, dass der »*commonwealth of science* wie ein großes Reich in Scherben fällt«.[34] Norbert Elias äußerte sich einmal über die »energische Expansionsbewegung der Physiker«, die begonnen hätten, »einige Zweige der Biologie, wie die Genetik, zu kolonisieren, um sie zu Provinzen des großen Imperiums der Physik zu machen«. In der Geschichte des Wissens, zumindest in der hier behandelten Periode, überwog das von Whewell beobachtete Phänomen jedoch jenes von Elias beschriebene – überwog die Fragmentierung den Expansionismus. Wie neue Nationen nahmen auch neue Disziplinen und die sie beherbergenden Abteilungen häufig Gestalt an, indem sie sich gegen bestehende auflehnten. Sie erlangten ihre Unabhängigkeit, um ihrerseits mit Rebellion konfrontiert zu werden.[35]

So ging die Soziologie aus dem juristischen Fach hervor, erwuchsen Anatomie und Biologie aus der Medizin, kamen Philosophie von der Theologie und Psychologie von der Philosophie. Die Naturkunde wurde dreigeteilt in Geologie, Botanik und Zoologie. Deutschland und die USA waren Vorreiter bei der Institutionalisierung von Disziplinen in Form gesonderter Fakultäten, Institute und Abteilungen. Die 1810 neugegründete Universität von Berlin etwa baute ursprünglich auf die vier althergebrachten Fakultäten Philosophie, Theologie, Jura und Medizin, verästelte sich aber nach und nach in Institute – für Chemie, Geographie, Germanistik, Hungarologie, Musikwissenschaft, Neurobiologie, Ozeanographie, Philosophie, Pharmakologie, Physik, Vorgeschichte und so weiter.

In Deutschland stellten Seminare eine weitere neue, mit der Ausbildung von Hochschulabsolventen verknüpfte Entwicklung dar, besonders in den Fächern Philologie und Geschichte. Philologische Seminare reichen zurück bis ins späte 18. Jahrhundert, als Wittenberg, Erlangen, Kiel, Helmstedt und Halle dem Vorbild Göttingens folgten. Im 19. Jahrhundert dehnte sich die Praxis auf weitere Felder aus. Leopold von Rankes Historisches Seminar in Berlin war das berühmteste Beispiel, dem Seminare für orientalische Sprachen, neutestamentliche Forschung und Indogermanistik zur Seite standen oder folgten.[36] Was als eine Reihe formloser Treffen begann – häufig in den Privaträumen des Professors –, wuchs sich aus, wanderte an die Universität ab, erlangte Geldmittel und wurde zur Institution. »Seminar« wurde zum Synonym für Abteilung oder Institut.

Das späte 19. Jahrhundert oder vielmehr die Jahre zwischen 1866 und 1914 waren die entscheidende Phase für das Aufkommen spezialisierter Institute an deutschen Universitäten. Es war eine Zeit des Wettbewerbs um akademische Anerkennung zwischen neuen Disziplinen: In den Sozialwissenschaften beispielsweise schlossen die Konkurrenten die Fächer Ethnographie, Anthropologie, Soziologie, Sozialpsychologie, Demographie und Humangeographie ein.[37] Die Entwicklung hin zur Institutionalisierung ging schrittweise vonstatten. Obwohl es Wilhelm Wundt beispielsweise gelang, der experimentellen Psychologie in Leipzig einen unabhängigen Status zu verschaffen, blieb das Fach andernorts in Deutschland bis in die 1920er Jahre Teil der Philosophie.[38]

In den USA setzte die starke Vermehrung von Abteilungen erst einige Jahre später ein und fiel mit einer wesentlichen Verschiebung der an die Hochschule gestellten Aufgaben zusammen – fort von der Lehre (mit anderen Worten, der Vermittlung kultureller Traditionen) und hin zur Forschung (der Entdeckung oder Erzeugung neuen Wissens).[39] Die Aufspaltung in Abteilungen hatte vor dem Aufstieg der Forschungsuniversitäten begonnen – siehe die Einrichtung von Abteilungen für moderne Sprachen und Volkswirtschaft in den 1870er Jahren an der Harvard University. Dennoch beförderten die neuen Hochschulen den Wandel, indem sie Abteilungen für verhältnismäßig neue Fächer einrichteten: für Physik und Chemie an der Johns Hopkins University (1876), für Politikwissenschaft an der Cornell und der Columbia University (1868, 1880), Soziologie in Chicago (1892) und Anthropologie an der Clark und der Columbia (1888, 1896).

Die Johns Hopkins University (gegründet 1876) legte ihren Schwerpunkt auf Forschung und Doktorandenausbildung ebenso wie die University of Chicago (gegründet 1890). Der erste Hopkins-Präsident führte aus, das vornehmste Kriterium bei der Auswahl von Professoren solle »die Hingabe des Bewerbers an eine bestimmte Studienrichtung und sein unangefochtener Rang in diesem Fach« sein.[40] Hopkins und Chicago orientierten sich an deutschen Modellen und wurden ihrerseits zu Vorbildern für andere amerikanische Universitäten einschließlich solch alter wie Harvard und Yale, die ein gutes Beispiel für das abgeben, was Institutionenforscher als »Schichtung« bezeichnen – den Einschub neuer Elemente in ein überkommenes Gefüge.[41]

Es war zugleich die Zeit, da sich die Promotion als Ausweis der Befähigung innerhalb einer bestimmten Disziplin verbreitete, zunächst in Deutschland und dann in den USA. Die Notwendigkeit für Akademiker, diese Prüfung zu bestehen, war und bleibt ein Stimulus für Spezialisierung.[42]

Allerdings trat bald nach 1900 ein »deutliches Abklingen« der Ausdifferenzierung neuer Abteilungen ein. »Das Abteilungsgefüge der amerikanischen Universität«, so lautet eine These, »ist seit seiner Entstehung zwischen 1890 und 1910 großenteils unverändert geblieben«, ausgenommen vielleicht die Biologie.[43] Ein neues System hatte sich herauskristallisiert.

Die deutschen und amerikanischen Modelle wurden in anderen Ländern nach und nach übernommen. So war in der Sowjetunion ab den 1920er Jahren die Akademie der Wissenschaften für die Forschung zuständig und wurde in Institute untergliedert: Geschichte, Ethnographie, Orientalistik, Weltliteratur, Geschichte der Naturwissenschaften und Technologie, Ozeanographie, Kristallographie, Physiologie und so weiter. Ähnliche Akademien wurden in anderen Sowjetrepubliken eingerichtet und koordinierten die Forschung an Instituten. In den 1950er Jahren verfügte die UdSSR über mehr als achthundert spezialisierte Institute.[44]

Für Großbritannien würde sich das Beispiel Cambridge anbieten. 1850 gab es dort sogenannte »Triposes« – Abschlussprüfungen – in nur zwei Fächern, Mathematik und Altphilologie. Um 1900 hatte sich die Zahl der Triposes auf zehn erhöht – nacheinander waren Moralphilosophie, Theologie, Jura, Geschichte, Orientalistik, mittelalterliche und moderne Sprachen und Maschinenbau hinzugekommen. Diese wurden bis 1950 um sechs weitere Triposes ergänzt: Volkswirtschaft, Archäologie und Anthropologie, Englisch, Geographie, Musik und Chemieingenieurswesen. Heute ist Cambridge in mehr als 100 Fakultäten und Abteilungen gegliedert.

Die Frühstadien des »Aufbaus der Disziplinen« sind von zwei bekannten Wissenschaftshistorikern als »ein persönliches, mitunter heroisches Unterfangen« beschrieben worden.[45] Gelehrte der meisten, wenn nicht aller Disziplinen haben ihren Gründungsvätern oder Schutzheiligen die Ehre erwiesen. Die Botanik zum Beispiel hat ihren Linné, die Paläontologie Cuvier. Bei der Nationalökonomie ist es Adam Smith, bei den Historikern Ranke. Die Agrarwissenschaft hat Liebig, die experimentelle Psychologie Wundt, und bei der Soziologie sind es gleich zwei: Durkheim und Weber.

Andererseits werden »Gründungsmythen« von der neueren Geschichtswissenschaft zunehmend in Frage gestellt, und manche Historiker stimmen mit Foucault darin überein, dass »Disziplinen nicht das Werk Einzelner sind«. So wurde die heroische Interpretation der Soziologiegeschichte als einer Geschichte ihrer Gründer von einem Fachhistoriker mit dem Argument verworfen, diese seien lediglich Katalysatoren einer allgemeineren Bewegung gewesen.[46] Letzten Endes musste die Akkumulation von Wissen unausweichlich zu Spezialistentum führen. Zwar waren manche der oben beschriebenen Entwicklungen bewusst geplant, doch unbeabsichtigte Folgewirkungen gehören ebenso ins Bild. Zeitschriften und Tagungen mögen für einen erleichterten Austausch unter Gelehrten konzipiert worden sein, dennoch ließen sie – gewissermaßen als wichtiges Nebenprodukt – disziplinäres Selbstbewusstsein entstehen.

Zur Lösung dieses Konflikts mögen einige Unterscheidungen hilfreich sein. Wenn Einzelne auch keine Disziplinen begründeten, so gab es doch zumindest einige, die Abteilungen ins Leben riefen. In der Anthropologie waren es Boas und Radcliffe-Brown, die entsprechende Abteilungen an ihren Hochschulen einrichteten, Ersterer an der Clark (1888) und der Columbia University (1896), der Zweite in Kapstadt, Sydney, Delhi und Chicago. Manche Professoren leiteten ihre neuen

Abteilungen ausgesprochen autokratisch und drückten ihnen ihren persönlichen Stempel auf wie etwa Edward Titchener dem Department of Psychology an der Cornell University. Émile Durkheim, Lucien Febvre und Marc Bloch verfolgten allesamt bewusste Strategien zur Einrichtung und zum Umbau ihrer Disziplinen.

Der Erfolg dieser Strategien hing andererseits zum Teil von Bedingungen außerhalb der Einflussmöglichkeiten dieser Einzelpersonen ab. Manche Nischen begünstigten neue Disziplinen wirksamer als andere. Die Einrichtung neuer Disziplinen wird wahrscheinlich eher durch neue als durch alte Institutionen gefördert, wie das Beispiel der Berliner Universität ebenso zeigt wie die oben angeführten Fälle der Anthropologie an der Clark und Columbia University und der Psychologie an der Cornell University (siehe S. 284).

Zu differenzieren wäre sinnvollerweise auch zwischen früheren und späteren Stadien der Herausbildung und Institutionalisierung einer Disziplin. In den Anfangsstadien genießen einzelne Führungsgestalten größere Freiheit. Allerdings ist in diesem Zusammenhang auch zu bedenken, dass Gründer per definitionem der von ihnen begründeten Disziplin nicht angehören können. Neue Disziplinen sind »inhärent heterogen«, da ihre Angehörigen aus unterschiedlichen akademischen Bereichen kommen.[47] Zu den ersten Literaturprofessoren in Deutschland und Großbritannien gehörten etwa die Historiker Georg Gervinus in Göttingen und Adolphus Ward am Owens College in Manchester. Friedrich Ratzel wechselte von der Zoologie zur Geographie. In der Soziologie kam Robert Park, Begründer der berühmten »Chicago School«, vom Journalismus und der Italiener Vilfredo Pareto aus dem Ingenieurswesen. Leonard Hobhouse, erster Inhaber des Lehrstuhls für Soziologie an der London School of Economics, war ein ehemaliger Journalist und vor allem als liberaler Denker und Politiker bekannt, während Lester Ward, mitunter als Vater der Soziologie in den USA bezeichnet, sich zuvor als Geologe, Botaniker und Paläontologe betätigt hatte.

Bei der Anthropologie ist festzustellen, dass der in Frankreich als Begründer dieser Disziplin angesehene Émile Durkheim zum Philosophen ausgebildet war, einen Lehrstuhl für Erziehungswissenschaften innehatte und sich selbst lieber als Soziologen bezeichnete. Auch sein Nachfolger Marcel Mauss hatte Philosophie studiert, während Bronisław Malinowski, mitunter als der erste »echte« Anthropologe betrachtet, seine Laufbahn als Student der Mathematik und Physik an der Universität Krakau begann. Außerdem gewann die Anthropologie Neuzugänge aus der Altphilologie (James Frazer), der Geographie

(Franz Boas), der Medizin (Paul Broca in Frankreich und W. H. Rivers in Großbritannien), der Biologie (Alfred Haddon in Cambridge) und der Geologie (John W. Powell, erster Direktor des Bureau of American Ethnology).

Wir könnten diese Persönlichkeiten als »Abtrünnige« bezeichnen oder auch als »Überläufer« in einem neutralen Sinne von Wissenschaftlern, die das Lager wechseln: von einer normalerweise traditionellen Disziplin zu einer anderen, die sich im Aufbau befand. Wie Einwanderer in die Neue Welt wurden sie von der Freiheit und Offenheit des intellektuellen Neulands und dem Leben des Pioniers angezogen. Dank dieser Migranten lässt sich eine gewisse Fluidität in den Anfangsstadien von Disziplinen erkennen.

Die Fluidität ging mit der zweiten Generation zurück, denn deren Angehörige hatten die Disziplin bereits studiert und nahmen ihre Existenz folglich für selbstverständlich hin. Noch weiter eingeschränkt wurde die Fluidität durch den Bau von Abteilungen aus Ziegeln und Mörtel, der im buchstäblichen Sinne Mauern zwischen unterschiedlichen Arten von Wissenschaftlern errichtete und den Campus in einen Archipel aus disziplinären Inseln verwandelte.

Experten und Expertentum

Der Trend zum Erwerb und Einsatz eines zunehmend spezialisierten Wissens blieb nicht auf den akademischen Bereich beschränkt. Er entsprach einer allgemeineren Entwicklung, dem »Aufstieg der Berufsvereinigung« im 19. Jahrhundert, der sich durch die Einführung von formalen Zulassungen oder Konzessionen zur Berufsausübung auszeichnete, also von Urkunden mit einer dem akademischen Doktortitel vergleichbaren Funktion. Verantwortlich für die Akkreditierung waren neugegründete Berufsverbände von Ärzten, Ingenieuren, Buchhaltern, Gutachtern, Bibliothekaren und so weiter.[48]

Die American Medical Association wurde 1847 gegründet und 1858 ihre französische Entsprechung, die Association génerale des médecins de France. In Deutschland, wo sich vor der Reichsgründung örtliche Ärztevereine gebildet hatten, wurde 1873 mit dem Ärztevereinsbund ein Dachverband geschaffen. Eine ähnliche Organisation der Architekten, der Verband deutscher Architektenvereine, entstand zwei Jahre darauf. In Großbritannien wurde die Institution of Civil Engineers 1818 gegründet, das Royal Institute of British Architects (RIBA) 1834, die Institution of Mechanical Engineers 1847, die Institution of Chartered Surveyors 1868 und das Institute of Chartered Accountants 1880. In den USA finden sich solche Beispiele wie die American Medical Association (1847), die American Library Association (1876) und die American Society of Mechanical Engineers (1880).

Ebenfalls im 19. Jahrhundert hielten die Begriffe *expert* und *expertise* Einzug ins Englische, um wie ihre deutschen Entsprechungen »Fachmann« und »Fachkenntnis« die Verfügung über spezialisiertes Wissen anzuzeigen.[49] Ein Grund für den Gebrauch solcher Termini war die wachsende Nachfrage seitens Regierungen, Unternehmen und Gerichten nach spezialisiertem, anwendbarem Wissen.

Einstmals verfügten Herrscher und ihre Ratgeber selbst über ein Wissen, das zum Regieren genügte, oder zumindest glaubten sie es zu besitzen. Wie wir gesehen haben, begann man im 18. Jahrhundert insbesondere im deutschsprachigen Raum, die Ausbildung künftiger Staatsbeamter um bestimmte Themen wie politische Ökonomie zu erweitern. Der nächste Schritt bestand darin, Fachleute außerhalb des öffentlichen Dienstes mit spezifischen Aufgaben wie Inspektionen zu betrauen. So inspizierten im Großbritannien des 19. Jahrhunderts eigens dazu bestellte Ingenieure Straßen und Eisenbahnen, Mediziner Sanitäreinrichtungen oder allgemeiner das Gesundheitswesen, analysierten Chemiker die Wasserversorgung der Städte, wurden Statistiker von der Volkszählungsbehörde beschäftigt, und der Biologe T. H. Huxley wurde zum Fischereiaufseher ernannt.[50]

Im 20. Jahrhundert nahm der Bedarf an Experten noch weiter zu. Vor Gericht etwa wurde es gängige Praxis, Gutachter unterschiedlichster Fachgebiete hinzuzuziehen, seien es Psychiatrie, Ballistik oder selbst Geschichte (der Historiker Richard Evans trat 1996 als Sachverständiger im Prozess um David Irvings gescheiterte Verleumdungsklage gegen Penguin Books auf).[51] Für Juristen, Volkswirtschaftler, Ingenieure, Naturwissenschaftler und Public-Relations-Experten wurde Beratungstätigkeit zu einem einträglichen Geschäft.

Vor allem in den USA und besonders in der zweiten Hälfte des 20. Jahrhunderts engagierten Kandidaten regelmäßig politische Berater, die ihnen bei der Organisation ihrer Wahlkämpfe helfen sollten.[52] Naturwissenschaftler saßen in Ausschüssen, die Behörden wie die Environmental Protection Agency oder die Food and Drug Administration berieten. Regierungen beriefen führende Akademiker auf befristeter oder unbefristeter Basis in beratende Funktionen. Der Wirtschaftswissenschaftler

Walt Rostow, Nationaler Sicherheitsberater der Präsidenten Kennedy und Johnson, und der Politologe Samuel P. Huntington, Berater des US-Außenministeriums, wurden – zumindest in linken Kreisen – berühmt-berüchtigt für ihre Empfehlungen an die Regierung zur Kriegführung in Vietnam.[53] Der Politikwissenschaftler Henry Kissinger beriet Präsident Nixon in Fragen nationaler Sicherheit, während Zbigniew Brzezinski, ebenfalls Politikwissenschaftler, erst außenpolitischer Berater Präsident Carters war und heute in derselben Funktion für Präsident Obama tätig ist. Wirtschaftliche und politische Beratung hat ihre institutionalisierte Form in den Denkfabriken gefunden, die von Regierungen oder politischen Parteien gegründet oder finanziert werden (siehe S. 158).

Ein weiterer Experte ist der »Wissensmanager«, der sich zunehmend in spezialisierte Typen aufspaltet: den Archivar zum Beispiel oder den Bibliothekar, also beides Fachleute, die Wissen nicht nur sammeln, konservieren und sortieren, sondern auch zwischen ihren Sammlungen und einer Öffentlichkeit aus möglichen Nutzern vermitteln. Eine weitere Spielart des Wissensmanagers ist in Kulturministerien und Universitäten anzutreffen und wieder eine andere in Unternehmen. Selbst das Wissen über das Wissen ist aufgesplittert.

Felder

Einige der Prozesse, die bei der Einrichtung von Disziplinen wirksam wurden, wiederholten sich in kleinerem Maßstab auf »Feldern« im Sinne sich herausbildender Fachgebiete innerhalb einer bestimmten Disziplin.[54] Die englische Metapher *field* ist übrigens schon alt. In seiner berühmten Enzyklopädie aus dem 18. Jahrhundert sprach Ephraim Chambers vom »weiten Feld der intelligiblen Dinge, das in Teilen stärker bewirtschaftet wurde als der Rest, vorwiegend des fruchtbaren Bodens und seiner leichten Bestellung wegen«, und das nun »zweckdienlich eingegrenzt und umzäunt« sei. Whewell wiederum störte sich 1834 an den »Unannehmlichkeiten«, die eine »Aufteilung des Bodens der Wissenschaft in unendlich kleine Parzellen« mit sich bringe.[55]

Die Medizin spielte in dieser Hinsicht eine Vorreiterrolle. Diderot hatte bereits eine Spezialisierung in der Chirurgie festgestellt und Gleiches der Medizin vorhergesagt.[56] Zwischen 1830 und 1840 kam der französische Begriff *spécialité* in Gebrauch, und der Terminus *spécialiste* wurde 1848 in einem medizinischen Kontext geprägt. 1841 merkte ein deutscher Mediziner an, in Frankreich »ist die *Spécialité* [jetzt] Not, Bedingung für jeden, der schnell Reichtum sammeln und berühmt werden will«.[57] Schon bald darauf übernahmen die Deutschen das französische Modell. Ab 1852 wurden beispielsweise Lehrstühle und Institute für Ophthalmologie an den Universitäten eingerichtet. Bis zu den 1940er Jahren waren in den USA 15 medizinische Spezialgebiete anerkannt, darunter Dermatologie, Obstetrik, Ophthalmologie, Pädiatrie und Urologie. 1967 war diese Zahl auf 54 angewachsen.[58]

Besonders zahlreich oder zumindest besonders augenfällig waren und sind Fachbereiche dieser Art in den Naturwissenschaften. Ihre Verbreitung lässt sich sehr gut am Beispiel der »Paläo«-Disziplinen illustrieren. Wie bereits erwähnt, trat die Paläontologie Anfang des 19. Jahrhunderts in Erscheinung, aus der sich dann die Mikropaläontologie entwickelte, gefolgt von Paläobotanik und Paläobiologie mit der Ausrichtung auf pflanzliche und tierische Fossilien. Die Einordnung von Fossilien in einen breiteren Kontext wurde zur Aufgabe der Paläogeographie, Paläoklimatologie und Paläoökologie. In den Geisteswissenschaften untersuchen Historiker schon seit Langem die Paläogeographie, und entsprechende Lehrstühle wurden 1821 in Paris, 1854 in Wien, 1880 in Florenz, 1881 in Löwen, 1882 in Prag und 1884 im Vatikan geschaffen.[59]

Die Physik, schon seit langem in einen theoretischen und einen experimentellen Zweig unterteilt, verzweigte sich noch weiter in Spezialgebiete wie Mechanik, Kernphysik, Hochenergiephysik, Teilchenphysik, Molekularphysik, Geophysik, Astrophysik und Biophysik. »Psychophysik« gab es früher einmal als ein Fachgebiet, das heute als Wahrnehmungspsychologie und -physiologie geläufig ist. Im Licht der Geschichte, so ein Historiker und vormaliger Physiker, seien sämtliche Disziplinen, Unterdisziplinen und noch kleinere Einheiten, die er als *sub-fields* bezeichnet, nichts weiter als vorübergehende Erscheinungen: Ein *sub-field* bringe es vielleicht auf zehn Jahre Lebensdauer, eine Unterdisziplin wie Kernphysik auf »40 bis 50 Jahre« und Disziplinen wie Physik auf ein Jahrhundert (wobei er meines Erachtens das Beharrungsvermögen institutionalisierter Disziplinen unterschätzt).[60]

Eine ähnliche Zellteilung fand auch in der Biologie statt: Im Laufe der Zeit entstanden Entwicklungs-, Evolutions-, Meeres-, Molekular- und Systembiologie, ganz zu schweigen von Genetik, Mikrobiologie und Neurobiologie. Die Zoologie hat sich – je nach Art der untersuchten Lebewesen – in Entomologie, Ichthyologie, Ornithologie, Primatologie und so weiter aufgespalten. Eine Tendenz zum Pluralismus zeigt sich im Aufkommen des Begriffs »Lebenswissenschaften«, parallel zu

»Geowissenschaften« und »Pflanzenwissenschaften«, an Stelle von Biologie, Geologie und Botanik in der Einzahl.

Verglichen mit der Chemie wirken Biologie und Physik sogar noch einheitlich. Einmal als Disziplin etabliert, teilte sich die Chemie in organische und anorganische Zweige. Seither haben sich die Differenzierungen wucherartig vermehrt. Zu den verschiedenen Feldern gehören in alphabetischer Reihenfolge, die aber nichts über ihre jeweilige Bedeutung auszusagen hat: Agrochemie, Aromachemie, Astrochemie, Atmosphärenchemie, Biochemie, Chemieinformatik, Chemietechnik, chemische Mathematik, Elektrochemie, Femtochemie, Flow-Chemie, Festkörperchemie, Geochemie, grüne Chemie, Histochemie, Hydrochemie, Immunchemie, Meereschemie, Mechanochemie, Medizinalchemie, Naturstoffchemie, Neurochemie, Oberflächenchemie, Organometallchemie, Petrochemie, Fotochemie, physikalisch-organische Chemie, Phytochemie, Polymerchemie, Radiochemie, Sonochemie, Supramolekularchemie, synthetische Chemie, Thermochemie und Umweltchemie.

Man könnte also sagen, dass der *commonwealth of learning* zunächst vom *commonwealth of science* ersetzt wurde, dann von disziplinären Einheiten wie der Chemikergemeinde und in jüngerer Zeit von noch stärker spezialisierten Gruppen wie der Gemeinschaft der Kristallographen oder jener der Proteinforscher. Freilich ist das Aufkommen dieser Fachgebiete nicht allein Folge von Aufspaltung. Ebenso findet Verschmelzung statt. Physikalische Chemie wurde an der Nahtstelle zwischen Physik und Chemie begründet und Biochemie dort, wo Chemie auf Biologie stößt. Astrophysik liegt an der Grenze zwischen Astronomie und Physik, Astrochemie auf jener zwischen Ersterer und Chemie. Die physikalisch-chemische Biologie, für die in Frankreich 1946 ein Lehrstuhl eingerichtet wurde, ist das Ergebnis einer doppelten Überschneidung. Immer mehr dieser gemischten Unterdisziplinen sind hervorgetreten, von der Biophysik bis zur Bioarchäologie. Sie stellen paradoxerweise die unbeabsichtigten Folgen eines Bemühens um Interdisziplinarität dar.

Interdisziplinarität

Historiker sind nicht überrascht, gegenläufige Tendenzen in derselben Epoche zu entdecken, ein Tauziehen zwischen widerstreitenden Kräften. In der Geschichte des Wissens wird die Zentrifugalkraft einer stetig zunehmenden Spezialisierung durch gewisse Zentripetalkräfte teilweise aufgehoben. Einzelne widerstanden zuweilen der Spezialisierung. Humboldt und Young wurden bereits als Beispiele aus dem frühen 19. Jahrhundert für diesen Widerstand genannt. Mehr als ein Jahrhundert später sagte Lewis Mumford, bekannt vor allem als Architekturkritiker und Stadthistoriker, voller Stolz von sich, er sei ein »Generalist« und eben kein Spezialist. Auch widerstanden ganze Gruppen der Spezialisierung, so in der Medizin. In den Vereinigten Staaten der ersten Hälfte des 19. Jahrhunderts galt Spezialisierung in der Ärzteschaft allgemein als eine Form der Quacksalberei. Auch wenn sie sich im Laufe der Zeit immer mehr von diesem Ruch befreien konnte, bestanden Ärzte weiterhin darauf, dass künftige Spezialisten ihre Laufbahn mit einer allgemeinmedizinischen Ausbildung beginnen sollten.[61]

Auch an Universitäten, insbesondere so alten wie Oxford und Cambridge, Harvard und Yale, wurde im Namen der Allgemeinbildung – oder in Deutschland der »Bildung« an sich – Widerstand gegen die Spezialisierung geleistet.[62] Man könnte von einem Widerstand gegen die Professionalisierung sprechen, zutreffender wäre es allerdings, zwischen zwei miteinander rivalisierenden Berufsidentitäten zu unterscheiden, der des Gelehrten und der des Lehrenden, die eine – nicht unbedingt friedliche – Koexistenz in ein und derselben Institution führen und bisweilen sogar in ein und derselben Person. Dieses Dilemma ist bis heute vorhanden. Jahrelang habe ich beim Ausfüllen von Formularen gezögert, ob ich als Beruf »Hochschullehrer« oder »Historiker« angeben soll.

Während diese Formen von Widerstand schwächer wurden – zumal in der zweiten Hälfte des 20. Jahrhunderts –, entwickelte sich im selben Zeitraum eine neue Widerstandsbewegung gegen die Spezialisierung, jetzt unter dem Banner der Interdisziplinarität.

Natürlich liegt nichts Neues darin, wenn schöpferische Individuen oder Gruppen konzeptuelle oder methodische Anleihen bei anderen Fachgebieten oder Disziplinen machen. Im antiken Griechenland verfasste Thukydides historische Darstellungen, die sich einer medizinischen Sprache bedienten. Im 19. Jahrhundert räumte Darwin ein, was er dem Nationalökonomen Thomas Malthus und dessen Bevölkerungstheorie zu verdanken habe: »Im Oktober 1838, fünfzehn Monate, nachdem ich mit meiner Untersuchung begonnen hatte, las ich zufällig zum Vergnügen Malthus' Buch über *Population*«, schrieb er in seiner Autobiographie,

> und weil ich durch meine lange Beobachtung der Verhaltensweisen von Tieren und Pflanzen wohl darauf vorbereitet war anzuerkennen,

daß ein Kampf ums Dasein überall stattfindet, wurde mir sofort deutlich, daß unter solchen Bedingungen vorteilhafte Variationen eher erhalten bleiben und unvorteilhafte eher vernichtet werden. Das Ergebnis dieser Tendenz mußte die Bildung neuer Arten sein. Jetzt hatte ich endlich eine Arbeitshypothese.[63]

Auch die Altphilologie ist nicht unbedingt als Disziplin anzusehen, sondern eher als ein frühes Beispiel interdisziplinärer Regionalwissenschaft, die bei der Untersuchung der griechischen und römischen Antike mit einer Kombination aus literaturgeschichtlichen, philosophischen, historischen und archäologischen Ansätzen arbeitet. Neu hinzu kam Mitte des 20. Jahrhunderts die zusehends geschärfte Wahrnehmung der intellektuellen Nachteile, die die Spezialisierung mit sich bringt: ein Übersehen von Zusammenhängen etwa oder das, was der amerikanische Sozialwissenschaftler und Psychologe Donald Campbell einen »Ethnozentrismus der Disziplinen« nannte, welcher die Vorstellungskraft des einseitig Gebildeten einschränkte.[64] Spezialisten wurde vorgeworfen, immer mehr über immer weniger zu wissen, bis sie alles über nichts wüssten.[65] In seinem Buch *Anatomy of Britain* (1962) widmete der Journalist Anthony Sampson ein Kapitel den Hochschulen, in dem er den Dozenten für Geschichte in Oxford und Cambridge bescheinigte, sie hielten sich »von allen Gegenwartsproblemen entschieden fern: Kennzeichnend dafür sind etwa die Themen der Doktorarbeiten, bei denen winzige Bruchstücke der fernen Vergangenheit bevorzugt werden.«[66]

Dieses Klima der Kritik begünstigte den Aufstieg einer mehr oder weniger organisierten Welle von Bewegungen, die interdisziplinäre Denkweise und Forschung mit ähnlichen Mitteln vorantrieben wie die disziplinbildenden Bewegungen des 19. Jahrhunderts – sprich mittels Gesellschaften, Fachzeitschriften und Instituten. Wie die Spezialisierung wird die Interdisziplinarität zuweilen durch Institutionen befördert. Häufig war es für die Führungspersönlichkeiten der Bewegungen leichter, neue Institutionen zu gründen, als alte anzupassen.

Diese Bewegungen hatten vor 1950 eingesetzt – man betrachte etwa die *Revue de synthèse historique* (1900), einen Versuch, die Geschichtswissenschaft den Sozialwissenschaften anzunähern, den History of Ideas Club an der Johns Hopkins University (1923), der Philosophen, Historiker und Literaturwissenschaftler zusammenführte, das Institute for Human Relations an der Yale University (1929), das die Zusammenarbeit zwischen unterschiedlichen Spielarten des Sozialwissenschaftlers unterstützte, und das Warburg Institute, ursprünglich die private Bibliothek des unbhängigen Hamburger Gelehrten Aby Warburg, der verabscheute, was er intellektuelles »Grenzwächtertum« nannte, und eine breit angelegte Kulturwissenschaft betrieb.[67] Seitens der Naturwissenschaften plante der österreichische Philosoph Otto Neurath in den 1930er Jahren eine *Internationale Enzyklopädie der Einheitswissenschaft*.[68]

In der zweiten Hälfte des 20. Jahrhunderts wurden derartige Bewegungen stärker und zugleich notwendiger. Das Jahr 1950 hat hier für England bleibenden Symbolgehalt als Gründungsdatum der Keele University in Staffordshire, an der alle Studenten sowohl geisteswissenschaftliche als auch naturwissenschaftliche Kurse zu belegen hatten. Auf Keele folgte 1961 die University of Sussex, deren Gründer nach ihren eigenen Worten versuchten, »die Landkarte des Lernens neu zu zeichnen«, indem sie »Schools of Studies« einrichteten, breit gefächerte Studiengänge wie beispielsweise Europastudien – an Stelle von Abteilungen.[69]

Der Gedanke der Interdisziplinarität verbreitete sich so sehr, dass er als »Modeerscheinung« in Verruf kam, doch das Problem seiner Institutionalisierung blieb bestehen. Keele und Sussex wurden gegründet, um die Lehre zu reformieren. Wie stand es mit der Forschung? Die Gründung einer neuen Zeitschrift mag ein effektives Mittel sein, um eine Disziplin für andere zu öffnen, wie das Beispiel des *Journal of Interdisciplinary History* (1970) beweist, doch eine Erweiterung darüber hinaus würde einen Verlust des Schwerpunkts bedeuten. Eine in mehreren Ländern gewählte Lösung bestand darin, ein kleines Institut für Wissenschaftler unterschiedlichster Disziplinen zu gründen, seien es Besucher für vielleicht ein Jahr oder ständige Mitglieder. Ein frühes Beispiel dafür ist das Institute for Advanced Study in Princeton (1930), ihm folgten das Center for Advanced Studies in the Behavioral Sciences (Palo Alto, 1954), die Maison des sciences de l'homme (Paris, 1963), das Netherlands Institute for Advanced Study (Wassenaar, 1970), das Wissenschaftskolleg (Berlin, 1980) und so weiter.

Solche Institute boten Gelegenheiten zum Dialog über die Disziplinen hinweg, auch wenn sie sein Zustandekommen nicht garantieren konnten. Ein anderes Mittel, den Ethnozentrismus der Disziplinen zumindest in den Sozialwissenschaften zu bekämpfen, bestand darin, Institute zu gründen, die auf ein bestimmtes geographisches Gebiet fokussiert waren, so dass Volkswirtschaftler, Soziologen, Historiker und andere an einem gemeinsamen Vorhaben arbeiten konnten. So kam es zur Gründung des Russian Research Center (1947), des Center for

Middle Eastern Studies (1954) und des Center for East Asian Research (1955) an der Harvard University, des Osteuropa-Instituts (Berlin, 1951), des Center for Near Eastern Studies (University of California, Los Angeles, 1957) und so weiter. Der Aufstieg der »Regionalwissenschaften« besonders in den USA wurde von der Politik forciert (siehe S. 273), sollte aber auch als ein Versuch angesehen werden, den Grenzwächtern zu entgehen und Teamwork zu fördern.[70]

Teamarbeit

Ungeachtet des Mythos vom einsamen Genie werden viele und zumal naturwissenschaftliche Forschungsvorhaben seit Langem von Gruppen oder Teams durchgeführt. Tatsächlich ist die Idee der intellektuellen Teamarbeit älter als oft vermutet. Auf dem Gebiet der Geschichtsschreibung, die noch weitgehend von Individualismus beherrscht wird, gab es im Europa der frühen Neuzeit mindestens drei bedeutende kollektive Unternehmungen: diejenige der »Magdeburger Centurien«, jener protestantischen Gelehrten, die gemeinsam an einer Kirchengeschichte arbeiteten; die der französischen Benediktiner von der Mauriner Kongregation, die eine Geschichte ihres Ordens aufschrieben; und die der als Bollandisten bekannten flämischen Jesuiten mit ihrer Neufassung der Heiligenviten.

Gleichwohl ist zwischen 1750 und 2000 eine Zunahme kollektiver Arbeit offenkundig, am deutlichsten in den Naturwissenschaften, sichtbar aber auch in den Sozialwissenschaften und in gewissem Umfang sogar in den Geisteswissenschaften. Das Aufkommen wissenschaftlicher Expeditionen illustriert diese »Kollektivierung« ebenso sinnfällig wie die mit ihnen einhergehende Arbeitsteilung. Geologen, Botaniker und andere Spezialisten gingen an Bord von Forschungsschiffen. Astronomen wirkten während der Venusdurchgänge 1761 und 1769 mit. Die Teams wurden immer größer – als Napoleon nach Ägypten zog, begleiteten ihn über 150 Gelehrte.

Wenden wir uns noch einmal den Enzyklopädien zu. Im 17. und frühen 18. Jahrhundert wurden bedeutende Enzyklopädien noch von Individuen wie Ephraim Chambers kompiliert. In den 1750er Jahren hingegen war es zwar Diderot, der die *Encyclopédie* aufgrund seiner enzyklopädischen Interessen als Herausgeber betreuen konnte, doch das Buch selbst entstand als Gemeinschaftswerk von rund 140 Verfassern.

»Ein Mensch kann nicht mehr alles Wissen auf sich vereinen« *(la science universelle n'est plus à la portée de l'homme)*, heißt es im Eintrag über »Intellektuelle« *(gens des lettres)* in der *Encyclopédie*.[71] Ähnlich formulierte es 1805 eine Biographie über James Tytler, den Herausgeber des Ergänzungsbands der *Encyclopaedia Britannica*, die zu ihrem Protagonisten lakonisch anmerkte: »Kein Mensch, wie erstaunlich seine Begabungen und wie hartnäckig sein Fleiß auch sein mögen, kann je vernünftigerweise erwarten, zur wandelnden Enzyklopädie zu werden.«[72] Die Teams, die an späteren Enzyklopädien mitwirkten, wurden immer größer. Für die *Grande encyclopédie* (1886–1902) schrieben beispielsweise rund 450 Verfasser, für die elfte Ausgabe der *Encyclopaedia Britannica* (1911) 1507 und für die *Enciclopedia italiana* (1929–1936) 3272 Verfasser.[73] Auch Wörterbücher waren Teamarbeit. Bis 1881 hatten über 750 Freiwillige Henry Murray geholfen, das *Oxford English Dictionary* zu kompilieren.[74]

Oder nehmen wir die wissenschaftlichen Aufsätze, die bei Fachzeitschriften eingereicht werden. Die Anzahl der Co-Autoren wissenschaftlicher Aufsätze hat sich kontinuierlich erhöht. In den 1930er Jahren wirkte die gemeinschaftliche Publikation dreier Wissenschaftler dermaßen ausgefallen, dass sie als »Dreimännerwerk« bekannt wurde. 1963 lautete eine Prognose: »Seit damals [1900] hat sich das Verhältnis der Mehrautor-Arbeiten beständig und kräftig verschoben, und heute ist es so groß, daß 1980 der Einautorenaufsatz ausgestorben sein wird, wenn sich diese Entwicklung fortsetzt. [...] Gegenwärtig hat nur eine von vier Arbeiten drei oder mehr Autoren, aber wenn der Trend bestehen bleibt, gehört 1980 die Hälfte aller Arbeiten zu dieser Kategorie. Die Autorenzahl pro Aufsatz strebt gegen unendlich.« Diese Vorhersage ließe sich mit einer 1996 veröffentlichten Darstellung vergleichen: »In den 1960er und 1970er Jahren wurden Teams aus vier oder mehr Autoren zum Standard. In den 1980er Jahren konnte rund ein Dutzend Namen einem Artikel anhängen.«[75]

Die heutige Kollektivierung der naturwissenschaftlichen Forschung ist wohlbekannt und wird oft bedauert. Seit dem Zweiten Weltkrieg, so erfahren wir, »hat sich die Art und Weise, wie wissenschaftliche Arbeit organisiert wird, tiefgreifend gewandelt. Interne und externe Kräfte sorgten im Zusammenspiel dafür, den Forschungsprozess zu ›kollektivieren‹«, während die Vorhaben an Umfang zunahmen und die Ausrüstung – von Teilchenbeschleunigern bis zu Weltraumteleskopen – immer teurer geworden ist.[76] 1961 prägte der amerikanische Kernphysiker Alvin Weinberg den Begriff »Big Science«,[77] das Phänomen selbst allerdings reicht sehr viel weiter zurück als bis zu diesem Zeitpunkt. Tatsächlich vollzog sich – so einer der Autoren, die den Begriff populär machten – »der Übergang von Little Science zu Big Science allmählicher, als es zunächst erscheint«.[78]

Im frühen 19. Jahrhundert etwa entwickelte Justus Liebig in seinem Gießener Labor ein hochfliegendes Programm zur kollektiven Forschung in der Chemie.[79] Im Royal Observatory von Greenwich herrschten Mitte des 19. Jahrhunderts regelrecht Fabrikverhältnisse, was Aufsicht, Disziplin und Arbeitsteilung betrifft.[80] Von 1891 bis 1904 arbeiteten rund hundert Personen in Pawlows physiologischem Labor, das als »physiologische Fabrik« beschrieben wurde.[81] 1890 zog der Historiker Theodor Mommsen bereits unschmeichelhafte Vergleiche zwischen der von ihm so genannten »Großwissenschaft« und der Großindustrie, und der deutsche Chemiker Emil Fischer klagte 1902, die Verfahren der »Massenfertigung« seien »in die experimentelle Wissenschaft eingedrungen«.[82]

Die kollektive Wissenschaft wurde in ihrem Aufschwung von Industrie und Regierung bestärkt. Wie wir bereits sahen, begannen Fertigungsbetriebe Ende des 19. Jahrhunderts, Labors einzurichten, die nicht nur der Erprobung neuer Erzeugnisse dienten, sondern auch der Durchführung längerfristiger Forschung. Diese Einrichtungen förderten multidisziplinäre Teamarbeit an spezifischen Problemen. Im Ersten und verstärkt im Zweiten Weltkrieg folgten Regierungen dem Beispiel der Industrie. Nach 1945 machten die US-Administration und die US-Streitkräfte ihre Forschung in wachsendem Maß von Verträgen mit Universitäten abhängig und führten somit »F&E«-Methoden auf dem Campus ein. Die steigenden Kosten für Ausrüstung verstärkten eher einen bestehenden Trend, als dass sie einen neuen schufen.

In den Sozial- und Geisteswissenschaften folgte die Forschung demselben Trend, wenn auch mit zeitlichem Abstand und in kleinerem Maßstab. Archäologie beruht zwangsläufig auf Teamarbeit, insbesondere in der Grabungsphase. Die Irish Folklore Commission engagierte rund 600 Lehrer, die Fragebögen beantworteten, während Hunderte bezahlter Sammler mit Notizbüchern und Diktiergeräten durch das Land zogen, um Lieder und Erzählungen aufzuzeichnen.[83] In Nachahmung von Big Science entwickelte sich auch so etwas wie »Big Sociology«: Beispiele dafür wären die beiden Projekte, die Mitte des 20. Jahrhunderts unter Leitung von Gunnar Myrdal und Samuel Stouffer durchgeführt wurden. Der schwedische Volkswirt Myrdal erhielt von der Carnegie Foundation den Auftrag, das »Negerproblem« in den USA zu untersuchen. Mit Unterstützung von 31 Forschern erarbeitete er eine

Studie, die 1944 unter dem Titel *An American Dilemma* veröffentlicht wurde. Stouffers Vorhaben hatte noch größere Ausmaße. Er leitete das Team, das unter 500.000 amerikanischen Soldaten während des Zweiten Weltkriegs eine Befragung durchführte, um mittels Interviews und Fragebögen Daten zu erlangen, die in der Studie *The American Soldier* (1949) ausgewertet wurden.

In den Geisteswissenschaften war und bleibt der traditionelle Individualismus beherrschend, wenn auch nationalen Eigenarten unterworfen. Wie zu erwarten, gab es in der UdSSR Kritik am »akademischen Individualismus« und Begeisterung für die Kollektivierung der Wissenschaften wie der Landwirtschaft. Die sowjetische Akademie der Wissenschaften unterstützte Teamarbeit bei Wörterbüchern, Enzyklopädien und Erhebungen über die Bodenschätze des Landes.[84] In Frankreich behauptete Durkheim 1896, die »Soziologie [...] kann nur durch Teamarbeit [*travail en commun*] Fortschritte machen«.[85] Marcel Griaule organisierte Feldforschungsgruppen in Afrika. In der Historiographie sagte Lucien Febvre 1949 voraus: »Der Tag wird kommen, da man von ›Geschichtslabors‹ sprechen wird.«

In der Geschichtswissenschaft gab es tatsächlich einen Trend in Richtung Teamarbeit, wenngleich sich die meisten Historiker nach wie vor als Individualisten bezeichnen würden. Ein von der Rockefeller Foundation finanziertes International Scientific Committee on Price History wurde 1930 eingerichtet, um sich gemeinschaftlicher Forschung zu widmen.[86] Kollektive historiographische Projekte spielten in den 1950er und 1960er Jahren, also in der Zeit von Febvres Nachfolger Fernand Braudel, eine wichtige Rolle an der École des hautes études. In Großbritannien arbeitet ein Autorenteam, das seit 1940 vom History of Parliament Trust unterstützt wird, an den Biographien sämtlicher Parlamentsmitglieder, und die Cambridge Group for the History of Population and Social Structure (1964) untersucht Demographiegeschichte.

Natürlich gibt es unterschiedliche Arten von Teams, manche sind hierarchischer, andere egalitärer. Kleine internationale Teams mögen ihren Mitarbeitern nicht mehr abfordern als Antworten auf geläufige Fragen und ihnen ansonsten ihre Unabhängigkeit lassen, während große Teams die Arbeit in kleinere Einheiten aufteilen und Einzelnen weniger Eigenständigkeit einräumen.

Kurz gesagt findet Teamarbeit im *commonwealth of learning* schon seit Langem statt, hat sich aber, befördert von Entwicklungen außerhalb der Hochschulen, insbesondere in der Industrie und Staatsführung, in den letzten Jahrzehnten ausgebreitet und an Bedeutung gewonnen. Es ist unwahrscheinlich, dass die Geisteswissenschaften als »Big Humanities« jemals in Konkurrenz zur »Big Sociology« treten werden oder gar zu den Naturwissenschaften im Sinne einer »Bigger and Bigger Science« mit ihren Milliarden-Dollar-Projekten. Nichtsdestotrotz bleibt festzuhalten, dass kollektive Großvorhaben mehr Geldmittel an sich binden können als individuelle in kleinem Maßstab. Umso drängender wird das Problem, Arbeitsgruppen zu organisieren, ohne die Kreativität des Einzelnen zu unterdrücken.

Das Überleben einer gefährdeten Spezies

In einer Zeit, die von Teamarbeit und Spezialisierung geprägt ist, hätte man erwarten können, dass Generalisten – Einzelkämpfer in den weiten Feldern des Wissens – verschwunden wären und ebenso die ökologischen Nischen, in denen solche Universalgelehrten gedeihen können. Dennoch gibt es ein paar wenige vielversprechende Nischen wie auch einige bemerkenswerte Individuen, die bis ins 20. Jahrhundert und sogar darüber hinaus überdauert haben.

So hat der Journalismus einigen Universalgelehrten ein Auskommen ermöglicht, namentlich Lewis Mumford und Gilberto Freyre, der eine aus Nord-, der andere aus Südamerika. Beide verbanden Kulturgeschichte und Soziologie mit Architektur- und Literaturkritik. Auch einige Universitäten und Hochschulen gewährten Universalgelehrten Asyl. Michel Foucaults Lehrstuhl für die »Geschichte der Denksysteme« am Collège de France gab ihm Gelegenheit, sich weitläufig zu betätigen. Michel de Certeaus akademische Stellung war randständiger, doch immerhin erhielt der Jesuit Unterstützung von seinem Orden, während er in unterschiedlichsten Wissensgebieten forschte und publizierte: Theologie, Philosophie, Geschichte, Psychoanalyse, Anthropologie und Soziologie.

Vor dem Zweiten Weltkrieg wurde in Oxford ein Posten für R. G. Collingwood geschaffen, der dort sein Interesse an Philosophie und der Archäologie des römischen Britannien verband. Joseph Needham blieb nach dem Krieg auf der Gehaltsliste der Cambridge University, obwohl sich sein Interesse inzwischen von der Embryologie auf die Wissenschaftsgeschichte Chinas verlagert hatte. Herbert Fleure durchwanderte am University College von Aberystwyth nach und nach den gesamten Campus, von der geologischen zur zoologischen Abteilung und dann weiter zur Geographie und Anthropologie. An der University of Manchester wurde ein Lehrstuhl für Sozialkunde für Michael Polanyi geschaffen, den vormaligen Leiter der Abteilung Physikalische Chemie, der heute vor allem als Philosoph in Erinnerung ist.

Um schließlich noch einen Fall aus jüngerer Zeit in den USA zu nennen: Jared Diamond, der sich gleichermaßen für Ornithologie, Linguistik und Geschichte interessiert, wechselte von einem Lehrstuhl für Physiologie auf einen für Geographie und blieb dabei immer an der University of California, Los Angeles. Beispiele wie diese rufen uns eindringlich ins Gedächtnis, wie komplex die intellektuelle und gesellschaftliche Welt inzwischen geworden ist und welche Fähigkeit einzelne Personen aufbieten müssen, um machtvollen Trends zu widerstehen. Bleibt zu hoffen, dass Diamond nicht der letzte der Dinosaurier ist und dass einige der neugeschaffenen interdisziplinären Lebensräume, die weiter oben erörtert wurden, auch in Zukunft diesen Typus von Wissenschaftler willkommen heißen werden. Wie der Allgemeinarzt in der Medizin spielen Generalisten auch andernorts eine wichtige Rolle. In einem Zeitalter der Spezialisierung werden sie mehr denn je gebraucht – nicht allein für Synthesen, um das große Ganze zu entwerfen, sondern auch für Analysen, denn es bedarf eines Universalgelehrten, um Leerstellen zu überbrücken und die Aufmerksamkeit auf solche Wissensformen zu lenken, die andernfalls zwischen einzelnen Disziplinen – so wie sie gegenwärtig definiert und organisiert sind – versickern könnten.

III. Eine Sozialgeschichte in drei Dimensionen

Dieser letzte Abschnitt des Buchs besteht aus drei Kapiteln, die unterschiedliche thematische Stränge zusammenführen sollen, und zwar anhand von Beispielen, die bereits erörtert wurden, wie auch von solchen, die neu hinzukommen. Dabei werden drei Perspektiven gewählt, die den drei essentiellen Dimensionen der Erforschung kollektiver menschlicher Aktivitäten entsprechen: der geographischen, der sozialen und der chronologischen.

7. Geographien des Wissens

Einer der wichtigsten Unterschiede zwischen der traditionellen Wissenssoziologie, wie sie Anfang des 20. Jahrhunderts praktiziert wurde, und der »neuen Wissenssoziologie« besteht darin, dass Letztere sich für die räumliche Dimension des Wissens interessiert. Ungeachtet des berühmten Gegensatzes, den Karl Mannheim zwischen dem französischen und dem deutschen Denkstil um 1800 sah, war die alte Wissenssoziologie zwar stark in Geschichte, aber schwach in Geographie.[1] Doch der sogenannte *spatial turn* beziehungsweise die »topologische Wende« des späten 20. Jahrhunderts hat hier wie auch in anderen Bereichen seine Spuren hinterlassen. Der Raum war beispielsweise ein immer wiederkehrendes Thema im Werk von Michel Foucault, der sich insbesondere auf Mikrosphären wie die Klinik und das Gefängnis konzentrierte.[2] Galt Wissen früher einmal als objektiv und universell, wird es inzwischen als räumlich, gesellschaftlich und zeitlich situiert betrachtet. Die Frage »Woher kommst du?« wird in intellektuellen Debatten immer häufiger gestellt.[3]

Am deutlichsten zeigt sich dieser Trend in der Wissenschaftsgeschichte: Hier war das Problem des Übergangs von lokalem zu allgemeinem Wissen – insbesondere die Frage, inwieweit sich aus Experimenten, die an bestimmten Orten vorgenommen werden, Verallgemeinerungen ableiten lassen – Gegenstand lebhafter Diskussionen.[4] Ähnliches lässt sich jedoch auch über andere Arten des Wissens sagen. Pascals berühmte Bemerkung »Wahrheit diesseits der Pyrenäen, Irrtum jenseits« hatte eine Parallele in der Zeit des Kalten Kriegs mit dem Eisernen Vorhang an Stelle der Berge. Einige Anthropologen haben die Frage erörtert, was mit dem Wissen geschieht, während es vom Feld ins Buch gelangt.[5] Und manche Soziologen warfen ihren Kollegen vor, sie stützten ihre Verallgemeinerungen über *die* Gesellschaft ausschließlich auf Erfahrungen aus Westeuropa und den USA, während sie genauso wichtige

Erfahrungen von Bewohnern Osteuropas, der Tropen und anderer Weltregionen unberücksichtigt ließen.[6]

Im Bereich der Geschichtswissenschaft wäre eine neuere Studie zu nennen, deren indischer Autor eine »Provinzialisierung Europas« in dem Sinne empfahl, dass man nicht länger versuchen solle, Entwicklungen in anderen Teilen der Welt als zwangsläufige Folgeerscheinungen europäischer Trends zu betrachten.[7] Michel de Certeau stellte die berühmte Frage: »Was *fabriziert* der Historiker, wenn er ›Geschichte macht‹? Woran arbeitet er? Was produziert er?« Ein Verweis darauf, dass historisches Wissen generell ortsbedingt ist: »Alle historiographische Forschung ist mit einem sozioökonomischen, politischen und kulturellen Produktionsort verbunden.« Aber ebenso wie Foucault besaß auch Certeau ein ausgeprägtes Gespür für Geographie, vor allem auf der Mikroebene.[8]

Die Frage, inwieweit Autoren aus verschiedenen Gegenden örtlich bedingten Vorurteilen zu entgehen vermögen – vor allem dann, wenn sie über Menschen aus anderen Teilen der Welt schreiben –, ist nach wie vor umstritten. Angefacht, wenn nicht gar ausgelöst wurde die kontrovers geführte Debatte durch die Publikation von Edward Saids *Orientalism* (1978). Nach Saids These benutzt der von ihm so genannte »westliche Diskurs« über den Osten allzu simplifizierende und pejorative Stereotypen der »Orientalen«, die in Texten von Akademikern wie von Reisenden als rückständig, degeneriert, passiv und zügellos dargestellt würden. Auch behauptete er, dieser Diskurs sei ein Werkzeug des Imperialismus. Kritiker hielten Said vor, er schere alle westlichen Kommentatoren über einen Kamm und praktiziere mit dieser Art von Verdinglichung und Homogenisierung des westlichen Diskurses im Grunde genau das, was er am Verhalten des Westens gegenüber dem »Orient« auszusetzen habe.[9] Die Debatte dauert noch an, doch die zentrale Bedeutung des Ortes bei der Produktion wie beim Konsum von Wissen – selbst wissenschaftlicher Art – lässt sich immer weniger verleugnen.

Mikroräume

Eine klassische Studie aus dieser Sicht ist Foucaults Essay über die Klinik, für ihn ein »Ort der Bildung und der Weitergabe von Wissen«.[10] Nach diesem Modell und aus derselben raumsoziologischen Perspektive wurden Bibliotheken, Museen, Colleges, botanische Gärten, Observatorien und vor allem Labors analysiert.[11]

Die nächstgrößere Einheit auf dieser Skala wäre der Universitätscampus, der sich als Gegenstand für Studien in der Geographie des Wissens geradezu anbietet. Aufgrund ihrer zunehmenden räumlichen Ausdehnung mussten Labors beispielsweise irgendwann vom Zentrum der Universität in die Peripherie abwandern. Diese Isolation führte dazu, dass die Wissenschaftler introvertierter wurden, da sie nur sich selbst als Gesprächspartner hatten, was wiederum der Spezialisierung Vorschub leistete. Genau dem wollte man Ende der 1960er Jahre an der neugegründeten University of Sussex entgegenwirken: Um ihre interdisziplinäre Ausrichtung zu unterstreichen, wurden die Büros im Arts Building so verteilt, dass Dozenten unterschiedlicher Fachrichtungen unmittelbaren Kontakt und damit Gelegenheit zum Gedankenaustausch hatten. Was in Cambridge die »Entwicklung der Experimentalwissenschaften behinderte«, die teure Labors erforderlich machen, war gerade die dezentralisierte Lage der Colleges.[12] Ein Beispiel dafür, in welch beengten Räumlichkeiten wissenschaftliche Forschung an traditionellen Universitäten bisweilen stattzufinden hatte, liefert Edinburgh im Fall der Psychologie zu Beginn des 20. Jahrhunderts.[13]

Die territorialen Verteilungskämpfe auf dem Campus offenbaren, welche Einstellungen gegenüber verschiedenen Arten von Wissen unter Akademikern verbreitet sein können, wie zwei entgegengesetzte Fälle an der University of Glasgow im 19. Jahrhundert zeigen. Als dort 1840 ein Lehrstuhl für Maschinenbau eingerichtet wurde, behandelte man den neuen Professor als eine Art Störenfried und gestattete ihm die Nutzung eines Unterrichtsraums nur unter der Bedingung, dass er den Leiter des Fachbereichs »nicht in seinen Bedürfnissen beeinträchtigt«. Demgegenüber gelang es seinem Kollegen, der 1846 als Professor für »Naturphilosophie« berufen wurde, sein Territorium auf Kosten seiner Nachbarn auszudehnen.[14] Natürlich mag dabei auch das taktische Geschick eine Rolle gespielt haben, das bei dem einen vielleicht mehr, bei dem anderen vielleicht weniger ausgeprägt war, aber man kann sich kaum des Eindrucks erwehren, dass im ersten der beiden Fälle nicht nur der Professor als Störenfried empfunden wurde, sondern auch die neue Disziplin Maschinenbau, die aufgrund ihrer handwerklichen Ausrichtung gegenüber den etablierten Wissenschaften einen sehr viel geringeren Status innehatte.

Wenn wir die Skala noch einmal erweitern, kommen wir zur Stadt. Die Forderung nach einer »urbanen Geschichte der Wissenschaft«, wie sie in neuerer Zeit gestellt wurde, ließe sich sehr gut auf das Wissen im Allgemeinen ausdehnen.[15] In manchen Fällen zumindest ist klar, dass einige Charakteristika einer bestimmten Stadt die Entwicklung einer bestimmten Disziplin gefördert haben. Ein eindeutiges Beispiel dafür wäre die Soziologie an der University of Chicago, genauer gesagt, die Herausbildung der sogenannten Chicagoer Schule in den 1920er Jahren. Die Chicagoer Soziologen unter der Leitung von Robert Park waren seinerzeit führend auf dem Gebiet der Feldforschung – sie untersuchten bestimmte Zonen der schnell wachsenden Metropole wie die Gold Coast, bestimmte Institutionen wie die Tanzsäle und bestimmte soziale Gruppen wie die Hobos, die Wanderarbeiter. Ihr Interesse für die »Stadtökologie« stand in Zusammenhang mit den damaligen Reformplänen der Stadtverwaltung von Chicago.[16]

Wie Historiker der frühneuzeitlichen Wissenschaft bemerkt haben, fördern Städte eine gewisse Form intellektueller Soziabilität. Die Konzentration von Menschen mit einem gewissen gemeinsamen Interesse ist in einer Stadt groß genug, um einen täglichen Gedanken- und Informationsaustausch in Buchhandlungen, Clubs, Kaffeehäusern und Kneipen zu ermöglichen, einen Austausch, der sowohl für die wissenschaftliche Revolution als auch für die Aufklärung von großer Bedeutung war.[17] Diese Form von Soziabilität – ob spontan oder geplant – hielt sich bis ins 19. und sogar noch frühe 20. Jahrhundert hinein. Um ein Beispiel herauszugreifen: Der »Wiener Kreis«, dem unter anderen Otto Neurath angehörte, traf sich vor dem Ersten Weltkrieg jeweils donnerstags abends in einem Kaffeehaus, um Fragen der Wissenschaftstheorie zu erörtern.[18]

Was bestimmte Städte in unserer Periode zu besonders wichtigen Zentren des Wissens werden ließ, war die Konzentration von wissenschaftlichen Institutionen, die oft in fußläufiger Entfernung voneinander lagen. In den USA blieben solche Institutionen zwischen Washington und New York verteilt, so wie in Russland zwischen Moskau und Sankt Petersburg. In Paris und London wiederum gab es derart viele Institutionen, dass Wissenschaftler aus unterschiedlichen Fachbereichen die Gelegenheit hatten, sich zum Informations- und Gedankenaustausch zu treffen. »In Frankreich«, bemerkte der deutsche Naturforscher Lorenz Oken 1822 nicht ohne Neid, »wohnen die meisten Gelehrten in Paris [...]. Derselbe Fall hat in England mit London Statt. Deutschland aber biethet keinen solchen Vereinigungspunct dar.«[19]

Diese Lücke sollte schon bald Berlin ausfüllen. Die Stadt bekam eine Universität (1810), dann eine Schule für Maschinenbau (1816), eine Technische Hochschule (1821) und ein Antikenmuseum (1824). Außerdem war Berlin Sitz einer Reihe von Gelehrtenvereinigungen, unter ihnen die Berlinische Gesellschaft für deutsche Sprache und Altertumskunde (1815) und der Verein der Geographen (1828). Nach der Reichsgründung siedelten sich in der Stadt auch das Museum für Völkerkunde (1873) an, die Physikalisch-Technische Reichsanstalt (1887) sowie das Preußische Institut für Infektionskrankheiten (1891). Berlin bekam den Beinamen »Elektropolis«, der es als Zentrum der schnell wachsenden, auf Forschung basierenden Elektroindustrie auswies: Die Wissensproduktion floss fast unmittelbar in die Industrieproduktion ein.[20]

Die beeindruckende Menge Berliner Wissensinstitutionen wurde durch diejenigen in Paris noch übertroffen. Im Jahr 1800 besaß Paris die Bibliothèque royale, das Observatorium, den Louvre (der Palast war nach der Französischen Revolution als Museum für das Publikum geöffnet worden), das Musée national d'histoire naturelle (die ehemaligen königlichen Gärten), das Collège de France sowie drei neue Institutionen, die École polytechnique, die École normale und das Institut national des sciences et des arts (dem auch die alte Académie des sciences angeschlossen war). Im Laufe des 19. Jahrhunderts kamen weitere Institutionen hinzu, darunter die École supérieure de commerce (1819), die Académie nationale de médecine (1820), die École des chartes (1821), die École centrale des arts et manufactures (1829), die École pratique des hautes études (1869) sowie die École libre des sciences politiques (1872), und der berühmte Lesesaal der Bibliothèque nationale wurde 1868 eröffnet. Neben diesen öffentlichen Institutionen gab es in der Hauptstadt bis 1885 rund 120 private Gelehrtengesellschaften, die vor allem auf dem linken Seine-Ufer angesiedelt waren.[21] Die Weltausstellungen oder *expositions universelles* von 1878, 1889 und 1900 verbreiteten neues Wissen nicht nur unter ihren Besuchern, sondern brachten auch Wissenschaftler unterschiedlicher Disziplinen zu internationalen Konferenzen nach Paris (siehe unten, S. 252).

Das Paris des 19. Jahrhunderts hatte in London nicht nur einen Rivalen, sondern wurde von der britischen Hauptstadt vielleicht sogar noch übertroffen. Schon vor 1800 besaß London eine Reihe von Institutionen, die, wie wir gesehen haben, bei der Popularisierung der Wissenschaft eine wichtige Rolle spielten: die Royal Society, das Observatorium von Greenwich, die Royal Library und die neugegründete Royal Institution. Ab den 1820er Jahren mehrten sich die neuen Wissensinstitutionen der Stadt in atemberaubendem Tempo: Auf das British Museum (1823) folgten schon bald die National Gallery und die Mechanics Institution (beide 1824), das University College (1826) und das King's College (1829). Etwas später kamen die Polytechnic Institution (1838) und die

St Mary's Hospital Medical School sowie das Royal College of Chemistry (beide 1845) hinzu.

Eine weitere Welle von Neugründungen erfolgte in den 1850er Jahren, darunter die Royal School of Mines (1851) und das South Kensington Museum (1857) sowie die Eröffnung des berühmten Lesesaals im British Museum genau zu der Zeit, als Karl Marx dort seine Bücher schrieb. Die nächste Welle fand in den 1880er Jahren statt: das Natural History Museum und das Royal College of Science (beide 1881), das City and Guilds College (1884) und das Science Museum (1885), während die London School of Economics ihre Pforten 1895 öffnete. Wie im Fall von Berlin und Paris sorgte die Konzentration öffentlicher Institutionen in der Stadt dafür, dass sich hier auch private Gelehrtengesellschaften niederließen. Somerset House in der Nähe des King's College beherbergte gleich drei von ihnen – die Royal Society, die Royal Academy und die Society of Antiquaries –, bis letztere beide Mitte des 19. Jahrhunderts ins Burlington House umzogen und dort gemeinsam mit der Linnaean Society und der Chemical Society ihren Sitz fanden.

Natürlich ließen sich diese urbanen Geschichten des Wissens ohne weiteres bis ins 20. Jahrhundert hinein erweitern, doch zu dieser Zeit führte das anhaltende Wachstum der Städte zu gegenteiligen Resultaten, also eher zur Zersplitterung als zur Konzentration von Institutionen. Die Zentralität hatte eine negative wie eine positive Seite. Der städtische Verkehr – vor allem elektrische Straßenbahnen – wirkte sich verheerend auf Messungen in Labors aus. Die Luftverschmutzung beeinträchtigte zunehmend die astronomische Forschung, so dass das Berliner Observatorium 1913 nach Babelsberg verlegt wurde und das Royal Observatory von Greenwich nach Herstmonceux im ländlichen Sussex.

Umgekehrt zeigte sich aber auch, welche Vorteile es für Wissenschaftler durchaus haben konnte, in peripherer Lage zu arbeiten. Aus Gründen der besseren politischen Überwachung hatte Stalin die Verlegung der sowjetischen Akademie der Wissenschaften nach Moskau angeordnet. 1965 wurde jedoch eine neue Abteilung der Akademie im sibirischen Akademgorodok eröffnet, wo relativ freie Diskussionen möglich waren. Das mochte einerseits dem historischen Moment geschuldet sein – es war die Zeit der Entstalinisierung –, andererseits aber sicher auch der geographisch isolierten Lage.[22]

Wenn wir auf der Skala noch eine Stufe höher gehen, kommen wir zur Nation in ihren unterschiedlichen Ausprägungen: ältere Nationalstaaten wie Frankreich und Schweden; neuere Nationalstaaten wie Italien und Deutschland, die sich 1861 beziehungsweise 1871 konstituierten; und Kulturnationen ohne eigene Staaten wie Polen zwischen 1795 und 1919 oder Ungarn vor 1919.

Verschiedene Autoren haben darauf hingewiesen, dass es in der Wissenschaft und anderen Formen des Wissens, von der Anthropologie bis zu Spionage, bestimmte Nationalstile gibt. Diese Stile – französische Theorie oder englischer Empirismus zum Beispiel – mögen unbewusste gewesen sein.[23] Hier hingegen soll eine bewusste Bewegung erörtert werden, die man als »Nationalisierung« des Wissens bezeichnen könnte. Wissenschaftler wurden zunehmend als Repräsentanten ihrer jeweiligen Länder betrachtet: »In der That«, schrieb Hermann von Helmholtz, »bilden die Männer der Wissenschaft eine Art organisirter Armee. Sie suchen zum Besten der ganzen Nation [...] die Kenntnisse zu vermehren.«[24] Genau genommen war die Nationalisierung des Wissens nichts anderes als eine Fortsetzung der Politik mit anderen Mitteln.

Unter den möglichen Beispielen für diesen Trend könnte man als Erstes die Geschichtswissenschaft selbst nennen, schließlich fanden Forschung, Lehre und Schreiben zunehmend innerhalb eines nationalen Rahmens statt.[25] Zu den wichtigsten und meistgelesenen Historien, die zu dieser Zeit entstanden, gehörten Geschichtswerke über Nationen und Völker (*Folk*, *narod* und so weiter): Erik Geijer über die Schweden, František Palacký über die Tschechen, Konstantinos Paparrigopoulos über die Griechen, Petrus Blok über die Holländer und so weiter. In Frankreich gründete der Historiker François Guizot, der zeitweilig auch Erziehungsminister war, 1833 eine Gesellschaft zur Förderung des Studiums der Nationalgeschichte, die Société de l'histoire de France. Etwa zur selben Zeit fragte ein französischer Wissenschaftler, der zu Besuch in Chile weilte, den dortigen Unterrichtsminister, ob es sich überhaupt lohne, die Geschichte Chiles aufzuschreiben. Auf diese ziemlich taktlose Frage erhielt er eine unverblümte Antwort: Dies sei, beschied ihn sein Gesprächspartner, »eine nationale Notwendigkeit« *(una necessidad nacional)*.[26] In Brasilien schrieb das Instituto Histórico e Geográfico 1840 einen Preis aus, mit dem der beste Vorschlag zur Abfassung der brasilianischen Nationalgeschichte prämiert werden sollte (den Preis gewann der deutsche Naturforscher und Botaniker Carl von Martius). In Belgien wurden Preise für die Nationalgeschichte des Landes erstmals ab 1851 verliehen.

Nationalgeschichte wurde zunehmend an Schulen unterrichtet, um die Nationenbildung zu fördern, die darauf zielte, beispielsweise aus Bauern mit lokalen Identitäten »Franzosen« zu machen.[27] Die Universitäten beschritten einen ähnlichen Weg. So wurde etwa in Leiden 1860 ein neuer Lehrstuhl für die »Geschichte des Vaterlands« *(vaderlandse geschiedenis)* eingerichtet. In Oxford wurde 1872 die School of Modern History gegründet, die sich in der Praxis auf das Studium der englischen Geschichte seit dem Mittelalter konzentrierte.

Nationalhelden wurden offiziell gefeiert, unter ihnen auch Helden der Wissenschaft wie Linné in Schweden. 1829 errichtete man ihm zu Ehren eine Statue in Uppsala, sein Geburtshaus wurde 1866 in ein Museum umgewandelt, und 1907 beging man landesweit das Jubiläum seines 200. Geburtstages. In Italien finanzierte der Staat eine Reihe von »Nationaleditionen«, die das Werk nationaler Helden der Wissenschaft zugänglich machen sollten, angefangen mit Galileo Galilei über Leonardo da Vinci bis zu dem Physiker Alessandro Volta.

Auch das Studium der Geographie wurde aus nationalen Gründen offiziell gefördert. In Italien führte man nach 1829 Geographie als Unterrichtsfach ein, um die Vaterlandsliebe zu stärken. Für dieselbe Politik engagierte sich etwas später, 1882, ein Geographieprofessor an der Universität Halle.[28] Man sollte hinzufügen, dass sich die »Nation« der Historiker und Geographen nicht selten über ihre offiziellen Grenzen hinaus ausdehnte.

Das Studium der vernakularsprachlichen Literaturen wurde im 19. Jahrhundert an den Universitäten auf Kosten der Altphilologie institutionalisiert. So bekam die Berliner Universität gleich bei ihrer Gründung 1810 einen Lehrstuhl für Germanistik, also schon zwei Generationen vor der Reichsgründung, und Wilhelm Grimm gehörte zu den maßgeblichen Unterstützern einer neuen Disziplin, die – in expliziter Anlehnung an das klassisch-antike Vorbild – »deutsche«, wahlweise auch »germanische Altertumswissenschaft« genannt wurde.[29] Der erste Professor für Englisch wurde in England 1827 an die London University berufen. Als August Wilhelm Schlegel Professor in Jena war, verfasste er eine deutsche Literaturgeschichte für den Schulgebrauch, von der er sich eine Förderung des Nationalbewusstseins versprach, und der englische Autor Charles Kingsley bezeichnete die englische Literatur als »Autobiographie einer Nation«. Seinerzeit kam eine ganze Reihe berühmter Literaturgeschichten verschiedener Länder auf den Markt, darunter die fünfbändige *Geschichte der poetischen National-Literatur der Deutschen* (1835–1842) von Georg Gervinus, die *Storia della letteratura italiana* (1870–1871) von Francesco de Sanctis und die *Histoire de la littérature française* (1879) von Gustave Lanson.[30]

In Skandinavien hatte der Däne Rasmus Rask mit seinen Expeditionsreisen eine wahre Begeisterung für die Philologie ausgelöst, die ihrerseits zu einer Rückbesinnung auf nationale Ursprünge führte. In einer Reihe europäischer Nationen wurde das Kompilieren von Wörterbüchern zu einem patriotischen Unterfangen. Ein polnisches Wörterbuch erschien zwischen 1807 und 1814, ein tschechisches zwischen 1835 und 1839 und ein ungarisches zwischen 1862 und 1874. Die Herausgeber sammelten Informationen darüber, wie die Nationalsprache von Sprechern aus verschiedenen Regionen verwendet wurde, aber die Publikationen selbst trugen dazu bei, die Sprache zu standardisieren und somit das Nationalbewusstsein zu fördern.[31]

Ebenso wie ihre Literatur und Sprache diente auch das materielle Erbe der Nation als Lehrmittel in Sachen Patriotismus. Die zunehmende Beschäftigung mit dem, was wir heute als »Nationalerbe« bezeichnen, datiert aus dieser Zeit, vor allem seit der Französischen Revolution.[32] Das öffentliche Interesse für Archäologie, die um diese Zeit den Status einer akademischen Disziplin erlangte, speiste sich einerseits aus der Hoffnung, Ausgrabungen im Mittelmeerraum könnten neue Erkenntnisse über Homer und die Bibel zutage fördern, andererseits aber auch aus Nationalstolz. So beschloss etwa die erste griechische Nationalversammlung 1826, »sämtliche Altertümer zu Nationalbesitz zu erklären«.[33] Der dänische Archäologe und Kulturminister Jens Worsaae bezeichnete örtliche Funde als »Nationaldenkmäler«.[34] Unter Großbritanniens Archäologen bürgerte sich der Begriff *national monuments* ab den 1840er Jahren ein. Der deutsche Kunsthistoriker Gustav Klemm vertrat die Auffassung, die Kenntnis der Prähistorie sei »der sicherste Weg zum Patriotismus«. Jan Erazim Vocel, der erste Professor für Archäologie an der Prager Karls-Universität, trat für eine »tschechische Nationalarchäologie« ein.[35] Es versteht sich von selbst, dass diese nationale Sicht zu Kontroversen führen musste. So entbrannte zwischen deutschen und polnischen Archäologen ein Streit über die Identität früher Siedler zwischen Oder und Weichsel.[36]

Nicht viel anders war die Situation im Bereich der Volkskunde und der Ethnographie. Ebenso wie die Archäologie riefen auch diese Disziplinen Enthusiasmus hervor und erfreuten sich einer – national motivierten – staatlichen Unterstützung, da die Bauern von Intellektuellen aus der Mittelschicht oft als der authentischste Bevölkerungsteil der Nation betrachtet wurden. An der Universität Helsinki wurde 1898 ein Lehrstuhl für Volkskunde eingerichtet, also zu einer Zeit, als Finnland noch Teil des Russischen Reichs war. Oskar Kolbergs vielbändige Ethnographie Polens war – vor allem in ihren Aussagen über die Grenzen des Landes – »fest eingebettet [...] in die Politik der Nationalgesellschaft«.[37] In Irland setzte sich die Gaelic League (Conradh na Gaeilge), die 1893 vor allem zu dem Zweck gegründet worden war, den Niedergang des Gälischen aufzuhalten, auch für die Sammlung von Folklore ein. Schon bald nach Konstituierung des Irischen Freistaats 1922 wurde die Folklore of Ireland Society ins Leben gerufen (1927) und etwas später die Irish Folklore Commission.[38]

Vor 1900 war die Volkskunde eher in Museen als in Universitäten angesiedelt. Das Nordiska Museet in Stockholm (1873) betonte die panskandinavische Kultur, und das Freilichtmuseum in Skansen (1893) mit seinen rekonstruierten Holzbauten und Möbeln aus ländlichen Regionen bot so etwas wie eine lebendige Geschichte Schwedens.[39]

Museen und Galerien, die Schatzkammern des Wissens, wurden im 19. Jahrhundert nicht selten vom Staat gegründet, und ihre Namen deuten bereits an, dass bei diesen Projekten der Gedanke der Nationenbildung oder der Nationalstolz Pate standen. Zu den Neugründungen gehörten die Nationale Kunstgalerie Den Haag (1800), das Dänische Nationalmuseum (1809), das Prager Nationalmuseum (1819), die National Gallery in London (1824) sowie das Germanische Nationalmuseum in Nürnberg (1852).[40] Die meisten dieser Initiativen gingen von den jeweiligen Regierungen aus, aber es gab auch wichtige Privatinitiativen wie im Fall des Nationalhistorischen Museums in Hillerød (1878), das mit finanzieller Unterstützung von Jacob Christian Jacobsen, des Besitzers der Carlsberg-Brauerei, erbaut wurde, möglicherweise als Reaktion auf die Niederlage im Deutsch-Dänischen Krieg von 1864.

Auch die Gründung von Bibliotheken und Archiven stand ganz im Zeichen der Nationenbildung. Die ehemals königliche Bibliothek in Paris wurde 1793 zur Bibliothèque nationale de France. Die Königliche Bibliothek in Den Haag wurde 1798 als Nationalbibliothek gegründet, es folgten die Ungarische Nationalbibliothek (1803), die spanische Biblioteca Nacional (1836, ehemals Biblioteca Real), die italienische Biblioteca Nazionale (1861, das Jahr der Einigung Italiens) und die Bulgarische Nationalbibliothek (1879).

In Großbritannien wurde die Nationalbibliothek erstaunlicherweise von einem Ausländer aufgebaut. Der aus Italien eingewanderte Antonio Panizzi, der von den 1830er bis zu den 1860er Jahren in verschiedenen Positionen an der Bibliothek des British Museum tätig war, betrachtete sie als eine nationale Institution. »Diese eindeutig *britische* Bibliothek«, erklärte er, »sollte insbesondere auf britische Werke ausgerichtet sein und auf Werke, die mit dem British Empire zu tun haben.« Und an anderer Stelle: »Das Museum ist die Bibliothek der englischen Nation, und in dieser Bibliothek sollte jedes Buch vorhanden sein, das von Engländern gedruckt oder auf Englisch verfasst wurde oder einen Bezug zu England hat.«[41]

Was das Archivwesen betrifft, so wurden die französischen Archives nationales 1800 eingerichtet, gefolgt vom norwegischen Riksarkivet (1817) und vom English Public Record Office (1838). Ein wichtiges kulturelles Projekt war seinerzeit die Veröffentlichung von Quellentexten zur Geschichte einer Nation. Ab 1826 erschien beispielsweise die auf Initiative des Reichsfreiherrn vom Stein begründete *Monumenta Germaniae Historica* mit dem Motto *Sanctus amor patriae dat animum* (»Die Vaterlandsliebe verleiht den [rechten] Geist«). Die mittelalterlichen Gesetzestexte Norwegens wurden auf Beschluss des Parlaments (Storting) ab 1846 veröffentlicht. Die *English Rolls Series* und die *Monumenta Hungariae historica* kamen beide ab 1857 heraus.

Im 19. Jahrhundert wurden auch biographische Lexika von gewaltigen Ausmaßen kompiliert. Die dicht aufeinanderfolgenden Zeitpunkte ihrer Veröffentlichung machen deutlich, welche nationalen Rivalitäten zwischen den verschiedenen Ländern bestanden. Das niederländische Lexikon (*Biographisch Woordenboek der Nederlanden*) in 20 Bänden erschien ab 1852; das *Biographische Lexikon des Kaiserthums Oesterreich* (der sogenannte Wurzbach) in 60 Bänden ab 1856; die belgische *Biographie nationale* in 27 Bänden ab 1866; die *Allgemeine Deutsche Biographie* in 56 Bänden ab 1875; das englische *Dictionary of National Biography* in 63 Bänden ab 1885; das dänische Lexikon (*Dansk Biografisk Lexicon*) in 19 Bänden ab 1887; und das russische (*Russky Biograficheski Slovar*) ab 1896.

Diese Kompilationen waren politisch weniger neutral, als man vielleicht meinen möchte. So gab es manche Einzelpersonen, die von verschiedenen Ländern für sich in Anspruch genommen wurden. Um noch einmal zu den Kontroversen zwischen deutschen und polnischen Wissenschaftlern zurückzukehren: Es war unvermeidlich, dass der Wegbereiter des heliozentrischen Weltbilds im deutschen Lexikon als »Copernicus, Nicolaus« figurierte und im polnischen als »Kopernik, Mikołaj« – wobei der Eintrag in der *Allgemeinen Deutschen Biographie*, wie zu Ehren seines Verfassers gesagt werden muss, ausdrücklich auf die doppelte Abstammung des Kopernikus verweist (polnischer Vater, deutsche Mutter) und die Frage der Nationalität folgendermaßen relativiert: »In der Wissenschaft ist er ein Mann, der nicht einer Nation angehört, sein Wirken, sein Streben gehört der ganzen Welt.«

Auch allgemeine Enzyklopädien bekamen eine nationale Färbung. Die *Encyclopaedia Britannica*, eine schottische Initiative, datiert von 1768, der deutsche *Brockhaus* von 1796, die *Encyclopedia Americana* von 1829, der französische *Grand dictionnaire universel* (nach seinem Herausgeber als »Larousse« bekannt) von 1864, die niederländische *Winkler Prins Encyclopedie* von 1870, die spanische *Enciclopedia universal ilustrada* von 1905, die jugoslawische *Narodna Enciklopedija* von 1924 und die griechische *Megale Ellenike Enkyklopaideia* von 1926. Die berühmte elfte Auflage der *Encyclopaedia Britannica* wurde ausdrücklich damit beworben, dass namhafte Ausländer wie der dänische Physiker Niels Bohr an ihrer Abfassung beteiligt gewesen seien, was eine Londoner Zeitschrift nicht daran hinderte, sie als »Ruhmesblatt für unsere Nation« zu feiern.

Enzyklopädien gehörten zu jenen »Tummelplätzen« – neben vielen anderen –, auf denen nationale Rivalitätskämpfe ausgetragen wurden. »Ihre eigene Enzyklopädie zu produzieren«, schrieb kürzlich ein Autor, »wurde von jeder ›zivilisierten Nation‹ erwartet, wollte sie von ihren Nachbarn und den europäischen Mächten ernst genommen werden.«[42] Illustrieren lässt sich dies etwa anhand der Geschichte der *Enciclopedia italiana*, die erst relativ spät, ab 1929, erschien. Schon neun Jahre zuvor hatte ein italienischer Minister geschrieben, sein Land müsse unbedingt »eine Nationalenzyklopädie bekommen, die ihm bisher fehlt, so wie es in Frankreich, England, Deutschland, ja selbst in Spanien der Fall ist«.[43] Die *Enciclopedia italiana* wurde unter anderem daraufhin konzipiert, Werbung – wenn nicht gar Propaganda – für alles Italienische zu machen. Der Eintrag »Garibaldi« beansprucht beispielsweise 17 Spalten, während sich entsprechende Einträge im *Brockhaus* und im *Larousse* mit einer einzigen begnügen. Der Eintrag »Milano« läuft über 59 Spalten, verglichen mit jeweils sieben im *Larousse* und im *Brockhaus*.

Auch die Archäologie blieb von nationalen Rivalitäten nicht unberührt. Franzosen und Briten lieferten sich Mitte des 19. Jahrhunderts einen Wettlauf um die Entdeckung assyrischer Kulturrelikte. Henry Rawlinson, ein Militär, der sich auf Ausgrabungen verlegt hatte, klagte dem Diplomaten und Archäologen Austen Layard sein Leid: »Es schmerzt mich heftig, mit anzusehen, wie die Franzosen ein Alleinrecht auf diesem Feld erhalten.« Er bat ihn, sich bei Stratford Canning, dem britischen Botschafter an der Hohen Pforte, für die englische Sache einzusetzen, woraufhin Layard an Canning schrieb: »In dem Wettlauf mit den Franzosen, was die Entzifferung der Keilschrift angeht, ist auch die nationale Ehre beteiligt.« Auf der anderen Seite betonte der französische Archäologe Victor Place, wie wichtig es sei, »dass wir uns auf einem Weg, den wir selbst eröffnet haben, von England nicht abhängen lassen dürfen.«[44] Als Adolf von Harnack die deutsche Reichsregierung 1904 um finanzielle Unterstützung für eine archäologische Expedition nach Zentralasien ersuchte, bediente er sich eines höchst patriotischen Vokabulars: »In der Geschichtswissenschaft gilt noch immer ›Ex oriente lux‹; aber wir Deutschen müssen alle Kräfte anspannen, um uns den uns gebührenden Platz auch an dieser Sonne zu sichern«[45] – in Anlehnung an das berühmte Zitat aus einer Rede des Kaisers, die dieser drei Jahre zuvor gehalten hatte.

Selbst in den Naturwissenschaften machten sich Nationalbewusstsein und nationale Rivalitäten bemerkbar. In den 1860er Jahren bezeichnete der französische Erziehungsminister Victor Duruy die wachsende Zahl deutscher Wissenschaftler als »eine Bedrohung für die französische Wissenschaft«.[46] Die erste vom Staat finanzierte geologische Erkundung fand in den 1830er Jahren in Frankreich statt, und nach diesem Beipiel verfuhren bald auch andere Länder. Die Einrichtung von Naturkundemuseen war Teil der Nationenbildung. Auf die Eröffnung des Museo Nacional de Historia Natural in Santiago de Chile (1822) folgte sofort diejenige des Museo de Historia Natural (1823) in Bogotá.[47] Das schwedische Museum für Geologie »enthielt hauptsächlich schwedische Mineralien«.[48]

Die Rivalität nahm sogar galaktische Dimensionen an. Die Entdeckung des Planeten Uranus durch William Herschel galt seinerzeit als ein Triumph englischer Astronomen über ihre französischen Konkurrenten (obwohl Herschel ein deutscher Einwanderer war, der eigentlich Wilhelm hieß). Joseph Banks, Präsident der Royal Society, schrieb an Herschel, der neue Planet solle möglichst schnell einen Namen bekommen, »oder unsere flinken Nachbarn, die Franzosen, werden uns ganz gewisslich die Mühe ersparen, ihn zu taufen«.[49] Entdeckungen – am Himmel wie auf Erden – nach nationalen Symbolen zu benennen war gängige Praxis: So bekam etwa der Uranus ursprünglich den Namen *Georgium Sidus* (Georgs Stern), zu Ehren des englischen Königs Georg

III. In den 1920er Jahren schrieb der niederländische Astronom Willem Hendrik van den Bos vom »verrückten Wettlauf um wahllose Doppelstern-Entdeckungen« in der südlichen Hemisphäre, das intellektuelle Äquivalent des früheren »Wettlaufs um Afrika«.[50] Die sowjetisch-amerikanische Rivalität bei der Erforschung des Weltraums zur Zeit von Sputnik (1957) und NASA (1958) mag das bekannteste Beispiel dieser Form von Wettbewerb sein – das erste war es ganz sicher nicht (siehe unten, S. 272 f.).

Die Welt der Gelehrsamkeit

In der frühen Neuzeit wurde die Welt der Wissenschaften gelegentlich als ein Gemeinwesen dargestellt, als *res publica literaria*, *république des lettres*, *commonwealth of learning*, »Gelehrtenrepublik« und so weiter. Dieses Gemeinwesen der Gelehrsamkeit war im Wesentlichen ein imaginiertes, das manchmal mit einer erweiterten politischen Metapher umschrieben wurde, in der die Republik einen Senat, Gesetze und so weiter hatte. Die politische Metapher war allerdings nicht völlig aus der Luft gegriffen, schließlich gab es bestimmte Gepflogenheiten und Institutionen, welche die wissenschaftliche Zusammenarbeit förderten, oder zumindest die Kooperation zwischen Gelehrten an unterschiedlichen Orten. Zu diesen Gepflogenheiten gehörte es, dass man seine Korrespondenz in der Lingua franca des Lateinischen führte, welche die Grenzen der europäischen Vernakularsprachen überwand, und dass man sich gegenseitig Publikationen und Informationen zukommen ließ und Kollegen besuchte, wenn man auf Reisen war.

Die meisten Studien über diese – imaginierte oder reale – Gemeinschaft enden entweder um 1750 mit dem Erscheinen der *Encyclopédie* oder 1789 oder spätestens um 1800. Natürlich gibt es gute, wenn auch nicht hinreichende Gründe für diesen kollektiven Beschluss seitens der Historikerzunft – zwei Hauptgründe, die sich in genauso vielen Worten zusammenfassen lassen: Spezialisierung und Nationalismus. Eine Monographie über die Herausbildung der deutschen Chemikergemeinschaft im späten 18. Jahrhundert arbeitet diese beiden Punkte sehr genau heraus, nämlich ein wachsendes Identitätsbewusstsein, das sich in doppelter Hinsicht abgrenzt: erstens gegen andere Disziplinen, zweitens gegen andere Nationen – in diesem Fall vor allem gegen die Franzosen.[51]

Die zunehmende Spezialisierung haben wir bereits im letzten Kapitel erörtert. Die Harmonie innerhalb der Gelehrtenwelt wurde aber auch durch andere Faktoren bedroht, nicht nur durch Kriege, sondern mehr noch durch die Verlagerung vom Kosmopolitismus zum Nationalismus oder, in den berühmten Worten Friedrich Meineckes, vom »Weltbürgertum« zum »Nationalstaat«.

Die Napoleonischen Kriege hatten eine negative Auswirkung auf die Gelehrsamkeit, da sie die internationale Kommunikation unterbrachen. Die berühmte Bemerkung eines englischen Mediziners um 1803, »Die Wissenschaften sind nie im Krieg«, war schon in dem Augenblick überholt, in dem sie formuliert wurde.[52] Aber auch nach Beendigung der Kriege verschwanden die nationalen Rivalitäten keineswegs, sondern wirkten sich sogar, wie wir gesehen haben, von Mal zu Mal nachhaltiger auf die Gelehrsamkeit aus. Die Großmächte (ihre Herrscher und einige ihrer Gelehrten) strebten nach einer Vormachtstellung in der Welt der Wissenschaft: Sie wollten eine zentrale Rolle spielen und ihre Rivalen auf eine periphere reduzieren.

Zentren und Peripherien

Ein wichtiger Aspekt der Geographie des Wissens ist der Kontrast zwischen Zentren und Peripherien. Anders als nationale Grenzen lassen sich diese Zentren und Peripherien nur schwer definieren, gelegentlich sind sie nämlich eher subjektiver als objektiver Natur. Gleichwohl hat die Existenz in einer geographisch peripheren Lage – wie auch das Bewusstsein dieses Umstands – wichtige kulturelle Konsequenzen.

Auf nationaler Ebene war der Kontrast zwischen Metropole und Provinz oft von entscheidender Bedeutung, vor allem vielleicht gerade in dieser Zeit des rapiden Wachstums von Städten wie London, Paris, Berlin und New York, die jeweils mit einem ganzen Netzwerk von Bibliotheken, Museen, Akademien, Universitäten und anderen Wissensinstitutionen ausgestattet waren und somit den Wissenschaftlern, die in ihnen lebten, einen sehr viel unmittelbareren Zugang zum Wissen ermöglichten als ihren Kollegen an anderen Orten.

So verfestigte sich etwa »Londons Dominanz im wissenschaftlichen Leben Großbritanniens« zwischen 1800 und 1850 mit der bereits erwähnten Konzentration von Wissensinstitutionen in der Hauptstadt. Zeitgenossen zeigten sich tief beeindruckt, und der deutsche Kartograph

August Petermann, der 1847 nach London kam, wähnte sich gar »am Centralpunkt geographischen Wissens«.[53] Ähnliches ließe sich über Paris sagen, wo sich beginnend mit der Französischen Revolution zahlreiche Wissensinstitutionen in rascher Folge ansiedelten.

Die privilegierte Position, die Wissenschaftler in den Metropolen als etwas ganz Selbstverständliches ansahen, rief bei ihren Kollegen aus der Provinz Ressentiments hervor, und gerade deshalb erscheinen deren Urteile umso aussagekräftiger. Zwei Zitate britischer Geologen des frühen 19. Jahrhunderts mögen dies verdeutlichen. Robert Bakewell aus Nottingham schrieb offen über die Schwierigkeiten, die er in der Hauptstadt hatte: »Es gibt gewisse Vorurteile unter den Mitgliedern der wissenschaftlichen Gesellschaften in London und Paris, die es ihnen schwermachen zu glauben, dass Leute, die in Provinzstädten oder auf dem Land leben, irgendetwas Wichtiges zur Wissenschaft beitragen können.« Und Charles Lyell, der aus Schottland kam, registrierte »die eifersüchtige Widerwilligkeit [...], die die meisten großstädtischen Monopolisten in der Wissenschaft in Frankreich wie auch bei uns gegenüber all jenen an den Tag legen, die zufällig nicht ihre eigene exklusive Atmosphäre atmen.«[54]

Natürlich spricht aus derlei Äußerungen auch Eifersucht, dennoch trifft es durchaus zu, dass Wissenschaftler, die im Zentrum lebten, nicht immer wussten, was anderswo geschah. Ein berühmtes Beispiel dafür ist Gregor Mendel und seine heute weltweit anerkannte Vererbungslehre. Mendel war in doppelter Hinsicht eine Randexistenz: sozial in seiner Eigenschaft als Mönch und geographisch als Bewohner einer Provinzstadt des Habsburgerreichs (Brünn, das heutige Brno in der Tschechischen Republik), der seine Entdeckungen 1865 im Verbandsblättchen des Naturforschenden Vereins veröffentlichte. Seine Arbeit gelangte erst mit etwa dreißigjähriger Verspätung ins Blickfeld von Vererbungsforschern an anderen Orten und machte ihn posthum als einen der Wegbereiter der modernen Genetik berühmt.[55]

Auf internationaler Ebene gab es im Zeitraum von 1750 bis 2000 einige Länder, die sich auf dem Gebiet des Wissens erfolgreich ihre nationale Vorherrschaft sicherten, angefangen mit Frankreich, das bis 1830 oder 1840 zum »Zentrum der wissenschaftlichen Welt« avancierte.[56] Einige deutsche Chemiker, die später zu Ruhm gelangten, begannen ihre Laufbahn als Studenten in Paris, namentlich Justus Liebig in den 1820er Jahren und Robert Bunsen 1832. Orientalisten aus Deutschland und Schweden kamen nach Paris, um bei Silvestre de Sacy zu studieren. Brasilianische Studenten immatrikulierten sich an der medizinischen

Fakultät von Montpellier. 1826 schickte der ägyptische Herrscher Muhammad Ali 45 Studenten nach Frankreich. Französische Institutionen hatten Modellcharakter. So wurde etwa das Musée d'histoire naturelle in Göttingen imitiert.[57] Die Gesellschaft für Erdkunde zu Berlin (1828) folgte dem Modell der Société de géographie de Paris (1821), die Londoner Royal Asiatic Society (1823) demjenigen der zwei Jahre zuvor gegründeten Société asiatique, und das Instituto Histórico e Geográfico Brasileiro (1838) demjenigen des Pariser Institut historique.

Auch nach 1840 blieb das französische Modell der Gelehrsamkeit in einigen Teilen der Welt noch einflussreich und Paris ein zentraler Ort. In Zusammenhang mit den Weltausstellungen von 1889 und 1900 fanden in der Stadt beispielsweise mehrere internationale Kongresse statt – über Archäologie, Chemie, Dermatologie, Physiologie und Psychologie im ersten Fall, über Botanik, Chemie, Geologie, Mathematik, Meteorologie, Physik und Psychologie im zweiten. Noch nach 1934 wurden an die neugegründete Universität von São Paulo mehrere Dozenten aus Frankreich berufen, von denen einige später eine glänzende akademische Karriere machen sollten, unter ihnen der Soziologe Roger Bastide, der Historiker Fernand Braudel und der Anthropologe Claude Lévi-Strauss.

Die führende Rolle in der Wissenschaft spielten zwischen 1840 und 1914 jedoch die Deutschen. Der französische Historiker Ferdinand Lot registrierte 1892 »die Hegemonie Deutschlands auf allen Feldern der Gelehrsamkeit«.[58] Oft blickten Ausländer neidvoll auf die Forschungsmöglichkeiten, die den Deutschen zur Verfügung standen. So beklagte etwa der Zoologe Ray Lankester 1883, die britischen Universitäten seien »hinsichtlich der Geldmittel, die sie erhalten, der Zahl von Lehrkräften und der Effizienz ihrer Labore nicht nur der kleinsten deutschen Universität unterlegen, sondern sogar vielen Technischen Hochschulen dieses Landes«.[59]

Ein wichtiges Zeichen der Veränderung war die Ausbreitung des Deutschen als akademische Lingua franca, die skandinavische, russische oder japanische Wissenschaftler in ihren Artikeln verwendeten, um ein breiteres Publikum zu erreichen.[60] Ein weiteres Zeichen war, dass ausländische Studenten an deutsche Universitäten strömten, von denen manche in ihren Herkunftsländern zu namhaften Akademikern wurden. Am eindeutigsten zeigt sich dies im Falle der USA, wo die Entstehung der Forschungsuniversität genau in diese Zeit fiel. Der amerikanische Philosoph Josiah Royce, der selbst in den 1870er Jahren bei Wilhelm Wundt in Leipzig studiert hatte, schrieb von einer »Generation, die von nichts anderem träumte als von der deutschen Universität«. Neben Chemikern, Geologen, Physiologen und Astronomen studierten auch der Psychologe William James, der Politikwissenschaftler John Burgess und der Soziologe Albion Small in Deutschland. Im Studienjahr 1895/96 waren über 500 Amerikaner an deutschen Universitäten immatrikuliert.[61]

Diese Zahlen dürften von Studenten aus den Nachbarstaaten Deutschlands wohl kaum erreicht worden sein, doch zu denjenigen, die aus europäischen Ländern kamen, gehörten immerhin der Franzose Émile Durkheim, der belgische Historiker Henri Pirenne, der Niederländer Johan Huizinga (der seinerzeit Sprachen studierte), der Schweizer Linguist Ferdinand de Saussure und der russische Geograph Pjotr Semjonow. Unter den Briten studierte der Chemiker William Perkin in München, und Peter Chalmers Mitchell erklärte, zu seiner Jugendzeit im späten 19. Jahrhundert habe es »zu den unverzichtbaren Bestandteilen der Ausbildung und Forschung in Zoologie gehört, Deutsch zu lesen und Deutsche zu kennen«.[62]

In vielen Ländern orientierten sich akademische Einrichtungen an deutschen Modellen. So wurde etwa das Seminar in Frankreich, England, Italien und den USA eingeführt, meistens von Wissenschaftlern, die in Deutschland studiert hatten. In den USA war die neugegründete Johns Hopkins University – Spitzname »Göttingen in Baltimore« – eine der ersten, die dem deutschen Vorbild folgten. Daniel Gilman, ihr erster Präsident, führte das Doktorat ein und wollte auch »einige Besonderheiten des deutschen Systems der Privatdozenten« übernehmen.[63] In Argentinien waren deutsche Wissenschaftler willkommen, und umgekehrt beauftragte der Dekan der Rechts- und Sozialwissenschaftlichen Fakultät an der Universidad Nacional de la Plata in Buenos Aires 1908 einen ihrer Professoren – Ernesto Quesada, der in Leipzig und Berlin studiert hatte – mit einer Erkundungsreise durch deutsche Universitäten, um zu berichten, wie dort Geschichte gelehrt werde.[64]

Die British Association for the Advancement of Science (1831) folgte dem Beispiel der Gesellschaft Deutscher Naturforscher und Ärzte (1822). Lord Acton, mütterlicherseits selbst deutscher Abstammung, gründete *The English Historical Review* nach dem Beispiel der *Historischen Zeitschrift*. In Frankreich wurde die École pratique des hautes études 1869 gegründet, nachdem der Erziehungsminister eine Informationsreise durch Deutschland unternommen hatte. Auf ähnliche Weise studierte eine britische Delegation, die 1897 nach Deutschland reiste, »die neueren Fortschritte auf dem Gebiet der technischen Ausbildung in diesem Land«, was zehn Jahre später zur Gründung des Imperial College of Science and Technology führte. Mitte des 19. Jahrhunderts führte die University of London das Doktorat in Naturwissenschaft und Literatur ein, der erste PhD in Cambridge wurde 1882 abgelegt, der erste D. Phil. in Oxford sogar erst 1917. »Jahrzehnte nach seiner Einführung wurde der Grad eines Doktors der Philosophie (D. Phil.) von vielen Professoren der Geisteswissenschaften noch immer als ein unerquickliches Vehikel trockener teutonischer Pedanterie betrachtet.«[65] Das deutsche Modell behagte nicht jedem.

Weniger leicht lässt sich sagen, welches Land – wenn überhaupt irgendeins – zwischen 1914 und 1945 auf dem Gebiet des Wissens tonangebend war: Vielleicht wäre es korrekter, in diesem Zusammenhang von Polyzentrismus zu sprechen, und zwar insofern, als Frankreich, Großbritannien und andere Länder bestimmte akademische Felder oder geographische Regionen beherrschten. Nach dem Zweiten Weltkrieg waren es die USA und die UdSSR – und in neuerer Zeit allein die USA –, die in den Sozial- wie in den Naturwissenschaften eine führende Rolle innehatten. Nach 1939 verlagerte sich beispielsweise das Zentrum der Psychoanalyse von Mitteleuropa in die Vereinigten Staaten, was natürlich auch mit dem Exodus vieler Analytiker zusammenhing. Die amerikanische Soziologie dominierte die Disziplin insbesondere in den 1950er und 1960er Jahren. Politikwissenschaftler haben von der nach 1945 weltweit einsetzenden »Amerikanisierung« ihres Fachs gesprochen.[66] In den späten 1960er Jahren behauptete die aus Österreich stammende Psychologin Marie Jahoda, Amerika sei »zum Weltzentrum der Psychoanalyse geworden, so wie es auch das Weltzentrum der Psychologie ist«.[67]

Auch Regionen haben ihre eigenen Zentren und Peripherien, die sich im Laufe der Zeit verlagern konnten, was manchmal mit Veränderungen im Kommunikationssystem zusammenhing. Der Aufstieg von Buenos Aires und Santiago de Chile zu Wissenszentren nach 1800 vollzog sich beispielsweise zu einer Zeit, als der Schiffsverkehr von Europa nach Südamerika nicht mehr über den Pazifik, sondern zunehmend über den Atlantik lief.[68]

Aus der Sicht der »subalternen« oder peripheren Länder haben diese Hegemonien gravierende Nachteile. Der Soziologe Robert Merton beschrieb einmal den von ihm so genannten Matthäus-Effekt (unter Verweis auf Mt 25,29: »Denn wer da hat, dem wird gegeben werden«), der besagt, dass namhafte Wissenschaftler oft die Anerkennung für Entdeckungen finden, die von weniger bekannten Figuren gemacht wurden.[69]

Man könnte Mertons Gesetz in einem geographischen Sinn abwandeln und behaupten, dass Wissenschaftler aus kleinen Ländern weniger Anerkennung finden als solche aus großen Ländern. Alexander von Humboldt war ein Gelehrter aus dem Zentrum, der die Peripherie – in diesem Fall Südamerika – erforschte und sich damit seinen Ruf in Paris und Berlin erwarb. Der südamerikanische Astronom und Naturforscher Francisco José de Caldas untersuchte zum Teil dieselben Phänomene wie Humboldt, den er persönlich kannte, aber in der Wissenschaftsgeschichte hat er nicht viel mehr als eine Fußnote hinterlassen.[70] Wie der prominente französische Historiker Fernand Braudel einmal bemerkte, war sein polnischer Kollege Witold Kula »intelligenter«, hatte aber nur Zugang zum polnischen »Lautsprecher«, während er selbst, Braudel, in der vorteilhaften Lage war, sich des französischen Lautsprechers bedienen zu können.[71]

Beispielsweise war es der dänische Philologe Rasmus Rask, der als Erster das sogenannte Grimmsche Gesetz formulierte (siehe oben, S. 98), benannt aber wurde es nach dem Deutschen Jacob Grimm. Der schwedische Diplomat und Orientalist Johan David Åkerblad leistete einen entscheidenden Beitrag zur Entzifferung von Hieroglyphen, wie der Däne Niels Westergaard und der Norweger Christian Lassen im Fall der Keilschrift, doch die Namen, an die man sich bis heute in diesem Zusammenhang erinnert, sind bekanntlich diejenigen des Franzosen Champollion und des Engländers Rawlinson. Japan ist zwar kein kleines Land, erfuhr aber eine ähnliche Art von Diskriminierung, was damit zusammenhängen mag, dass seine Entdeckungen in einer Sprache verschlossen blieben, die in der westlichen Welt kaum jemand beherrschte. Auf jeden Fall war es ein deutscher Mediziner, Emil von Behring, der 1901 den Nobelpreis für seine Arbeiten zur Serumtherapie erhielt, obwohl er diese zusammen mit einem japanischen Kollegen, Kitasato Shibasaburo, durchgeführt hatte.[72]

Mertons Gesetz ließe sich in zwei Richtungen erweitern. Auf der Makroebene wurden die Beiträge von Gelehrten außerhalb des Westens nur unzureichend gewürdigt. »Ein Großteil dessen, was als europäische oder westliche Wissenschaft durchging«, schrieb kürzlich ein Autor, »wurde tatsächlich woanders erarbeitet.«[73] Eine ähnliche Situation haben wir auf der Mikroebene: Wie eine Studie herausfand, zitieren beispielsweise in der Physik Angehörige renommierter Abteilungen lieber Kollegen aus anderen, ebenso renommierten Abteilungen als solche aus weniger renommierten.[74]

Eine Position im Zentrum kann Vor- und Nachteile mit sich bringen. So wurde der Niedergang der französischen Hegemonie in den Naturwissenschaften damit erklärt, dass das akademische System in Frankreich sehr viel zentralisierter ist als etwa in Deutschland, Großbritannien oder den USA. Der Mangel an Wettbewerb führte hier zur Inflexibilität und zum Widerstand gegen Innovationen.[75] Umgekehrt müssen periphere Positionen im Reich des Wissens nicht unbedingt und ausschließlich negativ sein. Bisweilen entstehen gerade dort alternative Wissensformen und Innovationen. Nehmen wir etwa die Situation im Europa des späten 18. Jahrhunderts: Während in Frankreich die Bücherproduktion einer strengen Kontrolle durch kirchliche und weltliche Zensoren unterlag, wurden jenseits der Grenzen des Königreichs – in der Schweiz und den Niederlanden – subversive Bücher produziert und ins Land geschmuggelt.[76] Im Frankreich des frühen 20. Jahrhunderts entwickelten sich »Provinzstädte« wie Bordeaux und Straßburg, ungeachtet des von Paris beherrschten akademischen Systems, zu Zentren der Innovation, jene in der Soziologie, diese in der Geschichtswissenschaft.

Die spektakulärsten Beispiele für Innovationen, die sich der Peripherie verdanken, finden wir an den Grenzen zwischen dem Westen und anderen Teilen der Welt. Diese Regionen waren der »akademischen Dependenz«, dem »wissenschaftlichen Imperialismus« oder »wissenschaftlichen Kolonialismus« ausgesetzt, definiert als »ein Prozess, der dafür sorgt, dass das Gravitationszentrum für den Erwerb von Wissen über die Nation außerhalb der Nation selbst angesiedelt ist«.[77]

Wie schon öfter konstatiert wurde, bestehen zwischen Wirtschaftsgeschichte und Wissensgeschichte insofern Parallelen, als die Peripherie Rohstoffe exportiert, die in der Metropole verarbeitet werden, während die Metropole ihrerseits Theorien produziert, die anderswo Anwendung finden. Die Sozialtheorie etwa ist im Allgemeinen im »globalen Norden« hervorgebracht worden, vor allem in Westeuropa und den USA.[78] In der etwas überspitzten Formulierung des argentinischen Semiotikers Walter Mignolo gingen Wissenschaftler früher einmal von folgender Prämisse aus:

> Wer aus Lateinamerika »kommt«, muss auch »über« Lateinamerika »sprechen«, muss in diesem Falle also als Alibi seiner eigenen Kultur herhalten. Eine solche Erwartung stellt sich gar nicht erst ein, wenn der Autor aus Deutschland, Frankreich, England oder den USA »kommt«. Bekanntlich besitzt die Erste Welt Wissen und die Dritte Welt Kultur; amerikanische Ureinwohner besitzen Weisheit und Angloamerikaner Wissenschaft.[79]

Tatsächlich ist an diesen Grenzen, die bisweilen als »Kontaktzonen« bezeichnet werden, das Wissen in beide Richtungen geflossen, was gelegentlich zu neuen Erkenntnissen führte. Nehmen wir als Beispiel die Entdeckung aus dem späten 18. Jahrhundert, dass sich Griechisch und Latein aus dem Sanskrit herleiten. Westlichen Philologen war diese Abstammung nicht bewusst gewesen, weil sie kein Sanskrit konnten, und indische Gelehrte wiederum kannten weder Latein noch Griechisch; als jedoch William Jones bei örtlichen Pandits Sanskrit studierte, wurden die Ähnlichkeiten zwischen den drei alten Sprachen offenkundig. In einem allgemeineren Sinne ergaben sich aus Begegnungen zwischen Vertretern des Westens und Kundigen vor Ort vielfältige Dialoge, die »hybride« und »übersetzte« Formen von Wissen entstehen ließen.[80]

Bedeutende Beispiele eines solchen übersetzten Wissens sind der Hinduismus, den westliche Gelehrte im späteren 18. Jahrhundert entdeckten, und der Buddhismus, der eine Generation später entdeckt wurde. Gegen Ende der viktorianischen Zeit gab es in Großbritannien »einen sprunghaften Anstieg des Interesses« für Buddhismus, das sogar zu einigen Konversionen führte. Was man dabei allerdings zu »entdecken« glaubte, war eher ein buntes Gemisch aus Glaubensüberzeugungen und Praktiken, die von westlichen Wissenschaftlern nach Gutdünken arrangiert und in ein intellektuelles System übersetzt wurden, das einheimische Gläubige möglicherweise kaum wiedererkannt hätten. So gesehen könnte man den Buddhismus als eine Kreation des Westens betrachten.[81]

Am Prozess der Übertragung östlicher Ideen in westliche war beispielsweise auch die Russin Helena Blavatsky beteiligt, die sich selbst als Buddhistin ausgab, aber wohl besser als Stifterin einer neuen Religion betrachtet werden sollte: Ihre Theosophie stützte sich auf eine ganze Reihe von Quellen, vom Neoplatonismus bis zum Hinduismus und Buddhismus. Ähnlich verhielt es sich bei Rudolf Steiner, dessen Version der Theosophie, die Anthroposophie, auf deutsche Traditionen von Goethe bis Nietzsche zurückgriff, aber auch auf »die Weisheit des Ostens«.[82]

Stimmen vom Rand

Nicht-westliche Beiträge zum Wissen lassen sich als solche oft nur dann erkennen, wenn man westliche Quellen gegen den Strich liest und sie auf kurze, marginale Angaben hin durchforstet. Anhand solcher Quellen war es bisweilen möglich, unbekannte Wissensschätze zu bergen, wie die folgenden Beispiele zeigen. James Cook wurde von dem Polynesier Tupaia durch den Südpazifik gelotst, und Meriwether Lewis und William Clark vertrauten sich bei ihrer Erkundung des amerikanischen Westens der Shoshonen-Frau Sacajawea an, die mit einem Frankokanadier verheiratet war. Als der Naturforscher Alfred Russel Wallace seine Expedition auf den Malaiischen Archipel unternahm, half ihm sein »Boy« oder Diener Ali, Insekten und Pflanzen zu finden und zu identifizieren.[83] Der britische Archäologe Aurel Stein entdeckte die Manuskripte der berühmten Dunhuang-Grotten nicht selbst, sondern erfuhr von ihnen durch den daoistischen Mönch Wang Yuanlu, der ihm (wie auch seinem Rivalen Paul Pelliot) einige verkaufte. Und es war ein ortsansässiger Bauer, Melchor Arteaga, der den amerikanischen Historiker Hiram Bingham zur Inka-Ruinenstätte von Machu Picchu führte.

Einheimische Informanten, von denen manche selber Gelehrte waren, leisteten immer wieder unerlässliche Dienste, und zwar nicht nur bei der Aufgabe des »Entdeckens«. Wie wir gesehen haben, bezog der britische Orientalist William Jones sein Wissen von ortsansässigen Gelehrten, namentlich von Tarkapanchanan, ebenso wie der Missionar und Sinologe James Legge von seinem Assistenten Wang Dao ins Studium der chinesischen Klassiker eingeführt wurde.[84] Bei seiner Arbeit über die Sitten und Bräuche der Ägypter (siehe oben, S. 42) konnte sich Edward Lane auf die Hilfe eines ägyptischen Freundes, Scheich Ahmed, stützen. Der Anthropologe Franz Boas erhielt wesentliche Informationen über das Volk der Kwakiutl in Nordwest-Kanada von seinem Dolmetscher George Hunt (Hunts Vater war Engländer, seine Mutter entstammte dem Volk der Tlingit, und er selbst kam durch Heirat mit der Kultur der Kwakiutl in Berührung). Marcel Griaule, ebenfalls Anthropologe, bekannte ganz offen, seine Kenntnisse über die westafrikanische Volksgruppe der Dogon weitgehend einem ihrer Angehörigen, dem alten blinden Jäger Ogotemmeli, zu verdanken. Alle diese Individuen waren im Grunde so etwas wie »Kulturmakler«, eine Gruppe, die erst neuerdings ins Blickfeld der Forschung gelangt ist.[85]

Bis vor relativ kurzer Zeit interessierten sich westliche Historiker kaum für alternative Sichtweisen der Vergangenheit. Dies gilt insbesondere für die »Sicht der Besiegten« – eine Formulierung, die erstmals der mexikanische Historiker Miguel León-Portilla verwendete, als er 1961 eine Quellensammlung veröffentlichte, in der die Geschichte der spanischen Conquista aus der Warte der Azteken erzählt wird. Heute ist der Begriff – ein weiterer Fall von »Matthäus-Effekt« – vor allem als

Titel einer Monographie des französischen Historikers Nathan Wachtel bekannt, der in seiner *Vision des vaincus* (1971) die Kolonialgeschichte Perus untersuchte. Wachtel gehörte zu jenen Wissenschaftlern, die den Chronisten Guaman Poma wiederentdeckten: Poma, Abkömmling der einheimischen Quechua-Elite, hatte 1615 die (erst 1936 veröffentlichte) Geschichte Perus vor und während der spanischen Kolonialherrschaft aufgezeichnet, die sich ganz erheblich von derjenigen der Eroberer unterschied. Die Wiederentdeckung Pomas ist als »ein Akt der Entkolonisierung« bezeichnet worden.[86]

Die bisher genannten Beispiele betreffen einheimisches Wissen, das in das westliche System integriert wurde, und gehören damit zu den zahlreichen Fällen eines Phänomens, das neuerlich als *border gnosis* bezeichnet wird.[87] Im 20. Jahrhundert oder sogar noch früher finden wir wichtige Beiträge zu diesem System, die aus einer Peripherie kamen und von Gelehrten stammten, die – zumindest größtenteils – das Spiel nach westlichen Regeln spielten.

Am augenfälligsten zeigt sich dies in den Naturwissenschaften. 1930 ging der Nobelpreis für Physik beispielsweise an den in Kalkutta lehrenden Inder C. V. Raman. 1957 bekamen ihn zwei chinesische Wissenschaftler, Chen Ning Yang und Tsung-dao Lee, die beide in den USA lebten. 1983 wurde er an Ramans Neffen Subramanyan Chandrasekhar verliehen, der aus Lahore stammte, aber in Chicago arbeitete. Der Nobelpreis für Chemie 1981 ging zu gleichen Teilen an den Japaner Fukui Kenichi, der in Kyoto lehrte, und an den polnischstämmigen Amerikaner Roald Hoffmann.

Im Falle der Historiographie machte sich die Modernisierungsbewegung, die in Japan zur Zeit der Meiji-Restauration (1868–1890) eingesetzt hatte, dahingehend bemerkbar, dass Gelehrte wie Fukuzawa Yukichi Werke verfassten, die sich an westlichen Vorbildern orientierten, in seinem Fall an Monographien zur europäischen Zivilisation von François Guizot und Henry Buckle. Das Japanese History Bureau beauftragte einen exilierten Diplomaten aus Ungarn, eine Geschichte der westlichen Historiographie zu verfassen, und der Ranke-Schüler Ludwig Rieß wurde als erster Professor für Geschichte an die Universität von Tokio berufen.[88] Auch fachspezifische Gesellschaften im westlichen Stil wurden gegründet: die Geographical Society of Tokyo (1879), die Anthropological Society of Tokyo (1884), die Japanese Historical Association (1889) und die Archaeological Society (1895).

Ein vorherrschendes Thema in der Geschichte der Archäologie war die Ausgrabung der Vergangenheit nicht-westlicher Regionen durch

Teams unter der Leitung von Europäern wie Layard, doch nach und nach sollten einheimische Wissenschaftler dabei eine größere Rolle spielen. Frühe Beispiele dafür sind der Japaner Hamada Kosaku und der Mexikaner Manuel Gamio, die bei Petrie beziehungsweise bei Boas studiert hatten und in den 1910er Jahren ihre eigenen Grabungen durchführten, und der Chinese Li Ji, ein Harvard-Absolvent, der in den 1920er Jahren mit seinen Grabungen in China begann.[89]

Im Bereich der Soziologie und Geschichte gab es Gelehrte, die einige der Spielregeln änderten, indem sie Forschungsmethoden anhand lokaler Erfahrungen entwickelten, von denen ihre europäischen und nordamerikanischen Zeitgenossen wiederum lernen konnten. Beispielhaft seien in diesem Zusammenhang Fernando Ortiz und Gilberto Freyre genannt. Ortiz war ein Kubaner, der in Italien studierte und anschließend in seine Heimat zurückkehrte, um über sie zu schreiben. Er betonte die Bedeutung kultureller Begegnungen, die er als zweigleisige Prozesse betrachtete. Aus diesem Grund prägte er in seiner 1940 veröffentlichten Studie *Contrapunteo cubano* (dt. *Tabak und Zucker. Ein kubanischer Disput*, 1987) den Begriff der »Transkulturation« in bewusster Abgrenzung zu dem seit den 1930er Jahren verbreiteten Terminus »Akkulturation«, der den Einfluss einer dominanten auf eine dominierte Kultur in den Vordergrund rückte. Da sich Malinowski den neuen Begriff schon bald zu eigen machte, wurde er gewissermaßen auch im Zentrum hoffähig.

Der Brasilianer Freyre wiederum hatte in den Vereinigten Staaten unter anderem bei Boas an der Columbia University studiert. Seine dreibändige soziokulturelle Geschichte Brasiliens (1933–1959) war seinerzeit äußerst innovativ, was auch europäische Gelehrte wie Fernand Braudel sehr schnell anerkannten. Freyre, Soziologe und Historiker zugleich, forderte eine »Tropikalisierung« der Sozialtheorie, die es Wissenschaftlern wie ihm und dem Inder Radhakamal Mukherjee, einem Vorreiter auf dem Gebiet der Humanökologie, erlauben würde, sich im Westen Gehör zu verschaffen. Am besten in Erinnerung bleibt Freyre jedoch als nachdrücklicher Verfechter einer »Interpenetration« von Kulturen und für seine Definition brasilianischer Identität als Produkt einer solchen Interpenetration, bei der portugiesische Kolonisatoren wie auch afrikanische Sklaven und einheimische Völker eine signifikante Rolle spielten.[90]

Ein neueres Beispiel peripherer Innovation ist die internationale Bewegung für »postkoloniale« Studien, angeführt von Wissenschaftlern, die aus der Dritten Welt stammen, den größten Teil ihres Arbeitslebens aber in Europa oder den USA verbringen: etwa der Literaturtheoretiker Edward Said, der sich als ewiger »Fremdkörper« zwischen Palästina und den Vereinigten Staaten empfand, oder Gayatri Spivak (geborene Chakravorty), eine Bengalin, die durch die ganze Welt reist, ihren Lebensmittelpunkt aber in den USA hat.[91]

Spivak schloss sich in den 1980er Jahren der Subaltern Studies Group um Ranajit Guha an, einem bengalischen Gelehrten, der ebenfalls den größten Teil seines Lebens außerhalb Indiens verbrachte. Die Gruppe, die sich vornehmlich der Geschichte Indiens der letzten 200 Jahre widmet, betreibt eine andere Art von Geschichtsschreibung, nämlich aus einer Perspektive »von unten«, und was sie untersucht, ist »die Politik des Volks«. Ihre Auffassung, dass die »subalternen« beziehungsweise dominierten Klassen zu politischem Handeln in der Lage sind, läuft nicht nur dem »kolonialen Elitismus« britischer Historiker zuwider, sondern auch dem, so Guha, »bürgerlich-nationalistischen Elitismus« anderer indischer Historiker.[92] Die Gruppe pflegte, zumindest eine gewisse Zeit lang, den Dialog mit Theoretikern »postkolonialistischer« Literaturkritik, und ihr Ansatz hat Wissenschaftler auch in anderen Teilen der Welt inspiriert, insbesondere in Lateinamerika.[93]

Kurz gesagt, Grenzregionen sind ein Ort kultureller Begegnungen, Kollisionen und Übertragungen, die ihrerseits oft neues Wissen und neue Ideen generieren. Solche Begegnungen, Kollisionen und Übertragungen resultieren auch aus der Bewegung von Menschen, von Exilanten und anderen Migranten.

Migranten und Exilanten

Migranten lassen sich als periphere Menschen betrachten, als Fremdkörper an ihrem neuen Standort. Sie befinden sich oft in einer prekären Lage, was zum Teil daran liegt, dass es ihnen an örtlichem Wissen mangelt. Andererseits bringen sie ihr eigenes Wissen mit – auch implizites Wissen und technische Kenntnisse –, das dort, wo sie ein neues Leben beginnen, vielleicht nicht vorhanden ist. Wie es ein Wissenschaftstheoretiker formulierte: »Der Transfer wirklich wertvollen Wissens von Land zu Land oder von Institution zu Institution lässt sich nicht einfach durch den Transport von Briefen, Zeitschriften und Büchern bewerkstelligen: Dazu bedarf es der physischen Bewegung von Menschen.« Kurz: »Ideen wandern im Innern von Menschen umher.«[94]

Schon 1752 hatte Trudaine de Montigny, der Leiter des französischen Bureau de Commerce, eine ähnliche Aussage gemacht: »Kunstfertigkeiten vermitteln sich nicht, indem man von einem Land in ein anderes schreibt.« Warum sollte das der Fall sein? Der Textilfabrikant John Holker, Trudaines Verbündeter bei dem Plan, versierte englische Handwerker nach Frankreich zu bringen, erklärte es so: »Gute Informationen würden einen Arbeitsmann kaum beeindrucken.« Was es brauchte, »um technische Fähigkeiten von einem Land zum anderen zu transferieren«, war das praktische Beispiel.[95]

Im Europa der frühen Neuzeit waren es insbesondere drei Diasporas, die nachhaltige intellektuelle Konsequenzen hatten: diejenige griechischer Gelehrter, die im 15. Jahrhundert von Byzanz nach Italien gingen, diejenige italienischer Protestanten in Großbritannien und der Niederlande im 16. und diejenige französischer Hugenotten in Großbritannien, der Niederlande und Preußen im 17. Jahrhundert.

Auch im Zeitraum von 1750 bis 2000 spielte die Migration von Gelehrten eine wichtige Rolle. Manche dieser Bewegungen lassen sich mit »Anziehungskräften« erklären, sprich, den attraktiven Arbeitsbedingungen, die das neue Umfeld zu bieten hatte. So verlockte die Sankt Petersburger Akademie der Wissenschaften im 18. Jahrhundert beispielsweise eine ganze Reihe von Gelehrten, sich im Ausland niederzulassen: etwa den Schweizer Mathematiker Leonhard Euler, den schwedischen Mineralogen Johan Jacob Ferber, die deutschen Naturforscher Samuel Gottlieb Gmelin und Peter Simon Pallas oder den deutschen Historiker August von Schlözer. Der Brain-Drain europäischer und asiatischer Wissenschaftler in die USA im späten 20. Jahrhundert war nicht der erste in der Geschichte.

In anderen Fällen ließen sich Migranten nicht so sehr von Anziehungskräften motivieren, sondern wurden eher von der Furcht vor Verfolgung im eigenen Land zur Auswanderung gedrängt. Karl Marx ist der berühmteste einer ganzen Gruppe von Revolutionären, die sich Mitte des 19. Jahrhunderts zum Exil entschlossen. Umgekehrt folgte auf die von Marx inspirierte Oktoberrevolution von 1917 eine Diaspora antimarxistischer Gelehrter, unter ihnen die Historiker Michael Rostovtzeff und Georgij Vernadskij.

Diese Gruppen verblassen jedoch neben dem »großen Exodus« der 1930er Jahre, der Emigration vor allem jüdischer und deutschsprachiger Gelehrter aus Deutschland und Österreich nach Großbritannien, Schweden (der Philosoph Ernst Cassirer), in die USA, die Türkei (der Literaturwissenschaftler Erich Auerbach), nach Neuseeland (der

Philosoph Karl Popper) und in andere Teile der Welt.[96] Zwei bedeutende deutsche Institutionen – eine sozial- und eine kulturwissenschaftliche – emigrierten ebenfalls: Das Institut für Sozialforschung zog von Frankfurt nach New York, die Kulturwissenschaftliche Bibliothek Warburg von Hamburg nach London, wo sie zum Warburg Institute wurde.[97] Zur Diaspora der 1930er Jahre gehörten auch Flüchtlinge aus Mussolinis Italien (der Wirtschaftswissenschaftler Piero Sraffa und der Althistoriker Arnaldo Momigliano) und aus Spanien während des Bürgerkriegs (3000 Ärzte und Anwälte und 150 Wissenschaftler).[98]

Die Beiträge zum Wissen, die insbesondere emigrierte Naturwissenschaftler leisteten, sind bereits mehrfach in Studien untersucht worden, was sogar zur Prägung eines neuen Terminus technicus führte: *emigration-induced scientific change* (EISC).[99] Viel zu sagen gäbe es auch über geisteswissenschaftliche Beiträge, die sich der Emigration verdanken. In Argentinien etwa war es der aus Spanien geflohene Historiker Claudio Sánchez-Albornoz, der dort die Tradition der Mediävistik begründete, und Momigliano drückte der britischen Disziplin der antiken Geschichte seinen Stempel auf.

Im Folgenden wollen wir uns noch genauer darauf konzentrieren, welche intellektuellen Konsequenzen die Diaspora in Großbritannien hatte; unser besonderes Augenmerk wird dabei der Soziologie und der Kunstgeschichte gelten, also zwei relativ jungen und kleinen Disziplinen, die es einigen wenigen bemerkenswerten Einwanderern erlaubten, einen Beitrag zum Wissen zu leisten, der gemessen an ihrer Zahl von überdurchschnittlicher Bedeutung war.

In den frühen 1930er Jahren spielte die Soziologie in der akademischen Welt Großbritanniens praktisch nur eine Nebenrolle. Es gab zwar eine Tradition der Sozialerhebungen – mit anderen Worten, empirisch-pragmatische Untersuchungen sozialer Bedingungen –, aber keine Theorietradition. 1903 war die Sociological Society gegründet worden, 1907 bekam die London School of Economics (LSE) ihren ersten Lehrstuhl für Soziologie, und ab 1908 erschien auch eine entsprechende Fachzeitschrift, aber die Disziplin als solche blieb eher eine Angelegenheit von Amateuren. In den 1930er Jahren lehnten sowohl Oxford als auch Cambridge ein Angebot der Rockefeller Foundation zur Finanzierung der Sozialwissenschaften ab. Nach 1933 jedoch erhielt Karl Mannheim an der LSE einen Lehrauftrag für Soziologie und Hermann Mannheim (die beiden waren nicht miteinander verwandt) einen für Kriminologie. Andere deutsche Soziologen fanden Anstellungen an den Universitäten von Birmingham und Manchester, und das University College of Leicester berief den Russen Ilya Neustadt als Dozent in Soziologie; zunächst nahm er seinen Lehrauftrag alleine wahr, später zusammen mit seinem Kollegen Norbert Elias, der seinerseits aus Deutschland emigriert war.

Eine Generation später, Mitte der 1960er Jahre, gab es in Leicester schon rund 180 Soziologiestudenten. Einige britische Soziologen, die später sehr bekannt werden sollten – unter ihnen Bryan Wilson, John Goldthorpe und Anthony Giddens –, waren entweder jüngere Kollegen oder Studenten von Elias und Neustadt. Karl Mannheim wiederum gab bei Routledge eine soziologische Reihe heraus, und seine Vorlesungen inspirierten zwei seiner Studenten, Basil Bernstein und Tom Bottomore, so sehr, dass sie das Fach später zu ihrem Beruf machten und ihrerseits zu renommierten Soziologen wurden. Ein weiterer Emigrant, der Pole Stanisław Andreski, der nach der Invasion Ostpolens durch die Rote Armee 1939 nach Großbritannien kam, gründete den soziologischen Fachbereich an der University of Reading und veränderte seinen Namen (von Andrzejewski), so dass die Engländer ihn aussprechen konnten. Eine Generation später gelangte der polnische Soziologe Zygmunt Bauman, den eine Welle von Antisemitismus in seinem Land 1971 nach Großbritannien vertrieben hatte, als Professor an der University of Leeds zu internationalem Ansehen.

Allerdings wäre es ein Fehler, die Situation in allzu rosigem Licht darzustellen. Elias war 57, ehe er eine Festanstellung bekam. Mannheim hatte das Gefühl, in seiner neuen Heimat nicht ernst genommen zu werden, und beklagte sich, wie schwierig es sei, den Briten die Wissenssoziologie zu erklären.[100] Dennoch war der Beitrag der Emigranten unerlässlich, um die Soziologie seinerzeit in Großbritannien zu institutionalisieren und ihr auch einen gewissen Stempel aufzudrücken – so sorgten sie beispielsweise dafür, dass den britischen Soziologen die Geschichte ihrer Disziplin bewusster wurde.

Ebenso wie die Soziologie spielte auch die Kunstgeschichte im Großbritannien der frühen 1930er Jahre nur eine bescheidene Rolle. Es gab eine Tradition der *connoisseurship* (Kunstliebhaberei), die empirisch-pragmatisch betrieben wurde – also das kunsthistorische Äquivalent zur Tradition der Sozialerhebungen in der Soziologie –, aber man widmete sich dem Gegenstand eher in Museen, Galerien und Kunstschulen als an den Universitäten.[101] Insofern unterschied sich die Situation ganz erheblich von derjenigen in Deutschland und Österreich, wo die Kunstgeschichte um die Mitte des 19. Jahrhunderts als akademische Disziplin schon fest etabliert war.[102]

In den 1930er Jahren setzte der Wandel gerade erst ein. An der Londoner Slade School of Art war 1922 ein Lehrstuhl für Kunstgeschichte eingerichtet worden, und 1932 wurde das Courtauld Institute gegründet. Nach Hitlers Machtergreifung kam eine ganze Reihe von Emigranten aus Mitteleuropa als Dozenten an das Institut, unter ihnen Frederick Antal, Ernst Gombrich, Otto Kurz, Otto Pächt und Johannes Wilde. Der Kunsthistoriker Fritz Saxl wurde zum Leiter des Warburg Institute ernannt, das 1933 nach London umgesiedelt war, und der Architekturhistoriker Nikolaus Pevsner bekam zunächst ein Forschungsstipendium an der Birmingham University, wurde dann Lehrbeauftragter am Londoner Birkbeck College und später dort zum ersten Professor für Kunstgeschichte berufen. Ab 1949 lehrte Rudolf Wittkower Kunstgeschichte an der Slade School, ihm folgte mit Leopold Ettlinger ein weiterer Emigrant. Für einen dritten Emigranten, Edgar Wind, richtete die University of Oxford Mitte der 1950er Jahre eigens eine Professur für Kunstgeschichte ein.

Gegen den vergleichsweise methodischen und theoretischen Ansatz der Exilierten regte sich gelegentlich auch Widerstand bei »Einheimischen«, denen er als zu »teutonisch« galt. »Theorien«, bemerkte Saxl nach der Ankunft in seiner neuen Heimat, »werden von den Engländern im Allgemeinen verabscheut, insbesondere aber von den Gebildeten.«[103] Andererseits gab es auch ein paar britische Akademiker, die die neuen Ansätze begrüßten, unter ihnen Kenneth Clark, der die englische Tradition der *connoisseurship* für »praktisch überlebt« hielt und bekannte, ein Vortrag Aby Warburgs habe seine Interessen von der *connoisseurship* auf die Ikonologie verlagert und damit sein Leben verändert. Die Kunsthistoriker Anthony Blunt und John Berger bestätigten übereinstimmend, welche Bedeutung Frederick Antal für ihre intellektuelle Entwicklung gehabt hätte; auf ähnliche Weise wurde Michael Baxandall von Ernst Gombrich beeinflusst.

Die akademische Soziologie könnte man als eine Übertragung pragmatischen Gesellschaftswissens betrachten, die akademische Kunstgeschichte als eine Übertragung von *connoisseurship*. Eine Schlüsselrolle bei dieser »Übertragung« in die englische Kultur spielten die Emigranten, also Individuen, die ihrerseits im ursprünglichen Wortsinn »übersetzt« worden waren. Sie kamen aus einem Milieu, in dem sowohl Kunstgeschichte als auch Soziologie höher entwickelt und professionalisiert waren als in Großbritannien, und so sorgten sie dafür, in ihrem Exilland neue Standards von Wissenschaftlichkeit zu etablieren. Die Emigranten trugen auch dazu bei, die akademische Kultur Großbritanniens zu entprovinzialisieren.

Die Beeinflussung verlief keineswegs eingleisig. Einige mitteleuropäische Physiker dieser Zeit wurden als »Brückenbauer« bezeichnet, die eine Synthese zwischen den theoretischen Traditionen der Deutschen und den experimentellen Traditionen der Briten herstellten.[104] Auch in der Soziologie und der Kunstgeschichte ist eine intellektuelle Hybridisierung zu verzeichnen. Auf der einen Seite sehen wir die Assimilierung beziehungsweise Anglisierung der Emigranten, die – wie im Falle von Sir Nikolaus Pevsner, Sir Ernst Gombrich und anderen – sogar zur Erhebung in den Adelsstand führte. Namentlich Pevsner wurde mit seinem vielbändigen Werk über die Architektur der englischen Grafschaften nachgerade zu einer britischen Institution. Auf der anderen Seite sehen wir die Professionalisierung, wo nicht gar Germanisierung der Disziplinen. Pevsner beispielsweise äußerte sich ausgesprochen kritisch über die britische Tradition der amateurhaften Kunstbetrachtung.[105]

Natürlich war die Synthese alles andere als vollkommen. Manches ging wie üblich im Prozess der Übertragung unter, während anderes bewusst abgelehnt wurde. Die Studenten, die zu Anhängern emigrierter Intellektueller wurden (wie im Falle von Elias, der ein Talent besaß, Schüler um sich zu scharen), sind von denjenigen zu unterscheiden, die mit ihren Lehrern nicht übereinstimmten und insofern auf subtilere Weise betroffen waren. Dennoch veranschaulichen die oben erörterten Karrieren durchweg die Rolle, die Robert Merton dem »Emigranten oder Außenseiter als Katalysator intellektueller und sozialer Entwicklung« zuschrieb.[106] In dieser Hinsicht besteht eine Parallele zwischen geographischer und disziplinärer Migration.

Entnationalisierung des Wissens

Die Emigranten spielten eine wichtige Rolle bei der Entnationalisierung des Wissens, dem Gegentrend zur Nationalisierung, die an früherer Stelle in diesem Kapitel beschrieben wurde.[107] Vielleicht genauso wichtig war das Aufkommen einer neuen Institution, die bereits in Kapitel 6 erörtert wurde: der internationale Kongress von Spezialisten einer bestimmten Disziplin. Begünstigt durch den Ausbau des Schienennetzes in Europa wurden Kongresse dieser Art ab Mitte des 19. Jahrhunderts immer häufiger. In Hinblick auf Eisenbahnen und Schiffe könnte man davon sprechen, dass für die Welt der Gelehrsamkeit das »Zeitalter der

Dampftechnik« anbrach und dasjenige der Pferdekraft ablöste, die in der Periode von 1500 bis 1850 bestimmend gewesen war.

Ab Mitte des 19. Jahrhunderts, als Dampfschifffahrt und Telegraph die Kontinente einander näherbrachten, entwickelte sich auch eine Tendenz zur »Globalisierung« des Wissens.[108] Schon zur Zeit der Segelschiffe hatte die europäische Welt der Gelehrsamkeit ihre Grenzen nach Übersee erweitert, bis hin nach Batavia, Kalkutta, Mexiko-Stadt, Lima, Boston, Philadelphia und Rio de Janeiro, wo 1772 eine Akademie der Wissenschaften gegründet worden war. Das Dampfschiff leistete diesem Trend weiteren Vorschub.

Wie wir gesehen haben, kamen gegen Ende des 19. Jahrhunderts viele Amerikaner zum Studium nach Deutschland. Das Dampfschiff ermöglichte auch Vortragsreisen durch die USA, wie sie von Charles Lyell, Matthew Arnold, T. H. Huxley und einer Reihe britischer Wissenschaftspopularisierer unternommen wurden. Anlässlich der Weltausstellung in St. Louis (1904) reisten die deutschen Gelehrten Karl Lamprecht, Ferdinand Tönnies, Ernst Troeltsch, Max Weber und Werner Sombart in die USA. 1907 hielten Sigmund Freud und Carl Gustav Jung Vorträge in den USA, und die British Association for the Advancement of Science traf sich 1914 in Australien. Der große Exodus der 1930er Jahre wiederum unterschied sich von früheren Gelehrtendiasporas insofern, als einige Wissenschaftler Zuflucht jenseits der Grenzen Europas suchten, sei es in den USA, in Mexiko, Argentinien, Neuseeland oder anderswo.

Kurz gesagt: Europäisches Wissen wurde zu »westlichem« Wissen. Gleichzeitig verbreitete sich dieses »westliche Wissen« in anderen Teilen der Welt und veränderte sich dabei im Sinne eines Prozesses sowohl sprachlicher als auch kultureller Übertragung.

Globalisierung des Wissens

Der Prozess der Verbreitung muss aus dem zweifachen Blickwinkel von Angebot und Nachfrage betrachtet werden. An manchen Orten wurde die Ausbreitung westlichen Wissens durch Vertreter des Westens gefördert, weil sie – mit imperialem Anspruch – das eigene Wissen für das überlegenere hielten. Das berüchtigtste Beispiel in dieser Hinsicht lieferte zweifellos Thomas Macaulay, der in der Begründung für die Einführung der englischen Sprache an indischen Erziehungsanstalten

(»Minute on Indian Education«, 1835) seine Überzeugung kundtat, dass »ein einziger Regalmeter einer guten europäischen Bibliothek die gesamte einheimische Literatur Indiens und Arabiens aufwiegt« – ein dramatisches Beispiel dessen, was als »Disqualifizierung« indigenen Wissens bezeichnet worden ist.[109] Im Zuge einer Politik der Verwestlichung wurden 1857 in Bombay, Kalkutta und Madras Universitäten eröffnet. In Aligarh gründete der Inder Sir Syed Ahmad Khan das Muhammedan Anglo-Oriental College, das sich am Vorbild von Oxford und Cambridge orientierte.[110] 1881 wurde das St. Stephen's College in Delhi von protestantischen Missionaren ins Leben gerufen.

Ehe die Verwestlichung zur beherrschenden Politik wurde, gab es jedoch durchaus einige britische Kolonialverwalter und Missionare, die der lokalen Kultur sehr viel mehr Verständnis entgegenbrachten.[111] Schon im Jahr 1800 war das College of Fort William in Kalkutta vom dortigen Generalgouverneur gegründet worden, um britischen Kolonialbeamten die Möglichkeit zu geben, sich »orientalisches Wissen und orientalische Wissenschaft« anzueignen.[112] An diesem College, das 1854 geschlossen wurde – drei Jahre vor dem sogenannten Indischen Aufstand –, unterrichteten sowohl bengalische Pandits als auch Auslandsbriten. Umgekehrt war der Fall des Hindu College, das 1817, ebenfalls in Kalkutta, zu dem Zweck eröffnet wurde, den Söhnen der bengalischen Eliten etwas von europäischen wie auch indischen Kulturtraditionen zu vermitteln.[113] Es gab also, mit anderen Worten, bereits Versuche, beide Kulturtraditionen miteinander zu verschmelzen, ehe die Politik der Verwestlichung einsetzte. Was diese Versuche scheitern ließ, war die Tatsache, dass Indien um die Mitte des 19. Jahrhunderts »massenhaft Zulauf von frommen britischen Evangelikalen bekam, die Indien nicht nur regieren und verwalten, sondern auch erretten und kultivieren wollten«, während sich manche indische Moslems mehr und mehr radikalisierten.[114]

Die Nachfrage nach westlichem Wissen zeigt sich besonders deutlich in drei Fällen, bei denen die Initiative nicht vom Westen ausging: Ägypten, China und Japan. In allen drei Fällen war die Öffnung für westliches Wissen ursprünglich eine Defensivmaßnahme des Staates gegen die Bedrohung durch den Westen. Man entschloss sich zu einer Politik der, so Arnold Toynbee, »Verwestlichung in Minimaldosierung«. Den Anhängern einer begrenzten Öffnung war nicht klar, dass die Übernahme einer fremden Technik gravierende Konsequenzen hat: »Sie wird sich [...] in die Tiefe einfressen, bis schließlich die Gesamtheit der bodenständigen Kultur unterminiert ist und [...] die fremde Kultur Stück für Stück Zugang in sie findet.«[115]

Ägypten gehörte unter Muhammad Ali (Regierungszeit 1805–1849) nominell noch zum Osmanischen Reich, war in der Praxis aber schon zu einem unabhängigen Staat geworden. Ali richtete eine Militärschule ein, später kamen Ausbildungsstätten für Ingenieurswesen, Medizin, Pharmazie, Mineralogie und Landwirtschaft hinzu. 1826 schickte er 45 Ägypter zum Studium nach Frankreich und gründete später eine Übersetzerschule, um den Eingang westlichen Wissens ins Land zu erleichtern. Ali setzte ganz auf Technik oder allgemeiner auf »nützliches Wissen«, aber es gab auch Ausnahmen von der Regel. Zu den Übersetzungen ins Arabische, die seinerzeit angefertigt wurden, gehörten Geschichtswerke Voltaires über Peter den Großen – vielleicht als Beispiel eines bedeutenden Vertreters der Verwestlichung –, William Robertsons über Karl V. und Montesquieus über die Römer.[116] Rifā'ah al-Tahtāwi, der Leiter einer Studentenmission nach Frankreich, verfasste nach seiner Rückkehr eine Geschichte Ägyptens, die die Nation verherrlichte, sich dabei aber selbst an westlichen Vorbildern orientierte.[117]

Ebenso wie in Indien spielten auch in China Missionare vor allem ab den 1850er Jahren eine wichtige Rolle als Kulturmakler. Als Botschafter nicht nur des Christentums, sondern auch der westlichen Zivilisation sahen sie es oft als Teil ihrer Aufgabe an, die Kenntnisse westlicher Wissenschaft zu verbreiten, etwa durch die Herausgabe von Zeitschriften wie das *Chinese Scientific Magazine* (1876, geplant als Äquivalent des *Scientific American*) oder durch die Übersetzung von Büchern über Astronomie, Geologie und insbesondere Medizin.[118] Wissen sollte, in den Worten eines Missionars, »den praktischen Zwecken des Lebens dienen«.[119] 1834 wurde – nach dem britischen Vorbild von 1826 – eine »Gesellschaft zur Verbreitung nützlichen Wissens in China« gegründet und 1887 eine »Gesellschaft zur Verbreitung christlichen und allgemeinen Wissens unter den Chinesen«.

Der Bedarf an westlichem – insbesondere militärischem – Wissen artikulierte sich auch in der sogenannten Kampagne zur Selbststärkung (*shiyi zhiyi*), die dem Prinzip folgte, von den Barbaren zu lernen, um sie zu zügeln. Nach der Niederlage in den Opiumkriegen ließ die chinesische Regierung mit Hilfe von Auslandseuropäern Arsenale und Schiffswerften erbauen. An der Kiangnan-Schiffswerft in Shanghai wurde eine Übersetzungsabteilung eingerichtet, die sich auf Bücher über Wissenschaft und Technik konzentrierte. Trotz ihrer offensichtlich unterschiedlichen Ziele kooperierte die chinesische Regierung mit den Missionaren. Einige von ihnen traten sogar in den Dienst der Regierung ein, namentlich John Fryer, der in der Übersetzungsabteilung der Kiangnan-Schiffswerft arbeitete.[120]

Das Interesse der Chinesen an westlichem Wissen nahm kontinuierlich zu. 1877 wurde der Marineoffizier Yan Fu zur Ausbildung an die Marineakademie in Greenwich geschickt und unterrichtete später selber an einer ähnlichen Institution in Tianjin. Yan Fu machte auch die Ideen T. H. Huxleys und Herbert Spencers in China bekannt und übersetzte John Stuart Mills *On Liberty* und Adam Smiths *The Wealth of Nations*.[121] Cai Yuanpei, der in Leipzig unter anderem bei Karl Lamprecht und Wilhelm Wundt studiert hatte, wurde Kanzler der neu gegründeten Kaiserlichen Universität in Peking, die er nach deutschem Vorbild reformierte.[122] Shen Zhurong, der an der New York Public Library Bibliothekswissenschaft studierte, übernahm das Dewey-System zur Klassifizierung chinesischer Bücher.[123]

Diese Invasion westlichen Wissens hatte zur Folge, dass die traditionelle chinesische Wissenschaft »verdrängt« wurde.[124] Es kam nicht nur zu Rivalitäten, sondern sogar zu Spaltungen. So wurde zu Beginn des 20. Jahrhunderts eine Chinesische Medizinische Vereinigung gegründet, welche die westliche Medizin propagierte, und bald darauf ein Institut für nationale Medizin zur Pflege der chinesischen Traditionen. Es fand auch eine Art hybridisierender Wechselwirkung zwischen beiden Wissenssystemen statt, die dazu führte, dass »auf der einen Seite die westliche Pharmazie sinisiert und auf der anderen Seite die Akupunktur modernisiert« wurde.[125]

In Japan wiederum sorgten die Meiji-Restauration von 1868 und die mit ihr einhergehende Modernisierungskampagne dafür, dass sich das Land westlichem Wissen bemerkenswert rasch öffnete, obwohl einige Einzelpersonen wie Fukuzawa sich schon früher in diese Richtung bewegt hatten. Zu den neuen Institutionen, die innerhalb von zehn Jahren im Zuge der »Restauration« gegründet wurden, gehörten die Medical Academy in Osaka (1869) und in der Hauptstadt die private Keio University (1981), das Imperial College of Engineering (1873), das Commercial College (1875) sowie die staatliche University of Tokyo (1877).

Zu dieser Zeit fanden mehrere Erkundungsmissionen in den Westen statt, namentlich die Iwakura-Mission in die USA, und einige sehr bekannte westliche Texte wurden ins Japanische übersetzt, darunter (wie in China) John Stuart Mills *On Liberty* sowie *Self-Help* von Samuel Smiles.[126] Viele japanische Studenten, die ins Ausland gingen, vor allem nach Deutschland, taten dies mit staatlicher Unterstützung, was der von einem Minister 1897 formulierten Überzeugung entsprach:

»Wir werden keine Fortschritte machen, solange wir keine Studenten in fortgeschrittene Länder schicken.«[127] Ein führender japanischer Naturwissenschaftler, der Bakteriologe Kitasato Shibasaburo, der bei Robert Koch in Berlin studiert hatte, verehrte seinen Lehrer so sehr, dass er nicht nur Kochs Eigenarten imitierte, sondern ihm im Institut für Infektionskrankheiten, das er später in Tokio leitete, sogar einen Shinto-Schrein errichtete.[128] Einige dieser japanischen Studenten engagierten sich nach ihrer Rückkehr für die Gründung neuer Universitäten nach preußischem Vorbild.[129] Schriftliche Prüfungen für Kandidaten für den Staatsdienst – ebenfalls nach preußischem Modell – wurden in den 1880er und 1890er Jahren eingeführt. Die Ironie wollte es, dass die Preußen vom traditionellen chinesischen Prüfungssystem inspiriert worden waren, das Japan seinerseits bereits im 7. Jahrhundert imitiert hatte.[130]

Mehr noch als in China herrschte in Japan eine regelrechte »West-Manie«, und gewisse Erscheinungen lassen vermuten, dass westliche Wissenspraktiken einfach kopiert wurden. Doch Erscheinungen können täuschen. Übertragung im kulturellen wie im sprachlichen Sinne ist zwangsläufig eine Art Domestizierung oder Assimilierung des Fremden. Für Schlüsselwörter in der einen Sprache finden sich nicht unbedingt passende Äquivalente in einer anderen, wie Missionare des 16. Jahrhunderts feststellen mussten, als sie den Begriff »Gott« ins Chinesische zu übersetzen versuchten und dafür das Wort *tian* wählten, wörtlich »Himmel«. Ironischerweise benutzte der oben erwähnte Yan Fu ebendieses Wort für »Natur«, als er ein Werk Herbert Spencers ins Chinesische übertrug.[131]

Im Japan des 19. Jahrhunderts wurde auch Mills *On Liberty* übersetzt, und besonders aufschlussreich ist in diesem Zusammenhang die Behandlung des titelgebenden Schlüsselworts »Freiheit«. Der Übersetzer suchte nach einem Äquivalent im traditionellen Japanisch und entschied sich für den Begriff *jiyū*. Das Problem bestand darin, dass *jiyū* mit Selbstsucht oder Eigenwilligkeit assoziiert wird. Ob nun aus sprachlichen oder aus kulturellen Gründen im weiteren Sinne, auf jeden Fall blieb *jiyū* immer leicht negativ besetzt, selbst für Vorkämpfer der Verwestlichung wie Fukuzawa.[132] Das Schlüsselwort veranschaulicht sehr deutlich ein Problem allgemeinerer Art, nämlich dass sich in Japan »die Begriffe, die den Inhalt der Verwestlichung definierten, nicht gut übersetzen ließen; sie stimmten nicht wie selbstverständlich mit bestehenden japanischen Begriffen überein« – oder, genauer gesagt, mit dem gesellschaftlich-politischen Umfeld, in dem sie verwendet wurden.[133] Es mag die Absicht japanischer Reformer gewesen sein, Ideen und Praktiken aus dem Westen zu importieren, doch was dabei herauskam, war – einmal mehr – eine Art kultureller Mischbildung.

Kurz gesagt, besteht für Historiker das große Problem nicht darin, die Frage zu beantworten, ob Asiaten westlichen Modellen nacheiferten oder nicht – offensichtlich taten sie es –, sondern darin, die kognitive Distanz zwischen diesen Modellen und lokalen Traditionen zu bewerten, also zu bestimmen, in welchem Maße Anpassung stattfand.

Begegnungen zwischen verschiedenen Kulturen verlaufen nur selten eingleisig. Wie wir gesehen haben, verdankte sich eine Reihe von »Entdeckungen« westlicher Forscher und Gelehrter dem Wissen ihrer lokalen Helfer. Ein wichtiger Trend in der westlichen Kultur des 19. Jahrhunderts war das, was man als »die Entdeckung des Ostens« bezeichnen könnte. Im 17. und 18. Jahrhundert hatten sich die Europäer hauptsächlich für das Osmanische Reich und China interessiert. Dann folgten Persien, Ägypten und insbesondere Indien.[134] 1783 wurde die Asiatic Society of Bengal gegründet. Ein Jahr später erschienen die berühmten *Bhagavad Gita* erstmals in einer westlichen Sprache, als sie aus dem Sanskrit ins Englische übertragen wurden.[135]

Die Entdeckung des Sanskrits und des alten Indien war deshalb von besonderer Bedeutung, weil Indien zunehmend als Geburtsstätte der westlichen Kultur betrachtet wurde. Die Titel zweier 1808 auf Deutsch veröffentlichter Bücher lassen etwas von der neuen Begeisterung erahnen: Friedrich Schlegels *Über die Sprache und Weisheit der Indier* und Othmar Franks *Das Licht vom Orient*.

Einige Europäer reisten nach Indien auf der Suche nach Erleuchtung, etwa Helena Blavatsky, die Indien und Tibet in den 1850er Jahren besuchte, die englische Frauenrechtlerin Annie Besant, die in den 1890er Jahren nach Indien ging, oder Hermann Hesse, der 1911 in Indonesien und auf Ceylon weilte. Umgekehrt unternahmen einige Hindus erfolgreiche Vortragsreisen in den Westen – eigentlich durch die ganze Welt –, unter ihnen Tagore und Vivekananda. Als Jugendlicher hatte Rabindranath Tagore in England studiert; in späteren Jahren hielt er dort wie auch in den USA, in Japan, Peru und anderswo Vorträge. Er sprach über viele Themen, aber was ihn für seine Zuhörer besonders faszinierend machte, war die Tatsache, dass er die Weisheit des Ostens repräsentierte. Dasselbe gilt für Swami Vivekananda: Als indischer Delegierter nahm er 1893 am ersten Weltparlament der Religionen in Chicago teil, reiste anschließend als vielgefragter Vortragsredner durch die USA und gründete im Jahr darauf die Vedanta Society in New York.

Die Internationale Gesellschaft für Krishna-Bewusstsein (Hare-Krishna-Bewegung), sichtbarste Manifestation des Hinduismus im Westen, wurde 1965 gegründet.

Das Thema der Hybridisierung taucht immer wieder auf. Die ersten Mitglieder der 1875 in New York gegründeten Theosophischen Gesellschaft interessierten sich sowohl für den Neoplatonismus als auch für östliche Religionen. Auch die New-Age-Bewegung, die ein Jahrhundert später entstand, schöpfte wahllos aus östlichen und westlichen Quellen. Die religiösen Ideen Arnold Toynbees, der weiter oben als Historiker zitiert wurde, verraten einen Eklektizismus, der vor dem 20. Jahrhundert kaum vorstellbar gewesen wäre. 1951 hatte Toynbee in der Londoner National Gallery ein religiöses Erlebnis, bei dem er Buddha, Mohammed und »Christus Tammuz, Christus Adonis, Christus Osiris« anrief.[136] Manchmal haben wir es mit einer Synthese zwischen verschiedenen Formen des Wissens zu tun, manchmal auch mit einer Art Spaltung. Praktiken wie Yoga und Akupunktur mögen heutzutage in der westlichen Kultur verbreitet, wenn auch noch nicht fest verankert sein, doch ihre Anhänger haben im Allgemeinen eher westliche Einstellungen.

Die oben erörterten Beispiele aus Asien lassen einige der politischen Imperative erkennen, die die Rezeption eines fremden Wissens begünstigten. Die Politik des Wissens wird – neben der Ökonomie und der Soziologie des Wissens – Hauptthema des folgenden Kapitels sein.

8. Soziologien des Wissens

Im Großen und Ganzen gesehen, beschäftigt sich das vorliegende Buch mit der sozialen Dimension des Wissens. Dennoch mag ein eigens mit dieser Thematik befasstes Kapitel angebracht sein, um das Verhältnis von Wissen und seinem sozialen Umfeld näher zu beleuchten, insbesondere in einer Zeit der »Wissensökonomie«, wahlweise auch der »Wissensgesellschaft« oder des »wissenden Staats«.[1] Wie auch anderswo liegt das Augenmerk hier vor allem auf Institutionen sowie auf den sozialen Gruppen, aus denen sie sich zusammensetzen.

Ökonomie des Wissens

Wissen zusammenzutragen, zu analysieren und zu verbreiten ist ein kostspieliges Unterfangen, das im Laufe der Zeit immer kostspieliger wurde. Dies gilt insbesondere für die Großwissenschaft beziehungsweise Großforschung, also für Gemeinschaftsprojekte in der Big Science, an denen nicht nur große Teams von Wissenschaftlern beteiligt sind, sondern auch teure Geräte zum Einsatz kommen. Wie geschildert (siehe S. 213 f.), nahm diese Art der Forschung im Deutschland des ausgehenden 19. Jahrhunderts ihren Anfang, jedoch wurde sie im Lauf des Zweiten Weltkriegs sichtbarer und überdies immer größer.[2] Seitdem sind naturwissenschaftliche Geräte noch kostenintensiver geworden. Zu seiner Zeit (1990) war das Hubble-Weltraumteleskop mit zwei Milliarden Dollar das teuerste naturwissenschaftliche Gerät der Weltgeschichte, wurde als solches mittlerweile jedoch durch den mehr als doppelt so teuren Large Hadron Collider abgelöst. Vielleicht sollte man an dieser Stelle einmal darüber sprechen, wer die Rechnung zahlt – anders gesagt, über das private und öffentliche Mäzenatentum, das hinter dem Wissen steht.

Ein wesentlicher Mäzen war immer schon die Wirtschaft. Zwar wurde der Gedanke, dass Unternehmen sich durch »Wissensmanagement«, wie man heute sagt, einen Wettbewerbsvorteil verschaffen, erst vor relativ kurzer Zeit in dieser Eindeutigkeit formuliert.[3] Allerdings wurde dadurch lediglich in Worte gefasst, was bereits gängige Praxis zahlreicher Firmen war, und zwar schon in der frühen Neuzeit, wie man insbesondere am Fall der Niederländischen und der Englischen Ostindien-Kompanie sieht. Als diese zum Beispiel eine arabische Grammatik sponserte (1776), die Asiatick Society of Bengal unterstützte (1784), einen botanischen Garten in Kalkutta gründete (1787) oder die Royal Institution förderte (1799), folgte sie damit im Grunde nur einer alten Tradition.[4]

Finanzielle Unterstützung für Gewerbswissenschaft und für die Wirtschaftswissenschaften insgesamt kam ebenfalls, wenig überraschend, aus Wirtschaftskreisen. So wurde die École spéciale de commerce in Paris, häufig als die älteste Wirtschaftshochschule der Welt bezeichnet, 1820 von zwei Seidenhändlern gegründet. In den USA stiftete Joseph Wharton, ein Geschäftsmann aus Philadelphia, der durch Bergbau und Stahlproduktion zu Vermögen gekommen war, der University of Pennsylvania 100.000 US-Dollar zur Einrichtung einer Schule, die als Wharton Business School bekannt wurde. Die erste deutsche Wirtschaftshochschule, die 1898 in Leipzig gegründete Handelshochschule, wurde von der dortigen Handelskammer unterstützt. In Brüssel wurde 1903 eine ähnliche Bildungseinrichtung von dem Geschäftsmann Ernest Solvay ins Leben gerufen.

Weit eindrucksvoller noch waren die Zuwendungen aus Unternehmerkreisen für Forschungszwecke, die industrielle Anwendungsmöglichkeiten versprachen, insbesondere ab dem Ende des 19. Jahrhunderts. Wie wir in Kapitel 4 gesehen haben, gründete zu Beginn des 20. Jahrhunderts eine Reihe von Konzernen ihre eigenen Labore und rief »Forschungs- und Entwicklungsprogramme« ins Leben, zunächst vor allem in den Vereinigten Staaten, im Zeitalter von Toshiba und Canon dann auch in Japan. 1925 stand etwa den Bell Laboratories ein Budget von zwölf Millionen Dollar zur Verfügung.[5]

Andere Firmen spendeten akademischen Einrichtungen Geld für Forschungen, von denen sie sich einen Nutzen versprachen. In Deutschland etwa finanzierte der Ingenieur und Industrielle Werner von Siemens 1883 einen Lehrstuhl für Maschinenbau und Elektrotechnik an der Technischen Hochschule in Berlin-Charlottenburg und vermachte darüber hinaus der 1887 gegründeten Physikalisch-Technischen Reichsanstalt eine halbe Million Mark.[6] In Großbritannien wiederum finanzierte im ausgehenden 19. Jahrhundert der Chemiker und Industrielle Ludwig Mond das Davy Faraday Research Laboratory an der Royal Institution, während der Chemiehersteller John Brunner in Liverpool einen Lehrstuhl für physikalische Chemie stiftete.[7]

Diese Art von Förderung beschränkte sich jedoch nicht auf die Naturwissenschaften. Brunner etwa stiftete neben dem Lehrstuhl für Chemie auch jeweils einen für Ökonomie und Ägyptologie. Der 1875 in Oxford eingerichtete Lehrstuhl für Sinologie wurde von Kaufleuten unterstützt, die im Fernen Osten Handel trieben. Ähnlich wurde ein Chinesisch-Kurs, der ab 1900 in Lyon angeboten wurde, von der dortigen Handelskammer eingerichtet. Als der Ölkonzern Royal Dutch an der Universität Utrecht den Fachbereich Orientalistik finanzierte, wurde dieser spöttisch als »Öl-Fakultät« bezeichnet.[8]

Das Studium der Kolonialgeschichte und -geographie erhielt sowohl in Lyon als auch in Marseille finanzielle Unterstützung aus Unternehmerkreisen. In England gründete 1905 der Geschäftsmann Alfred Beit, der sein Vermögen durch den Gold- und Diamantenhandel mit Südafrika gemacht hatte, am King's College London einen Lehrstuhl für Kolonialgeschichte. In Hamburg wurde das 1908 ins Leben gerufene Kolonialinstitut von Geschäftsleuten unterstützt, denen an einer Ausweitung des Handels gelegen war.[9] In neuerer Zeit erhielten die gemeinhin als Think-Tanks bekannten Forschungsinstitute Förderung aus der Geschäftswelt, ob nun direkt wie im Fall des Mitsubishi Research Institute (1970) oder indirekt durch die Carnegie Foundation und andere Stiftungen.

Einige akademische Forscher entwickelten ein großes Geschick darin, profitorientierte Fördermöglichkeiten zu nutzen. Der Soziologe Paul Lazarsfeld etwa, der in den 1930er Jahren ein Forschungszentrum an der University of Newark leitete, führte Forschungsaufträge für Kunden aus der Industrie durch, deren Ergebnisse er zum Teil für seine eigenen Studien verwenden konnte.[10] Insbesondere in den Vereinigten Staaten stellten einige Geschäftsleute allerdings große Geldsummen für »reines« Wissen und für die Allgemeinbildung zur Verfügung. John Jacob Astor zum Beispiel, der durch den Pelzhandel zu Reichtum gekommen war, hinterließ Geld für die Einrichtung der später als New York Public Library bekannt gewordenen Institution. John D. Rockefeller, dessen Wohlstand auf Öl beruhte, gründete die University of Chicago, und der Eisenbahn-Magnat Leland Stanford rief die Stanford University ins Leben. Der französische Bankier Edmond de Rothschild schuf eine Stiftung für naturwissenschaftliche Forschung, und der Schwede Alfred

Nobel, der sein Geld in der Rüstungsindustrie gemacht hatte, stiftete die Nobelpreise.

In den Vereinigten Staaten wurden Forschungen – ob in Geistes-, Natur- oder Sozialwissenschaften – insbesondere von drei finanziell gut ausgestatteten Stiftungen gefördert: Rockefeller, Carnegie und Ford.[11] Rockefeller und Ford unterstützten zudem Forschungen in anderen Ländern. Beide spendeten dem St. Antony's College in Oxford Geld, während die Ford Foundation der Freien Universität in Berlin in ihren Anfangsjahren Unterstützung gewährte. In Frankreich förderte die Rockefeller Foundation in den 1930er Jahren Sozialwissenschaften und in den 1950ern Regionalwissenschaften an der VI. Sektion der École des hautes études. Die Ford Foundation leistete einen Drittelbeitrag zur Gründung der Maison des sciences de l'homme (1963) und unterstützte überdies in Paris das neugegründete Centre de sociologie européenne.[12] Die CIA förderte nicht nur Dichtung und Malerei, sondern sicherte auch europäische Akademiker wie den Schweizer Historiker Herbert Lüthy und den französischen Gelehrten Bertrand de Jouvenel bei ihren wissenschaftlichen Arbeiten finanziell ab.[13]

Diese spektakulären Beispiele dürfen aber nicht darüber hinwegtäuschen, dass die Unterstützung der Forschung seitens der Industrie in der Regel als Investition betrachtet wird, die Gewinn abzuwerfen hat. Wie der Leiter des Forschungslabors bei Western Electric zu sagen pflegte: »Die praktische Frage ist doch: ›Macht sich diese Art wissenschaftlicher Forschung auch bezahlt?‹«[14] Häufig war dies der Fall. Die Zusammenarbeit von Universitäten und Unternehmen (von der Rüstungsindustrie bis hin zur Pharmazie) kann auf eine mehr als hundertjährige Geschichte zurückblicken.[15] Allerdings hat diese Zusammenarbeit in den letzten Jahrzehnten immer mehr an Bedeutung gewonnen, sie ist zunehmend sichtbarer geworden und wird in diesem Zeitalter der »Unternehmer-Universität« auch entsprechend häufig kritisiert.[16]

1974 etwa unterzeichnete die Harvard Medical School mit dem Agrarkonzern Monsanto einen Vertrag in Höhe von 23 Millionen US-Dollar. In neuerer Zeit haben Universitäten eigens Verbindungsleute zur Industrie ernannt und patentieren Entwicklungen, während manche Akademiker, von Computeringenieuren bis hin zu Molekularbiologen, selbst Firmen gründen.[17] In den 1990er Jahren erwirtschafteten die Stanford University und das Massachusetts Institute of Technology, aber auch andere Institutionen die Hälfte ihrer Einnahmen aus Patenten.[18] Dass derartige finanzielle Vorteile ihren Preis haben, versteht sich vermutlich von selbst.

Die eklatantesten Beispiele für diesen Preis stammen aus den USA. Im Jahr 1900 etwa kündigte Jane Stanford, die Witwe des Gründers der Stanford University und deren einzige Treuhänderin, dem linken Ökonomen Edward Ross, was einen Sturm des Protests auslöste.[19] Als die Rockefeller Foundation Studien an der École des hautes études finanzierte, regten sich Zweifel, ob das Förderungsgesuch eines Sinologen zu befürworten sei, da dieser Mitglied der Kommunistischen Partei Frankreichs war; und im Falle eines anderen, weil dieser sich mit der Song-Dynastie (960–1279) beschäftigte, was nach Ansicht der Stiftung allzu weit in der Vergangenheit lag.[20]

Auch England hatte seine akademische Cause célèbre: Da er die Kommerzialisierung seiner Universität nicht hinnehmen wollte, verfasste der Historiker Edward Thompson eine Polemik gegen die »Warwick University Ltd.« (1970), die für Schlagzeilen sorgte. Darin attackierte er die Einflussnahme der Rootes Group, eines örtlichen Autoherstellers, auf die Belange der Universität. Insbesondere ging es um den Versuch des Vorsitzenden von Rootes, die Kündigung und Ausweisung eines linken amerikanischen Dozenten aus dem Fachbereich Geschichtswissenschaft durchzusetzen.[21] Die Ökonomie des Wissens ist untrennbar mit der Politik des Wissens verbunden.

Die Politik des Wissens

Wie im Kapitel über Chronologien noch zu zeigen sein wird, hatten die großen politischen Umwälzungen des hier behandelten Zeitraums – Französische und Russische Revolution, der Aufstieg Napoleons und Hitlers sowie Erster und Zweiter Weltkrieg – gravierende Folgen für die akademische Welt, aber auch für das Wissen im Allgemeinen. Dass die Politik des Wissens thematisch weit mehr umfasst als nur die Beziehung zwischen Forschung und staatlicher Autorität, zeigen die einschlägigen Untersuchungen Michel Foucaults und Edward Saids – und nicht zuletzt auch die durch diese Studien ausgelösten Kontroversen. Wie Foucault gerne betonte, operiert die Macht auf der Mikroebene. So gesehen gehören zur Politik des Wissens nicht nur der Staat, Thomas Hobbes' »Leviathan«, sondern auch der akademische Mikrokosmos des Altphilologen Francis Cornford in Cambridge.[22]

Auf welch unterschiedliche Art und Weise Politik in die Universität hineinwirken kann, lässt sich beispielhaft am Begriff der akademischen

Freiheit illustrieren, die im Namen dreier Universitäten auftaucht, doch jeweils in einer anderen Bedeutung. Die Université libre de Bruxelles (1834) gab sich diesen Namen, um ihre Freiheit von kirchlicher Einmischung zu bekunden. Die calvinistische Vrije Universiteit Amsterdam (1880) war frei von der Einmischung des Staates. Und die im Kalten Krieg gegründete Freie Universität Berlin (1948) sollte frei von Kommunismus sein – sie definierte sich als Gegenstück zur Humboldt-Universität in Ost-Berlin.

Private Stiftungen machen ihren Einfluss nicht nur in der Ökonomie, sondern auch in der Politik des Wissens geltend, wie das Beispiel der beiden französischen Sinologen und die Zweifel der Rockefeller Foundation vor Augen führen. Die Ford Foundation wiederum war in den 1950er Jahren nicht allein darum bemüht, das Ansehen der USA in Europa zu verbessern, sondern es ging ihr auch um die Bekämpfung des Kommunismus.[23] Im Folgenden jedoch liegt das Hauptaugenmerk auf dem Staat, der – wie wir bereits in den Abschnitten über wissenschaftliche Expeditionen und die Nationalisierung von Wissen gesehen haben – ebenso wie die Geschäftswelt ein bedeutender Mäzen der Forschung war. Die Forscher mögen die Taktik entwerfen, die Strategie jedoch wird in der Regel von den Geldgebern bestimmt; und je größer das Forschungsprojekt, desto wichtiger sind die Planung und Organisation. Volkszählungen etwa waren mit beträchtlichen Ausgaben verbunden, vor allem hinsichtlich der Personalkosten. 1913 beschäftigte das Königlich Preußische Statistische Landesamt 722 Angestellte.[24] Insbesondere Wohlfahrtsstaaten gaben Sozialstudien in Auftrag, um herauszufinden, wie die Zuwendungen am besten auf die Kranken, Alten, Arbeitslosen und die anderen Bedürftigen zu verteilen seien.[25]

Einige Staaten und insbesondere Königreiche spielten in dieser Hinsicht eine größere Rolle als andere. Im 18. Jahrhundert hatte Spanien den »bei weitem größten Wissenschaftsetat von allen europäischen Staaten«, wobei das Geld für zahlreiche Expeditionen in seine überseeischen Besitzungen auf dem amerikanischen Kontinent ausgegeben wurde.[26] Im 19. Jahrhundert nahmen Großbritannien, Frankreich und Russland diese Spitzenposition ein.

Der Gegensatz zwischen der Organisation von Forschung in der UdSSR und derjenigen in den USA, insbesondere in der Mitte des 20. Jahrhunderts, veranschaulicht den generelleren Unterschied zwischen zwei Herrschaftsformen: hier der große, interventionistische oder »wissenschaftliche Staat« und dort der eher kleine Staat beziehungsweise die »staatenlose« Gesellschaft.[27]

In der UdSSR lagen Organisation und Finanzierung der Forschung in den Händen der Akademie der Wissenschaften.[28] Diese beeinflusste bereits vor 1917 zunehmend die Richtung, in welche die Forschung gehen sollte, doch die Akademie der Wissenschaften der UdSSR (zu der die Institution 1925 wurde) baute diese Position noch weiter aus und übernahm Einrichtungen wie etwa das Pulkowo-Observatorium und die archäologische Kommission, die schließlich zum Institut für die Geschichte der Materialkultur wurde. 1950 standen 20.000 Mitarbeiter bei der Akademie der Wissenschaften in Lohn und Brot, darunter 6000 »wissenschaftlich Werktätige« in 56 Instituten, fünfzehn Labors, sieben Museen und vier Observatorien. Der Interessensbereich der Akademie erstreckte sich bis hin zu den Geisteswissenschaften, unter anderem gab es ein Institut für Geschichte, für Ethnographie, für Orientalistik und Weltliteratur.

In den anderen kommunistischen Staaten Osteuropas orientierte sich die Organisation der Forschung am sowjetischen Modell. In der DDR etwa wurde auf Anordnung der Sowjetischen Militäradministration die ehemalige Preußische Akademie der Wissenschaften 1946 wiedereröffnet. Wie ihre Schwesterorganisation in Moskau übernahm diese Akademie andere Forschungsinstitute – insgesamt 57 bis zum Jahr 1989, als 23.675 Angestellte dort beschäftigt waren. Die Akademie wurde 1990, kurz vor dem Ende der DDR, aufgelöst, alle Mitarbeiter verloren ihre Stellung; nur wenige wurden später wieder eingestellt.[29]

In den USA andererseits, wo Individualismus und Kapitalismus maßgeblich sind, spielte der Zentralstaat zwar auch eine Rolle, allerdings über viele Jahre hinweg eine eher kleine. Präsident Thomas Jefferson etwa gab den finanziellen Anstoß für die Lewis-und-Clark-Expedition (siehe S. 22). In der Mitte des 19. Jahrhunderts finanzierte der Kongress den Geological Survey und veröffentlichte Studien über Indianerstämme und die Erforschung des amerikanischen Westens. Auch das Landwirtschaftsministerium unterstützte Forschungsprojekte, doch bis zum Zweiten Weltkrieg stammte das Gros der Geldgeber aus der Privatwirtschaft.

Auch Großbritannien war bis zum Ende des 19. Jahrhunderts ein Beispiel für den »widerwilligen Staat«, der die Unterstützung von Forschung, ob in Natur- oder Geisteswissenschaften, gemeinhin Privatpersonen und freiwilligen Zusammenschlüssen überließ.[30] Joseph Banks, Präsident der Royal Society, der freundschaftliche Beziehungen zur Regierung unterhielt, spielte praktisch die Rolle eines Wissenschaftsministers. Und da er sich wie König Georg III. für Landwirtschaft und Botanik interessierte, fungierte er zudem als inoffizieller Direktor der Royal Botanic Gardens in Kew.[31]

Wie in den USA waren es auch hier offizielle Körperschaften wie die Admiralität, das Landwirtschaftsministerium, der Geologische Dienst und das Landesvermessungsamt, die Forschungsprojekte unterstützten. Sir John Barrow, zweiter Sekretär der Admiralität von 1804 bis 1845, initiierte eine Reihe wissenschaftlicher Expeditionen in die Arktis, eine Tradition, die erst nach den von Scott und Shackleton geleiteten Antarktis-Expeditionen (1901–1912) ein Ende fand.[32] Dennoch kritisierte der Erfinder Charles Babbage in seinem Buch *Reflections on the Decline of Science in England* (1830) die mangelnde staatliche Unterstützung wissenschaftlicher Forschungsprojekte. Wie der Direktor des Greenwich Observatory 1851 bemerkte: »Es liegt in unserem nationalen Wesen, in der Naturwissenschaft wie in praktisch jedem anderen Bereich freiwillige Beiträge von Privatpersonen jedweder Organisation vorzuziehen, die auf den Staat angewiesen wäre.« 1881 erklärte der Staatssekretär des Schatzkanzlers explizit: »Naturwissenschaftliche Erkundungen sind nicht die unmittelbare Aufgabe des Staats.«[33]

Allen Schwierigkeiten zum Trotz bildete sich eine naturwissenschaftliche Lobby heraus, deren Vertreter sich zumeist zu Gesellschaften zusammenschlossen und als solche auch einige Erfolge verzeichnen konnten. So leistete der Staat zur Challenger-Expedition (1872–1876) einen Beitrag in bislang ungekannter Höhe von 200.000 Pfund und gründete später, dem Vorbild der deutschen Physikalisch-Technischen Reichsanstalt folgend, das National Physical Laboratory. Eröffnet wurde es 1902, also zu einer Zeit, da beide Staaten in direkter Konkurrenz miteinander standen.[34] Im selben Jahr rief der Vizekönig von Indien das Board of Scientific Advice ins Leben, womit er im Empire früher Wissenschaftspolitik betrieb als das Mutterland selbst.[35]

Gelehrte unter Druck

Dass auf Gelehrte Druck ausgeübt wurde, sich bestimmten Themen zuzuwenden beziehungsweise bestimmten anderen nicht – siehe die Entlassung von Akademikern aufgrund ihrer politischen Überzeugung –, ist aus einer ganzen Reihe von Ländern bekannt; man denke nur an die Verfolgung linker Akademiker in den USA während der McCarthy-Ära Anfang der 1950er Jahre. Der Marxismus, der in einigen Ländern zum Pflichtprogramm gehörte, war in anderen verboten (in Südkorea etwa bis in die 1980er Jahre). Die extremsten Beispiele für politischen Druck in unserer Zeit kommen aus den Regimen Hitlers und Stalins.

Ab 1930 wurde die Organisation der wissenschaftlichen Forschungsarbeit in der UdSSR im Rahmen der staatlichen Fünf-Jahres-Pläne erörtert (das Thema der akademischen »Produktivität« erinnert fatal an die Situation im heutigen Großbritannien).[36] Insbesondere Historikern wurden ihre Aufgabenbereiche vorgeschrieben. 1953 etwa kritisierte das Präsidium der Akademie, das an das Präsidium des Obersten Sowjets angelehnt war, dass das Institut für Geschichte sich mit Themen beschäftige, die mit der zeitgenössischen Gesellschaft nichts zu tun hätten, wie etwa dem Mittelalter. Die Historiker wurden aufgefordert, sich verstärkt dem heroischen Kampf des sowjetischen Volkes zu widmen, das unter den Fittichen der Kommunistischen Partei den Sozialismus aufbaue.[37]

Wissenschaftlern, die die Anpassung verweigerten und zum Beispiel nicht Mitglied der Kommunistischen Partei werden wollten, wurde das Leben schwergemacht – sofern sie denn überlebten. Als der Agronom Trofim Lyssenko zu Stalins Zeiten das Institut für Genetik an der Akademie der Wissenschaften der UdSSR leitete, wurden Kritiker seiner gegen Mendel gerichteten Ansichten in Arbeitslager verbannt, wenn nicht gar hingerichtet.[38] Der Ökonom Nikolai Kondratjew, ein weiteres Opfer von Stalins Säuberungsaktionen, wurde 1938 erschossen. In den Geisteswissenschaften waren die Gefahren etwas geringer, aber dennoch nicht zu vernachlässigen, wie die Beispiele des Literaturtheoretikers Michail Bachtin und des Mediävisten Aaron J. Gurjewitsch verdeutlichen.

Unter dem Vorwurf, die verbotene orthodoxe Kirche zu unterstützen, wurde Bachtin für sechs Jahre nach Kasachstan verbannt. Er schrieb eine mittlerweile berühmte Dissertation, doch der Doktortitel wurde ihm nicht zuerkannt. Außerdem durfte er zwar unterrichten, allerdings nur fern der Hauptstadt am Pädagogischen Institut von Mordwinien in Saransk.[39] Die Laufbahn Gurjewitschs, der jüdisch und antikommunistisch gesinnt war, folgte einem ähnlichen Muster. Er wurde zwar nicht offiziell verbannt, konnte lange Zeit aber nur am Staatlichen Pädagogischen Institut Kaliningrad eine Stelle finden, in großer Entfernung von Moskau. Sein Werk fand im Westen Verbreitung, er wurde vielfach zu internationalen Konferenzen eingeladen, durfte aber erst ab Ende der 1980er Jahre tatsächlich ins Ausland reisen.[40]

Die sowjetische Wissensherrschaft ist ein eklatantes Beispiel für den politischen Druck, dem Gelehrte sich ausgesetzt sahen, damit sie sich bestimmten Themen widmeten oder gar bestimmte Ergebnisse lieferten. Nicht minder düster ist das Beispiel des »Dritten Reichs«. Die Werke des deutsch-amerikanischen Anthropologen Franz Boas, in denen er Rassismus anprangerte, wurden 1933 an seiner ehemaligen Universität in Kiel verbrannt, wie zahlreiche andere Bücher auch. 1935 wurde – ironischerweise nach dem Vorbild des katholischen Index Librorum Prohibitorum – eine Liste verbotener Bücher erstellt, die als marxistisch, jüdisch, »undeutsch« oder okkult verfemt waren, darunter auch ein Werk von Karl Mannheim.[41]

Das Schicksal der Autoren unterschied sich wenig von dem ihrer Bücher. Wie bereits erwähnt, wurden Akademiker jüdischer Herkunft von deutschen Universitäten relegiert, wenn sie es nicht ohnehin vorzogen, ins Ausland zu gehen. Als Deutschland 1939 in Polen einfiel, wurden 183 Professoren der Universität Krakau verhaftet und ins Konzentrationslager geschickt; nur ein Zehntel von ihnen überlebte. 1941 erschossen die Deutschen sämtliche Lehrkräfte der Medizinischen Fakultät an der Universität von Lemberg (polnisch Lwów), das damals zu Polen gehörte.[42]

Rassen- und Eugenikstudien wurden staatlich unterstützt (siehe S. 186ff.). Historiker waren gehalten, sich der sogenannten Ostforschung zu widmen, die den Anspruch des Deutschen Reichs auf diese Länder rechtfertigen sollte.[43] Manche Akademiker brauchten sich nicht erst lange bitten zu lassen. Einige bekannte Historiker traten der NSDAP bei, unter anderem der Österreicher Otto Brunner und der Deutsche Günther Franz, der sein Buch über den deutschen Bauernkrieg Hitler widmete und später SS-Mitglied wurde.[44]

Heinrich Himmler engagierte sich vehement für das, was er als Kulturgeschichte der arischen Rasse betrachtete, und gründete die Forschungsgemeinschaft »Ahnenerbe«, die sich allein dem Studium dieses Themas widmete.[45] Auch die Erforschung des deutschen Volkstums wurde von der Partei unterstützt.[46] Vor der Machtergreifung 1933 gab es in

Deutschland nur einen einzigen Lehrstuhl für Volkskunde, denjenigen an der Universität Hamburg, doch zwischen 1933 und 1945 wurden vier weitere eingerichtet. Wer auf Parteilinie war, wurde befördert, so etwa der Leiter des neuen Instituts in Tübingen, ein militanter Nationalsozialist. Wer sich nicht anpasste, musste Nachteile hinnehmen. Will-Erich Peuckert zum Beispiel, einem Volkskundler an der Universität Breslau, wurde wegen »politischer Unzuverlässigkeit« 1935 die Lehrerlaubnis entzogen, später erhielt er auch Publikationsverbot.[47]

Nach 1945 blieb das nationalsozialistische Wissenssystem in weit größerem Maße intakt, als man es für möglich gehalten hätte. Führende Historiker, die mit der NSDAP zusammengearbeitet hatten, etwa Fritz Rörig, Fritz Hartung und Hermann Aubin, blieben auch nach dem Krieg in Amt und Würden. Werner Conze, der als junger Mann in die Partei eingetreten war, wurde in den Nachkriegsjahren als Professor an die Universität Heidelberg berufen. Günther Franz kehrte nach einer gewissen Schamfrist wieder an die Universität zurück. Und auch der Philosoph Martin Heidegger, dem nach dem Krieg die Lehrerlaubnis entzogen worden war, weil er sich als Rektor der Universität Freiburg 1933 für die Nazis ausgesprochen hatte, konnte ab 1951 seine Vorlesungstätigkeit wiederaufnehmen.

Zunehmende Zentralisierung

Wie das Beispiel der Sowjetunion und Nazi-Deutschlands zeigt, gewann der Staat in seiner Eigenschaft als Finanzier beziehungsweise Leiter von Forschungsvorhaben in vielen Ländern zunehmend an Bedeutung. Der Begriff »Wissenschaftspolitik« kam in Deutschland ab etwa 1900 in Gebrauch, das englische *science policy* ist relativ neuen Datums, doch der zugrundeliegende Gedanke, der sich auch auf die Forschung im Allgemeinen übertragen lässt, ist weit älter.[48]

In Deutschland wurde nach der Reichseinigung eine ganze Reihe neuer Forschungsinstitute gegründet, darunter die Physikalisch-Technische Reichsanstalt (1887), das Preußische Institut für Infektionskrankheiten (1891) und die in Berlin ansässigen Kaiser-Wilhelm-Institute (1912), die unter staatlicher Leitung standen, auch wenn sie nicht ausschließlich staatlich finanziert wurden. 1933 gab es insgesamt 31 Institute für Chemie, Biologie, Physik, Jura und weitere Disziplinen.[49]

In Falle dieser Institutionen sind das persönliche Engagement und die Handschrift eines Einzelnen deutlich zu erkennen und fanden im Begriff »System Althoff« sogar ihren personalisierten Ausdruck: Der Jurist Friedrich Althoff, ein Vierteljahrhundert lang (1882–1907) als Ministerialdirektor im preußischen Kultusministerium tätig, verkörperte wie kaum ein anderer einen neuen Sozialtypus, den des Wissensmanagers – wobei man allerdings auch Banks und Barrow mit einigem Fug und Recht als solche bezeichnen könnte.

Althoff bewilligte das Geld für neue Universitäten und Institute (oder überzeugte Geschäftsleute, das Geld zu spenden), regte aber auch ältere Einrichtungen dazu an, in einem bestimmten Fachbereich zum Exzellenzzentrum zu werden (Göttingen etwa für Mathematik). Zudem organisierte er einen regelmäßigen akademischen Austausch zwischen Berlin und Harvard.[50] Althoff prägte die Wissenschaftspolitik der Regierung – sprich: die staatliche »Politik des Wissens« – auch insofern, als sich seine Förderung auf die neue Disziplin der Psychologie, auf Sanskritstudien und den kontroversen Kulturhistoriker Karl Lamprecht erstreckte. Sein Einsatz »gewährleistete Lamprechts Zukunft« zu einer Zeit, als dessen ältere Kollegen sein Werk durchweg ablehnten.[51]

In Frankreich ließ die staatliche Unterstützung der Wissenschaften länger auf sich warten. Unter Napoleon wurde sie als »selten weitsichtig und nur sporadisch großzügig« beschrieben.[52] Allerdings bürgerte es sich mit dem Ägyptenfeldzug ein, wissensorientierte Expeditionen staatlicherseits zu unterstützen, etwa »naturwissenschaftliche Missionen« nach Algerien (1840–1842), Mexiko (1864) und Marokko (1904).

Im Mutterland selbst veränderte sich die Lage erst ab Mitte des 20. Jahrhunderts. Der Conseil national pour la recherche scientifique (CNRS, 1939), in dem sich fachspezifische Institutionen zusammenschlossen, wurde von dem sozialistischen Naturwissenschaftler Jean Perrin während seiner Zeit als Beauftragter der Volksfrontregierung für wissenschaftliche Forschung ins Leben gerufen und orientierte sich am sowjetischen Modell (allerdings nicht hinsichtlich des politischen Drucks auf die Wissenschaftler). CNRS-Direktor war ab 1944 der Physiker Frédéric Joliot, nach dessen Ansicht die Institution eine ähnliche Rolle spielen sollte wie die sowjetische Akademie, was die Koordination der Forschung und ihre Einrichtung als eine von der Lehre unabhängige Disziplin betrifft.[53] 1966 beschäftigte der Conseil mehr als 14.000 Mitarbeiter.[54] Kurz vor und nach Kriegsende wurde eine ganze Reihe zentralisierter Forschungseinrichtungen gegründet: das Institut des sciences économiques appliqués (ISEA, 1944), das Institut national d'études démographiques (INED, 1945), das Institut national de recherche agronomique (INRA) sowie das Institut national de la statistique et des études économiques (INSEE, beide 1946).

Wissen und Krieg

Über die Bedeutung des Kriegs für die staatliche Förderung von Forschung wurde vielfach diskutiert. In einer Reihe von Ländern führte eine militärische Niederlage dazu, dass der Staat seine Wissenspolitik überdachte und von seinem Gegner lernte. So öffnete die Qing-Dynastie in China erst nach mehreren Niederlagen, die ihr die Briten in den sogenannten Opiumkriegen (1839–1842, 1856–1860) beigebracht hatten, das Land allmählich dem westlichen Wissen, insbesondere im Bereich der Naturwissenschaften. Neuen Auftrieb erhielt diese Entwicklung, als China 1894–1895 vom westlicher geprägten Japan besiegt wurde.

In Deutschland führte der Sieg Napoleons über Preußen zur Gründung der Berliner Universität (1810), und umgekehrt veranlasste die Niederlage Frankreichs im Deutsch-Französischen Krieg (1870–1871) die Franzosen, ihren Gegnern nachzueifern. In der Zeit »gleich nach unseren Katastrophen«,[55] so Gaston Tissandier, gründete er die populärwissenschaftliche Zeitschrift *La Nature* (1873), bei der *Die Natur* Pate stand. Der französische Religionswissenschaftler Ernest Renan behauptete, der Krieg sei von den deutschen Universitäten gewonnen worden, und wie wir gesehen haben, machten immer mehr französische Studenten ihre Ausbildung in Deutschland.

Wie in Kapitel 4 gezeigt, hatte der Erste Weltkrieg einen noch größeren Einfluss auf die Organisation des Wissens, was zur Gründung neuer Institutionen führte, die in manchen Fällen zu Dauereinrichtungen wurden. In Großbritannien wurde bereits im Kriegsjahr 1917 das Department of Scientific and Industrial Research gegründet und in den USA 1916 der National Research Council ins Leben gerufen.[56]

Durch den Zweiten Weltkrieg wandelten sich die USA von einem »widerstrebenden« zum aktiven Staat. Während des Kriegs investierte Washington 500 Million US-Dollar pro Jahr in naturwissenschaftliche Forschungen, das Zehnfache der Summe in Vorkriegszeiten.[57] Big Science und Big Government entwickelten sich parallel.

Die bekannteste Episode in diesem Prozess ist das sogenannte Manhattan-Projekt zum Bau der Atombombe, dessen Geschichte schon vielfach erzählt wurde.[58] Allerdings war das Projekt, an dem eine Viertelmillion Menschen beteiligt war und das über zwei Milliarden Dollar kostete, lediglich das berühmteste – und auch teuerste – Kapitel einer größeren Geschichte. Vannevar Bush, ehemaliger Ingenieur und späterer Wissensmanager, überredete Präsident Roosevelt, das National Defense Research Committee einzurichten (später das Office of Scientific Research and Development), das die kriegsrelevanten Arbeiten von Naturwissenschaftlern koordinieren sollte.

Der amerikanische Staat als Auftraggeber der Forschung

Temporäre Vorkehrungen pflegen oft zu Dauereinrichtungen zu werden. Die Tendenz zur staatlichen Finanzierung von Forschungsvorhaben förderte Vannevar Bush mit seinem berühmten Bericht an den Präsidenten *Science, the Endless Frontier* (1945). Unterstützt wurde er bei seinen Bemühungen durch den Beginn des Kalten Kriegs, der »für eine bislang ungekannte und explosionsartige Ausweitung des akademischen Betriebs verantwortlich war«.[59] Sowohl die US-Armee als auch die Marine und insbesondere die Luftwaffe (die 1946 die Forschungsorganisation RAND gründete) finanzierten im Lauf der Zeit wissenschaftliche Forschungsprojekte, die nicht einmal zwangsläufig ihren eigenen Zwecken dienen mussten. Angesichts seiner späteren Kritik an der amerikanischen Kriegsmaschinerie mutet es geradezu ironisch an, dass Noam Chomskys Studie *Syntactic Structures* (1957) von allen drei militärischen Körperschaften unterstützt wurde.[60]

In der Regel gehörte zur Forschungsfinanzierung ein Vertrag mit einer Universität. Dieses Modell brachte den großen Vorteil mit sich, »bestimmte Klippen zu umschiffen, die im US-amerikanischen Kongress als Horrorszenarien galten, etwa eine zu hohe Anzahl von Bundesbediensteten«.[61] Der Mythos des kleinen Staats lebte auch in der Ära des großen Staats fort.

Die Rolle, die das Militär in der amerikanischen Geschichte des Wissens seit den 1940er Jahren spielt, ist kaum zu überschätzen – sie erstreckt sich von der Erweiterung der Anthropologie bis hin zu neuen Methoden der Computersimulation und der verstärkten Forschung auf dem Gebiet der künstlichen Intelligenz. Das Internet war ursprünglich ein Plan zur Dezentralisierung des Netzwerks, »um im Falle eines Atomkrieges die Übernahme oder Zerstörung der amerikanischen Kommunikationssysteme durch die Sowjets zu verhindern«.[62]

Für die staatliche Förderung von Wissenschaft gab es seinerzeit mehrere Gründe: Verteidigung war der eine, Konkurrenz ein anderer. 1957 startete die UdSSR den Sputnik, woraufhin die USA im Jahr darauf die NASA (National Aeronautics and Space Administration) ins Leben rief. Dass es ein teures Unterfangen werden würde, war bekannt: Die Kosten für das Apollo-Projekt, das Programm zur Mondlandung, waren auf sieben Milliarden US-Dollar angesetzt. Die tatsächlichen Kosten lagen, wie so häufig, wesentlich höher und beliefen sich schließlich auf 170 Milliarden US-Dollar. Im Vergleich dazu sind unbemannte Missionen wie das Viking-Programm zur Erforschung des Mars (ab 1975) oder die Expeditionen von Voyager I und Voyager II zum Uranus (ab 1977) und darüber hinaus mit Kosten in Höhe von einer Milliarde beziehungsweise 600 Millionen US-Dollar geradezu preisgünstig.[63]

In die Sozialwissenschaften floss vergleichsweise wenig staatliches Geld: 30 Millionen US-Dollar im Jahr 1956, die bis 1980 auf 424 Millionen anstiegen – immerhin das Siebzehnfache, aber dennoch »Peanuts« im Vergleich zum Raumfahrtprogramm.[64] In der Zeit des Kalten Kriegs wurde Geld insbesondere in Regionalwissenschaften investiert, und zwar für die Förderung von interdisziplinären Projekten über Regionen, die für den Staat und insbesondere für die CIA von Interesse waren (siehe S. 156).

Ein Gutteil der finanziellen Mittel für Regionalwissenschaften kam zwar von privaten Stiftungen (insbesondere Carnegie, Ford und Rockefeller), doch die politischen Vorgaben waren unverkennbar. Oberste Priorität hatten zunächst Studien zur UdSSR, insbesondere am Russian Research Center in Harvard (1947), das auf Initiative eines Generals gegründet worden war. Als Nächstes geriet der Nahe Osten ins Blickfeld, dem man sich am Center for Middle Eastern Studies (1954) widmete, dann das kommunistische China, das am Center for East Asian Research (1955) untersucht wurde; beide Einrichtungen gehörten zu Harvard. Es folgten Vietnam mit dem Council for Vietnamese Studies unter Vorsitz von Samuel P. Huntington, der die Regierung während des Vietnamkriegs in Strategiefragen beriet. Für lateinamerikanische Studien flossen in der Folge von Castros Revolution auf Kuba Steuer- sowie Stiftungsgelder: 1959 wurde das Committee on Latin American Studies gegründet.[65]

Regionalwissenschaften galten als »Erfindung des Kalten Kriegs«, die »politische Interessen der USA widerspiegelten«.[66] Die sechs Millionen US-Dollar für das Project Camelot (1964), die »höchste jemals gewährte Summe für ein sozialwissenschaftliches Forschungsprojekt«, kamen allerdings vom Special Operations Research Office.[67] Ziel dieses Projekts waren Studien zur Niederschlagung von Aufständen. Bei dem Projekt erhielt eine ganze Reihe von Sozialwissenschaftlern zwar finanzielle Unterstützung, doch geriet es in die Kritik, weil manche von ihnen hierin den Versuch einer politischen Einflussnahme auf die Forschung sahen und sich in ihrem Recht, »frei zu forschen, frei zu denken und frei zu schreiben«, bedroht fühlten.[68] Aufgrund dieser Kritik wurde das Programm abgebrochen.

Denkfabriken, in der zahlreiche professionelle Forscher vertreten sind, verdeutlichen ebenfalls die Politik des Sponserns. Die Hoover Institution in Stanford (1919), ein »Forschungszentrum für Staatswissenschaft«, das sich ursprünglich auf Kriege und Revolutionen konzentriert hatte, wurde beispielsweise vom späteren amerikanischen Präsidenten Herbert Hoover gegründet. Die Heritage Foundation (1974) war eng mit der Reagan-Regierung vernetzt. Ehemalige US-Außenminister und Diplomaten werden nach ihrer Pensionierung häufig Mitglied in der einen oder anderen Denkfabrik.

Die Vereinigten Staaten führen damit ab den 1940er Jahren in aller Deutlichkeit vor Augen, wie akademische Karrieren und Forschungstrends – wenn auch nicht deren Ergebnisse – durch die Vergabe von Fördergeldern beeinflusst wurden und werden. Die Gewährung finanzieller Mittel wiederum hängt damit zusammen, welche Prioritäten der Staat in der Außenpolitik setzt.

Im Folgenden wird es um die Soziologien des Wissens in engerem Sinne gehen, wobei das Augenmerk sowohl Institutionen gilt – insbesondere solchen, die sich der Innovation verpflichtet fühlen – als auch sozialen Gruppen sowie deren sichtbaren oder unsichtbaren Beiträgen zum Wissen und deren Zugang zu oder Ausgrenzung von Wissen.

Vielfältige Arten von Wissensarbeitern

Wie wir gesehen haben, gab es in unserer Periode einen Trend zur Professionalisierung und Spezialisierung. Viele verschiedene Typen professioneller Wissensarbeiter wurden bereits erwähnt, unter anderem

Forscher, Lehrer, Detektive, Reporter, Spione, Verleger, Laborassistenten und Wissensmanager. Die Zahl dieser professionellen Fachleute ist ständig weiter gewachsen.

Darüber darf man allerdings nicht die Beiträge der diversen Amateurforscher vergessen. Diese mögen im Lauf der Jahrhunderte zwar an Bedeutung verloren haben, doch spielten sie länger als gemeinhin angenommen eine nicht zu unterschätzende Rolle. Zudem haben sie heute durch Wikipedia sowie durch die Bewegung der *citizen science* (Bürgerwissenschaft) erneut an Bedeutung gewonnen.[69] Im Folgenden möchte ich mich auf sechs Kategorien der Laien-Wissensarbeiter konzentrieren: »Gentlemen«, Doktoren, Geistliche, Militärs, Diplomaten und Frauen.

In vielen Teilen Europas leisteten Gebildete der höheren Kreise – und insbesondere Gentleman-Gutsbesitzer – einen wesentlichen Beitrag zur Lokalgeschichte und -geologie, zur Botanik, Volkskunde, Archäologie, Anthropologie und anderen Bereichen, wobei sie zum Teil allein, zum Teil im Rahmen von Gelehrtengesellschaften arbeiteten. Eine große Rolle spielten sie insbesondere in England, was womöglich auf die englische Tradition des Amateurs zurückzuführen ist, die bisweilen sogar zum Kult wurde.[70] Amateurgelehrte schickten Proben oder Beschreibungen ihrer Entdeckungen an Wissenschaftsakademien oder Fachleute ihres Gebiets, oder sie verfassten selbst Artikel für lokale Fachzeitschriften – wenn nicht gar für überregionale wie das *Gentleman's Magazine*, das von 1731 bis 1907 erschien, gegen Ende des 19. Jahrhunderts allerdings zunehmend an Bedeutung verlor. Andere Amateure veröffentlichten maßgebliche Bücher wie etwa *Manners and Customs of the Egyptians* von Edward Lane. Auch Darwin, seiner Berufung nach Naturwissenschaftler, gehörte zu dieser Kategorie. Andere Amateure führten gemeinsam Forschungsprojekte durch; so erstellten etwa die Mitglieder der Folklore Society den *Ethnographic Survey of Britain* (1892).

Diese Kategorie der »Gentlemen« ist schwer in andere Sprachen zu übersetzen. Auf jeden Fall darf der Begriff nicht zu eng ausgelegt werden, in unserem Kontext umfasst er etwa auch Geschäftsleute, zum Beispiel den Bankier John Lubbock, der sich als Biologe und Fachmann der Urgeschichte betätigte, oder auch Charles Booth (ein Reeder aus Liverpool) und Benjamin Rowntree (ein Schokoladenfabrikant), die beide Sozialerhebungen durchführten. Weitere »Einzeltäter« waren Louis Maggiolo, der als pensionierter Lehrer das Schreib- und Lesevermögen in Frankreich untersuchte, und André Siegfried, der dank seines Vermögens als Privatgelehrter arbeiten konnte und Wesentliches auf dem Gebiet der Geographie und der politischen Wissenschaften leistete.

Vertreter der höheren Berufsstände erweiterten das Wissen häufig auch in Bereichen außerhalb ihres jeweiligen Fachgebiets. Der Geologe Charles Lyell zum Beispiel war eigentlich Anwalt, während Michael Ventris, der zur Entschlüsselung von Linear B beitrug (siehe S. 68), als Architekt tätig war.[71] Beiträge zur Altphilologie kamen von dem Bankier George Grote, der eine Geschichte Griechenlands schrieb, und von William Gladstone, einem Spezialisten für Homer, der besser in seiner Eigenschaft als britischer Premier bekannt ist. Eine Vielzahl von Medizinern, ob Ärzte oder Chirurgen, zeichneten sich durch die Beiträge aus, die sie im nicht-medizinischen Bereich leisteten, obwohl der Auslöser für ihre Untersuchungen häufig Fragen der öffentlichen Gesundheit waren. In Großbritannien etwa beschäftigte sich William Farr mit Bevölkerungsstatistiken, wie er sie nannte, und wurde schließlich Präsident der Statistical Society. In Frankreich führte Louis-René Villermé eine Untersuchung von Arbeitern in Textilfabriken durch, bei der es ihm nicht nur um deren Gesundheit ging, sondern auch um ihr Wohlbefinden im Allgemeinen. Der englische Chirurg Gideon Mantell entfernte sich noch weiter von seiner Profession und machte sich einen Namen durch eine Studie über Dinosaurier.

Auch Angehörige der Geistlichkeit – der katholischen, der protestantischen und in geringerem Maße der russisch-orthodoxen – leisteten wesentliche Beiträge zur Gelehrsamkeit, selbst wenn wir all jene außer Acht lassen, die Theologie, religiöse Studien oder andere Fächer von Rhetorik bis hin zu Psychologie lehrten (bis in die 1870er Jahre hinein waren praktisch sämtliche Dozenten in Oxford und Cambridge anglikanische Geistliche). Abraham Rees, ein Geistlicher der unitarischen Kirche in Wales, verfasste ganz allein eine Enzyklopädie. Edward Hincks war als Rektor im ländlichen Irland an der Entzifferung der assyrischen Keilschrift beteiligt. Mehrere Geistliche, vom Deutschen Johann Peter Süßmilch bis zum Engländer Thomas Malthus, verfassten ähnlich wie die Mediziner statistische Werke, wenn auch aus anderer Perspektive, da es bei ihnen um die Beziehung zwischen demographischen Trends und göttlicher Vorsehung ging.

In Frankreich galt der Priester Jean-Benoît Cochet als maßgebliche Autorität auf dem Gebiet der Archäologie des frühen Mittelalters, während sein Kollege Henri Breuil das Paläolithikum erforschte. Andere Geistliche wie der ehemalige Jesuit François Moigno popularisierten die Naturwissenschaft mit dem Ziel, den Gläubigen die Naturtheologie nahezubringen.[72] Missionare wie William Carey in Bengalen und John Fryer in China verbreiteten nicht nur das Christentum, sondern auch

Kenntnisse in westlichen Naturwissenschaften. Andere studierten die Kultur der Völker, in deren Mitte sie arbeiteten. Der russisch-orthodoxe Mönch Nikita Bitschurin etwa, als Missionar nach Peking entsandt, wurde zu einem renommierten Sinologen. James Legge, Missionar der Schottischen Kongregationalisten in China, übersetzte klassische chinesische Literatur, und Maurice Leenhardt, ein französischer protestantischer Missionar in Neukaledonien, erforschte die Sitten und Bräuche der Kanaken. Legge beschloss seine Laufbahn als Professor für Chinesisch in Oxford, Leenhardt als Professor für Ethnologie in Paris.[73]

Angehörige der Streitkräfte (einschließlich der Marine) leisteten, ob während ihrer Dienstzeit oder im Ruhestand, ebenfalls vielfältige Beiträge zum Wissen. Ein britischer General, Henry Rawlinson, entzifferte Keilschrift-Inschriften, ein anderer, Augustus Lane Fox (später Pitt-Rivers), wurde Archäologe und leitete Ausgrabungen auf seinen eigenen Gütern. Der amerikanische Marineoffizier Matthew Maury wurde Ozeanograph.

Und auch Diplomaten betätigten sich in ihrer Freizeit (von der sie zumindest im 19. Jahrhundert reichlich hatten) bisweilen als Gelehrte. Johan David Åkerblad entzifferte den demotischen Text auf dem Stein von Rosette, Austen Layard machte sich einen Namen durch seine Ausgrabungen in Ninive und war am Ende seiner Laufbahn Gesandter an der Hohen Pforte. Mitte des 20. Jahrhunderts galt der niederländische Diplomat Robert van Gulik als einer der bedeutendsten Sinologen, und zwei der heute führenden brasilianischen Historiker, Evaldo Cabral de Mello und Alberto da Costa e Silva, sind pensionierte Diplomaten, die ihre akademischen Forschungen aber bereits betrieben, als sie noch im Amt waren.

Es gibt noch weitere Typen von Wissensarbeitern, die man nicht vergessen darf: die als Vermittler tätigen Manager und Verleger. Bereits in früheren Kapiteln wurde an der einen oder anderen Stelle auf Wissensmanager verwiesen, welche nicht nur die Richtung der Forschungen beeinflussten, die in bestimmten Ländern zu bestimmten Themen durchgeführt wurden, sondern auch deren Umfang. Das waren etwa Joseph Banks als Präsident der Royal Society of London, Friedrich Althoff im Berliner Kultusministerium, Robert Woodward an der Carnegie Institution – »der erste moderne Naturwissenschaftsmanager« –, Warren Weaver bei der Rockefeller Foundation und Shepard Stone bei der Ford Foundation.[74]

Zu dieser Gruppe gehören aber auch die Leiter von Verlagshäusern, die sich in erster Linie um die Verbreitung von Wissen verdient machten.

Einige kommerzielle Verleger wie etwa Gallimard in Paris, Einaudi in Turin oder Brill in Leiden pflegten vor allem wissenschaftliche Autoren, während es Universitätsverlagen wie Oxford und Cambridge oder auch Harvard und Yale um die Produktion und Verbreitung wissenschaftlicher Monographien ging. Die *Home University Library of Modern Knowledge* war eine bei Oxford University Press verlegte Titelreihe, und die Serie *Que sais-je?* erscheint bei Presses universitaires de France.

Im Grenzbereich zwischen dem Amateur und dem professionellen Wissenschaftler ist der keineswegs eindeutig definierbare Intellektuelle angesiedelt. Der Begriff geht auf die zu Beginn des 20. Jahrhunderts kontrovers geführte Debatte zurück, ob Dreyfus, Hauptmann der französischen Artillerie, nun zu Recht oder zu Unrecht als Spion verurteilt worden war. Schriftsteller und Akademiker, die sich an dieser Diskussion beteiligten, wurden als *intellectuels* bezeichnet.[75]

Wird der Begriff auf Gelehrte im weiteren Sinne angewendet, sollte er sich zweifellos auch auf die Humanisten der Renaissance erstrecken sowie auf diejenigen, die im Mittelalter an den Universitäten lehrten. Und selbst wenn man den Terminus auf diejenigen Wissenschaftler und Schriftsteller beschränkt, die in der Presse oder anderen Medien ihre politische Meinung zum Ausdruck bringen – kurz gesagt, auf die »öffentlichen Intellektuellen« –, so reicht deren Geschichte mindestens bis zu den französischen *philosophes* der Aufklärung wie Voltaire oder Diderot zurück. Das Aufkommen der öffentlichen Intellektuellen in der Mitte des 18. Jahrhunderts stellt eine Zäsur in der Sozialgeschichte des Wissens dar, wobei diese Entwicklung nur durch die Entstehung eines literarischen Marktes möglich wurde, der Schriftsteller aus ihrer Abhängigkeit von Mäzenen befreite.[76] Allerdings darf man diese öffentlichen Intellektuellen nicht mit den Fachleuten oder Technokraten verwechseln, die Regierungen beraten oder selbst Entscheidungen fällen und die Entwicklung von Städten oder nationalen Volkswirtschaften planen.

Die Arbeiterklasse

Bei allen bislang angeführten Beispielen sachkundiger Personen handelte es sich um männliche Vertreter der Ober- und /oder Mittelschicht, was die Frage aufwirft, wie es um den Zugang anderer sozialer Gruppen zum Wissen bestellt ist. Wie in Kapitel 3 erwähnt, entstanden im 19. Jahrhundert verschiedene Einrichtungen, die den Versuch unternahmen, unter der Arbeiterklasse Wissen, insbesondere solches naturwissenschaftlicher Art, zu verbreiten, etwa die britischen und amerikanischen Mechanics' Institutes, die skandinavischen Folkehøjskole und ähnliche Institutionen der Erwachsenenbildung in anderen Ländern. Im 20. Jahrhundert bemühte man sich, möglichst breiten Kreisen den Zugang zu höherer Bildung zu eröffnen. In der UdSSR etwa blieb an Universitäten ein bestimmtes Kontingent an Studienplätzen für Jugendliche aus dem Proletariat und der Bauernschaft reserviert, während in Großbritannien 1920 ein staatliches Stipendiensystem eingeführt wurde, um auch jungen Menschen, deren Eltern sich die Kosten nicht leisten konnten, eine höhere Bildung zu ermöglichen.

Dennoch gestaltete sich der allgemeine Zugang zum Wissen nicht ganz problemlos. In Großbritannien zum Beispiel sprachen die Mechanics' Institutes die untere Mittelschicht mehr an als die Arbeiterklasse, was eine Entwicklung veranschaulicht, die als »Gentrifizierung handwerklicher Bildungsinstitutionen« bezeichnet wurde.[77] Derselbe Prozess wiederholte sich, als Institutionen wie das Owens College in Manchester (1851), das Newcastle College of Physical Science (1871), das Yorkshire College of Science in Leeds (1874), das Mason Science College in Birmingham (1875) und das Firth College in Sheffield (1879) – allesamt ursprünglich gegründet, um Handwerkern eine praktische Ausbildung zu vermitteln – zunehmend zu konventionellen Hochschulen für die Mittelschicht wurden. Das 1899 gegründete Ruskin College in Oxford allerdings nimmt nach wie vor bevorzugt Studenten aus der Arbeiterklasse auf.

Im Zuge einer Bewegung, die Ende des 18. Jahrhunderts aufkam, öffneten Bibliotheken, Galerien und Museen vermehrt der Öffentlichkeit ihre Pforten (der Louvre und die Königliche Bibliothek Kopenhagen 1793, die Brera in Mailand 1809, die Kaiserliche Bibliothek in St. Petersburg 1814, der Prado in Madrid 1818 und so weiter), aber es wurden auch neue Institutionen gegründet. Andrew Carnegie investierte einen beträchtlichen Teil des Geldes, das er für wohltätige Zwecke ausgab, in die Gründung von rund 3000 öffentlichen Bibliotheken. Die kontroverse Frage allerdings lautete: Wer ist die »Öffentlichkeit«?

In den Augen einiger Fürsprecher von öffentlichen Büchereien trugen diese Einrichtungen zur Demokratisierung des Wissens bei. »Kostenlose Bibliotheken für jede Menschenseele«, wie der junge Melvil Dewey in seinem Tagebuch schrieb. Allerdings blieben Sammlungen, die theoretisch allen offenstanden, in der Praxis bisweilen denjenigen verschlossen, die nicht gebührend respektabel aussahen. Der radikale

Journalist William Cobbett prangerte das British Museum als einen Ort an, der »nur der Unterhaltung der Neugierigen und Reichen dient«.[78] Ein Komitee des House of Commons, das keiner radikalen Gesinnung verdächtig war, beklagte 1836 das »Fehlen öffentlicher und allgemein zugänglicher Galerien« und den daraus folgenden »Mangel an Gestaltungsvorbildern für unsere werktätige Bevölkerung«, ein Problem, das mit der Gründung des South Kensington Museum (siehe S. 109 f.) behoben werden sollte.[79]

Als Galerien und Museen tatsächlich allen Interessierten Zutritt gewährten, rief dies bisweilen Proteste von Seiten der Mittelschicht hervor. In den 1830er Jahren wurden etwa Einwände erhoben gegen die »obdachlosen Landstreicher und *flâneurs*« in der Königlichen Bibliothek in Paris, und Henry Ellis, Chefbibliothekar am British Museum, sprach sich gegen eine Verlängerung der Öffnungszeiten mit der Begründung aus, dies würde Individuen »der übelsten Sorte« anziehen. Zudem war er der Ansicht, bei einer Öffnung der Sammlung in der Osterwoche würden »die gewöhnlicheren Schichten in das Museum strömen«, die Öffnung der Bibliothek in den Abendstunden wiederum käme nur »Rechtsanwaltsgehilfen« und Romanlesern zugute.[80]

Der Eintritt zur Londoner National Gallery war im 19. Jahrhundert, wie auch heute, kostenlos, doch wurden Klagen über den Besuch von Angehörigen der Arbeiterklasse laut, insbesondere wenn es regnete. Eine Ausnahme stellte das South Kensington Museum dar, das, wie bereits erwähnt (siehe S. 110), abends für Besucher geöffnet hatte, die erst spät von der Arbeit kamen. Auch in Frankreich waren die Öffnungsmodalitäten umstritten. In den 1890er Jahren löste die Frage, ob der Louvre Eintritt verlangen solle, eine öffentliche Debatte aus (zu den Befürwortern des kostenlosen Eintritts gehörte der Maler Camille Pissarro). Kontrovers wurde auch die Frage des Museumszutritts für Kinder diskutiert. In Deutschland etwa standen sich dabei zwei Lager gegenüber: diejenigen, die das Museum als einen Wissenschaftstempel sahen, und diejenigen, für die es eine Art Bildungsstätte für die Allgemeinheit darstellte.[81] Meist konnte sich dieser letztgenannte Gedanke durchsetzen. In Großbritannien wurde 1902 ein Gesetz erlassen, nach dem die Zeit, die Kinder mit einem Lehrer im Museum verbringen, als Unterrichtszeit verbucht werden durfte.[82]

Die kontroverse Frage nach dem Zugang zum Wissen betraf nicht nur die soziale Schicht, sondern auch die Geschlechtszugehörigkeit.[83] In unserer Periode standen Frauen allmählich immer mehr Möglichkeiten offen, zu lernen und eigene Wissensbeiträge zu liefern, angefangen mit dem Jahr 1754, als die erste Frau in Deutschland einen Doktortitel erwarb (in Halle, in Medizin).

Ab Mitte des 19. Jahrhunderts wurden zahlreiche Schulen für Frauen gegründet, unter anderem die sieben geisteswissenschaftlichen Colleges in Nordamerika, die als Seven Sisters bekannt sind (1837–1889), das Bedford College in London (1849), das Girton College in Cambridge (1869), das Tsuda College for Women in Tokyo (1900) und das Lahore College for Women (1922). Einige neue Colleges und Hochschulen standen von Anfang an Frauen und Männern gleichermaßen offen, zum Beispiel das Oberlin College (1833) in Ohio, die Clark University (1888), die University of Chicago (1890) und die London School of Economics (1895). Andere wurden später gemischt, etwa die Universität Zürich, die Frauen ab den 1860er Jahren aufnahm (darunter 148 Russinnen zwischen 1864 und 1872), die Cornell University (1872, sieben Jahre nach der Gründung) oder die Universitäten in Göttingen (1893), Breslau (1895) und Heidelberg (1901).[84] In Frankreich stieg der Anteil an Studentinnen von 3,6 Prozent im Jahr 1902 auf 10 Prozent 1914. In Deutschland wuchs ihr Anteil von unter 6 Prozent anno 1913 auf 19 Prozent im Jahr 1931. In Russland betrug der Anteil 28 Prozent im Jahr 1928 im Vergleich zu 41 Prozent 1937.[85] Im Jahr 2000 allerdings lag der Prozentsatz von Schülerinnen und Studentinnen an höheren Bildungseinrichtungen im Vereinigten Königreich bei 53 Prozent und in den USA bei 56 Prozent.[86]

Dem Beispiel aus Halle zum Trotz ließen Doktortitel für Frauen allerdings relativ lange auf sich warten, und die ersten Ernennungen von Professorinnen folgten noch später. Der nächste Doktortitel in Medizin wurde einer Frau 1867 verliehen. An amerikanischen Einrichtungen erhielt die erste Frau 1877 diesen akademischen Grad (an der Boston University), der erste in Geographie folgte 1908, in den Niederlanden wurde eine Physikerin erstmals 1909 promoviert, die erste Naturwissenschaftlerin in Japan anno 1927. 1903 wurde der Nobelpreis erstmals einer Frau verliehen – Marie Curie –, die 1906 dann auch als erste Professorin an die Sorbonne berufen wurde. 1912 gab es die erste Professorin in Kanada und Norwegen, 1917 in den Niederlanden und 1937 in Cambridge (elf Jahre vor Oxford). 1945 wurden die ersten Frauen zu Mitgliedern der Royal Society gewählt.

Diese Aufzählung mag wie eine Liste beachtlicher Erfolge klingen, rückwärts gelesen jedoch führt sie vor Augen, was Frauen vor den genannten Daten verwehrt blieb. Um die wenigen ihnen offenstehenden Möglichkeiten bestmöglich zu nutzen, verlegten sich einige Frauen darauf, naturwissenschaftliche Themen populär aufzubereiten, insbesondere in der frühen Ära unserer Zeit, von Priscilla Wakefields *Introduction to Botany* (1796) bis hin zu Jane Marcets *Conversations on Chemistry* (1805).[87] Anspruchsvoller arbeitete die schottische Universalgelehrte Mary Somerville, die Werke der Zusammenschau schrieb wie etwa ihren Essay *On the Connexion of the Physical Sciences* (1834). Derartige Veröffentlichungen lassen darauf schließen, dass ihre Autorinnen sich auch der Forschung gewidmet hätten, sofern ihnen ähnliche Möglichkeiten offengestanden hätten wie der Astronomin Caroline Herschel, die zunächst Assistentin ihres berühmteren Bruders William war, aber später selbst Entdeckungen machte.

Als Frauen später dann tatsächlich in der Forschung tätig waren, erhielten sie bisweilen keine Anerkennung oder galten sogar als »unsichtbar«.[88] Robert Mertons »Matthäus-Effekt«, laut dem die Leistung eines unbekannteren Wissenschaftlers von der Nachwelt gerne einem berühmteren Kollegen wie Newton oder Einstein zugeschrieben wird, trifft auf Frauen ganz besonders zu. Aus diesem Grund plädierte eine feministische Wissenschaftshistorikerin auch dafür, von einem »Matilda-Effekt« zu sprechen.[89] Otto Hahn etwa erhielt 1944 den Nobelpreis für die radiochemischen Arbeiten, die er gemeinsam mit seiner Assistentin Lise Meitner durchgeführt hatte. Ähnlich wird die Entdeckung der DNA-Struktur gemeinhin Francis Crick und James Watson zugeschrieben, nicht aber Rosalind Franklin, die ebenfalls an den Untersuchungen beteiligt war.[90] Und auch die Amerikanerin Alice Kober, die Franklin der Altphilologie, verschwand zumindest für eine Weile aus der Geschichte um die Entzifferung der »Linear-B«-Schrift, ebenso wie Linda Scheles Anteil an der Entschlüsselung der Maya-Hieroglyphen unterschlagen wurde.[91] Und noch ein Beispiel: Das von dem Philologen Izmail Sreznevskii begonnene Wörterbuch des Altrussischen wurde gut dreißig Jahre nach seinem Tod von seiner Tochter Olga Sreznevskaia abgeschlossen, ohne dass ihr Beitrag im Text Erwähnung gefunden hätte.[92] Ironischerweise ist bereits der Gedanke, der hinter dem Matthäus-

Effekt steht, ein Beispiel für den Matilda-Effekt, denn Merton würdigte die Leistungen seiner Forschungsassistentin Harriet Zuckerman – die er später heiratete – nicht. Rückblickend räumte er ein: »Wie ich mit Verspätung erst heute (1973) erkenne, habe ich mich in solchem Umfang auf die Interviews und sonstige Materialien aus der Untersuchung von Zuckerman gestützt, daß dieser Aufsatz eigentlich unter unser beider Namen hätte erscheinen müssen.«[93]

Ebenso wie einige Länder eröffneten auch manche Disziplinen Frauen früher Möglichkeiten als andere, oder Frauen fühlten sich mehr zu ihnen hingezogen. Man denke etwa an englische Literatur: In Oxford legten im Jahr 1914 zwölf Männer und 25 Frauen die Abschlussprüfungen in diesem Fach ab.[94] Die Botanik wiederum sprach im 19. Jahrhundert Amateurforscherinnen und im 20. Jahrhundert professionelle Forscherinnen an: Die erste Professorin in Kanada, Carrie Derick an der McGill University, war Botanikerin.[95] Und auch die Psychoanalyse reizte begabte Frauen praktisch von Anfang an, unter anderem Melanie Klein, Karen Horney und natürlich Anna Freud, die das Familienunternehmen weiterführte. Für die neue Disziplin der Wirtschaftsgeschichte galt Ähnliches, zu ihr gehörten ursprünglich Lebensaspekte, die man heute als »sozial« bezeichnen würde. Lilian Knowles wurde auf einen der ersten Lehrstühle in diesem Fachbereich berufen, und zwar 1921 an der London School of Economics, ihre berühmtere Kollegin Eileen Power folgte ihr dort zehn Jahre später nach.[96]

Archäologie und Anthropologie waren ebenfalls Fachbereiche, zu denen einige Frauen relativ früh Zugang fanden. Die erste Professorin in Cambridge war die Archäologin Dorothy Garrod, während Gertrude Caton-Thompson und Kathleen Kenyon durch ihre Ausgrabungen bei Groß-Simbabwe beziehungsweise in Jericho bekannt wurden.[97] In der Anthropologie verdeutlichen Namen wie Ruth Benedict, Margaret Mead, Audrey Richards und Mary Douglas, dass Frauen in diesem Bereich reüssieren konnten, und zwar schon bald nach 1900, zumindest in den USA. Ruth Benedict wurde 1923 in die Fakultät der Columbia University aufgenommen, Elsie Parsons war als Privatgelehrte noch früher auf diesem Gebiet tätig.[98]

Bereits gegen Ende des 19. Jahrhunderts waren Frauen in den USA als Sozialforscherinnen aktiv. Im Zuge der zunehmenden Professionalisierung der Soziologie wurden sie verdrängt oder auf zweitrangige Positionen zurückgestuft, erlebten dann aber ein Comeback und stellten im Jahr 2000 mehr als die Hälfte der Mitglieder der American Sociological Association.[99] Auch in anderen Ländern spielten Frauen eine wesentliche Rolle beim Siegeszug der Soziologie. Beatrice Webb führte in den 1880er Jahren, als sie noch Beatrice Potter hieß, Sozialuntersuchungen durch, während in Deutschland Marie Bernays, eine der ersten weiblichen Studierenden an der Universität Heidelberg, 1910 ihre Sozialstudie über Arbeitsbedingungen in einer Textilfabrik veröffentlichte.

Institutionen und Innovation

Wie gerade geschildert, nahmen die Clark University, die University of Chicago und die London School of Economics von Anfang an Frauen in ihre Reihen auf. Dieser Umstand wirft eine allgemeinere Frage von großer Bedeutung auf, nämlich die nach der Rolle neuer Institutionen bei der Beförderung von Innovation, insbesondere auf dem Gebiet des Wissens. Die im vorhergehenden Kapitel erörterte Parallele zur schöpferischen Rolle der Peripherie liegt auf der Hand, schließlich sind neue Institutionen bei ihrer Gründung in der Regel peripher, auch wenn einige später von zentraler Bedeutung werden.

Im Prinzip scheint der Sachverhalt klar: Neue Institutionen sind nicht mit den Traditionen befrachtet, die im Lauf von Generationen reproduziert werden; sie hatten noch nicht die Zeit, »strukturelle Trägheit«, wie Soziologen es nennen, zu entwickeln.[100] Wer in solchen Einrichtungen eine Stelle antritt, von dem wird erwartet, diese Traditionen zu respektieren und an ihnen teilzuhaben. Innovationen aber werden als Angriff auf diese Teilhabe betrachtet und müssen entsprechend abgewehrt werden. Deshalb erfordert es – so paradox es klingen mag – häufig weniger Aufwand, eine neue Institution zu gründen, etwa eine Hochschule, als eine alte zu reformieren.

In der frühen Neuzeit finden sich mehrere Beispiele, die dieses Prinzip erhärten: Der Lehrplan an neuen Universitäten wie Alcalà, Wittenberg, Leiden, Halle und Göttingen war in der Tat weniger der Tradition verhaftet als an älteren Einrichtungen. Andere Innovationen auf dem Gebiet der Forschung fanden völlig außerhalb des universitären Rahmens statt, etwa in Observatorien, Labors und Gesellschaften, die sich dem Studium der Naturphilosophie verschrieben hatten.[101]

Ähnlich wurde in unserer Periode die neue Disziplin der Germanistik zuerst an recht jungen Hochschulen eingeführt, nämlich in Berlin, Breslau und Bonn, während in England der erste Lehrstuhl für englische Literatur 1827 an der neueröffneten University of London eingerichtet wurde. Die 1895 gegründete London School of Economics schuf recht bald den Fachbereich Soziologie (1904) sowie einen Lehrstuhl für Ethnologie (1913). Den größten Widerstand gegen die neue Disziplin der Soziologie leisteten von allen britischen Universitäten hingegen die beiden ältesten: Oxford und Cambridge.[102] Angeblich konnten die deutschsprachigen Emigranten, die in den 1930er Jahren in den USA Zuflucht suchten, ihre gesellschaftstheoretischen Erkenntnisse am besten dort einbringen, »wo die institutionelle Landschaft neu war«, wie etwa an der 1919 gegründeten New School for Social Research in New York.[103] Zur Unterstützung dieser These möchte ich Fallstudien von drei Universitäten anführen: der Johns Hopkins University in Baltimore (1876), der Universität Straßburg (1871, 1919) sowie der University of Sussex bei Brighton (1961).

Johns Hopkins gehörte zu einer ganzen Reihe neuer amerikanischer Hochschulen, darunter auch Chicago und Cornell, und stellte eine völlig neue Art von Institution dar: die der Forschungsuniversität. Die alten Almae Materes wie Harvard, Yale und Princeton führten ihre Studenten, wie sie es bereits anfangs als kleine Colleges getan hatten, bis zur ersten Abschlussprüfung, das heißt, sie beschränkten sich vor allem auf *undergraduate studies*, die neuen Universitäten hingegen konzentrierten sich insbesondere auf die Weiterbildung der *postgraduates* sowie auf Forschung durch ihre Fakultätsmitglieder. Und auch neue Disziplinen wurden integriert: Chicago etwa etablierte in den Vereinigten Staaten den ersten Fachbereich für Geographie und Ägyptologie und förderte zudem die Soziologie, als diese noch eine junge Wissenschaft war.

Begünstigt wurde die Entwicklung der Johns Hopkins University zur Forschungsuniversität durch den Umstand, dass sie anlässlich ihrer Gründung mit 3,5 Millionen US-Dollar ausgestattet wurde, in den 1870er Jahren eine beträchtliche Summe und »die höchste Einzelzuwendung, die eine höhere Bildungseinrichtung in Amerika je erhielt«.[104] Die ersten fünfzehn Jahre dieser Hochschule wurden als »magischer Moment« bezeichnet, geprägt von »einem Gefühl von Freiheit und zugleich mitreißendem Engagement«.[105] Magisch war der Moment zum Teil zweifellos auch wegen der bescheidenen Größe der Universität. Anfangs gab es ganze sechs Vollprofessoren und insgesamt achtzehn Fakultätsmitglieder, so dass sich rasch ein Gemeinschaftsgefühl entwickelte. In den ersten Jahren wohnten die Professoren zudem gemeinhin den Vorlesungen ihrer Kollegen bei, was sie in dem Gefühl bestärkte, Teil eines größeren Ganzen zu sein. Es gab zahlreiche informelle akademische Zirkel, unter anderem wurden Abende in Privathäusern abgehalten, bei denen Gelehrte abwechselnd Themen aus unterschiedlichen Gebieten vorstellten.[106]

Straßburg war strenggenommen keine neue Universität, schließlich ging ihre Gründung auf das 17. Jahrhundert zurück. Praktisch gesehen jedoch gab es dort zweimal eine neue Institution, nämlich 1871 die Deutsche Universität Straßburg, als die sie neu gegründet wurde, nachdem das Elsass in Folge des Deutsch-Französischen Kriegs an Deutschland abgetreten worden war, und dann wieder 1919 die Französische Universität Straßburg, als die Region erneut an Frankreich fiel. In beiden Fällen brachte die Neugründung Innovationen mit sich. 1871 nutzte man in Straßburg die Möglichkeit, den Sozialwissenschaften weit mehr Raum zu gewähren als anderswo im Deutschen Reich, es wurden Seminare in Philologie, Geschichte, Politik und anderen Fächern abgehalten, und diesem Vorbild folgte man rasch an anderen deutschen Hochschulen. Nach 1919 legte man dann mehr Gewicht auf die Forschung als an älteren französischen Universitäten üblich. Zudem wurden Institute gegründet, die die Zusammenarbeit zwischen Lehrenden verschiedener Disziplinen ermöglichten – was in Frankreich zu der Zeit völlig unüblich war –, etwa zwischen dem Psychologen Charles Blondel, dem Soziologen Maurice Halbwachs und den Historikern Lucien Febvre und Marc Bloch.[107]

Die Erfahrung des »magischen Moments« wiederholte sich. An der deutschen Universität sprachen Professoren rückblickend gerne von der »Begeisterung der Gründungszeit«. Auch an der französischen Universität waren die ersten Jahre von einem Gemeinschaftssinn geprägt, und wie an der Johns Hopkins University besuchten die Professoren bisweilen gegenseitig ihre Vorlesungen.[108] Nach einigen Jahren zog es einige der renommiertesten Professoren, unter anderem Febvre und Bloch, wieder nach Paris, doch da hatten sie bereits, inspiriert durch den Geist Straßburgs, ihren interdisziplinären Ansatz zur Betrachtung von Geschichte entwickelt, der mit der sogenannten Annales-Schule in Verbindung steht (siehe S. 291).

Die University of Sussex ihrerseits war nicht die erste britische Hochschulgründung nach dem Krieg. Bereits 1949 war in Keele in der Grafschaft Staffordshire eine Universität eingerichtet worden, die als Bildungsexperiment galt und einen Gegenentwurf zu der in Großbritannien üblichen Spezialisierung in der höheren Bildung darstellte. Während ihres ersten, des sogenannten »Grundlagenjahrs« erhielten die Studenten Einblick in eine Fülle von Themen, zudem wurden »ergänzende« Kurse angeboten, welche die Kluft zwischen den »zwei

Kulturen« – also Geistes- und Naturwissenschaften – überwinden sollten.[109]

Als erste von insgesamt sieben neuen Universitäten, die Anfang der 1960er Jahre in England gegründet wurden, forcierte Sussex diese Entwicklung und versuchte damit nach eigener Aussage, »die Landkarte des Lernens neu zu zeichnen«.[110] Statt der herkömmlichen Fachbereiche gab es »Studien-Schulen« (Europäische Studien, Sozialstudien und so weiter), und insbesondere in den Geisteswissenschaften wurden Kurse von zwei Fakultätsangehörigen gemeinsam abgehalten, etwa aus der Literatur und der Geschichte.

Was den magischen Moment betrifft, so kann ich aus eigener Erfahrung bestätigen, dass es ihn gab, denn ich kam 1962 nach Sussex. Es herrschte eine Mischung aus jugendlicher Begeisterung, dem berauschenden Gefühl von fehlender Tradition (oder, um es positiver zu formulieren, unserem kollektiven Vermögen, Traditionen zu stiften) und der Überzeugung, dass wir uns für ein aufregendes und bedeutendes Gemeinschaftsunternehmen engagierten. Wie an der Johns Hopkins University und in Straßburg besuchten die Dozenten regelmäßig die Vorlesungen ihrer Kollegen. Hierarchische Strukturen gab es kaum, zumal die Professoren voll und ganz damit beschäftigt waren, ihre neuen Kurse zu entwickeln, so dass sie kaum Zeit hatten, den Studenten vorzuschreiben, was sie zu tun hatten – wenn sie es denn gewollt hätten.

Allerdings können sich derartige magische Momente auch am etablierten Fachbereich einer altehrwürdigen Universität ereignen. So etwa an der Columbia University, als in den 1940er Jahren mit Paul Lazarsfeld und Robert Merton zwei führende Soziologen berufen wurden. »Das Spannende während der frühen Jahre der Lazarsfeld-Merton-Ära in Columbia war«, schrieb der Soziologe Seymour Lipset, der 1949 dort promoviert wurde, »dass die Studenten das Gefühl hatten, unmittelbar an einer Bewegung teilzunehmen, die glaubte, sie würde die Sozialwissenschaften auf den Kopf stellen, wenn nicht gar die ganze Welt.«[111]

Die anfangs sehr überschaubare Größe dieser neuen Institutionen förderte das Gefühl von Gemeinschaftlichkeit. An der University of Keele gab es zunächst 140 Studierende, in Sussex ganze 40. Durch ihr meist junges Alter brachten die Dozenten Schwung und Begeisterung in den Lehrbetrieb. Die dreizehn bei der Gründung von Keele berufenen Professoren waren alle unter 50, das Durchschnittsalter der 24 Vollprofessoren, die zwischen 1873 und 1882 in Straßburg lehrten, betrug 37.[112] Der erste Präsident der University of Chicago, William R. Harper, trat sein Amt im Alter von 34 Jahren an. Asa Briggs, der in Sussex eine wesentliche Rolle an der School of Social Studies, aber auch an der Universität insgesamt spielte, war 40, als er dort seine Professur in Geschichte antrat; viele der in den ersten Jahren der Universität ernannten Lehrassistenten waren nicht älter als 25.

Magische Momente sind nicht von Dauer. Wie ein Historiker der Johns Hopkins University erklärte, »schwand das Gefühl von Aufregung an der Hopkins nach den ersten fünfzehn Jahren«.[113] In Sussex wurden die Fernsehkameras, die in den ersten Jahren ständig und überall liefen, abgeschaltet, die Qualität der Studenten ließ nach, die Auf- und Ausbauphase fand ein Ende (gefolgt von Kürzungen in den Jahren der Thatcher-Regierung), und einige Dozenten, so auch ich, gingen nach Oxford oder Cambridge. Die Kleinheit einer neuen Einrichtung ist ebenso wie ihre Neuheit und das geringe Alter der Fakultät eine recht vergängliche Qualität. Die Aufregung, etwas Neues zum ersten Mal zu tun, geht in Routine über. Um den Schwung der Innovation zu erhalten, sind ständig neue Gründungen nötig, bei denen es sich aber nicht zwangsläufig um Hochschulen handeln muss. Vor hundert Jahren sprach sich der deutsche Chemiker Wilhelm Ostwald für »neue funktionale Formen« aus, etwa Institute, die nicht an Universitäten angeschlossen sind und an denen sich Wissenschaftler unbelastet von Lehrverpflichtungen ausschließlich der Forschung widmen können.[114] Seit einiger Zeit heißt es, die Privatwirtschaft konkurriere erfolgreich mit den Hochschulen, weil sie nicht durch überkommene Disziplinarstrukturen behindert werde.[115]

Denkschulen

Intellektuelle Geschichten, insbesondere solche des 19. und 20. Jahrhunderts, verweisen gerne auf »Denkschulen«, und auch einige Soziologen fühlen sich von dieser Thematik angesprochen.[116] Bisweilen sind derartige Schulen an eine einzelne Person geknüpft – man denke etwa an Liebigs Schule der Chemie, Ratzels Schule der Geographie, Wundts Schule der Psychologie oder die Schule der englischen Literaturkritik rund um F. R. Leavis und die »Leavisites«. Manche Schulen werden allerdings auch mit Orten in Verbindung gebracht, gemeinhin mit bestimmten Städten: die Chicagoer Schule der Soziologie und Ökonomie etwa, die Frankfurter Schule der Kritischen Theorie, die Semiotikschule Tartu-Moskau, die Wiener Schule der Ökonomie und die Göttinger

Schule der Geschichte, Mathematik, Chemie und so weiter.[117] Daneben sind auch bestimmte Zirkel bekannt, etwa der Wiener Kreis der Philosophen, die linguistischen Kreise von Moskau und Prag oder der interdisziplinäre Leipziger Kreis, der seine Blütezeit zwischen 1890 und 1914 erlebte und zu dem der Kulturhistoriker Karl Lamprecht gehörte, der Chemiker Wilhelm Ostwald, der Geograph Friedrich Ratzel und der Psychologe Wilhelm Wundt.[118]

Angesichts der Vielfalt derartiger Zusammenschlüsse kommt man unweigerlich zu dem Schluss, dass informelle Netzwerke von führenden Persönlichkeiten und ihren Anhängern – ob sie sich nun an Universitäten, in Clubs oder Labors bilden – wesentlich für die Vermittlung von Wissen sind, insbesondere von implizitem Wissen, und sogar für dessen Entstehung.[119] Einige Netzwerke (etwa dasjenige Liebigs) beschränkten sich auf einen Fachbereich und spiegelten die Autorität des Professors wider, insbesondere in Deutschland.[120] Andere agierten über institutionelle Grenzen hinweg,[121] während wieder andere sich zu einer neuen Institution zusammenschlossen, etwa die International Psychoanalytical Association (1910).

Interessant ist, dass alle oben genannten Beispiele aus der Zeit zwischen 1850 und 1950 stammen, obwohl die Beziehung zwischen Linné und seinen »Aposteln« darauf schließen lässt, dass das Phänomen schon älter ist.[122] Aufschlussreich ist außerdem, dass in diesem Zusammenhang durchgängig eine religiöse Sprache verwendet wird: Hohepriester, Jünger, Evangelium, Kirche, Schisma. Schulen werden mit Sekten verglichen.[123] In einem Brief an seinen Meister Franz Neumann bezeichnete sich der Physiker Oskar Meyer 1861 als »Apostel Ihres Evangeliums«.[124] Der in der Molekularbiologie häufige Verweis auf die »Phagen-Kirche« mag humorvoll gemeint sein, hat aber durchaus einen ernsten Beigeschmack.[125]

Häufig wurden Häretiker ausgemacht, und nicht minder häufig kam es zur Exkommunikation. Gegen Ende seines Lebens hatte Leavis gemeinsam mit seiner Frau Queenie zahlreiche frühere Leavisites ausgeschlossen. Die Tatsache, dass Alfred Adler und Carl Gustav Jung von Freud zu einem Zeitpunkt exkommuniziert wurden, als die psychoanalytische Bewegung von einer informellen »Sekte« zu einer offiziellen »Kirche« wurde, ist ein weiteres, weithin bekanntes Beispiel für diese Tendenz. Insgesamt fanden in der Geschichte der Psychoanalyse derart viele Schismen statt, unter anderem die Abkehr von Karen Horney und Jacques Lacan, dass sie im Grunde von einem Kirchenhistoriker geschrieben werden müsste.[126]

Allerdings darf man den Begriff der »Schule« nicht zu eng fassen und etwa glauben, alle Jünger würden blindlings ihrem Meister folgen oder alle Mitglieder würden dieselben intellektuellen Paradigmen vertreten.[127] Bisweilen lernen Meister von ihren Jüngern, wie Freud etwa von Jung, Eugen Bleuler, Sándor Ferenczi und anderen. Ebenso wenig sollte man davon ausgehen, dass eine Gruppe oder Schule eine bestimmte, feststehende Anzahl von Mitgliedern hätte, wie es etwa bei einem Club der Fall ist. Die Cambridge Group um die Altphilologen Gilbert Murray und Francis Cornford wurde als ein Produkt späterer Verklärung beschrieben. Man spräche besser von einer »Ansammlung von Atomen, die den von Jane Harrison gebildeten Kern umkreisen«.[128] Einige Gelehrte wären als »Halb-Jünger« eines Meisters zu beschreiben, den sie verehren, ohne ihm in allen Fragen zu folgen. Manche Anführer sind charismatischer als andere, einige Schulen sind relativ hierarchisch, während andere egalitärer ausgerichtet sind (wie der Name »Kreis« nahelegt). Es gibt Schulen, die liberaler sind und eine größere Meinungsvielfalt zulassen, aber auch solche, die vor allem bestrebt sind, Abweichungen von der orthodoxen Meinung zu unterbinden.

Zur mittlerweile aufgelösten Gruppe der Subaltern Studies gehörten zum Beispiel Gelehrte, die mehr oder weniger empiristisch arbeiteten, mehr oder weniger marxistisch dachten und sich mehr oder weniger für Strukturalismus beziehungsweise Post-Strukturalismus interessierten. Zudem darf man nicht vergessen, dass sich praktisch alle Schulen dem Außenbetrachter geschlossener darstellen, als sie es nach Ansicht der Mitglieder selbst sind, da sich diese weit mehr der internen Unterschiede und Konflikte bewusst sind.

Dieser Aspekt trifft insbesondere auf die französischen Historiker zu, die als »Annales«-Schule bekannt wurden (so benannt nach der Zeitschrift *Annales. Histoire, Sciences sociales*, die ihre führenden Persönlichkeiten 1929 ins Leben riefen). Einige von ihnen leugneten öffentlich sogar die bloße Existenz einer solchen Schule.[129] Vielleicht sollte man korrekterweise von einer Bewegung sprechen, der es um eine Reform der Geschichtswissenschaft ging: Geschichte sollte sich nicht mehr allein mit dem Ablauf politischer Ereignisse befassen, sondern auch die Wirtschaft, die Gesellschaft und kulturelle Aspekte miteinbeziehen.

An der Spitze dieser Bewegung standen ursprünglich zwei Gelehrte – Lucien Febvre und Marc Bloch –, und nicht nur einer, wie sonst üblich. Nicht minder unüblich ist, dass die Bewegung drei oder sogar vier Generationen überspannt (ihr damit vergleichbar wäre höchstens die Chicagoer Schule der Soziologie, die von Robert Park in den 1920er

Jahren bis zu Erving Goffman und Everett Hughes in den 1980ern andauerte). Einer Schule am ähnlichsten kam diejenige der Annales vielleicht in der zweiten Generation unter der Leitung von Fernand Braudel, der seine Anhänger wie ein patriarchalisches Familienoberhaupt um sich scharte und neue Institutionen aufnahm, etwa die VI. Sektion der École des hautes études und später die Maison des sciences de l'homme. Doch selbst zu der Zeit gab es Mitglieder, die eher am Rand standen, und innere Konflikte, bei denen es etwa um den Nutzen der Theorie ging, insbesondere der marxistischen Theorie.

Das lange Bestehen der Bewegung und die Kontinuität der inneren Gruppe erklären sich wohl vor allem aus der Weigerung der maßgeblichen Figuren, ihren Anhängern – die man zum Teil als »starke Jünger« bezeichnen könnte – orthodoxe Meinungen vorzugeben.[130] Für Lucien Febvre war der freie Wille von großer Bedeutung in der Geschichte, doch er legte die Leitung der Annales-Schule in die Hände Braudels, der eine fast schon deterministische Einstellung vertrat. Dieser führte die Gruppe in die Richtung der Wirtschafts- und Sozialgeschichte, seine Nachfolger wiederum gingen »vom Keller in den Dachboden«, der Kulturgeschichte entgegen. Im Falle Leavis führte das Beharren auf der Orthodoxie zum Untergang der Schule, bei Annales hingegen führte das Fortbestehen der Schule zu einer Verwässerung der Orthodoxie, wenn nicht gar zu deren Aufhebung.

Eine zentrale soziologische Frage wurde allerdings noch nicht gestellt: Leben wir in einer »Wissensgesellschaft«? Wie unterscheidet sich eine solche von früheren Gesellschaften? Wann entstand sie? Im folgenden Kapitel will ich versuchen, Antworten auf diese Fragen zu geben und Lösungen für andere Probleme der Chronologie zu finden.

9. Chronologien des Wissens

Nach den Geographien und Soziologien des Wissens müssen wir schließlich auch seine Chronologien untersuchen, die wichtigsten Veränderungen innerhalb der zweieinhalb Jahrhunderte, mit denen sich dieses Buch beschäftigt. Wir sprechen hier bewusst von »Chronologien« im Plural, da sowohl unterschiedliche Sichtweisen auf das Geschehen als auch Kontraste zwischen längeren und kürzeren Trends und diverse Entwicklungslinien bestimmter Regionen und Disziplinen zu berücksichtigen sind.

In einem Kapitel, das sich der Veränderung widmet, erscheint es sinnvoll, zunächst einmal an die Bedeutung von Kontinuität zu erinnern. Brüche lassen sich leicht erkennen, oder zumindest hat man diesen Eindruck; Kontinuitäten sind weniger sichtbar. Ehe wir uns mit der »Informationsrevolution« in unserer Zeit befassen, sollten wir uns daran erinnern, dass sich unter Historikern zunehmende Skepsis verbreitet, was die Existenz einer »wissenschaftlichen Revolution« im 17. Jahrhundert oder einer »industriellen Revolution« im ausgehenden 18. Jahrhundert betrifft. In beiden Fällen wird Veränderung immer häufiger als ein mittelfristiger Prozess und nicht als ein plötzliches Ereignis betrachtet.[1]

In jüngster Zeit gab es eine Reihe von Versuchen, das heutige »Informationszeitalter«, wie es manchmal genannt wird, in einer längeren historischen Perspektive zu verorten. Einer von ihnen spricht sogar von der »eiszeitlichen Informationsexplosion«. Auch wenn wir nicht so weit gehen würden, ist es doch sinnvoll, die Aufmerksamkeit auf das Fortbestehen von Traditionen zu lenken.[2]

Technik, Institutionen, Mentalitäten und Praktiken verändern sich in unterschiedlichem Tempo. Die Technik wandelt sich schnell, zumal im Zeitalter der »institutionalisierten Innovation«. Die Gesellschaft und ihre Institutionen verändern sich langsamer, was auf eine institutionelle

»Trägheit«[3] zurückzuführen ist. Am resistentesten gegenüber dem Wandel sind Mentalitäten und Praktiken – ein Beleg dafür, wie sehr die Vergangenheit in der Welt von heute präsent ist.

Zum Beispiel stellen neue Techniken für Wissenschaftler meiner Generation, die ihre Forschungen in den 1960er Jahren begannen, noch immer eine Herausforderung dar. In jenen Tagen hatte *cut and paste* eine ganz andere Bedeutung als heute: Es ging nicht darum, ein Icon auf dem Computer anzuklicken, sondern man hantierte mit Schere und Klebstoff, der manchmal auf dem »Desktop« auslief, sprich, auf der Schreibtischplatte aus Holz. Naturwissenschaftler mochten vielleicht schon mit dem Teilchenbeschleuniger arbeiten, aber in den Geisteswissenschaften benutzten wir häufig Schuhkartons für 13 x 7,5 Zentimeter große Karteikarten und Hemdenkartons für Fotokopien im DIN A4-Format.[5] In unseren Arbeitszimmern gibt es noch immer Zettelkästen, die ihrerseits inzwischen historischen Seltenheitswert besitzen: Wenn junge Doktoranden zu Besuch kommen – also Angehörige der »Netz-Generation«, die »umgeben von digitalen Medien«[6] aufgewachsen ist –, geraten sie angesichts dieser Relikte in ehrfürchtiges Staunen.

Es gibt keinen Grund, bei den 1960er Jahren innezuhalten. Das aktuelle Interesse an »situiertem Wissen« bedeutet eine – zumindest teilweise unbewusste – Rückkehr zu den 1920er Jahren und zur Wissenssoziologie Karl Mannheims. Big Science (Großforschung) sollte eigentlich als »Bigger Science« bezeichnet werden, da die Steigerung ihres Umfangs und ihrer Kosten eher einem langfristigen als einem kurzfristigen Trend entspricht. Die heutige Tendenz, Gesetze zur Förderung der Informationsfreiheit zu verabschieden, muss den Schweden wie ein alter Hut erscheinen, schließlich trat ihr Gesetz der Pressefreiheit (*Tryckfrihetsförordningen*) schon 1766 in Kraft. Die neuerdings als »Citizen Science« (Bürgerwissenschaft) bezeichnete Praxis hat ihre Ursprünge im 18. Jahrhundert, als viele Hobbywissenschaftler ihre botanischen oder geologischen Funde an Gelehrtengesellschaften schickten.

Diese Reise zurück in die Vergangenheit braucht auch keineswegs im Jahr 1766 oder 1750 zu enden, wenn wir etwa an Leibniz denken, den Norbert Wiener bekanntlich zum »Schutzpatron« der Kybernetik ernannte.[7] In früheren Kapiteln dieses Buchs gab es immer wieder Verweise auf die Geschichte des frühneuzeitlichen Europa. Man könnte noch weiter zurückgehen, aber das Wesentliche ist hierzu bereits gesagt. Veränderungen, die schnell begannen, brauchen manchmal ziemlich lange, bis sie jeden erreicht haben.

Die Wissensexplosion

Den offensichtlichsten langfristigen Trend stellt die sogenannte Explosion des Wissens dar. »Explosion« ist ein pessimistisches Bild für etwas, das früher einmal optimistisch als Fortschritt oder Wachstum des Wissens bezeichnet wurde, aber die neue Metapher verbindet sehr treffend zwei Vorstellungen miteinander – schnelle Expansion und Fragmentierung.

Aus der Warte eines Konsumenten, der unter »Informationsangst« leidet, mögen die traditionelle Metapher des Ertrinkens oder die neueren Metaphern der »Informationsüberflutung« oder des »Datensmogs« sogar noch angemessener erscheinen. Wir lesen zum Beispiel von einer »Datenschwemme« oder einem »Datentsunami«, der »über die Gestade der zivilisierten Welt hereinbricht«.[8] Konkreter ausgedrückt: Nach einer kürzlichen Schätzung der *Washington Post* werden dem Internet täglich sieben Millionen neue Seiten hinzugefügt.[9]

Worum es im Wesentlichen geht, brachte der amerikanische Universalgelehrte Herbert Simon treffend auf den Punkt: »Ein Reichtum an Informationen schafft eine Armut an Aufmerksamkeit.«[10] »Ab einer bestimmten Eingabemenge«, heißt es in einem neueren Kommentar, »greift das Gesetz vom abnehmenden Grenzertrag: Die Informationsflut steigert unsere Lebensqualität nicht mehr, sondern bewirkt stattdessen Streß, Ratlosigkeit und sogar Unwissenheit.« Um Präsident Clinton zu zitieren: »Es besteht die Gefahr, daß zu viele Eindrücke, die über die Menschen hereinbrechen, ihrer Fähigkeit zum Verstehen und Begreifen ebenso abträglich sind wie zu wenige.«[11]

Das große Problem besteht darin, aus dem nutzlosen »Rauschen«, wie es der Informationstheoretiker Claude Shannon nannte, nützliche Informationen herauszufiltern. Einer der Gründe, weshalb die US-Regierung trotz verschiedener Warnungen der Geheimdienste keinerlei Vorbereitungen für die Ereignisse des 11. Septembers traf, war der, dass die Warnungen im Rauschen oder im »Geschnatter« der Daten untergegangen sind (siehe Kapitel 5). Andere Autoren sprechen von »kognitiver Überlastung« oder von »Informationsangst«.[12] Diese Angst ist nicht neu. Klagen über die anschwellende Bücherflut ließen sich schon in den ersten hundert Jahren nach der Erfindung des Buchdrucks vernehmen.[13] Doch das Problem ist umso gravierender geworden, je mehr sich die Produktion wie auch die Verbreitung von Wissen beschleunigten.

Die wachsende Zahl von Naturwissenschaftlern und anderen Akademikern, egal ob Vollzeit- oder Teilzeitforscher, hat dazu geführt, dass in immer kürzeren Abständen neue Entdeckungen gemacht und publiziert werden, was insbesondere naturwissenschaftliche Artikel in Fachzeitschriften betrifft. Auch die Zahl der gedruckten Bücher hat ständig zugenommen, ungeachtet der Konkurrenz durch Rundfunk, Fernsehen und Internet: Erschienen 1955 »nur« 270.000 Titel, waren es 1995 schon 770.000 und 2007 976.000.[14] Der belgische Bibliograph Paul Otlet hatte 1934 etwa zwölf Millionen Karteikarten zusammengetragen. Demgegenüber konnte das FBI 1981 mit über 65 Millionen Karteikarten in seinen Ordnern aufwarten, und 2003 hatte es eine Milliarde Dossiers online gestellt.

Die Produktion wie auch die Verbreitung von Wissen profitierten von seiner zunehmenden Technologisierung, dem Aufkommen von Instrumenten zur Beobachtung, Messung, Aufzeichnung, Wiederherstellung und Distribution von Informationen. Wie in einem früheren Kapitel erwähnt, führte Alexander von Humboldt bei seiner berühmten Südamerika-Expedition bereits eine beträchtliche Sammlung von Gerätschaften mit sich. Zu den Instrumenten, die zwischen Humboldts Zeit und 1950 erfunden wurden, gehören die folgenden (nach 1950 ging die technische Innovation noch schneller voran, wie wir sehen werden):

1816 das Stethoskop
1830 Listers zusammengesetztes Mikroskop
1859 das Spektroskop
1874 die Remington-Schreibmaschine
1881 das Diktiergerät
1889 Holleriths elektrische Tabelliermaschine
1907 der Fotostat
1928 das Magnetband
1932 das Zyklotron
1944 der Computer Harvard Mark 1
1947 der Transistor

Nicht so spektakulär wie die Wissensexplosion, aber dennoch wichtig war der langfristige Trend zur Standardisierung des Wissens oder zumindest die Art und Weise, wie verschiedene Wissensformen gesammelt, analysiert, überprüft und verbreitet wurden. Die zunehmende Vereinheitlichung wissenschaftlicher Instrumente vereinfachte die Wiederholung von Experimenten. Auch Bibliothekskataloge und die von den Lesern auszufüllenden Bestellzettel wurden standardisiert (im Lesesaal des British Museum wurden gedruckte Bestellformulare 1837 eingeführt). Ein weiteres Beispiel der Standardisierung war der Wechsel von mündlichen zu schriftlichen Examen, bei denen ein einheitlicher Fragenkatalog für alle Studenten an die Stelle des persönlichen Gesprächs mit dem Professor trat. Gedruckte Fragebogen und Formulare zur Aufzeichnung von Antworten trugen dazu bei, die Forschung in der Soziologie zu standardisieren, und internationale Kongresse führten dazu, dass sich zumindest in einigen Disziplinen einheitliche Nomenklaturen, Definitionen und Klassifizierungen durchsetzen konnten.

Säkularisierung und Gegensäkularisierung

Was die Langfristigkeit betrifft, so müssen wir die Koexistenz und Wechselwirkung gegenläufiger oder ausgleichender Trends im Auge behalten, eine Art Gleichgewicht von Antagonismen. Wie wir gesehen haben, ging die Nationalisierung des Wissens mit seiner Internationalisierung einher und eine zunehmende Spezialisierung mit Bemühungen um Interdisziplinarität.

Ein weiteres Beispiel für entgegengesetzte Trends, das in diesem Buch noch nicht behandelt wurde, ist das der Säkularisierung und Gegensäkularisierung.[15] Eine gängige Ansicht, die vor allem im ausgehenden 19. Jahrhundert verbreitet war, betonte den Konflikt zwischen religiösen und weltlichen Kräften, etwa den Kulturkampf, den das neugegründete Deutsche Reich gegen den Einfluss der katholischen Kirche führte.[16]

Diese Auffassung über das Verhältnis zwischen Religion und weltlichem Wissen lässt sich anhand zweier Geschichtswerke illustrieren, die 1875 und 1876 auf Englisch erschienen. Das erste war *History of the Conflict between Religion and Science* des Naturwissenschaftlers John Draper, das zweite *History of the Warfare of Science with Theology* von Andrew White, dem ersten Präsidenten der Cornell University. Beide Bücher zeichneten Galilei beispielsweise als einen Märtyrer für die Sache der Wissenschaft. Nach der Darstellung dieser und anderer Autoren ging die Wissenschaft siegreich aus dem Krieg hervor, und aus einer ehemals religiösen Weltsicht wurde eine säkulare. Auch für Auguste Comte war klar, dass auf die religiöse Phase in der Geschichte der Menschheit zwangsläufig zwei zunehmend säkulare folgen mussten, die metaphysische und die wissenschaftliche. Seit dieser Zeit und vor allem in der letzten Generation wurde aus unterschiedlichen Gründen immer wieder argumentiert, dass es zu einfach wäre, die Säkularisierung als einen linearen Trend zu sehen. Religiöse Weltsichten sind keineswegs verschwunden, sondern gewinnen vielmehr im Zeitalter des christlichen, jüdischen, moslemischen und hinduistischen Fundamentalismus sogar noch an Bedeutung. Deshalb wird heute auch zunehmend der Begriff »Gegensäkularisierung« verwendet.

Auf jeden Fall geht die Säkularisierungsthese in ihrer einfachen Form an der Tatsache vorbei, dass viele Naturwissenschaftler und andere Akademiker religiös waren und sind und zwischen ihrem Glauben und ihrer Profession oft gar keinen Widerspruch empfinden. Wie wir gesehen haben, gab es ja in der Tat eine ganze Reihe Geistlicher – katholischer wie protestantischer –, die sich aktiv an der Popularisierung der Wissenschaft beteiligten. Für Christen, die die Bibel nicht wortwörtlich auslegten, waren Darwins Ideen zum Beispiel völlig akzeptabel.

Während es in einer intellektuellen Geschichte des Wissens wohl eher um Debatten gehen dürfte, konzentriert sich eine Sozialgeschichte auf gesellschaftliche Gruppen wie den Klerus und auf Institutionen wie Bibliotheken und Universitäten. Auf diesem Gebiet stellen sich die Dinge einfacher dar. Als Produzenten und Verbreiter von Wissen spielten die Geistlichen in unserer Zeit eine immer unbedeutendere Rolle. Und die Säkularisierung der Bibliotheken vollzog sich derart, dass sie ab dem späten 18. Jahrhundert von religiösen Institutionen – etwa Jesuiten-Kollegs – auf weltliche wie Universitäten verlagert wurden.

Innerhalb der Universitäten ging die Zahl der Studenten an den theologischen Fakultäten beständig zurück, vor allem im Deutschland des ausgehenden 19. Jahrhunderts. 1830 betrug der Anteil von Theologiestudenten an deutschen Universitäten 30 Prozent, aber 1908 waren es nur noch acht Prozent. In der frühen Neuzeit waren die meisten Universitätsdozenten Geistliche gewesen (in Oxford und Cambridge mussten sie es sogar noch bis in die 1870er Jahre hinein sein). In unserer Zeit dagegen kann man von einer schleichenden Säkularisierung der Profession sprechen. Einige der neugegründeten Institutionen wie die London University (1826) waren insofern weltlich, als sie den Studenten keine religiöse Aufnahmeprüfung mehr abverlangten.

Um die Mitte des 19. Jahrhunderts war eine säkularistische Bewegung entstanden, die bis heute existiert und zum Forum für antiklerikale Wissenschaftler wie Thomas Henry Huxley oder militante Atheisten wie Richard Dawkins wurde. Später nahm sie auch institutionelle Formen an, etwa in der norwegischen Humanistischen Vereinigung (Human-

Etisk Forbund, 1956), im britischen Council for Secular Humanism und ähnlichen Organisationen.

Zu den Paradoxien der Säkularisierung gehört es, dass ein religiöses Vokabular für weltliche Zwecke übernommen wurde, wofür wir einige Beispiele bereits angeführt haben (S. 289f.). Comtes Anhänger gründeten »Kirchen« des Positivismus, und Francis Galton – antiklerikaler Naturforscher zu viktorianischen Zeiten – trat für »eine Art wissenschaftlichen Priestertums« ein. Der Dekan der medizinischen Fakultät an der Sorbonne sagte den Studenten 1836 in einer Ansprache, Ärzte seien die wahren, rechtmäßigen Nachfolger des Klerus. Psychiater fungierten als »Trostspender« und wurden damit gewissermaßen zu Konkurrenten der Geistlichen, von denen sie auch manch andere Praktiken übernahmen.[17] Als Carl Gustav Jung die Zunft der Psychotherapeuten als »Klerus« bezeichnete, folgte er damit einer Tradition.

Im Bereich der Wissensinstitutionen scheint die Säkularisierung der vorherrschende Trend zu sein. Dennoch finden sich ohne Weiteres auch Beispiele der Gegensäkularisierung. Die Duke University in North Carolina (1838) wurde von Methodisten und Quäkern gegründet, die Vrije Universiteit Amsterdam (1880) von Calvinisten, die Chicago University (1890) von dem Baptisten John Rockefeller und die Universidad de Navarra in Pamplona (1952) vom Begründer des Opus Dei.

Im gesamten hier behandelten Zeitraum waren Wissenschaftler sowohl religiösen als auch politischen Pressionen ausgesetzt. Ernest Renan wurde beispielsweise von seinem Lehrstuhl für Hebräisch am Collège de France abberufen, nachdem sein Buch *Das Leben Jesu* (1863) erschienen war, das dem Protagonisten allzu menschliche Züge verlieh. Auch William Robertson Smith verlor seine Professur für Hebräisch – in seinem Fall am Free Church College in Aberdeen (1881) –, nachdem die Free Church of Scotland ihn zum Ketzer erklärt hatte. Der Vorwurf der Häresie stützte sich auf einen von Smith in der *Encyclopaedia Britannica* veröffentlichten Eintrag, der zu verstehen gab, dass Aussagen in der Bibel nicht wortwörtlich zu nehmen seien. In Tennessee wurde einem Biologielehrer 1925 der Prozess gemacht, weil er vor seiner Highschool-Klasse die in diesem Bundesstaat strafbewehrte Behauptung aufgestellt hatte, die Menschen stammten von Tieren ab. Der Kreationismus blüht und gedeiht, in den USA wie auch andernorts.

Andererseits gab es in den Vereinigten Staaten zwischen 1975 und 2005 eine ganze Reihe von Gerichtsurteilen, die es als nicht verfassungsgemäß erklärten, im Naturkundeunterricht an öffentlichen Schulen zu behaupten, die Welt sei von Gott erschaffen worden. Der Geschichte der Säkularisierung – wie der Geschichte überhaupt – wird man also eher gerecht, wenn man sie in Zickzack-Bewegungen darstellt und nicht in einer geraden Linie.

Kurzfristige Trends

Langfristige Trends können durch kurzfristige verstärkt oder auch gebremst werden – und aus Sicht des Historikers mag sich ein Zeitraum von fünfzig Jahren durchaus als »kurz« darstellen. Welches sind die wichtigsten Wendepunkte in unserer Zeit? Manche Historiker unterteilen die Vergangenheit gerne in Generationen. Was aber Generationen zusammenhält, ist – nach Karl Mannheim – die gemeinsame Erfahrung irgendeiner Art von Wendepunkt, sei es ein Krieg, eine Revolution oder eine Krise.[18]

Verschiedene Wissenschaftler reklamierten für sich, in der Geschichte des Wissens diverse Krisen und Revolutionen entdeckt zu haben. Der Philosoph Edmund Husserl glaubte beispielsweise, die Wissenschaften hätten um das Jahr 1900 eine Krise erlebt, während der Wissenschaftshistoriker Thomas Kuhn gleich eine ganze Reihe wissenschaftlicher Revolutionen meinte feststellen zu können.[19] Hinsichtlich der Datierungen gab es viele widersprüchliche Aussagen von Wissenschaftlern, die oft der Versuchung erlagen, Veränderungen in einer bestimmten Region oder Disziplin allzu sehr zu verallgemeinern.

Aus diesem Grund sollte man wohl am besten versuchen, sich so lange wie möglich den Blick für andere Ansätze offenzuhalten, indem man zum Beispiel fünf Halbjahrhundertzyklen untersucht, beginnend mit den runden Jahreszahlen 1750, 1800, 1850, 1900 und 1950, auch wenn es sich bei diesen nicht unbedingt um signifikante Daten handelt (was die letzte Periode betrifft, so markiert etwa 1940 eher einen Wendepunkt als 1950). Am Ende des Kapitels werden dann die Veränderungen zu beleuchten sein, die in den letzten rund dreißig Jahren stattgefunden haben.

Perioden von fünfzig Jahren erinnern an die Konjunkturzyklen, die der sowjetische Wirtschaftswissenschaftler Nikolai Kondratjew feststellte, als er seine Theorie der Langen Wellen entwickelte. Die sogenannten Kondratjew-Zyklen – »lang« sind sie nur im Vergleich mit anderen Wirtschaftszyklen, nicht aber in den Augen von Historikern – sollten die regelmäßig wiederkehrenden Krisen des Kapitalismus erklären. Spätere Ökonomen wie der Österreicher Joseph Schumpeter revidierten Kondratjews Annahme und behaupteten, Voraussetzung für die Entstehung von ökonomischen Wellen sei das, was man als »Hirnwellen« bezeichnen könnte. Die entscheidende Rolle kam nach dieser Auffassung der Informationstechnologie als »Trägerin« der Wellen zu.[20]

Im Folgenden werde ich bei der Beschreibung allgemeiner Veränderungen im Wissenssystem gelegentlich auf diese Wellen zurückkommen. Die Leser sollten allerdings im Auge behalten, dass es unumgänglich war, eine Vielfalt von Ereignissen in jeder Periode auf ein paar wenige wichtige Trends zu reduzieren, und dass die Angabe präziser Wendepunkte immer umstritten bleiben wird. Auf jeden Fall sind die Daten selbst weniger wichtig als die Abfolge von Ereignissen, wobei das eine Ereignis gewissermaßen als Abschussrampe für das nächste dient – es ist wie beim Start einer Rakete mit mehreren Zündstufen.

Die Reform des Wissens, 1750-1800

Papier und Marktgeschrei, der erste Band dieser Sozialgeschichte des Wissens, endete mit der Veröffentlichung der *Encyclopédie* (1751–1766). Hier dagegen soll sie uns als Ausgangspunkt dienen, um Veränderungen zu ermessen. Was dieses vielbändige Nachschlagewerk von seinen Vorgängern – wie auch von den meisten seiner Nachfolger – unterschied, war das politische Projekt seiner Herausgeber: die Anwendung von Wissen im Dienste der Reform.

Die gesamte fünfzigjährige Periode ließe sich mit Fug und Recht als eine Zeit der »Reform des Wissens« im doppelten Sinne bezeichnen: Auf Wissen basierende Reformen der Gesellschaft sind damit ebenso gemeint wie Versuche, die Organisation des Wissens selbst neu zu gestalten. »Reform« war ein Schlüsselwort dieser Zeit, genauso wie »Fortschritt«, »Verbesserung« und ihre Entsprechungen in anderen Sprachen (*réforme* und *amélioration* auf Französisch, *riforma*, *miglioramento* oder *perfezionare* auf Italienisch, *reforma* oder *arreglo* auf Spanisch, *reform, advancement* oder *improvement* auf Englisch, *opkomst* und *forbedring* auf Dänisch und so weiter).

Der Begriff »Reform« war die weltliche Version einer religiösen Vorstellung, der zu dieser Zeit in unterschiedlichsten Kontexten oder Bereichen – von der Landwirtschaft bis zur Erziehung – zunehmend in Gebrauch kam. Linné sagte von sich selbst, er habe »eine größere Reform in der Botanik« zuwege gebracht als irgendjemand zuvor.[21] Lavoisier schrieb über die Notwendigkeit, die Sprache der Chemie zu reformieren. Der französische Physiologe Pierre Cabanis trat für eine »Reform der Medizin« ein, inklusive ihrer Sprache.

Wissen wurde von Herrschern oft als ein Hilfsmittel bei der Durchführung ökonomischer, sozialer oder politischer Reformen betrachtet. Dies galt etwa für Karl III. von Spanien, Kaiserin Maria Theresia oder Friedrich den Großen, der die *Encyclopédie* als Hilfe für seine Reformen bezeichnete. Manche Minister dieser Regenten vertraten eine ähnliche Auffassung. In Frankreich interessierte sich beispielsweise Turgot für die Anwendung der Mathematik bei Verwaltungsreformen anhand demographischer Studien. Außerdem rief er eine Kommission zur Untersuchung von Epidemien ins Leben, die ihn bei der Reform des Gesundheitswesens beraten sollte.[22] In Spanien wurde der neue Botanische Garten von Madrid (1781) als ein »Instrument der Gesundheitsreform im Geiste der Aufklärung« bezeichnet.[23]

In Portugal stand die Bildungsreform des Marquês de Pombal in Zusammenhang mit seinen Wirtschaftsreformen. Anderswo arbeitete man allgemeine Pläne für eine Schulreform aus, namentlich wäre hier der »Erziehungsplan« (*Ratio Educationis*, 1777) zu Zeiten Maria Theresias zu nennen. Häufig hoben solche Pläne besonders das nützliche Wissen hervor. So entstand etwa in der deutschsprachigen Welt neben dem traditionellen humanistischen Gymnasium, das sich auf Latein und Griechisch konzentrierte, eine neue Art von Lehranstalt, die Realschule, an der eindeutig praxisbezogene Fächer unterrichtet wurden. Ab Mitte des 18. Jahrhunderts gab es eine Reihe von Versuchen, alteingesessene Universitäten zu reformieren, unter anderem in Coimbra, Kopenhagen, Krakau, Mainz, Prag, Rom, Salamanca, Sevilla oder Wien.[24] Zu den Reformen, die unter Pombal an der Universität von Coimbra vorgenommen wurden, gehörte die Gründung neuer Fakultäten für Mathematik und Philosophie, außerdem die Einrichtung von Chemie- und Physiklaboren, eines botanischen Gartens sowie eines Observatoriums. Bisweilen fanden auch Disziplinen der angewandten Wissenschaften ihren Weg in die Universität, etwa in Prag, wo 1762 der Lehrstuhl für Bergbau eingerichtet wurde. In Neapel, Göttingen und anderswo fand die Politische Ökonomie aufgrund von Reformen Eingang in die Lehrpläne. Gefördert von Regierungen, entstanden zu dieser Zeit allenthalben neue Institutionen, die sich auf diverse Spielarten nützlichen oder praktischen Wissens spezialisierten. Insbesondere waren es drei Bereiche des praktischen Wissens, in denen die formale

Ausbildung damals institutionalisiert wurde: Krieg (Artillerieschulen), Kommunikation (Ingenieursschulen) und Wohlstand (Landwirtschaft, Bergbau und Handel).

Die »wissenschaftlichen Expeditionen«, wie wir sie heute nennen, die vor allem in der zweiten Hälfte des Jahrhunderts zunehmend Verbreitung fanden, wurden oft von Regierungen aus ganz praktischen Gründen unterstützt. Einen sprunghaften Anstieg verzeichneten jene freiwilligen Zusammenschlüsse, die sich um die Verbreitung des praktischen Wissens – vor allem im Bereich der Landwirtschaft – kümmerten, unter ihnen die patriotischen Gesellschaften Spaniens und Lateinamerikas, die Amigos del País.[25]

Enzyklopädien wurden überarbeitet, umgeschrieben und neu organisiert, um mit der wachsenden Flut neuer Informationen Schritt halten zu können. Selbst die berühmte *Encyclopédie* bedurfte schon bald der Reform im Sinne einer Aktualisierung. Konkurrenzwerke ließen nicht lange auf sich warten, unter ihnen die *Encyclopaedia Britannica* (ab 1768), der *Dictionnaire raisonné des connaissances humaines* (58 Bände, 1770–1780) und die *Encyclopédie méthodique* (1782–1791, die es schließlich auf 210 Bände brachte).

Die Reform der Enzyklopädien könnte man als Ausdruck einer größeren Reform des Wissens betrachten – oder als eine Reaktion auf sie –, zu der auch die Systematisierung gehörte. Ein weiteres Schlüsselwort der damaligen Zeit neben »Fortschritt« und »Forschung« war »System«. Die Reformierung der Botanik durch Linné bestand darin, dass er ein neues System der Klassifizierung von Pflanzen schuf, und eins seiner berühmtesten Bücher trug den Titel »Natursystem« (*Systema Naturæ*). Das englische Wort *systemize* wurde in den 1760er Jahren geprägt. In einem Artikel über Systeme der Wissenschaften und Künste der Ausgabe von 1771 definierte die *Encyclopaedia Britannica* ein System als »eine Ansammlung oder Verkettung von Prinzipien und Schlüssen oder einer gesamten Doktrin, deren verschiedene Teile miteinander verbunden sind und jeweils voneinander abhängen; in diesem Sinne sprechen wir von einem System der Philosophie, einem System der Göttlichkeit usw.«

Der System-Begriff gehörte zum Vokabular der schottischen Aufklärung und ihrer führenden Vertreter: Adam Smith sprach von den »Systemen der politischen Ökonomie«, David Hume vom »allgemeinen System Europas«. Adam Ferguson schrieb über das »System des Ritterstands« und das »System der Sitten«, William Robertson über das scholastische »System« der Philosophie, das Feudalsystem oder das »komplexe und komplizierte System der italienischen Politik«. In der deutschsprachigen Welt war es Winckelmann, der die Idee auf das »System der antiken Kunst« erweiterte, während Christoph Gatterer betonte, wie wichtig es sei, die Geschichte »systemweise« zu studieren.

Wissen wurde zunehmend für praktische Zwecke angewendet, sei es in der Landwirtschaft, dem Transportwesen oder insbesondere der Manufaktur. Dies betraf vor allem, wenn auch nicht ausschließlich, Großbritannien zur Zeit der von manchen Historikern noch immer so genannten industriellen Revolution mit ihren diversen Erfindungen wie der Dreschmaschine von Andrew Meikle und der Kardiermaschine von Richard Arkwright.

Die Wissensrevolution, 1800-1850

Bei den Veränderungen, die ab 1750 stattfanden, handelte es sich wohl eher um eine Neuorganisation des Wissens als um eine Revolution. Zur Revolution selbst kam es erst in den 1790er Jahren. Auf die politische Revolution folgten radikale Veränderungen im Wissenssystem, vor allem in Frankreich zwischen 1789 und 1815. Zu den einschneidenden Maßnahmen dieser Phase gehören die Schließung von Universitäten und Akademien (zumindest in den Jahren vor Beginn der napoleonischen Zeit), die Ersetzung von Priesterkollegs durch *écoles centrales*, die Gründung der École polytechnique sowie der Erlass zur Öffnung der Archive.[26]

In einem allgemeineren Sinne könnte man davon sprechen, dass hier ein altes Wissensregime zerstört und durch ein neues ersetzt wurde. Das alte Regime war ein hierarchisches gewesen mit der Theologie als Königsdisziplin, gefolgt von Rechtswissenschaft und Medizin, den Geisteswissenschaften oder Artes liberales und schließlich den Artes mecanicae wie Landwirtschaft und Schiffbau. Ab Beginn des 19. Jahrhunderts wurde die Vorherrschaft der traditionellen Geisteswissenschaften von Anhängern der Naturwissenschaften und der Technik zunehmend in Frage gestellt.

Wissenschaftshistoriker betrachten die Jahre um 1800 als die Zeit der »zweiten wissenschaftlichen Revolution«, eine Idee, die im Übrigen auf einen ihrer Zeitgenossen zurückgeht, nämlich auf Samuel Coleridge, der sie schon 1819 formuliert hatte.[27] Das Aufkommen des englischen Worts *scientist* in den 1830er Jahren (wie auch seiner deutschen Entsprechung »Naturforscher«) war ein Zeichen der Spezialisierung und

Professionalisierung, die einen Teil dieser Revolution ausmachten. Einen ähnlichen Begriff prägten Historiker der Welterforschung, die diese Periode als »das zweite Zeitalter der Entdeckung« bezeichnen.[28]

Je mehr die alte Hierarchie kollabierte, desto größere Anerkennung fand die Pluralität des Wissens, populäres ebenso wie gelehrtes, theoretisches ebenso wie praktisches Wissen. Die Tatsache, dass alternative Wissensformen existieren, insbesondere Quellen außerhalb der Tradition europäischer Gelehrsamkeit, vollzog sich in einem Bewusstwerdungsprozess, den man mit leichter Übertreibung als die Entdeckung des »Anderen« bezeichnen könnte, sei es des zeitlichen (Historismus), des räumlichen (der Osten) oder des gesellschaftlichen (die Entdeckung des »Volks« durch die Bourgeoisie und den Mittelstand).

Die Formulierung »Entdeckung der Zeit« verweist auf den Aufstieg des Historismus im Sinne eines geschärften Bewusstseins für Veränderungen und die kulturelle Distanz zwischen Vergangenheit und Gegenwart, für »Vergangenheit als ein fremdes Land«.[29] Im Brennpunkt der historistischen Bewegung stand die Kultur des Mittelalters, die lange Zeit vernachlässigt oder verachtet gewesen war und jetzt eine Neubewertung erfuhr. Das wachsende Interesse für entwicklungsgeschichtliche Aspekte führte unter anderem dazu, dass Objekte in Museen fortan in chronologischer Reihenfolge angeordnet wurden.

Der Historismus war kein unmittelbares Produkt der Französischen Revolution, wurde aber sicherlich von ihr ebenso stimuliert wie von dem Gefühl einer beschleunigten Geschichtsentwicklung, das auf sie folgte.[30] Ein neues Gefühl der Vergangenheit verband sich mit einem neuen Gefühl der Zukunft, die insbesondere die Revolutionäre als eine formbare und von Menschen kontrollierbare betrachteten. Aus diesem Grund bezeichneten einige deutsche Historiker die Jahre um 1800 als »Sattelzeit«.[31]

Die »Entdeckung des Ostens« ist ein nützliches Kürzel, um auf ein wachsendes Interesse an Ägypten, Persien und vor allem Indien zu verweisen (ein Interesse am Osmanischen Reich und an China bestand schon seit der frühen Neuzeit). Wie wir gesehen haben (S. 36), sorgte Napoleons Ägyptenfeldzug von 1798 dafür, dass auch das alte Ägypten in Mode kam. Deutschland hatte ein besonders starkes Interesse an Indien, das zum Teil der Suche nach den Ursprüngen der europäischen Kultur, zum Teil der Suche nach Alternativen zur klassischen Tradition geschuldet war.[32]

Ein gegenaufklärerischer Impetus brachte den Mittelstand dazu, sich nicht nur für die Volkskultur zu begeistern, sondern auch für das Mittelalter und für »die Weisheit des Ostens«. Die Jahre um 1800 sind als die Zeit der »Entdeckung des Volks« bezeichnet worden, vor allem – wenn auch nicht ausschließlich – in den deutschsprachigen Teilen Europas.[33] Was das Volk für seine Entdecker so reizvoll machte, war zum großen Teil – genau wie im Fall der Entdeckung des Ostens – das Anderssein. Das Volk galt als geheimnisvoll, und ihm wurden Eigenschaften zugeschrieben, die seine Entdecker eben nicht besaßen (oder zumindest nicht zu besitzen glaubten): Es war natürlich, einfach, instinktiv, irrational, ohne Individualität und verwurzelt in den Traditionen wie im lokalen Boden. Der Enthusiasmus, mit dem man alles »Volkhafte« zu sammeln begann – Volkslieder, Volksmärchen, Volksmusik und das, was die Engländer ab 1846 als »Folklore« bezeichneten (im Deutschen »Volkskunde«) –, nährte sich zum Teil aus dem Glauben, das Volk sei eine Quelle von Wissen und Weisheit.

Disziplinäre Vielfalt, 1850-1900

Die Jahre um 1850 lassen sich nicht so eindeutig charakterisieren wie die Zeiten der Reform und Revolution. Dennoch war das spätere 19. Jahrhundert, wie wir gesehen haben, eine entscheidende Phase in der Geschichte der Spezialisierung. »Zwischen 1850 und 1900«, schrieb ein Autor, »durchlief die westliche Wissenschaft einen Transformationsprozess: Aus einer zunächst nur losen Ansammlung von Gesellschaften, Forschungsinstituten und akademischen Programmen auf lokaler Ebene entstand ein dichtes Netz professionalisierter Disziplinen, die innerhalb jeder Nation stark zentralisiert waren und oft von der Regierung und der Wirtschaft des jeweiligen Landes direkt gefördert wurden.«[34]

An den Universitäten wurde das Doktorat als akademische Qualifikation eingeführt und eine wachsende Zahl von Disziplinen selbständigen Abteilungen zugeordnet. Im Zeitalter des Positivismus, in dem die Naturwissenschaften als Modell für jegliches intellektuelle Bestreben galten, nahmen Akademiker aus zahlreichen Disziplinen – von der Geschichtswissenschaft bis zur Psychologie – für sich in Anspruch, »wissenschaftliche« Arbeit zu leisten.

Deutschland spielte in dieser Hinsicht eine Vorreiterrolle, was einmal mehr seine akademische Hegemonie von 1850 bis 1914 illustriert (siehe oben, S. 237), an der man sich in den USA mit besonderem Enthusiasmus orientierte. So wurde beispielsweise 1852 an der Universität

München ein Institut für Chemie eingerichtet und Liebig zu seinem Direktor berufen (in Gießen, wo er ab den 1820er Jahren gearbeitet hatte, war Chemie an einem Ausbildungsinstitut für Pharmazeuten gelehrt worden). Die Gründung des Physikalischen und des Chemischen Instituts an der Universität Berlin folgte 1862 beziehungsweise 1869, während in den USA die Johns Hopkins University 1876 gleich mit Abteilungen für Physik und Chemie eröffnet wurde.

Auch Kunstgeschichte war eine Zeitlang fast ein Monopol der deutschsprachigen Welt, entsprechende Lehrstühle gab es in Berlin (1844), Wien (1852), Bonn (1860) und Basel, wo Jacob Burckhardt 1858 zum Professor für Geschichte und Kunstgeschichte berufen wurde.[35] Die Princeton University ernannte ihren ersten Dozenten für Kunstgeschichte 1859, obwohl die kunstwissenschaftliche Abteilung dort erst fast ein Vierteljahrhundert später, nämlich 1883, eröffnet wurde.

Ein zweites wichtiges Thema, das diese Zeitspanne zu definieren hilft, ist die Popularisierung. Eine Unmenge von Publikationen sorgte dafür, die Wissenschaft auch den Laien nahezubringen, darunter viele Zeitschriften, die eigens zu diesem Zweck gegründet wurden. Ein weiteres wirksames Mittel der Wissensverbreitung war die Great Exhibition in London von 1851 mit ihren zahlreichen Nachahmern beziehungsweise Konkurrenten: die Weltausstellungen in Paris (1855, 1867, 1878 und 1889), in London (1862), Wien (1873), in Philadelphia (1876) und in Chicago (1893).

Die wichtige Rolle, die technische Innovationen bei diesen Großereignissen spielten – vor allem 1851 –, erinnert daran, dass der zweite der Kondratjew-Zyklen im »mechanischen Zeitalter« ab Mitte der 1840er Jahre begann.[36] Wie wir gesehen haben, veränderte der Einsatz der Dampfmaschinentechnik – bei Eisenbahnen wie bei Schiffen – die Welt der Gelehrsamkeit insofern, als sie regelmäßige internationale Konferenzen in verschiedenen Disziplinen ermöglichte wie auch transatlantische Vortragsreisen von Akademikern oder Wissenschaftspopularisierern. Der ständige Ausbau des Schienennetzes zog weitere Innovationen nach sich. Aus Gründen der Sicherheit und der Effizienz mussten die Verantwortlichen der Eisenbahn genau wissen, wann sich das rollende Material wo befand, weshalb die Eisenbahngesellschaften schon bald dazu übergingen, mit Lochkarten und Hollerith-Lesegeräten zu arbeiten.[37]

Diese Zeit war auch wichtig für die Geschichte der Museen. Zu den Neugründungen gehörten die Folgenden:

1852 Germanisches Nationalmuseum, Nürnberg
1857 South Kensington Museum, London
1864 Koloniaal Museum, Haarlem
1865 Colonial Museum, Wellington
1866 Peabody Museum of Natural History, New Haven
1868 Musée d'anthropologie, Paris
1868 Staatliches Museum für Völkerkunde, München
1869 Museum für Völkerkunde, Leipzig
1870 Metropolitan Museum of Art, New York
1872 Kunsthistorisches Museum, Wien
1873 Museum für Völkerkunde, Berlin
1873 Nordiska Museet, Stockholm
1881 Natural History Museum, London
1885 Science Museum, London

Dass in dieser Liste gleich zwei Kolonialmuseen verzeichnet sind, kommt nicht von ungefähr, schließlich befand sich der »wissenschaftliche Kolonialismus« seinerzeit auf dem Höhepunkt.[38] Ebenso wie die vier völkerkundlichen Museen in Deutschland zeigten sie Gegenstände, die die Europäer aus Asien, Afrika, Nord- und Südamerika und Ozeanien zusammengetragen hatten. Zu den Institutionen, die im Dienste des wissenschaftlichen Kolonialismus tätig waren, gehörten der Lehrstuhl für Kolonialgeographie an der Sorbonne (1893), Ausbildungsstätten wie die École coloniale in Paris (1889) oder das Institut Colonial International in Brüssel (1894); exotische Schauen wie die Deutsche Colonial-Ausstellung in Berlin (1896); staatliche Forschungsagenturen wie der Geological Survey of India (1851) und Erhebungen, wie sie das niederländische Kolonialministerium in Niederländisch-Indien vornehmen ließ (1857). Das Vordringen Russlands nach Turkmenistan in den 1860er Jahren führte zu einer Reihe geographischer, archäologischer und ethnographischer Expeditionen nach Zentralasien.

Auch im Fernen Osten – also außerhalb der Kolonialsphäre – verbreitete sich zu dieser Zeit westliches Wissen. Unter den Institutionen, die zu diesem Zweck in China gegründet wurden, befand sich die Schule für Fremdsprachen in Peking (1861), die Übersetzungsabteilung der Kiangnan-Schiffswerft in Shanghai (1879), das Polytechnische Institut in Shanghai (1876), die Gesellschaft zur Verbreitung christlichen und allgemeinen Wissens unter den Chinesen in Shanghai (1887) und die Kaiserliche Universität Peking (1898). In Japan gründete das neue Meiji-Regime die Kaiserliche Lehranstalt für Maschinenbau (1873) und die

Kaiserliche Universität Tokio sowie die Kaiserliche Universität Kyoto (1897). Ein Doktorat nach deutschem Vorbild wurde in den 1880er Jahren eingerichtet.

Die Wissenskrise, 1900-1950

Husserl war nicht der Einzige, der die Jahre um 1900 als eine Zeit der Krise in vielen Disziplinen betrachtete, eine Krise, die gelegentlich als »Revolte gegen den Positivismus« bezeichnet wird.[39] Am stärksten – oder am ehesten – zeichnete sich der Trend in der Philosophie ab, namentlich im »Perspektivismus« Nietzsches, dem zufolge es nicht den einen wahren Weg gibt, die Welt zu betrachten, sondern nur eine Vielfalt möglicher Perspektiven, und zum anderen in der »Phänomenologie« Husserls selbst, welche die äußere Welt und unsere Annahmen über sie in intellektuelle Klammern verbannt und stattdessen die lebendige Erfahrung ebendieser Welt analysiert. Diese Ideen, die vor 1914 formuliert wurden, brauchten eine gewisse Zeit, um sich zu verbreiten; den größten Zuspruch fanden sie nach dem kollektiven Trauma des Ersten Weltkriegs und dem Zusammenbruch der alten Regime, den er zur Folge hatte.

Am allerdeutlichsten zeigte sich die Subversion der Orthodoxie vergangener Zeiten in der Physik. Einsteins berühmte allgemeine Relativitätstheorie (1915) – egal ob richtig verstanden oder nicht – beförderte den Relativismus, während Heisenbergs Unschärferelation, die 1927 im Rahmen der Quantenmechanik formuliert wurde, Gewissheiten auf eine allgemeinere Weise unterminierte. Objektivitätsansprüche wurden in einem Bereich nach dem anderen zunehmend untergraben, ebenso wie das Vertrauen in allgemeine Gesetze und allgemein anwendbare Methoden.[40]

Unter professionellen Historikern wich die Überzeugung, dass »Geschichte eine Wissenschaft ist, nicht weniger und nicht mehr« (wie der irische Historiker John Bagnell Bury behauptete), der Auffassung, dass Geschichte eine Kunst ist, ein Zweig der Literatur, in dem sich ein persönlicher Standpunkt gar nicht vermeiden lässt. Zwei berühmte Kritiken des Objektivitätsanspruchs stellten die Ansprachen der Vorsitzenden der American Historical Association dar: »Everyman his own Historian« von Carl Becker (1931) und »Written History as an Act of Faith« von Charles Beard (1933).[41]

Eine ähnliche Debatte über die Wissenschaftlichkeit der Disziplin fand auch in der Soziologie statt – hier in Zusammenhang mit der Herausbildung eines neuen Teilbereichs, der auf Max Scheler und Karl Mannheim zurückgehenden Wissenssoziologie, welche die Unterschiede zwischen den Weltanschauungen verschiedener Gesellschaftsgruppen, vor allem sozialer Klassen, und die engen Verbindungen zwischen Wissensformen und sozialem Status in den Vordergrund rückt.[42] Versucht man, die Wissenssoziologie selbst historisch zu verorten, könnte man sagen, dass die in der Nachkriegszeit verbreitete Desillusionierung Intellektuelle wie Karl Mannheim dazu brachte, sich von kulturellen Werten zu entfernen, die ehemals als selbstverständlich gegolten hatten.

Der Erste Weltkrieg trug nicht nur dazu bei, alte Gewissheiten zu untergraben, sondern wirkte sich in vielfältiger Weise auf das Wissen aus. Zahlreiche akademische Kenntnisse – und auch die jeweiligen Akademiker – wurden im Dienst der Kriegsanstrengungen beider Seiten eingesetzt. Physiker entwickelten Methoden zur Ortung von Unterseebooten, Psychologen begutachteten die Fähigkeiten von Kampfpiloten, und zwei Millionen amerikanischer Soldaten wurden Intelligenztests unterzogen. »Eines der auffälligsten Resultate des Kriegs«, schrieb der US-Astronom George Ellery Hale 1920, »ist die Tatsache, dass Wissenschaft und Forschung bei uns ganz erheblich an Bedeutung gewonnen haben.«[43] Wie wir gesehen haben, wurden in Frankreich, Großbritannien, Russland und den Vereinigten Staaten unterschiedlichste Forschungsinstitutionen eingerichtet und der Umfang der Forschung insgesamt erweitert.

Auch die Geheimdienste expandierten, obwohl einige der bekanntesten schon ein paar Jahre früher gegründet worden waren: das FBI 1908, der britische Inlandsgeheimdienst MI5 1909 und der Auslandsgeheimdienst SIS (später MI6) 1912. Auch benötigten die Regierungen mehr Informationen über ihre eigene Bevölkerung als üblich, um Ressourcen für die Kriegsanstrengungen zu mobilisieren, während die zunehmende Zentralisierung und Kontrolle auf weniger Widerstand stieß, als es zu Friedenszeiten vielleicht der Fall gewesen wäre.[44] Aufgrund des 1915 verabschiedeten Registrierungsgesetzes (National Registration Act) wurden in Großbritannien beispielsweise die Namen und Adressen der gesamten Bevölkerung erfasst und alle Bürger verpflichtet, einen Personalausweis mit sich zu führen, eine Vorschrift, die 1919 wieder aufgehoben wurde. Großbritannien, Frankreich und Deutschland führten wieder Pässe ein, was ebenso wie einige andere Institutionen aus Kriegszeiten zu einer Dauereinrichtung wurde.[45]

Die Kriegsgegnerschaft führte auch zu Spaltungen in der Gelehrtenwelt. Der amerikanische Soziologe Albion Small beendete seine Freundschaft mit Georg Simmel, und der belgische Historiker Henri Pirenne brach mit Karl Lamprecht. Pirenne war wegen seines Widerstands gegen das Regime der deutschen Besatzungsbehörden in Belgien nach Deutschland verbracht und dort interniert worden. Die Bewegung für internationale Zusammenarbeit, die nach dem Krieg – und als Reaktion gegen ihn – entstand und ihre institutionelle Form im Völkerbund fand, erstreckte sich dann aber auch auf die Gelehrtenwelt. Pirenne setzte sich für die Wiederbelebung der internationalen Historikerkongresse und die Wiederaufnahme deutscher Akademiker in die Gemeinschaft der Historiker ein. Er leitete den Brüsseler Kongress von 1923, bei dem er komparative Geschichte als Gegengift zum Nationalismus vorstellte.[46] 1919 wurde, ebenfalls in Brüssel, ein internationaler Forschungsbeirat für die Wissenschaft eingeweiht. In dieser neuen Gelehrtengemeinschaft spielten die Deutschen nicht mehr die tonangebende Rolle, die sie von 1850 bis 1914 eingenommen hatten.

Der dritte Kondratjew-Zyklus hatte schon in den 1890er Jahren begonnen, also zur Zeit der »elektrischen Revolution« und informationstechnologischer Innovationen wie der Rechenmaschine.[47] Ab Ende des 19. Jahrhunderts begannen deutsche und amerikanische Firmen, in Forschung und Entwicklung zu investieren, was zur »zweiten industriellen Revolution« führte.[48] Doch erst der Krieg sollte zu einem entscheidenden Stimulus für die Industrie und damit für bestimmte Formen von Wissen werden. Manche Historiker sprechen sogar davon, dass mit dem Jahr 1914 eine »dritte industrielle Revolution« beginnt, obwohl diese Revolution, wie wir noch sehen werden, zeitlich meistens etwas später angesetzt wird.[49]

Technisierung des Wissens, 1940–1990

Mehr noch als der Erste markiert der Zweite Weltkrieg einen Wendepunkt in der Geschichte des Wissens, wobei das Manhattan-Projekt mit seinem Riesenteam von Wissenschaftlern symbolisch für die neue Zeit staatlich finanzierter Hochtechnologie steht, auch wenn Big Science nicht mit der Atombombe begann.[50] Die Kriegserfahrungen brachten weitere Innovationen hervor, etwa die Kybernetik, die der amerikanische Mathematiker Norbert Wiener entwickelte, als er sich mit der

Frage beschäftigte, wie die Zielsteuerung von Flugabwehrgeschützen zu optimieren wäre.

Die Technisierung des Wissens setzte sich nach dem Krieg rasch fort, getragen vom vierten Kondratjew-Zyklus, dem »elektronischen Zeitalter«,[51] zu dem die folgenden Meilensteine gehören:

1951 UNIVAC-Computer
1956 U-2-Spionageflugzeuge
1957 Sputnik
1958 Fotokopierer
1959 Erster Wettersatellit, Vanguard II
1961 Diaprojektor mit Rundmagazin
1961 Mikrofiche
1969 ARPANET
1970 Satelliten des American Defense Support Program
1971 Mikroprozessor
1977 Voyager I und II
1978 Erdbeobachtungssatellit Seasat
1981 Personal Computer
1984 Compact Disc
1987 Iris-Erkennungstechnologie
1987 PowerPoint

Der Beschleunigungsprozess technologischer Innovation und der Generierung neuen Wissens, das seinerseits zu weiteren Innovationen führte, könnte kaum deutlicher sein. Mehr denn je zeigte sich, wie schnell bestimmte technische Neuerungen veralten können, man denke nur an Mikrofiche oder das Fax-Gerät, die in den 1980er und 1990er Jahren groß in Mode waren und inzwischen längst obsolet geworden sind. Die signifikanteste Entwicklung in der Geschichte des Wissens in dieser Phase war jedoch zweifellos das Aufkommen »intelligenter« Maschinen, die denk- und lernfähig waren, egal wofür sie eingesetzt wurden – sei es, um Schach zu spielen, Raketen zielgesteuert zu treffen oder Aufnahmen von fernen Planeten zu machen. Die Satellitenbeobachtung zu militärischen wie zu zivilen Zwecken (darunter die Erforschung des Wetters und der Ozeane) verbreitete sich ab den 1950er Jahren zunehmend.

Wie im Falle des Ersten Weltkriegs kam es auch 1945 – nach Beendigung der internationalen Feindseligkeiten – zu ersten Versuchen, die internationale Zusammenarbeit zu institutionalisieren. Nachfolgerin der Kommission für internationale geistige Zusammenarbeit des

Völkerbunds (1922) wurde die UNESCO (1946), der allerdings mehr Mittel zur Verfügung standen als ihrer Vorgängerin. Der englische Sinologe und Biochemiker Joseph Needham und der amerikanische Wissensmanager Vannevar Bush gehörten zu denjenigen, die sich für das »S« *(science)* im Namen UNESCO engagierten, die ursprünglich als Kultur- und Bildungsorganisation geplant war, und ein weiterer englischer Naturwissenschaftler, Julian Huxley, wurde ihr erster Generaldirektor.

In der akademischen Welt löste das Jet-Zeitalter die Epoche der Dampftechnik ab, schnellere Verkehrsmittel sorgten dafür, dass überall auf der Welt kleine Konferenzen zu spezifischen Themen abgehalten werden konnten. Die großen internationalen Fachkongresse, von denen bereits die Rede war, lebten weiter fort und wurden sogar immer größer, aber genau aus diesem Grund verlagerte sich die wirkliche Arbeit zunehmend an andere Orte.

Die staatliche Finanzierung der Wissenschaft hielt auch nach 1945 an, jetzt befeuert durch den Kalten Krieg und insbesondere durch die Rivalität zwischen den Vereinigten Staaten und der Sowjetunion. Ohne diese Finanzierung wäre das, was man inzwischen als »drittes Zeitalter der Entdeckung« bezeichnet – also die Eroberung des Weltraums und der Tiefen des Ozeans –, nicht möglich gewesen.[52] Ähnliches ließe sich über die »dritte wissenschaftliche Revolution« sagen, so benannt in Hinblick auf die raschen Fortschritte in Computerwissenschaft und Molekularbiologie.[53] Die Entwicklung der Telekommunikation stand in Zusammenhang mit der »Informationstheorie« oder »Informationswissenschaft«, der Analyse des Kommunikationsprozesses (chiffrieren, übertragen, dechiffrieren), um sicherzustellen, dass Nachrichten nicht durch »Rauschen« gestört werden.

Die dritte wissenschaftliche Revolution war ihrerseits mit der »dritten industriellen Revolution« verbunden, eine Formulierung, die meist in Zusammenhang mit Veränderungen in der zweiten Hälfte des 20. Jahrhunderts verwendet wird.[54] Die Volkswirtschaften des Westens, später auch Japans, Südkoreas und Taiwans, veränderten sich durch die Zunahme der Dienstleistungsbranchen, vor allem im Wissenssektor, die sich auf Kosten der traditionellen Fabrikationszweige entwickelten.[55] Das spektakulärste Beispiel dafür ist die Entwicklung von Silicon Valley in der kalifornischen Bay Area, wo sich die IT-Branche schon in den 1950er Jahren etabliert hatte, also zwei Jahrzehnte vor Entstehung des heute berühmten Homebrew Computer Clubs. Es war das erste Mal in der Geschichte, dass die Ansiedelung einer wichtigen Industrie durch das Vorhandensein akademischer Bildungsstätten – Stanford (mit seiner führenden Rolle auf dem Gebiet der Elektrotechnik) und Berkeley – bestimmt wurde.[56]

Der Aufschwung der »Informationswirtschaft« mit ihren Kreativ-Unternehmen wie Apple und Microsoft, deren Produktivität sich auf die Forschung stützt, führte seinerseits zur Herausbildung der »postindustriellen Gesellschaft« – auch bekannt unter der Bezeichnung »Informationsgesellschaft« oder »Wissensgesellschaft« –, in der selbst das Alltagsleben von neuen Formen des Wissens durchdrungen wird. Manche Leser mögen die Wissensgesellschaft für ein Phänomen des 21. Jahrhunderts halten, aber es sei betont, dass der Begriff wie auch die Debatte über das Thema auf die 1970er Jahre zurückgehen. So veröffentlichte etwa der amerikanische Wirtschaftswissenschaftler Kenneth Arrow 1973 einen Artikel, in dem er Information als »eine ökonomisch interessante Warenkategorie« beschrieb, »die von Wirtschaftstheoretikern bisher kaum beachtet wurde«.[57]

Dies war eine Zeit, in der sowohl die Zahl als auch die Vielfalt von Wissensarbeitern zunahm. Zur Armee dieser Arbeiter gehörten ganze Regimenter von Professoren, Archivaren, Kuratoren, Journalisten, Wissensmanagern, Computerfachkräften und Forschern aus unterschiedlichen Bereichen, die unabhängig oder in Teams oder als Forschungsassistenten für andere tätig waren.

Je mehr sich die Wissensgesellschaft herausbildete, desto mehr verloren die Universitäten als Produktionsstätten von Wissen an Bedeutung. Angesichts der Vielfalt von Wissensformen ist klar, dass Universitäten nie ein Monopol auf die Wissensproduktion hatten, aber in dieser Phase verringerte sich ihr »Marktanteil« in Folge einer wachsenden Konkurrenz nicht nur von Industrielaboren (ein Phänomen des späten 19. Jahrhunderts, wie wir gesehen haben), sondern auch von Denkfabriken, die zahlenmäßig immer mehr zunahmen und sich in der zweiten Hälfte des 20. Jahrhunderts in immer mehr Ländern verbreiteten.[58]

Ein weiterer wichtiger Trend war der Niedergang des Westens im Wissensbereich, der sich zwar langsamer vollzog als in der politischen und ökonomischen Sphäre, aber dennoch spürbar war. Kritik am westlichen Ethno- oder Eurozentrismus wurde insbesondere von westlichen Anthropologen formuliert. Das Jahr 1950 war in dieser Hinsicht ein symbolischer Moment: Lévi-Strauss wurde als Professor an die École pratique des hautes études berufen und benannte als Erstes seinen Lehrstuhl um: Aus Religion der »unzivilisierten Völker« machte er »Vergleichende Religionen der Völker ohne Schriftlichkeit«. Seinen kulturellen Relativismus sollte er später noch in verschiedenen Publikationen weiterentwickeln: *Race et histoire* (1952, dt. *Rasse und Geschichte*, 1975), *Tristes tropiques* (1955, dt. *Traurige Tropen*, 1978) und *La pensée sauvage* (1962, dt. *Das wilde Denken*, 1968).

In dieser Periode bekamen auch die ersten asiatischen Wissenschaftler den Nobelpreis verliehen, und in Geschichte und Sozialwissenschaften ließen sich immer mehr Stimmen von außerhalb Europas und den USA vernehmen. So stellte etwa der indische Diplomat Kavalam Panikkar mit seiner historischen Studie *Asia and Western Dominance* (1953, dt. *Asien und die Herrschaft des Westens*, 1955) die westliche Interpretation dessen in Frage, was er als »Vasco-da-Gama-Epoche« (1498–1945) bezeichnete. Cyrill L.R. James, ein Autor aus Trinidad, hatte seine Studie über die Revolution in San Domingo *The Black Jacobins* zwar schon 1938 veröffentlicht (dt. *Die schwarzen Jakobiner*, 1984), doch ihre Wirkung entfaltete sie erst nach dem Krieg. *La visión de los vencidos* des mexikanischen Historikers Miguel León-Portilla, eine Geschichte Mexikos aus der »Sicht der Besiegten«, erschien 1961.

Auch der Kolonialismus selbst wurde mehrfach analysiert, so in *Discours sur le colonialisme* (1950, dt. *Über den Kolonialismus*, 1968) des martinikesischen Dichters Aimé Césaire und in *Les damnés de la terre* (1961, dt. *Die Verdammten dieser Erde*, 1966) des ebenfalls aus Martinique stammenden Psychiaters Frantz Fanon. Bücher wie diese inspirierten die Bewegung für »postkoloniale Studien«, die nach der Veröffentlichung von Edward Saids *Orientalism* (1978, dt. *Orientalismus*, 1981) sehr bekannt wurde.[59]

Die 1950er und 1960er Jahre markierten den Aufschwung der Entwicklungswirtschaft mit ihrer Unterscheidung zwischen entwickelten und »unterentwickelten« Ländern (später »Entwicklungsländern«). In diesem Zusammenhang entstand auch die »Dependenztheorie«, der zufolge die Metropolen die Peripherien »unterentwickelt« hatten, indem sie sie zwangen, Rohstoffe zu exportieren und westliche Industrieprodukte zu importieren. Die Dependenztheorie selbst war wiederum das gemeinsame Produkt von Wirtschaftswissenschaftlern aus Lateinamerika und den USA.

Ab den 1960er Jahren gerieten traditionelle Geschichts- und Gesellschaftsinterpretationen – die als elitär, westlich und männlich kritisiert wurden – gleich von drei Seiten unter Beschuss: von Feministinnen ebenso wie von Befürwortern einer Betrachtungsweise von unten oder aus der Peripherie. Die Einrichtung akademischer Zirkel und universitärer Veranstaltungsreihen (in Women's Studies, Native American Studies, African American Studies und so weiter) sowie die Gründung von

Zeitschriften wie *History Workshop* oder *Signs*, welche die neuen Ansätze verbreiten sollten, machten diesen Angriff auf die Tradition zum Bestandteil der Sozialgeschichte des Wissens wie auch der Intellektuellengeschichte.

Um die Mitte des 20. Jahrhunderts kam es auch zu einer Reaktion gegen die zunehmende Spezialisierung. In Großbritannien setzte sie mit dem vieldiskutierten Vortrag von C. P. Snow über die »zwei Kulturen« (1959; siehe oben, S. 193 f.) ein und mit der Gründung von Universitäten wie Keele (1950) und Sussex (1961), in denen Interdisziplinarität schon auf dem Niveau der Anfangssemester institutionalisiert wurde. Wie die internationale Debatte über die zwei Kulturen zeigte, ging die Beschäftigung mit dem Problem jedoch weit über Großbritannien hinaus, und auch andernorts gab es verschiedene Versuche, die Situation zumindest in einer Gruppe verwandter Disziplinen zu korrigieren. Auf akademischer Ebene gehörte dazu die Gründung des Center for Advanced Study in the Behavioral Sciences an der Stanford University (1954), der Maison des sciences de l'homme in Paris (1963) und des Zentrums für interdisziplinäre Forschung in Bielefeld (1968).

Die Zeit der Reflexivität, seit 1990

Aus heutiger Sicht erscheint die letzte Generation auf gewisse Weise wie eine neue Periode in der Geschichte des Wissens, die mit den symbolträchtigen Daten 1989/90 begann. Der Fall der Berliner Mauer und der Zusammenbruch der UdSSR und anderer kommunistischer Staaten führte zu tiefgreifenden Änderungen, von denen die Transformation der sowjetischen Akademie der Wissenschaften und ihrer Satelliten nur ein kleiner Teil war. Ab 1990 ging das World Wide Web – unter diesem Namen – am CERN in Betrieb (es war aus dem amerikanischen Militärsystem ARPANET hervorgegangen, aber weiträumiger verfügbar und leichter zu bedienen als sein Vorgänger). Wirtschaftshistoriker datieren den Beginn des fünften, auf der Mikroelektronik basierenden Kondratjew-Zyklus auf das Ende der 1980er Jahre.[60]

Die Technisierung des Wissens beschleunigt sich immer weiter. Markante Jahresdaten in diesem Prozess sind 1990 (das Weltraumteleskop), 1994 (Netscape), 1995 (Java) und 1998 (Google). Die Einführung der SatellitenFotografie dient gleichermaßen der Erforschung des Weltraums und der Überwachung. 1997 ging die Raumsonde Mars Global

Surveyor in die Umlaufbahn, und ab 2005 stand Google Earth für die Öffentlichkeit zur Verfügung. Die Informationsexplosion hält unvermindert an (was nicht unbedingt heißt, dass auch das Wissen explodiert). Digitale Daten werden heute in Gigabytes, Terabytes, Petabytes und Exabytes (eine Trillion Bytes oder eine Milliarde Gigabytes) gemessen. 2005 hat die Menschheit schätzungsweise einen Datenumfang von 150 Exabytes produziert, laut einer Studie des Marktforschungsunternehmens International Data Corp wurden 2010 etwa 1200 Exabytes digitaler Daten generiert.[61]

Kein Wunder also, dass Rufe nach einem »Wissensmanagement« laut wurden, zumal in der Geschäftswelt, wo spezialisierte Firmen mit »Dienstleistungen im Wissensmanagement« werben. 1994 wurde erstmals ein Chief Knowledge Officer (CKO) in einem Unternehmen ernannt, und diesem Beispiel sind seitdem viele Firmen gefolgt.[62] Während sich Manager mehr denn je für Wissen interessieren, entwickeln umgekehrt traditionelle Wissensinstitutionen wie Universitäten ein größeres Interesse am Management, was umso verständlicher ist, als sie ihre Position in einer zunehmend kompetitiven Welt verteidigen müssen, das heißt, sie konkurrieren nicht nur untereinander, sondern auch mit Forschungsinstitutionen wie Denkfabriken und Industrielaboren.[63]

Lebte Thorstein Veblen noch, würde ihm der Gedanke, dass die Ähnlichkeiten zwischen Universitäten und Wirtschaftsunternehmen heutzutage größer sind, als sie es zu seiner Zeit waren, wahrscheinlich ein sardonisches Lächeln entlocken. Vielleicht würde er sogar über die »Mcdonaldisierung des Wissens« (oder kurz »McKnowledge«) schreiben, eine Kombination von Massenproduktion (die wachsenden Studentenzahlen), Effizienzsteigerung qua Messung (Professorenrankings durch Studenten, Zitationsdatenbanken, Exzellenzinitiativen), Standardisierung (für die sich im 19. Jahrhundert schon der Effizienzfanatiker Melvil Dewey stark machte) und Ersetzung von Menschen durch Maschinen in Teilen des Lernprozesses (etwa Sprachlabore). Manche Universitäten haben inzwischen Unternehmensberater angeheuert, die ihnen helfen sollen, ihre Effizienz zu steigern.[64]

Der Arbeitsalltag vieler Studenten und Dozenten hat sich durch die zunehmende Verbreitung des Personal Computers sowie des Internets, das manchmal als »Fünfter Stand« bezeichnet wird,[65] stark verändert. An die Stelle des – persönlich ausgehändigten oder mit der Post verschickten – Sonderdrucks und des vervielfältigten Vorabdrucks tritt heute der per E-Mail versandte Artikel, egal ob publiziert oder nicht. Die Verkaufszahlen der Papierausgaben von Zeitungen gehen immer weiter zurück. Auch wenn die Zukunft des E-Books noch in den Sternen steht, so ist die Bedrohung für Buchhändler, Verleger und andere, die im Bereich des papierbasierten Wissens arbeiten, doch deutlich spürbar.[66] Aus Gründen des Selbstschutzes haben sich kleinere Verlage mit anderen zusammengetan, oder sie wurden von großen, weltweit operierenden Unternehmensgruppen übernommen: Hachette etwa beschränkt sich längst nicht mehr auf die Publikation französischer Bücher; die niederländische Firma Elsevier hat nach wie vor ihren Sitz in Amsterdam, bringt aber eine breite Palette wissenschaftlicher Titel auf Englisch heraus; die amerikanische Verlagsgruppe John Wiley and Sons Inc. übernahm 2007 Blackwell.

Die heutige Situation der Koexistenz zwischen elektronischen und Printversionen von Büchern und Zeitschriften erinnert in gewisser Weise an das späte 15. Jahrhundert, als in Europa die ersten gedruckten Bücher erschienen. Es war keineswegs so, dass das seinerzeit neue Kommunikationsmedium die Manuskripte verdrängt hätte, vielmehr existierten beide nebeneinander und beeinflussten sich gegenseitig – es fand ganz einfach eine Arbeitsteilung zwschen ihnen statt. Ich selber sehe die Zukunft so, dass gedruckte Bücher und E-Books auf ähnliche Weise koexistieren werden, wobei das Buch als solches wahrscheinlich einen Schrumpfungsprozess erleben wird – metaphorisch im Sinne eines Bedeutungsverlusts, aber auch ganz praktisch im Sinne kleinerer, kürzerer Bücher für Leser, die ihre Informationen – und sogar ihr Wissen – zunehmend aus anderen Quellen beziehen.

Spürbar ist auch die Globalisierung des Wissens. Durch den zunehmenden Gebrauch von Laptops und Internet verschwindet allmählich die traditionelle Unterscheidung zwischen der Peripherie, den »Provinzen«, und den Zentren des Wissens in Metropolen wie Paris, London oder New York. Marshall McLuhans berühmte Formulierung des »globalen Dorfs« bleibt nach wie vor eine Übertreibung, trifft die heutige Realität aber sehr viel genauer als noch zu seinen Lebzeiten (er starb 1980).

Seit 1989 hat die »transnationale Zusammenarbeit ein ungeheures Wachstum« erlebt.[67] Für dieses Wachstum gibt es sowohl ökonomische als auch kulturelle Gründe. In einer bestimmten Phase von Big Science erwies sich staatliche Unterstützung als notwendig, und internationale Rivalitäten – insbesondere die Konkurrenz zwischen den USA und der UdSSR – begünstigten massive Finanzhilfen. Schließlich jedoch wurde die Großforschung zu groß, als dass irgendein Staat sie allein hätte finanzieren können. Das Hubble-Weltraumteleskop (1990) kostete beispielsweise (nach heutigem Wert) rund zwei Milliarden US-Dollar.[68] Kein Wunder also, dass die internationale Konkurrenz im Weltraum durch Zusammenarbeit ersetzt wurde wie im Fall der Internationalen Raumstation ISS (1998). In Europa wird die Kernphysik über das CERN (Conseil Européen pour la Recherche Nucléaire) unterstützt. Auch dieses Projekt entstand zunächst einmal aus finanzieller Notwendigkeit, denn Teilchenbeschleuniger sind nicht gerade billig (der Large Hadron Collider, der 2008 in Betrieb ging, kostete rund neun Milliarden US-Dollar). Darüber hinaus wirkt das CERN aber auch daran mit, eine europäische Gemeinschaft von Wissenschaftlern entstehen zu lassen, zumindest im Bereich der Teilchenphysik.

Der Trend zur Globalisierung wurde nicht nur durch das Ende der politischen Eiszeit befördert, sondern auch dadurch, dass Englisch zum neuen Latein avanciert ist, zur Lingua franca der Wissenschaft, die zunehmend in Fachzeitschriften und Universitätskursen in vielen Teilen der Welt verwendet wird, von den Niederlanden bis Singapur. Die Durchsetzung des globalen Englisch oder »Globalesisch« fördert auch den »ungleichen Austausch von Texten«, da sehr viel mehr Studien aus dem Englischen als ins Englische übersetzt werden.[69] In der Tat zitieren wissenschaftliche Bücher und Artikel auf Englisch Texte in anderen Sprachen sehr viel weniger häufig als umgekehrt. In manchen Ländern, von Schweden bis Brasilien, werden Akademiker von den Universitätsrektoren genötigt, statt in ihrer eigenen Sprache auf Englisch zu publizieren, um das internationale Prestige ihrer Institutionen zu erhöhen.[70] Das Aufkommen englischsprachiger Suchmaschinen wie das Projekt Google Books, die hauptsächlich englische Bücher betreffen, verstärkt diesen Trend, auch wenn es Versuche gibt, Alternativen zu entwickeln wie etwa das französische Projekt Quaero (2005).[71]

Ein weiterer wichtiger Trend ist die Demokratisierung des Wissens, vor allem im Sinne seiner zunehmenden Verfügbarkeit für viele Menschen an vielen Orten, eine Entwicklung analog zu den bereits erwähnten des 19. Jahrhunderts, als öffentliche Büchereien und Institutionen der Erwachsenenbildung aufkamen. Einrichtungen wie Google Books Search – ein Projekt, mit dem Millionen von Büchern digitalisiert und ins Netz gestellt werden – machen Bibliotheksbestände, darunter auch seltene Bücher und Druckschriften, für immer mehr Leser verfügbar.[72] Inzwischen wurden Schritte unternommen, auch Archive leichter zugänglich zu machen: Ein digitales Archiv kann zu einem »Archiv ohne Mauern« werden, das der breiten Öffentlichkeit einen Informationsdienst bietet.[73] Museen sind heute besucherfreundlicher als früher, nicht nur in einem ganz praktischen Sinne für Rollstuhlfahrer, sondern auch intellektuell insofern, als die Exponate dem Publikum ausführlicher beschrieben und erklärt werden, als es die traditionellen knappen Beschriftungen zu tun pflegten (siehe oben, S. 280).

Datenbanken sorgen dafür, die Recherchearbeit zu beschleunigen. Sie existierten schon vor dem digitalen Zeitalter – man denke etwa an die Protein Data Bank (1971) –, aber in den letzten zwanzig Jahren haben sie sich vervielfacht und an Umfang zugenommen. Sie reichen von der Website Légifrance, auf der französische Rechtstexte veröffentlicht werden, bis zum Census of Marine Life oder dem Sloan Digital Sky Survey, von dem es heißt, er habe »mehr Daten in den ersten paar Wochen seines Bestehens gesammelt, als in der gesamten Geschichte der Astronomie zusammengetragen wurden«.[74] Google Earth (2005) liefert in Sekundenschnelle Bilder von Orten mit entsprechenden Informationen über sie.

Die »monopolistischen Tendenzen« von Google sind ebenso beunruhigend wie die mittels Patenten durchgesetzte Privatisierung des ehemals öffentlichen Wissens, also der Trend zum »Informationsfeudalismus«, von dem bereits in einem früheren Kapitel die Rede war.[75] Suchmaschinen arbeiten im Allgemeinen eher für den Profit des Betreibers, nämlich durch Anzeigen, als für den Nutzer. Es gibt jedoch auch akademische Projekte, mit denen versucht wird, der Monopolisierung bis zu einem gewissen Grade entgegenzuwirken: JSTOR (1995), ein in Amerika angesiedeltes nicht-kommerzielles Unternehmen, stellt Fachzeitschriften online zur Verfügung; Gutenberg‹e› (1999), ein von der American Historical Association und von Columbia University Press gemeinsam betriebenes Projekt, veröffentlicht akademische Monographien; sowie das History Ebook Project (1999), das der American Council of Learned Societies zusammen mit zehn Universitätsverlagen betreibt.[76]

Dank des Einsatzes neuer Medien haben die »offenen« oder Fernuniversitäten weit mehr Studenten erreicht, als traditionelle Universitäten aufzunehmen je in der Lage wären. Im Jahr 2000 war die Zahl der »Fernstudenten« in Großbritannien auf etwa zwei Millionen und in den USA auf 14 Millionen angewachsen, während in China allein das TV University System 580.000 Studenten erreichte.[77] Das Internet hat auch eine »Citizen Science« entstehen lassen – mit anderen Worten, eine Art Bürgerwissenschaft, betrieben von »vereinzelten freiwilligen Nicht-Experten, die Daten sammeln«, etwa bei der Beobachtung des Klimawandels oder der Migration von Vögeln. Zur Förderung solcher kollektiven Internet-Projekte wurde die Citizen Science Alliance gegründet.[78]

Dem Internet wird auch ein demokratisches Potential zugeschrieben (»Cyber-« beziehungsweise »E-Demokratie«): Zum einen macht es politische Informationen einem breiteren Publikum zugänglich, zum anderen hilft es denjenigen, die politische Bewegungen initiieren, via E-Mail Unterstützer zu sammeln und Meetings zu organisieren.[79] Durch das Bloggen können sich Einzelpersonen leichter Gehör verschaffen als mit traditionellen Mitteln, etwa dem Schreiben von Leserbriefen an Zeitungen. Die sogenannte Blogosphäre ist eine neue Form des öffentlichen Raums.

Gegenkräfte entfalten allerdings auch hier ihre Wirkung. Die Dissidenten waren zwar die Ersten, die die potentiellen Nutzungsmöglichkeiten des Internets für sich entdeckten, aber die Machthaber – vor allem in autoritär regierten Staaten – brauchten nicht lange, um gleichzuziehen. Manche bedienen sich des Internets, um Dissidenten zu verfolgen, andere fördern seine Nutzung zum Zwecke der Unterhaltung als eine Art Opium für das Volk.[80] Nicht von ungefähr gibt es immer wieder Versuche, das Internet zu zensieren, der bekannteste dürfte das chinesische »Projekt Goldener Schild« (2003) sein, das manchmal auch als »Große Firewall von China« bezeichnet wird.

Autoritäre Regimes haben allen Grund zur Beunruhigung in einer Zeit, da frühere Staatsgeheimnisse – vor allem, wenn auch nicht ausschließlich, in der ehemaligen kommunistischen Welt – zu öffentlichem Allgemeingut werden. Ende der 1980er Jahre wurde *Glasnost* im Russland Gorbatschows zu einem offiziellen Slogan. Seitdem sind geheime Polizeidokumente an die Öffentlichkeit gedrungen, und russische Landkarten verzeichnen heutzutage sogar Atomforschungsanlagen und Arbeitslager.

Auch anderswo gibt es immer mehr Forderungen nach einer größeren Transparenz staatlichen Handelns. In vielen Ländern wurden Gesetze zur Informationsfreiheit verabschiedet (in Großbritannien im Jahr 2000). Regierungen haben begonnen, offizielle Daten ins Internet zu stellen, in den USA zum Beispiel seit 2009, und in Großbritannien existiert die Website data.gov.uk seit 2010.

Die Geschichte der politischen Informationen ist im Grunde nichts anderes als ein ewiger Kampf zwischen Versuchen offizieller Stellen, sie geheim zu halten (durch Chiffren, Firewalls und so weiter) und inoffiziellen Versuchen, sie »durchsickern« zu lassen, sprich, sie aufzudecken. Zu den neueren Etappen in diesem Kampf gehören die Assange- und die Snowden-Affäre. Beide stehen in einer gewissen Tradition oder, genauer gesagt, in zwei Traditionen, die sich aufgrund neuerer Entwicklungen in der Kommunikationstechnologie verändert haben.

Edward Snowden, ein ehemaliger Mitarbeiter der CIA und NSA, gelangte 2013 zu Berühmtheit, als er dem britischen *Guardian* und der *Washington Post* Kopien von NSA-Dokumenten übergab, aus denen hervorgeht, in welchem Umfang die US-Regierung befreundete Staaten ausspioniert. Snowden ist das jüngste Beispiel einer ganzen Ahnengalerie von »Maulwürfen« oder »Whistleblowern«, also Insidern, die Geheiminformationen öffentlich machen, weil sie glauben, dass ihre Organisation falsch gehandelt hat. Snowdens Enthüllungen gelten als die wichtigsten in der amerikanischen Geschichte seit denjenigen, die Daniel Ellsberg 1971 machte. Ellsberg, ein Mitarbeiter der RAND Corporation, schickte die sogenannten Pentagon-Papiere (Dokumente über das amerikanische Engagement in Vietnam) an die *New York Times*. Ein Jahr später kam die Watergate-Affäre durch die Enthüllungen von William Mark Felt ans Licht, eines ehemaligen stellvertretenden FBI-Direktors mit dem Decknamen »Deep Throat«. In Großbritannien war es Clive Ponting, ein Zivilangestellter im Verteidigungsministerium, der 1984 Informationen über die Versenkung des argentinischen Kreuzers *General Belgrano* im Falkland-Krieg preisgab, weil er der Meinung war, die britische Regierung habe rechtswidrig gehandelt. Neu im Fall Snowden ist, dass er Informationen zur Software von Überwachungstechnologien weitergab, darunter Programme wie PRISM und XKeyscore, die elektronische Daten sammeln und auswerten.

Der Australier Julian Assange wiederum, der 2006 die auf Island stationierte Enthüllungsplattform Wikileaks gründete, steht in der Tradition des investigativen Journalismus. Prominente Vertreter dieser Richtung sind Bob Woodward und Carl Bernstein von der *Washington Post*, die 1972 über den Watergate-Skandal in der Nixon-Regierung berichteten, und Glenn Greenwald, der Snowdens Enthüllungen über die NSA-Aktivitäten im *Guardian* veröffentlichte, ebenfalls ein Blatt mit einschlägiger Tradition. Was Assange von seinen Vorgängern unterscheidet, ist die Tatsache, dass er sich – als ehemaliger Hacker – des Internets bediente, um Korrespondenzen und Geheimdokumente der US-Diplomatie über die Kriege in Afghanistan und im Irak massenhaft publik zu machen. Zurzeit (Mai 2014) befindet sich Assange noch immer in der Londoner Botschaft Ecuadors, während Snowden, dessen Pass von der US-Regierung für ungültig erklärt wurde, in Moskau lebt.

Eine Demokratisierung des Wissens hat sich auch im Bereich der Enzyklopädien vollzogen, namentlich in dem von Jimmy Wales 2001 gegründeten Online-Nachschlagewerk Wikipedia.[81] Das ursprüngliche Projekt unter dem Namen »Nupedia« war eher traditionell: Spezialisierte Autoren bekamen von den Herausgebern ihre jeweiligen Themen zugewiesen. Doch dann wurde der Plan in dem Sinne geändert, dass »jeder jede Seite zu jeder Zeit bearbeiten kann«, was dem Ethos des Sharings und der Offenheit der am MIT und anderen Universitäten vorherrschenden »Computer-Kultur« entsprach.[82]

Der neue Plan machte Wikipedia zum Flaggschiff von Citizen Science im weitesten Sinne des Begriffs »Wissenschaft« und zum wegweisenden Beispiel für den Trend zur »Amateurisierung« – wobei es exakter wäre, von einer Rückkehr zum Amateurgelehrten zu sprechen. Der Preis der Amateurisierung ist eine größere Ungenauigkeit, wenn auch nicht in dem Maße, wie man es hätte erwarten können. Eine 2005 in *Nature* veröffentlichte Studie, die sich auf die Beurteilung von 42 Artikeln zu naturwissenschaftlichen Themen durch Spezialisten stützte, fand 162 Fehler in Wikipedia (sie wurden innerhalb weniger Tage korrigiert) gegenüber 123 Fehlern in der Online-Ausgabe der *Encyclopaedia Britannica.* Möglicherweise vermitteln naturwissenschaftliche Artikel dieser Art ein allzu optimistisches Bild der Zuverlässigkeit von Wikipedia insgesamt, doch als ein professioneller Historiker 25 Biographien von Figuren der amerikanischen Geschichte überprüfte, konnte er nur in vier von ihnen Fehler entdecken, die zudem eher unbedeutend waren.[83]

Von gedruckten Enzyklopädien unterscheidet sich die Wikipedia in mehrerer Hinsicht. Sie ist umfangreicher: 2010 enthielt sie über dreieinhalb Millionen Artikel in Englisch mit über einer Milliarde Wörtern. Sie ist in vielen Sprachen erhältlich (mindestens 25). Sie wird permanent überarbeitet beziehungsweise erweitert, während zwischen den verschiedenen Ausgaben von *Britannica*, *Larousse*, *Brockhaus* und so weiter jeweils längere Zeitspannen liegen. Noch stärker unterscheidet sie sich von den klassischen Enzyklopädien insofern, als sie »von unten« durch ihre Leser produziert wird (etwa 200.000, was die Anzahl der 140 Autoren der *Encyclopédie* als absurd gering erscheinen lässt). Recherchen lassen sich schneller durchführen (*wiki* bedeutet »schnell« auf Hawaiisch).

Wie so oft bei Innovationen gab es auch in diesem Fall Probleme, etwa das Problem des »Vandalismus«, sprich willkürlicher Eingriffe, egal ob sie negative Kommentare zu Einzelpersonen oder Institutionen betreffen, die eingefügt beziehungsweise eliminiert werden, oder ob es um

Werbung geht. Dem Projekt wurde vorgeworfen, es stehe beispielhaft für einen unkritischen Amateurkult.[84] Jimmy Wales sprach selbst von einer »bedauerlichen Tendenz mangelnden Respekts für die Geschichtswissenschaft als professioneller Disziplin«. Gerade diese »Gleichgültigkeit gegenüber jeglicher Fachkenntnis« war es, die Larry Sanger, einer von Wales' ersten Mitarbeitern, als störend empfand und die ihn bewog, 2006 mit Citizendium ein Konkurrenzprojekt zu starten, das von oben nach unten organisiert ist.[85] Diese Kritiken richtig einzuschätzen – und eine Sozialgeschichte der Wikipedia zu schreiben –, ist insofern schwierig, als die Artikel anonym erscheinen. Immerhin weiß man, dass eine kleine Minderheit von Autoren einen unverhältnismäßig großen Anteil von Einträgen verfasst hat, und es steht zu vermuten, dass viele der Autoren männlichen Geschlechts, nordamerikanischer Herkunft, Computerfreaks oder Berufsakademiker sind.

Die Wikipedia unterscheidet sich auch durch das, was man – ungeachtet der Gefahr des Anthropomorphismus – ihre »Selbstkritik« nennen könnte, die sich in diversen intellektuellen Warnhinweisen artikuliert wie »Die Neutralität dieses Artikels oder Abschnitts ist umstritten« oder »Dieser Artikel oder nachfolgende Abschnitt ist nicht hinreichend mit Belegen ausgestattet. Die fraglichen Angaben werden daher möglicherweise demnächst entfernt. Bitte hilf der Wikipedia, indem du die Angaben recherchierst und gute Belege einfügst.«[86] In dieser Hinsicht könnten sich die Herausgeber gedruckter Enzyklopädien ein Beispiel an Wikipedia nehmen.

Wikipedia illustriert auf höchst anschauliche Weise noch einen weiteren wichtigen Trend neuerer Zeit – Reflexivität: »Die Reflexivität des Lebens in der modernen Gesellschaft besteht darin, daß soziale Praktiken ständig in Hinblick auf einlaufende Informationen über ebendiese Praktiken überprüft und verbessert werden«. In Diskussionen über die Wissensgesellschaft wird immer wieder »die zunehmende Fähigkeit der Gesellschaft zur Einwirkung auf sich selbst« betont: »Das Besondere an der informationellen Entwicklungsweise aber ist die Einwirkung des Wissens auf das Wissen selbst als der Hauptquelle der Produktivität.«[87]

Das Informationsmanagement für die Geschäftswelt ist seinerseits zu einem erfolgreichen Business geworden. Pierre Bourdieus »reflexive Soziologie«, ein typisches Phänomen unserer Zeit, ruft Soziologen dazu auf, sich bei der Interpretation der Gesellschaft die Wirkung ihrer eigenen sozialen Position genau bewusst zu machen.[88] Auch Historiker sind sich immer mehr bewusst geworden, welchen Platz sie selbst in der Geschichte einnehmen. Was Wissenschaftler betrifft, so ist »Tim

Berners-Lee, Erfinder des WWW, [...] davon überzeugt, Informationen über Informationen seien ›der Beginn einer neuen Ära der Aufklärung‹«.[89]

Karl Mannheims Idee der »Seinsverbundenheit« beziehungsweise gesellschaftlichen »Situiertheit« von Wissen ist in neuerer Zeit wiederbelebt worden.[90] Daher erklärt sich auch das wachsende Interesse an älteren Ansätzen wie die Geschichte der Historiographie, die Soziologie der Soziologie, die Anthropologie, Geographie oder Sozialgeschichte der Wissenschaft und sogar, vor allem in Deutschland, des Wissens selbst (»Wissenssoziologie«, »Wissenschaftsgeschichte« beziehungsweise »Wissensgeschichte«).[91] Die Forschung selbst ist – bei Soziologen ebenso wie bei Historikern – zunehmend zum Forschungsgegenstand geworden.

Dieses gesteigerte Interesse fand seinen Ausdruck auf altbewährte Weise, also in der Einrichtung von Lehrstühlen und Universitätskursen oder in der Gründung von Fachzeitschriften, Vereinigungen und anderen Organisationen wie etwa der Institution for the Study of Human Knowledge in Los Altos, Kalifornien, die seit 1969 besteht. Unter den Periodika wären zu nennen: *Zeitschrift für Wissenschaftsforschung* (1981), *Science in Context* (1987), *History of the Human Sciences* (1988), *Knowledge Organization* (1993), *Knowledge and Society* (1998) sowie das *Jahrbuch für europäische Wissenschaftskultur* (2005). Zu den Vereinigungen gehören die Society for Social Studies of Science (1975) und die International Society for Knowledge Organization (1989). Die Organisation des Wissens blieb früher Bibliothekaren (und ein paar wenigen Philosophen) überlassen, wird aber zunehmend als eine eigene Disziplin betrachtet, die auf Französisch als *sciences de l'information* und auf Deutsch als »Informationswissenschaft« bekannt ist.

In der Einleitung zu diesem Buch schrieb ich von einem wachsenden Interesse an geschichtlichen Darstellungen des Wissens. Die Disziplin der Wissensgeschichte bekommt ständig neuen Zulauf. 1994 wurde das Max-Planck-Institut für Wissenschaftsgeschichte in Berlin gegründet. Wirtschaftshistoriker studieren Wissen beispielsweise als eine Form von Kapital.[92] Der Europäische Forschungsrat finanzierte vor kurzem ein Projekt zur Erforschung von »nützlichem und verlässlichem Wissen« in der globalen Geschichte des materiellen Fortschritts. Die Begriffe »Wissenskultur« oder »Wissenschaftskultur« sind inzwischen gebräuchlich geworden, um eine Reihe akademischer Projekte zu beschreiben, etwa in Oxford oder das Forschungskolleg in Frankfurt am Main, das sich dem Thema »Wissenskultur und sozialer Wandel« widmete.[93] Umgekehrt förderte die Universität Augsburg ein Projekt zur Analyse von »Nichtwissenskulturen« (2005), während an der Universität Erfurt vor kurzem ein Lehrstuhl für »Wissenskulturen der Europäischen Neuzeit« eingerichtet wurde. Kurz gesagt: So wie sein Vorgänger, *Papier und Marktgeschrei. Die Geburt der Wissensgesellschaft*, ist auch der vorliegende Band Teil eines allgemeinen Trends. Ich hoffe, die nächste Generation wird diese Erkundung weiterführen.

Anhang

Anmerkungen

Einleitung

1 Drucker (1993), S. 30.
2 Brown (1989); Ringer ([1992] 2003); Cohn (1996).
3 Mannheim ([1952] 1964). Vgl. Kettler et al. ([1984] 1989).
4 Davenport und Prusak (1998), S. 14.
5 Zur Erforschung der Arktis siehe Bravo und Sörlin (2002).
6 Otterspeer (1989); Berkel et al. (1999); Jong ([2004] 2007).
7 Pickstone (2000), S. 21.
8 Blair (2010), S. 1–10.
9 Vgl. Konvitz (1987); Brown (1989); Waquet (2003, 2008).
10 Rueschemeyer und Skocpol (1996), S. 3.
11 Znaniecki (1940); McNeely mit Wolverton (2008); McNeely (2009); Thackray und Merton (1972), S. 473.
12 Fabian ([2000] 2001), S. 45.
13 Hudson (1981); Kuklick (1993); Harley (2001); Lane (2001). Vgl. Ringer (2000).
14 Oleson und Voss (1979), S. 440–455.
15 Knorr-Cetina ([1999] 2011).
16 Malinowski ([1922] 1979), S. 25.
17 Naisbitt und Aburdene (1990); Mittelstraß (1992). Vgl. Davenport und Prusak (1998), S. 25–64.
18 Drucker (1993), S. 41. Vgl. Messer-Davidow et al. (1993); Foucault ([1997] 1999); Worsley (1997).
19 Burke ([2000] 2014), S. 29.
20 Ryle ([1949] 1969); Thelen (2004).
21 Foucault ([1997] 1999), S. 21.
22 Furner und Supple (1990), S. 46. Zum Club siehe Phillipson (2010), S. 40, 129.
23 Raj (2007); Short (2009).

Kapitel 1

1 Treverton (2001).
2 Fabian ([2000] 2001), S. 198.
3 Geertz ([1973] 1983), S. 15.
4 Raj (2007), S. 20f.
5 Ginzburg (1986).
6 Fabian ([2000] 2001), bes. S. 180–208.
7 Goetzmann (1959).
8 Hemming (1998), S. 8.
9 Driver (2004).
10 Nicolson (1987); Ette et al. (2001); Rupke (2005).
11 Essner (1985), eine Studie über 109 deutsche Afrikareisende im 19. Jahrhundert identifiziert 32 Wissenschaftler; vgl. Fabian ([2000] 2001). Zu Duveyrier: Heffernan (1989) und Trumbull (2009), S. 56–64.
12 Cutright (1969); Moulton (1986–2001).
13 Short (2009), S. 59–66.
14 Masterson und Brower (1948); Reinhartz (1994); Tammiksaar und Stone (2007).
15 Brower und Lazzerini (1997); Knight (1998).
16 Spary (2000).
17 Kury (1998).
18 Díez Torre et al. (1991), S. 22 (Anm.),

51, 131. Vgl. Pino (1988); Solano (1988); González Bueno und Rodríguez Noval (2000); Bleichmar (2008).
19 Zitiert in Fernández-Armesto (2006), S. 381.
20 Zitiert in McCannon (1998), S. 18.
21 Kunzig ([2000] 2002).
22 Goetzmann ([1986] 1995), S. 4.
23 Pyne (2010).
24 Rasmussen (1990); Carhart (2007), S. 27–68.
25 Godlewska (1988); Gillispie (1989); Laurens (1989).
26 Broc (1981); Bourguet et al. (1998), S. 71–95, 97–116; Droulia und Mentzou (1993), S. 81–90.
27 Zitiert in Cole (1985), S. 287 (hier aus dem Englischen).
28 Malinowski ([1922] 1979), S. 15.
29 Toulmin und Goodfield ([1965] 1970); Rudwick (2005).
30 Richet (1999); Lewis (2000).
31 Glass (1973); Anderson (1988).
32 Rigaudias-Weiss (1936).
33 Allwood (1957).
34 Gillispie (1989), S. 455; Spary (2000).
35 Stanton (1975), S. 291.
36 Murray (1897).
37 Coombes (1994), Abb. 73.
38 Glob ([1969] 2004), S. 18–36.
39 Mitchell (1991); Coombes (1994), S. 85–108.
40 Cole (1985), S. 123.
41 Ibidem, S. 2.
42 Boyle (1972).
43 Boyer (1973); Rudwick (2005), S. 255 (Anm.), 360; Pieters (2009).
44 Spary (2000), S. 92.
45 Zitiert in St. Clair ([1967] 1998), S. 63.
46 Penny (2002), S. 71. Vgl. Coombes (1994), S. 9–28.
47 Carrington (2003).
48 Zitiert (auf Englisch) in Penny (2002), S. 110 (hier übersetzt).
49 Marchand (2009), S. 416–417.
50 Müntz (1894–1896).
51 Larsen ([1994] 2010), S. 262.
52 Marchand (2009), S. 159.
53 Carrington (2003).
54 Cañizares-Esguerra (2001), S. 170–203.
55 Pesce (1906).
56 Battles (2003), S. 10, 15.
57 Livingstone (2003), S. 40–48.
58 Jardine et al. (1996), S. 249–265; Rudwick (2005), S. 41–44.
59 Stocking (1983). Vgl. Gupta und Ferguson (1997).
60 Stocking (1983).
61 Clifford (1982).
62 Stocking (1983).
63 Zitiert in Thompson (1996), S. 566.
64 Rivers (1913). Vgl. Urry (1972); Stocking (1996), S. 122–124.
65 Stocking (1983), S. 70, 109; Young (2004), S. 161–164.
66 Gooding et al. (1989), S. 226–227.
67 Holmes (2008), S. 55.
68 Urry (1972).
69 Payne (1951).
70 Malinowski ([1922] 1979), S. 29.
71 Crary ([1990] 1996); Daston und Lunbeck (2011).
72 Foucault ([1963] 1973).
73 Degérando (1800); Moravia ([1970] 1973), S. 77–82, 219–251; Chappey (2002).
74 Holmes (2008), S. 116.
75 Ginzburg (1986).
76 Madan (1920), S. 70.
77 Oberschall ([1965] 1997), S. 95.
78 Summerfield (1985), S. 441; Hubble (2006).
79 Becker und Clark (2001), S. 169–195.
80 Foucault ([1963] 1973); Urry (1990); Pratt (1992); Screech (1996).
81 Zitiert in Nord (1985), S. 165.
82 Malinowski ([1922] 1979), S. 29 (hier in korrigierter Übersetzung).
83 Platt (1996), S. 47.
84 Nord (1985).
85 Göhre (1891), S. 1, 2.
86 Clifford, zitiert in Stocking (1983), S. 121–156.
87 Gerald Carr, zitiert in McNamara (2001), A-28.
88 Burke ([1978] 1981), Kap. 1.
89 Ó Giolláin (2000), S. 132–143; Briody (2007).
90 Clifford, zitiert in Stocking (1983).
91 Labov (1966).

92 Mayhew ([1851] 1996). Vgl. Thompson und Yeo (1971), S. 54–64.
93 Zola ([1986] 1990).
94 Zitiert in Bulmer et al. (1991), S. 300.
95 Certeau ([1975] 1991); Ozouf (1981).
96 Oberschall ([1965] 1997), S. 45.
97 Robinson (1982).
98 Pyenson (1993), S. 17, 19.
99 Smith ([1960] 1985).
100 Yorke (2007).
101 Clifford (1982); Bravo und Sörlin (2002), S. 218–222.
102 Briody (2007).
103 Blair (2010).
104 Winchester (2003).
105 Hopkins (1992).
106 Zitiert in Dieckmann (1961), S. 84 (hier aus dem Englischen).
107 Aufgegliedert in neunzehn Archive; Pesce (1906), S. 34.
108 Zitiert aus dem Statistischen Jahrbuch der UNESCO in Gibbons et al. (1994), S. 94.
109 http://liswiki.org/wiki/History_of_the_card_catalog.

Kapitel 2

1 Marchand (2009), S. 174.
2 Pickstone (2000), S. 84. Vgl. Pickstone (2007).
3 Merton ([1949] 1995); Gellner (1973), S. 88–106.
4 Clarke (1973).
5 Foucault ([1966] 2009). Vgl. Pratt (1977).
6 Pickstone (2000), S. 30. Vgl. Daudin (1926a).
7 Daudin (1926a); Jardine et al. (1996), S. 145–162; Koerner (1999).
8 Daudin (1926b). Vgl. Ritvo (1997).
9 Flint (1904); Tega (1984); Porter (2003), S. 241–266.
10 Flint (1904), S. 142–144; Dieckmann (1961), S. 99; Darnton ([1984] 1989), S. 222–229.
11 Flint (1904), S. 175–191, 227–238; Ellen und Reason (1979), S. 167–193.
12 Wiegand (1996), S. 21–23, 74–75, 113–114; Levie (2006), S. 54, 58, 67, 329.
13 Caplan und Torpey (2001), S. 181 ff.
14 Levie (2006), S. 98; Weinberger ([2007] 2008), S. 23.
15 Weinberger ([2007] 2008), S. 22–23, 94, 198 und passim.
16 Pope ([1975] 1999); Parkinson (1999).
17 Cathcart (1994), S. 30–57; Larsen ([1994] 2010).
18 Chadwick ([1958] 1959); Coe ([1992] 1995).
19 Robinson (2002), S. 110–111.
20 Kahn (1967), S. 286.
21 Kahn (1967); Hinsley und Stripp (1993).
22 Daudin (1926b); Outram (1984).
23 Zitiert in Jokilehto (1999), S. 155.
24 Nora (1986), S. 613–649; Jokilehto (1999), S. 137–156.
25 Larsen ([1994] 2010), S. 352.
26 Renfrew (1987); Clackson (2007). Vgl. Davies ([1992] 1998).
27 Zur dieser Parallele siehe Timpanaro ([1963] 1971), S. 73–74. Vgl. Pasquali ([1934] 1952).
28 Madan (1920), S. 68–87.
29 Timpanaro ([1963] 1971), S. 104–111.
30 Grafton ([1990] 2012).
31 Gaskill (1991).
32 Meyerstein (1930), S. 104–125.
33 Baines (1999), S. 177–186.
34 Weiner (2003).
35 Kreuger (2007); Lopez (2008).
36 Grafton ([1990] 2012), S. 41.
37 Larsen ([1994] 2010), S. 224–237.
38 Gräslund (1974).
39 Frängsmyr (1976); Rossi ([1979] 1984); Rudwick (2005).
40 Trigger ([1989] 1996), S. 187, 196.
41 Baillie (1995).
42 Lewis (2000).
43 Renfrew (1973).
44 Latour (1987).
45 Beckmann (1759), S. 35–36; Frängsmyr et al. (1990), S. 315–342; Scott (1998), S. 14.
46 Cannon (1978), S. 75–80.
47 Gould ([1981] 1983); Kaluszynski (2001).
48 Murphy (1981).

49 Lazarsfeld (1961); Stigler (1986), S. 161–220, insbesondere S. 169–174; Hacking (1990), S. 105–114.
50 Zande (2010).
51 Perrot und Woolf (1984); Bourguet (1988); Brian (2001).
52 Cullen (1975).
53 Kenny (1982).
54 Teng (1942–1943); Montgomery (1965); Roach (1971); Hoskin und Macve (1986); MacLeod (1982, 1988); Clark (2006), S. 93–140; Stray (2005); Whitley und Gläser (2007).
55 Desrosières ([1993] 2005).
56 Tooze (2001), S. 62–63, 137, 256.
57 Cortada (1993), S. 44–63.
58 Kullmann (2004), S. 63, 81, 113 ff., 120.
59 Ette et al. (2001), S. 58; Rudwick (2005), S. 75.
60 Ahmed (1978); Thompson (1996).
61 Huizinga ([1919] 1961), S. 39.
62 Thompson und Yeo (1971), S. 127–128.
63 Lepenies (1985), S. 15–102.
64 Auerbach (1946), S. 472–478; Mitterand (1987), S. 37–55; Kullmann (2004).
65 Lepenies (1985).
66 Cunha ([1902] 1994), S. 131–132.
67 Geertz ([1973] 1983), S. 7–43.
68 Leach (1965).
69 Renfrew (1973); Binford (1978).
70 Mill ([1843] 1868), Buch 3, Abschnitt VIII.
71 Gooding et al. (1989).
72 Coleman und Holmes (1988); Pickstone (2000), S. 141–145.
73 Coles (1979); Morton und Williams (2010).
74 Popper ([1945] 1958), S. 115.
75 Marx (1968), Bd. 25, S. 278; Bd. 23, S. 15-16; Zelený (1962).
76 Wright ([1971] 1974), S. 18.
77 Lévi-Strauss ([1955] 1978), S. 51.
78 Hughes (1959), insbesondere S. 33–66.
79 Collingwood ([1946] 1955), S. 225.
80 Marmor (1995).
81 Panofsky ([1939] 1980), S. 30–54.
82 Ast (1808); Mannheim ([1952] 1964), S. 129–136. Vgl. Hart (1993).
83 Ricœur ([1965] 1974).
84 Collingwood ([1946] 1955), S. 278–294, hier S. 294. Vgl. Ginzburg (1986).
85 Rudwick (2005); Hodder ([1986] 2003).
86 Wright ([1971] 1974), S. 22.
87 Godlewska (1988), S. 38–87.
88 Burke (1991).
89 Beer (1983); Dear (1991).
90 Ricœur ([1983] 1988–1991).
91 Lyotard ([1979] 1986). Vgl. Berkhofer (1995).
92 Revel (1996); Burke (2008b).
93 Stone (1979). Vgl. Burke (1991), S. 233–248; Fox und Stromqvist (1998).
94 Delgado (1989); Brooks und Gewirtz (1996).
95 Brody (1987); Hunter (1991).
96 Franzosi (1998).
97 Weinberg (1993); Gribbin (1998).
98 Neumann und Morgenstern ([1944] 1961).
99 Hacking (1990), S. 1.
100 Merton ([1949] 1995); Mills ([1959] 1963).
101 Chadarevian (2002), S. 136–160, hier S. 136.
102 Watson ([1968] 1971), S. 113–115, 215–223, 240–242, 247, 253; Olby (1974); Chadarevian (2002), S. 164–165.
103 Chadwick (1979); Lenhard et al. (2006).

Kapitel 3

1 Hayek (1945); Sunstein ([2006] 2009), S. 19–20.
2 Zitiert in Brown und Duguid ([2000] 2002), S. 123.
3 Zitiert in Halavais (2009), S. 125.
4 William Guthrie, 1770, und William Young, 1790, zitiert in Sher (2006), S. 1, 593.
5 Brown und Duguid ([2000] 2002).
6 Zur »Popularisierung« von Wissenschaft siehe Andries (2003); Lightman (2007), S. 14–17.
7 Shinn und Whitley (1985), S. viii.
8 Irwin und Wynne (1996), S. 152;

Secord (2000), S. 3 und passim.
9 Davenport und Prusak (1998), S. 73–76.
10 Raj (2007), S. 9, 13, 225.
11 Ibidem, S. 223.
12 Briggs und Burke ([2002] 2009), S. 19 und passim.
13 Shinn und Whitley (1985); Bensaude-Vincent und Rasmussen (1997); Daum (1998); Kretschmann (2003).
14 Zur Wissenschaftssprache siehe Montgomery (1996), S. 1–69.
15 Holmes (2008), S. xix.
16 *Oxford English Dictionary*, zitiert in Lightman (2007), S. 11 (Anm.); Bensaude-Vincent und Rasmussen (1997), S. 13 (Anm.).
17 Béguet (1990), S. 20.
18 Harrison (1961).
19 Waquet (2003); Secord (2007).
20 Tolstoi (1857 [1925]), S. 274; Waquet (2003), S. 97–100; Stray (2005), S. 81 und passim; Clark (2006), S. 93–140.
21 Cooter (1984), S. 151–158.
22 Bachtin (1979).
23 Waquet (2003), S. 100–112; Smith (1998), S. 103–116; Clark (2006), S. 141–182.
24 Herbert B. Adams, zitiert in Hawkins (1960), S. 224.
25 Zu Postern siehe Waquet (2003), S. 125–129.
26 Béguet (1990), S. 133.
27 Secord (2007).
28 Secord (1994).
29 Castells ([1996] 2001), S. 69; Russell (2010), S. 192.
30 Waquet (2003), S. 161, 295–317.
31 Inkster und Morrell (1983), S. 91–119; Van Wyhe (2004), S. 58.
32 Schaffer (1983); Fyfe und Lightman (2007), S. 336–370.
33 O'Connor (2007), S. 75, 80.
34 Zu Davy siehe Holmes (2008), S. 285–304; zur Sensationswissenschaft siehe Lightman (2007), S. vii, 177; zu Pepper siehe Secord (2002).
35 Frühere Beispiele werden in Kusamitsu (1980) zitiert.
36 Zitiert in Auerbach (1999), S. 105.
37 Zitiert in Physick (1982), S. 35.
38 Montijn (1983); Rydell (1984); Aimone und Olmo (1990); Meyer (2006).
39 Mitchell (1991).
40 Penny und Bunzl (2003), S. 127–155.
41 Forgan (1994).
42 Schwarcz (1988).
43 Mullan und Marvin (1987), S. 68–88; Drayton (2000).
44 Zitiert in Lightman (2007), S. 196.
45 Penny (2002), S. 141–151.
46 Boas zitiert in Stocking (1985), S. 101.
47 Irwin und Wynne (1996), S. 152–171.
48 Cole (1985), S. 110–118; Stocking (1985), S. 77–81.
49 Kohn (1995), S. 11.
50 Hawkins (1960), S. 123.
51 Chandler und Cortada (2000), S. 76.
52 Hansen (2007); Dauser (2008).
53 Holl et al. (1999); Ette et al. (2001), S. 279.
54 Mugglestone (2005), S. 210.
55 Weber (1956), S. 151–166; McNeely (2003).
56 Yates (1989), S. xv, 95–98; Chandler und Cortada (2000), S. 110, 112.
57 Kenna (2008); Salmi-Niklander (2004).
58 Moureau (1993), S. 143–165.
59 Feldbrugge (1975), S. 18.
60 Fontana (1985), S. 112–146.
61 Béguet (1990), S. 31.
62 Ibidem, S. 84.
63 Lightman (2007), S. 295–352; zu Deutschland siehe Shinn und Whitley (1985), S. 209–227.
64 Russell (2010), S. 70–74.
65 Ibidem, S. 190–201.
66 Zahlenangaben der UNESCO, zitiert in Gibbons et al. (1994), S. 94.
67 Jardine et al. (1996), S. 145.
68 Rudwick (2005), S. 141.
69 Secord (2000), S. 18, 34.
70 Shinn und Whitley (1985), S. 209–227; Daum (1998).
71 Lightman (2007), S. 66, 175.
72 Béguet (1990), S. 61.
73 Glasgow (2001).
74 Béguet (1990), S. 26 (über Frankreich, aber der Trend lässt sich ganz allgemein konstatieren).

75 Kohler (1991), S. 287. Vgl. Bowler (2009), S. 98–103.
76 Werskey (1978), S. 165. Vgl. Bowler (2009), S. 107–113.
77 Zur visuellen Darstellung siehe Tufte (1983); Baigrie (1996).
78 Hacking (1990), S. 18.
79 Rudwick (2008), S. 166–167.
80 Tilling (1975).
81 Headrick (2000), S. 124, 129.
82 Gilbert (1958); Tufte (1983), S. 40.
83 Kolers et al. (1979), S. 135.
84 Thompson (2005), S. 394.

Kapitel 4

1 Foucault ([1975] 2011, 1980).
2 Certeau (1980).
3 Rossi ([1960] 2000); Yates ([1966] 1990).
4 Middleton (1885) kratzt nur die Oberfläche eines Themas, das gründlichere Behandlung verdiente.
5 Helmholtz (1896), S. 168.
6 Miller (1969).
7 Higgs (2004), S. 96.
8 Yates (1989), S. 37.
9 Levie (2006).
10 Cravens et al. (1996), S. 24.
11 Porter (1977); Gascoigne (1998).
12 Zitiert in Baber (1996), S. 151.
13 Kuznets ([1955] 1965), S. 61, 87 und passim.
14 Vgl. Inkster (2006).
15 Zitiert in Kevles ([1977] 1995), S. 47.
16 Zitiert in Abelson (1996), S. 28.
17 Zitiert in Kevles ([1977] 1995), S. 248.
18 Zitiert in Werskey (1978), S. 144, 173.
19 Zitiert in Johnson (1990), S. 153 (hier aus dem Englischen).
20 Bush (1945).
21 Stokes (1997).
22 Mokyr (2002), S. 28–77.
23 Glamann (2003); Conot (1979), S. 133.
24 Porter ([1997] 2000), S. 452–454.
25 Reich (1985).
26 Johnson (1990), S. 154–155.
27 Shiva ([1997] 2002); Drahos (2002), S. 2, 15, 45, 51, 201 und passim; Johns (2010).
28 Chandler und Cortada (2000), S. 82, 86.
29 Zitiert in Chandler (1977), 102. Vgl. Chandler und Cortada (2000), S. 83–85.
30 Chandler (1977).
31 Nelson (1980).
32 Ibidem, S. 131–136; Price (1999).
33 Nelson (1980), S. 179.
34 Converse (1986), S. 89, 112.
35 Dandeker (1990), S. 63.
36 Nonaka (2005).
37 Foss (2007); Foss und Michailova (2009).
38 Stewart (1997), S. x.
39 Davenport und Prusak (1998), S. 224–238; Frappaolo (2006).
40 Nonaka und Takeuchi ([1995] 1997).
41 Keegan (2003), S. 3–6, 26–65, 184–220.
42 Godlewska und Smith (1994), S. 41.
43 Zitiert in Livingstone (1992), S. 241.
44 Pearton (1982), S. 230.
45 Price (2008), S. 8–14, Boas wird zitiert S. 12.
46 Zur deutschen Seite Simon (1947); Schramm ([1974] 1983). Zum ›Campus‹, Winks (1987), S. 441; vgl. Katz (1989). Zu den jungen Historikern gehörten Felix Gilbert und Carl Schorske.
47 Winks (1987). Vgl. Barnes (2006).
48 Price (2008), S. 91–116, 172–177.
49 Cravens (2004), S. 67–77.
50 Scott (1998), S. 2.
51 Caplan und Torpey (2001), S. 57.
52 Emerson (1968), besonders S. 57–99.
53 Andrew und Gordiewsky (1990), S. 33.
54 Ibidem, S. 55.
55 Childs und Popplewell (1996).
56 Andrew und Gordiewsky (1990), S. 236–237, 273–276, 278–280, 399–404, 489–491.
57 Richelson (1999).
58 Macrakis (2010).
59 Bernard (1991), S. 201–221.
60 Monas (1961); Bernard (1991), S. 128, 149–150.
61 Childs und Popplewell (1996).

62 Jeffreys-Jones (2007), S. 11, 72, 160, 204, 228.
63 Ibidem, S. 185, 236.
64 Gould ([1981] 1983); Kaluszynski (2001).
65 Caplan und Torpey (2001), S. 164 ff., 184 ff.
66 Zitiert in Kevles ([1977] 1995), S. 270.
67 Torpey (2000), S. 57–110; Piazza (2004).
68 Rueschemeyer und Skocpol (1996), S. 3, 5, 90–113, 117 ff.
69 Heclo (1974), S. 43.
70 Rueschemeyer und Skocpol (1996), S. 233–263.
71 Ketelaar (2003).
72 Pearton (1982); Hevia (1998); Higgs (2004).
73 Leclerc (1979), S. 83.
74 Bourguet (1988), S. 98. Vgl. Perrot und Woolf (1984); Woolf (1989).
75 Patriarca (1996), S. 7.
76 Monas (1961), S. 103; Matthews (1993).
77 Caplan und Torpey (2001), S. 83–100.
78 Tooze (2001), S. 24.
79 Aly und Roth (1984), S. 2, 121.
80 Torpey (2000), S. 111 ff. Vgl. Caplan und Torpey (2001).
81 Gambi (1992); Godlewska and Smith (1994); Marshall (1998), S. 231–252.
82 Marshall (1970), S. 189.
83 Zur »Lesbarkeit« siehe Scott (1998), passim.
84 Andrews ([1975] 2002), S. 119–126; Carter (1987); O'Cadhla (2007). Friels Stück ist als anachronistisch kritisiert worden: Bullock (2000).
85 Hewitt (2010), S. 44, 49, 99, 110 ff., 127, 150, 171.
86 Hinsley (1981).
87 Knight (1998).
88 Bell et al. (1995), S. 80–92.
89 Droulia und Mentzou (1993); Bourguet et al. (1998), S. 71–95; Trumbull (2009).
90 Cohn (1996), S. 7. Vgl. Bayly (1996); Edney (1997).
91 Cohn (1996), S. 8; Dirks (2001), S. 48–50, 198–228, 207–212.
92 Zitiert in Dirks (2001), S. 48.
93 Sibeud (2002), S. 9–17, 121–152.
94 Zum niederländischen Beispiel: Otterspeer (1989), S. 187–203; Ellen (2006).
95 Sheets-Pyenson (1988); MacKenzie (2009).
96 Arnold (1988).
97 Zitiert in Coombes (1994), S. 109.
98 Kuklick (1993), S. 182–241; Young (2004), S. 376.
99 Winkelmann (1966); Asad (1973); Stocking (1991); Kuklick (1993); Goody (1995).
100 Zitiert in Veysey (1965), S. 149.
101 Zitiert in Crick (1960), S. 19.
102 Zitiert in Diamond (1992), S. 10.
103 Ibidem, S. 55.
104 Chomsky et al. (1997), S. 181.
105 Szanton (2002), S. 148–152.
106 Saunders ([1999] 2001), S. 129.
107 Menand (2010), S. 54.
108 Redlich (1957), S. 35.
109 Zitiert in Stone et al. (1998), S. 28.
110 Zum Institut für Konjunkturforschung siehe Tooze (2001), besonders S. 103–148.
111 Stone et al. (1998); Stone und Denham (2004).
112 Brougham wird zitiert in Rueschemeyer und Skocpol (1996), S. 181. Vgl. Goldman (2002). Zur ASSA siehe Calhoun (2007), S. 74–77; zum VSP Rueschemeyer und Skocpol (1996), S. 117–162.
113 Andrew und Dilks (1984), S. 13.
114 Shapin (2008), S. 146–7, 152–156, 160.
115 Gibbons et al. (1994); Slaughter und Leslie (1997); Bok (2003); Shapin (2008).
116 Veblen (1918), S. 78–79.
117 Vucinich (1956), S. 13–14.
118 Ibidem, S. 56; Graham (1967), S. 49.

Kapitel 5

1 Fabian ([2000] 2001), S. 27; Wax (2008), S. 3.
2 Proctor und Schiebinger (2008), S. 24.

3 Frühere Arbeiten sind etwa Moore und Tumin (1949); Goody ([1968] 1981); Smithson (1989). Zu neueren Studien siehe Böschen et al. (2004); Galison (2004); Wehling (2006); Brüsemeister und Eubel (2008).
4 Wallis (1979). Vgl. Porter (2003), S. 485–507.
5 Crystal (2000).
6 Zitiert in Horgan ([1996] 1997), S. 229.
7 Burke (2008a).
8 Harris (1998).
9 Mokyr (2002), S. 37 (Anm.).
10 Paul (1985), S. 205.
11 Drahos (2002); Shapin (2008).
12 Fung et al. (2007), S. 9–10; Proctor und Schiebinger (2008), S. 11–18, 37–54, 90, 267–280.
13 Andrew und Dilks (1984), S. 5.
14 Godlewska (1988); Bourguet et al. (1998), S. 108.
15 Jacob (2007), S. 1226–1249.
16 Stark (2009).
17 Cooter (1984), S. 39–40.
18 Rueschemeyer und Skocpol (1996), S. 246.
19 Gesetzentwurf des Reichswirtschaftsministeriums v. 23. April 1935 (BArch, R 43 II / 591, § 6, Abs. 1). Der Übersetzer dankt Karola Wagner vom Bundesarchiv Berlin-Lichterfelde für die Beschaffung des Originalwortlauts. Tooze (2001), S. 209, 216–217. Zu Großbritannien siehe Bulmer (1979), S. 132–157.
20 Bulmer (1979), S. 141–142.
21 Vincent (1998).
22 Engerman (2009), S. 9.
23 Mugglestone (2005), S. 82.
24 Zur NASA, Borgman (2007), S. 137; Brown and Duguid ([2000] 2002), S. 201.
25 Zitiert in Jeffreys-Jones (2007), S. 232.
26 Stanton (1975), S. 292, 296, 302, 323.
27 Penny (2002), S. 183, 193–194.
28 Kransdorff (1999); Delong (2004).
29 Coles (1979), S. 6 ff.
30 Crystal (2000), S. 14–19.
31 Raven (2004).
32 Renfrew und Bahn ([1991] 2008), S. 571; Larsen ([1994] 2010), S. 24, 115, 156, 234.
33 Hochschild ([1998] 2000), S. 294.
34 Stebelski (1964).
35 Quatremère de Quincy (1989), S. 44, 48, 192, 239. Vgl. Schneider (1910), S. 166, 182, 184 (Anm.); Maleuvre (1999).
36 Cole (1985).
37 Kidd (1989), S. 104.
38 Foss und Michailova (2009), S. 83.
39 Burke ([2000] 2001), S. 125; Blair (2010).
40 Galera Gómez (1981); Handler (2000); Frigessi (2003).
41 Gottfried (1990), S. 1–4; Mouffe (1999), S. 1–2.
42 Foucault ([1969] 2011). Vgl. Wehling (2006); Rupnow et al. (2008).
43 Zitiert in Moore (2008), S. 25.
44 Yeo (2001), S. 90–91; Blair (2010), S. 5.
45 Yeo (2001), S. 68, 186.
46 Hughes (1951–1953).
47 Baker (2008).
48 Dogan und Pahre (1990), S. 45–46.
49 Shillingsburg (2006), S. 151–154.
50 Foucault ([1997] 1999), S. 21; Rupnow et al. (2008), S. 7.
51 Bynum und Porter (1987), S. 1–3.
52 Zur »Pseudowissenschaft« siehe Rupnow et al. (2008), S. 24.
53 Gieryn (1983), S. 781. Vgl. Gieryn (1995).
54 Bivins (2000), S. 153, 159, 176, 186.
55 Penny und Bunzl (2003), S. 47–85.
56 Thomas (1971), S. 283–385; Curry (1989).
57 Curry (1992), S. 61–108, 125–128.
58 Ibidem, S. 138, 145, 151–152.
59 Oppenheim (1985), S. 159–197.
60 Curry (1992), S. 168.
61 Cooter (1984), S. 120. Vgl. Giustino (1975); Van Wyhe (2004).
62 Van Wyhe (2004), S. 17.
63 Cooter (1984), S. 4.
64 Ibidem, S. 2; Davies (1955), S. 11, 157.
65 Cooter (1984), S. 28 ff., 90.
66 Shapin (1975), S. 231.
67 Oppenheim (1985), S. 208; Cooter (1984), S. 256.
68 Weinberger ([2007] 2008), S. 48.

69 Cooter (1984), S. 258–260.
70 Wallis (1979), S. 237–271; Oppenheim (1985); Rupnow et al. (2008), S. 100–126.
71 Zu Italien siehe Gallini (1983); Cazzaniga (2010), S. 521–546.
72 Stepan (1982), die sich auf Großbritannien konzentriert, schlägt einen Zeitrahmen von 1800 bis 1960 vor.
73 Pearson an Galton, 1907, zitiert in Kevles ([1985] 1995), S. 57. Vgl. MacKenzie (1976).
74 Pearson, 1909, zitiert in Kevles ([1985] 1995), S. 104.
75 Adams (1990), S. 170.
76 Weindling (1985); Weingart (1989); Turda und Weindling (2007).
77 Stocking ([1968] 1982), S. 195–233.
78 Werskey (1978); Stepan (1982), S. 147 ff., 153.
79 Proctor (1988).
80 Rupnow et al. (2008), S. 241.
81 Kohn (1995), S. 7. Vgl. Hammer (2001).
82 Barkan (1992); Kohn (1995).
83 Der Molekularbiologe Robert Sinsheimer, zitiert in Kevles ([1985] 1995), S. 267.
84 Rupnow et al. (2008), S. 241–250.
85 Jeggle (1988); Fischer (1990).

Kapitel 6

1 Price ([1963] 1974), S. 19; Crane (1972), S. 13 (Anm.).
2 Zitiert in Fischer (1899), S. 84.
3 Ziman (1995), S. 99–115.
4 Weber (1956), S. 378.
5 Collini (1991).
6 Montgomery (1996), S. 7.
7 Polanyi (1958), S. 216.
8 Oleson und Voss (1979), S. 3–18, hier S. 4. Vgl. Stichweh (1977, 1984, 1992).
9 Oleson und Voss (1979), S. 3–18, hier S. 6.
10 De Terra (1956); Rupke (2005).
11 Cantor (2004); Robinson (2005). Zu einem späteren »letzten Menschen« siehe Warren (1998).
12 Yeo (1993), S. 57.
13 Brief an Joseph Cottle, 1797.
14 Zitiert in Yeo (2001), S. 249. Vgl. Yeo (1993), S. 58.
15 Hill (1964), S. 3–48.
16 Snow ([1959] 1993). Zu den zahlreichen Diskussionen siehe unter anderem Lepenies (1985); Kreuzer (1987); Olcese (2004); Eldelin (2006); Halfmann und Rohbeck (2007); Ortolano (2009).
17 Snow ([1959] 1993), S. 3, 9, 11, 14–15.
18 Roos (1977); Lepenies (1985), S. 196–203.
19 Lepenies (1985).
20 Stichweh (1977).
21 Zitiert in Becher (2001), S. 66.
22 Preusker (1839-1840), Bd. II, S. 80.
23 Holmes (2008), S. 393.
24 Fox (1980); Chaline (1995), S. 32.
25 Augello und Guidi (2001).
26 Boockmann et al. (1972), S. 1–44.
27 Hufbauer (1982), S. 62–82, 93. Vgl. Stieg (1986).
28 Abbott (2001), S. 68 (Anm.).
29 Forbes (1978), S. 115–125.
30 Kevles ([1977] 1995), S. 26, 78, 202, 275.
31 Backhouse und Fontaine (2010), S. 18.
32 Jencks und Riesman (1968), S. 523. Vgl. Peckhaus und Thiel (1999).
33 Thompson (2005), S. 177.
34 Whewell 1834, zitiert in Smith und Agar (1998), S. 184.
35 Vgl. Hagstrom (1965), S. 192–193; Elias (2006), S. 335.
36 Smith (1998), S. 103–116; Clark (2006), S. 141–182.
37 McClelland (1980), S. 281, 285; Oberschall ([1965] 1997), S. 37.
38 Ash (1980). Vgl. Ben-David und Collins (1966).
39 Geiger (1986), S. 16, 37.
40 Zitiert in Graff (1987), S. 57.
41 Thelen (2004), S. 35.
42 Clark (2006), S. 183–238.
43 Veysey (1965), S. 321; Abbott (2001), S. 122.
44 Graham (1967, 1975).
45 Thackray und Merton (1972), S. 474.

46 Lenoir (1997), S. 76; Mucchielli (1998), S. 527.
47 Hagstrom (1965), S. 215.
48 Perkin (1989); Cocks und Jarausch (1990); Malatesta (1995).
49 MacLeod (1988), S. 256.
50 Ibidem, S. 19, 49, 90, 116.
51 Evans (2001).
52 Sabato (1981).
53 Milne (2008).
54 Bourdieu (1976).
55 Zitiert in Yeo (2001), S. 140, sowie Smith und Agar (1998), S. 184.
56 Diderot, Brief vom 16. Dezember 1748; Wunderlich (1841).
57 Wunderlich (1841), S. 17.
58 Huerkamp (1985), S. 177–185; Rosen (1944); Wunderlich (1841).
59 Ganz (1997).
60 Ziman (1987), S. 6.
61 Rosen (1944), S. 59–63.
62 Pascal (1962).
63 Darwin ([1876] 2008), S. 129.
64 Sherif und Sherif (1969), S. 328–348.
65 Ziman (1987).
66 Sampson ([1962] 1963), S. 21.
67 Gombrich ([1970] 1981).
68 Reisch (1994).
69 Gallie (1960); Daiches (1964).
70 Chomsky et al. (1997), S. 8–12.
71 Selg und Wieland (2013), S. 231.
72 Zitiert in Yeo (1993).
73 Kogan (1958), S. 168; Turi (2002), S. 57.
74 Mugglestone (2005), S. 17.
75 Price ([1963] 1974), S. 98–100.
76 Ziman (1987), S. 23–24; Smith et al. (1989); Szöllösi-Janze und Trischler (1990); Galison und Hevly (1992); Shapin (2008), S. 169–178.
77 Weinberg (1961).
78 Price ([1963] 1974), S. 15. Vgl. Szöllösi-Janze und Trischler (1990); Galison und Hevly (1992).
79 Morrell (1972).
80 Schaffer (1988).
81 Todes (2002).
82 Johnson (1990), S. 34.
83 Ó Giolláin (2000), S. 135; Briody (2007).
84 Vucinich (1956), S. 13–14.
85 Zitiert in Mucchielli (1998), S. 213.
86 Cole und Crandall (1964).

Kapitel 7

1 Mannheim ([1952] 1964).
2 Foucault (2001–2005).
3 Livingstone (2003); Agnew (2007).
4 Golinski ([1998] 2005); Livingstone (2003).
5 Clifford und Marcus (1986).
6 Böröcz (1997); Connell (2007), S. 34; Burke und Pallares-Burke (2008), S. 191–192.
7 Chakrabarty ([2000] 2010).
8 Certeau ([1975] 1991), S. 71, 73.
9 Zu den konträren Positionen siehe Said ([1978] 1981) und Irwin (2006).
10 Foucault ([1963] 1973); Foucault (2001–2005), Bd. III, S. 659.
11 Latour und Woolgar (1979); Kohler (2008).
12 Kohler (1982), S. 50.
13 Ibidem, S. 45–46, 69.
14 Smith und Agar (1998).
15 Dierig et al. (2003).
16 Kuklick (1980); Bulmer (1984); Lindner (1990).
17 Johns (1998), S. 178–179, 553–555; Clark (2000).
18 Fleming und Bailyn (1969), S. 631.
19 Oken (1822), S. 1.
20 Hall und Preston (1988), S. 124–137.
21 Chaline (1995), S. 38, 160.
22 Josephson (1997), S. xiii, 3.
23 Harwood (1987); Geison und Holmes (1993), S. 30–49; Barth et al. (2005); Macrakis (2010).
24 Helmholtz (1896), S. 181. Vgl. Meinecke (1908).
25 Berger et al. (1999); Berger und Lorenz (2008); Baár (2010).
26 Sagredo und Gazmuri (2005), S. xxxix.
27 Weber (1976).
28 Patriarca (1996), S. 8; Hooson (1994), S. 117.
29 Ganz (1973); Müller (1974).
30 Spiering (1999).
31 Kamusella (2009).
32 Poulot (1997).

33 Hamilakis (2007), S. 81.
34 Díaz-Andreu und Champion (1996), S. 33.
35 Sklenář (1983); Trigger ([1989] 1996), S. 248–261; Díaz-Andreu und Champion (1996), S. 123, 166 und passim.
36 Díaz-Andreu und Champion (1996), S. 176, 203.
37 Driessen (1993), S. 147.
38 Ó Giolláin (2000).
39 Bravo und Sörlin (2002), S. 76.
40 Jensen (1992); Bohman (1997); Jong ([2004] 2007).
41 Miller (1969), S. 117, 134, 275.
42 Kamusella (2009), S. 407.
43 Turi (2002), S. 18 und passim.
44 Larsen ([1994] 2010), S. 98, 135, 409.
45 Schreiben v. 22. Juli 1904 an das »Ministerium der geistlichen, Unterrichts- und Medicinal-Angelegenheiten« (Geheimes Staatsarchiv, Preußischer Kulturbesitz, Berlin).
46 Rocke (2001), S. 292 und passim.
47 MacLeod (2001), S. 109.
48 Bravo und Sörlin (2002), S. 101.
49 Zitiert in Holmes (2008), S. 103.
50 Pyenson (1989) S. 65–66.
51 Hufbauer (1982), S. 2 und passim.
52 Venner, zitiert in Beer (1960). Vgl. Pinkney und Ropp (1964), S. 37–51; Frängsmyr et al. (1990), S. 95–119.
53 Felsch (2010), S. 63.
54 Zitiert in Cadbury ([2000] 2001), S. 122, 212.
55 Olby (1966).
56 Ben-David (1970).
57 Spary (2000), S. 9 (Anm. 22).
58 Zitiert in Pyenson (2002), S. 244.
59 Zitiert in Gizycki (1973), S. 485–486.
60 Wiegand (1999), S. 669–670.
61 Veysey (1965), S. 130.
62 Zitiert in Allen (2001), S. 93.
63 Zitiert in Hawkins (1960), S. 207.
64 Pyenson (1989), S. 139–246; Pyenson (2002), S. 241–245.
65 Harris (1998), S. 218.
66 Easton et al. (1991), S. 46.
67 Zitiert in Fleming und Bailyn (1969), S. 420–421.
68 Maiguashca (2011).
69 Merton (1968).
70 Ette et al. (2001), S. 170–176.
71 Diese Bemerkung Braudels hörte ich bei seiner Schlussansprache einer Konferenz, die ihm zu Ehren 1977 in Binghamton, US-Bundesstaat New York, abgehalten wurde.
72 Bartholomew (1989), S. 5.
73 Raj (2007), S. 11.
74 Cole und Cole (1973).
75 Ben-David (1970), S. 175.
76 Darnton (1995).
77 Horowitz (1967), S. 296. Vgl. Alatas (2003); Fan (2004), S. 4, 89, 138.
78 Connell (2007), S. 50.
79 Mignolo (2009), S. 159.
80 Pratt (1992); Fan (2004); Raj (2007).
81 Marshall (1970), S. 1–44; Almond (1988), S. 7–32. Vgl. Godwin (1994), S. 307–331.
82 Campbell (1980), S. 2–6, 21–28, 31–52, 55–60, 76–81; Godwin (1994), S. 277–306; Zander (2007); Rupnow et al. (2008), S. 77–99. Zu Russland siehe Rosenthal (1997).
83 Kuklick und Kohler (1996), S. 44–65.
84 Cohen (1974), S. 58–61.
85 Ares Queija und Gruzinski (1997); Schaffer et al. (2009).
86 Adorno (1986), Vorwort.
87 Mignolo (2000), S. 12–14.
88 Sato (1991); Iggers et al. (2008), S. 137–143.
89 Trigger ([1989] 1996), S. 262–266, 277.
90 Burke und Pallares-Burke (2008).
91 Young (2001).
92 Guha und Spivak (1988), S. 37–44.
93 Guha and Spivak (1988); Mallon (1994).
94 Ziman ([1974] 1981), S. 259.
95 Harris (1998).
96 Fleming und Bailyn (1969); Timms und Hughes (2003).
97 Zum Institut für Sozialforschung (Frankfurter Schule) siehe Jay ([1973] 1976); zum Warburg Institute siehe Scazzieri und Simili (2008), S. 151–160.
98 Kamen (2007), S. 260–321.
99 Ash und Söllner (1996). Vgl. Hoch (1985).

100 Zitiert in Kettler et al. ([1984] 1989), S. 138. Vgl. Timms und Hughes (2003), S. 205.
101 Carlebach et al. (1991), S. 255–274; Timms und Hughes (2003), S. 52.
102 Dilly (1979); Beyrodt (1991).
103 Zitiert in Timms und Hughes (2003), S. 42.
104 Hoch (1985).
105 Jackman und Borden (1983), insbesondere S. 111–120.
106 Merton (1972).
107 Crawford et al. (1992).
108 Fumian (2003).
109 Kopf (1969), S. 243–252.
110 Baber (1996), S. 226–228.
111 Kopf (1969); Raj (2007), S. 159–180, insbesondere S. 161–162.
112 Kopf (1969), S. 6, 47, 147.
113 Ibidem, S. 154, 179–180, 254.
114 Ibidem, S. 180–183; Dalrymple (2006), S. 58–84, Zitat auf S. 61.
115 Toynbee (1953), S. 32, 57–58.
116 Abu-Lughod (1963), S. 158.
117 Crabbs (1984), S. 67–86; Iggers et al. (2008), S. 88–91.
118 Elman (2006), S. 127.
119 Zitiert in Wright (1998), S. 659.
120 Wright (2000), S. 100–127.
121 Schwartz (1964).
122 Schwinges (2001), S. 326.
123 Cheng (1991).
124 Elman (2006), S. 198. Vgl. Buck (1981).
125 Elman (2006), S. 109, 210–211.
126 Howland (2001a, 2001b).
127 Zitiert in Bartholomew (1989), S. 68.
128 Ibidem, S. 76.
129 Schwinges (2001), S. 328.
130 Spaulding (1967), S. 48–49, 54–55; Teng (1942–1943).
131 Wright (2000), S. 200.
132 Howland (2001a, 2001b, 2005).
133 Howland (2001a), S. 2.
134 Schwab ([1950] 1984); Halbfass (1981).
135 Marshall (1970).
136 Toynbee (1934–1961), Bd. 10, S. 143.

Kapitel 8

1 Pearton (1982); Böhme und Stehr (1986); Neef (1998); Sörlin und Vessuri (2007).
2 Price ([1963] 1974); Bunge und Shea (1979), S. 29–41; Johnson (1990); Szöllösi-Janze und Trischler (1990); Ritter (1992).
3 Nonaka und Takeuchi ([1995] 1997).
4 Raj (2007), S. 98, 121, 153, 156.
5 Shapin (2008), S. 100.
6 Borscheid (1976); Cahan ([1989] 1992); Vierhaus und Brocke (1990), S. 657–672.
7 MacLeod (1971); Alter (1982), S. 51.
8 Otterspeer (1989); Wilson und Cayley (1995), S. 95.
9 Marchand (2009), S. 353.
10 Lautman und Lécuyer (1998).
11 Fosdick ([1952] 1955); Oleson und Voss (1979), S. 313–341; Lagemann ([1989] 1992); Berghahn (2001).
12 Mazon (1988).
13 Saunders ([1999] 2001), S. 229.
14 Zitiert in Reich (1985), S. 193.
15 Porter ([1997] 2000), S. 452–454.
16 Slaughter und Leslie (1997).
17 Gibbons und Wittrock (1985); Etzkowitz und Leydesdorff (1997); Geiger (2004).
18 Geiger (1993), S. 318.
19 Furner (1975), S. 229–259.
20 Mazon (1988), S. 123, 127, 158.
21 Thompson (1970).
22 Cornford (1908). Vgl. Bailey (1977).
23 Gemelli (1998), S. 91, 137–164.
24 Tooze (2001), S. 61.
25 Wagner (1990); Wagner et al. (1991).
26 Fernández-Armesto (2006), S. 305.
27 Gilpin (1968); Rueschemeyer und Skocpol (1996), S. 104–107.
28 Vucinich (1956); Graham (1967); Kasack (1974).
29 Kocka und Mayntz (1998), S. 435–460; Kocka (2002).
30 Zur Altphilologie siehe Stray (2010).
31 Alter (1982); Gascoigne (1998).
32 Alter (1982), S. 82; Fleming ([1998] 2010); Daunton (2005).
33 Zitiert in Daunton (2005), S. 20, und

Alter (1982), S. 88.
34 MacLeod (1971); Turner (1980); Alter (1982), S. 92–115; Deacon et al. (2001), S. 49–55.
35 MacLeod (1975), S. 356.
36 Graham (1967), S. 49. Zum politischen Kontext siehe Kojevnikov (2008).
37 Vucinich (1956), S. 67, 88.
38 Soyfer (1994).
39 Clark und Holquist (1984).
40 Mazour-Matusevich und Korros (2010), S. 11–40.
41 Aigner (1971); Fischer (1990), S. 191–192.
42 Brentjes (1992), S. 8, 83.
43 Burleigh ([1988] 2002); Haar (2000).
44 Schönwälder (1992, 1996); Berger et al. (1999), S. 176–188.
45 Emmerich (1968), S. 155–157; Kater (1974).
46 Bausinger (1965); Emmerich (1968); Gerndt (1987); Jeggle (1988).
47 Emmerich (1968), S. 14–17.
48 Brocke (1991), S. 18.
49 Burchardt (1975); Johnson (1990); Schafft (2004), S. 46–47.
50 Brocke (1980). Zu Göttingen vgl. Rupke (2002).
51 Brocke (1991), S. 307–336; Marchand (2009), S. 304; Chickering (1993), S. 85–87.
52 Fox (1973), S. 444.
53 Gilpin (1968), S. 151–187; Nye (1975); Claval (1998), S. 228.
54 Verger (1986), S. 375.
55 Zitiert in Béguet (1990), S. 92.
56 Zitiert in Lagemann ([1989] 1992), S. 42.
57 Kevles ([1977] 1995), S. 341.
58 Hughes (2002).
59 Chomsky et al. (1997), S. 2.
60 Shweder (2010), S. 5.
61 Edwards (1996), S. 115–125; Cravens (2004), S. 5.
62 Castells ([1996] 2001), S. 6. Vgl. Edwards (1996), S. 123–124, 264–273.
63 Pyne (2010), S. 322.
64 Turner und Turner (1990), S. 134.
65 Berger (1995); Szanton (2002); Lockman (2004); Feres (2005).
66 Szanton (2002), S. vii.
67 Horowitz (1967), S. 4, 285.
68 Zitiert in Horowitz (1967), S. 6–7, 71, 283, 296.
69 Irwin (1995).
70 Morrell und Thackray (1981); Levine (1986).
71 Robinson (2002).
72 Englische Beispiele in Lightman (2007), S. 39–94.
73 Clifford (1982). Vgl. Stocking (1996), S. 17–34; Etherington (2005), S. 238–260.
74 Kohler (1991), S. 16.
75 Charle (1990).
76 Masseau (1994).
77 O'Connor (2007), S. 227.
78 Zitiert in Miller (1969), S. 136.
79 Zitiert in Physick (1982), S. 13.
80 Miller (1969), S. 139.
81 Penny (2002), S. 141–151.
82 Coombes (1994), S. 123.
83 Zu der ständig wachsenden Sekundärliteratur zu diesem Thema gehören: Feyl (2004); Rossiter (1982); Abir-Am und Outram (1987); Schiebinger ([1989] 1993); Bonta (1991); Huerkamp (1996); Shteir (1996); Bellamy et al. (2000); Krais (2000); Gianquitto (2007).
84 Nye (2003), S. 62–63.
85 Weisz (1983), S. 245; Cocks und Jarausch (1990), S. 270–288; Valkova (2008), S. 160.
86 Zur Frage von Frauen an britischen Universitäten siehe Dyhouse (1995).
87 Lightman (2007).
88 Oreskes (1996).
89 Rossiter (1993).
90 Feyl (2004), S. 199–214; Maddox ([2002] 2003).
91 Zu Kober siehe Robinson (2002), S. 60–72.
92 Valkova (2008), S. 142–143.
93 Merton ([1973] 1985), S. 345 (Anm. 1); Rossiter (1993).
94 Palmer (1965), S. 148.
95 Shteir (1996).
96 Berg (1992, 1996).
97 Díaz-Andreu und Stig Sørensen (1998).

98 Gacs et al. (1988); Kuklick (2008), S. 277–292.
99 Calhoun (2007), S. 112. Vgl. Deegan (1988); Bulmer et al. (1991), S. 111–147.
100 Hannan und Freeman (1989), S. 66–90.
101 Burke ([2000] 2001), S. 58–64.
102 Halsey (2004), S. 99–104.
103 Jackman und Borden (1983), S. 113.
104 Hawkins (1960), S. 4.
105 Veysey (1965), S. 164.
106 Hawkins (1960), S. 90, 115, 213, 237.
107 Craig (1984), S. 44, 227–230; Schwinges (2001), S. 376, 378.
108 Craig (1984), S. 80, 230, 232.
109 Gallie (1960).
110 Daiches (1964).
111 Lautman und Lécuyer (1998), S. 262.
112 Gallie (1960), S. 106; Craig (1984), S. 70.
113 Veysey (1965), S. 164.
114 Johnson (1990), S. 47.
115 Gibbons et al. (1994).
116 Harvey (1987); Collins (1998), S. 64 ff.
117 Zur Frankfurter Schule siehe Jay ([1973] 1976); Wiggershaus (1986).
118 Rupke (2005), S. 69.
119 Allgemeine Erörterungen in Snizek (1979), S. 211–233; Harvey (1987); Geison und Holmes (1993); Platt (1996), S. 230–239; Steiner ([2003] 2004). Implizites Wissen wird näher erörtert in Geison und Holmes (1993), S. 11, sowie in Olesko (1993), S. 17.
120 Morrell (1972).
121 Harvey (1987), S. 245.
122 Zu Meistern und ihren Jüngern siehe Steiner ([2003] 2004); Waquet (2008).
123 Crane (1972).
124 Zitiert in Geison und Holmes (1993), S. 24.
125 Zitiert in Fleming und Bailyn (1969), S. 179.
126 Makari ([2008] 2011), S. 346–347, 350, 357–358, 472, 567.
127 Harvey (1987), S. 255–259.
128 Stray (2007).
129 Burke ([1990] 2004).
130 Diesen Ausdruck, der Harold Blooms »starkem Fehllesen« nachempfunden ist, verdanke ich Jeffrey Pearl, dem Herausgeber von *Common Knowledge*.

Kapitel 9

1 Fried und Süßmann (2001), S. 7–20.
2 Hobart und Schiffman (1998); Chandler und Cortada (2000); Vogel (2004); Wright (2007), S. 39.
3 Mokyr (2002).
4 Hannan und Freeman (1989).
5 Zu Schuhkartons siehe Darnton (2009), S. 60.
6 Tapscott (1998).
7 Wiener ([1948] 1968), S. 33.
8 Shenk ([1997] 1998). Vgl. *The Economist*, 25. Februar 2010; Wurman (1989, 2001).
9 Weinberger ([2007] 2008), S. 19.
10 Greenberger (1971), S. 41.
11 Shenk ([1997] 1998), S. 11, 15.
12 Collins (1998), S. xvii; Wurman (2001).
13 Burke (2001); Blair (2010).
14 Statistische Jahrbücher der UNESCO, zitiert in Thompson (2005), S. 47; Darnton (2009), S. xiv.
15 Überblicke in Chadwick (1977); Burke (1979); Gorski (2000).
16 Clark und Kaiser (2003).
17 Goldstein (1987), S. 4–5, 273.
18 Mannheim ([1952] 1964), S. 509–565.
19 Kuhn ([1962] 1979); Oexle (2007).
20 Hall und Preston (1988).
21 Gourlie (1953), S. 147.
22 Hannaway (1972); Brian (2001).
23 Puerto (1988), S. 41, 66 ff.
24 McClelland (1980).
25 Shafer (1958).
26 Fischer (1988); Dhombres (1989); Gillispie (2004).
27 Kuhn (1961); Holmes (2008), S. xvi. Vgl. Cunningham und Jardine (1990); Breidbach und Ziche (2001).
28 Goetzmann ([1986] 1995).
29 Meinecke (1936); Toulmin und Goodfield ([1965] 1970); Lowenthal (1985).
30 Chateaubriand, zitiert in Hartog (2003), S. 92.
31 Koselleck (1979).

32 Schwab ([1950] 1984); Halbfass (1981).
33 Burke ([1978] 1981), Kap. 1.
34 Montgomery (1996), S. 364.
35 Dilly (1979); Beyrodt (1991).
36 Hall und Preston (1988), S. 19, 39–54.
37 Chandler (1977); Yates (1989).
38 Reingold und Rothenberg (1987).
39 Hughes (1959). Vgl. Hübinger et al. (1989); Burrow ([2000] 2003).
40 Daston und Galison (2007).
41 Novick (1988).
42 Merton ([1949] 1995); Kettler et al. ([1984] 1989).
43 Zitiert in Lagemann ([1989] 1992), S. 33.
44 Szölösi-Janze (2004), S. 303–304.
45 Torpey (2000).
46 Berger und Lorenz (2010), S. 404–414.
47 Hall und Preston (1988), S. 19, 57–58, 73–83.
48 Mokyr (1998).
49 Mokyr (2002), S. 105–112.
50 Szöllösi-Janze und Trischler (1990), S. 13.
51 Hall und Preston (1988), S. 19, 151–261.
52 Pyne (2010).
53 Grmek (1999).
54 Finkelstein (1989), S. 219–232; Kaplinsky und Cooper (1989); Greenwood (1996).
55 Machlup (1962).
56 Galison und Hevly (1992), S. 351–353; Hall (1998), S. 426–428.
57 Drucker (1969); Arrow ([1973] 1984); Bell (1973); Porat (1977); sowie zahlreiche spätere Autoren. Vgl. Rubin und Huber (1986).
58 Stone et al. (1998).
59 Young (2001).
60 Hall und Preston (1988), S. 284–288; Edwards (1996), insbesondere S. 260 ff.; Hafner und Lyon ([1998] 2008); Rosenzweig (1998).
61 *The Economist*, 25. Februar 2010.
62 Nonaka und Takeuchi ([1995] 1997).
63 McNeely (2009).
64 Ritzer ([1993] 1995) klammerte Wissen bei seiner Erörterung aus, siehe demgegenüber Hayes und Wynyard (2002). Vgl. Wouters (2006); Whitley und Gläser (2007).
65 Dutton (2007).
66 Darnton (2008, 2009); Grafton (2009a); Grafton (2009b), S. 288–326.
67 Crawford et al. (1992), S. 4.
68 Smith et al. (1989).
69 Swaan (2001), S. 41–59.
70 Hannerz (2010), S. 113–130.
71 Jeanneney ([2005] 2006). Ironischerweise findet dieses Buch in seiner englischen Übersetzung größere Verbreitung als die französische Originalausgabe.
72 Darnton (2009), S. 3–20, 43–58; Grafton (2009b), S. 299–307.
73 Ketelaar (2003).
74 www.legifrance.gouv.fr; *The Economist*, 27. Februar 2010, Sonderbeitrag, S. 3; Snelgrove (2010).
75 Drahos (2002); Darnton (2009), S. 33, 44–48. Vgl. Shiva ([1997] 2002).
76 Thompson (2005), S. 356–360; Darnton (2009), S. 79–102.
77 Brown und Duguid ([2000] 2002), S. 25.
78 Allen (2001), S. 368–369; Irwin (1995).
79 Stehr (2008); Noveck (2009); Veld (2010).
80 Morozov (2010).
81 Weinberger ([2007] 2008), S. 116–120, 160-172; Baker (2008); Lih (2009). Vgl. Wikipedia über sich selbst: http://de.wikipedia.org/wiki/Wikipedia.
82 Lih (2009), S. 14, 24.
83 Carr (2006); Rosenzweig (2006), S. 128; Dalby (2009), S. 56–58. Zu Wikipedia ganz allgemein siehe Rosenzweig (2006); Baker (2008); Runciman (2009).
84 Keen ([2007] 2008), S. 45–56.
85 Zitiert in Lih (2009), S. 190, und in Rosenzweig (2006), S. 141. Vgl. Keen ([2007] 2008), S. 200–203.
86 Wikipedia (dt. Ausg.) »Christliche Werte«, aufgerufen am 5. März 2014.
87 Giddens ([1990] 1995), S. 54; Böhme und Stehr (1986), S. 20; Castells ([1996] 2001), S. 17–18. Vgl. Beck et al. (1994).
88 Bourdieu und Wacquant (1992).

89 Zitiert in Tapscott (1998), S. 57.
90 Haraway (1988). Vgl. Mannheim ([1952] 1964).
91 Latour und Woolgar (1979); Mendelsohn und Elkana (1981), S. 1–76; Latour (1987); Livingstone (2003).
92 Landes ([1998] 1999).
93 Vgl. Arnold und Dressel (2004).

Bibliographie

Abbott, Andrew D. (2001), *Chaos of Disciplines*, Chicago.

Abelson, Donald E. (1996), *American Think Tanks and their Role in US Foreign Policy*, Basingstoke.

Abir-Am, Pnina und Dorinda Outram (Hrsg.) (1987), *Uneasy Careers and Intimate Lives: Women in Science, 1789–1979*, New Brunswick, NJ.

Abu-Lughod, Ibrahim A. (1963), *The Arab Rediscovery of Europe: A Study in Cultural Encounters*, Princeton, NJ.

Adams, Mark B. (Hrsg.) (1990), *The Wellborn Science: Eugenics in Germany, France, Brazil and Russia*, New York.

Adorno, Rolena (1986), *Guaman Poma: Writing and Resistance in Colonial Peru*, Austin, TX.

Agnew, John (2007), »Know-Where: Geographies of Knowledge of World Politics«, in: *International Political Sociology* 1, S. 138–148.

Ahmed, Leila (1978), *Edward W. Lane*, London.

Aigner, Dietrich (1971), »Die Indizierung ›schädlichen und unerwünschten Schrifttums‹ im Dritten Reich«, in: *Archiv für Geschichte des Buchwesens* 11, S. 933–1034.

Aimone, Linda und Carlo Olmo (1990), *Le esposizioni universali, 1851–1900*, Turin.

Alatas, Syed Farid (2003), »Academic Dependency and the Global Division of Labour in the Social Sciences«, in: *Current Sociology* 51, S. 599–614.

Allen, David Elliston (2001), *Naturalists and Society: The Culture of Natural History in Britain, 1700–1900*, Aldershot.

Allwood, Martin S. (1957), *Eilert Sundt: A Pioneer in Sociology and Social Anthropology*, Oslo.

Almond, Philip C. (1988), *The British Discovery of Buddhism*, Cambridge.

Alter, Peter (1982), *Wissenschaft, Staat, Mäzene: Anfänge moderner Wissenschaftspolitik in Großbritannien 1850–1920*, Stuttgart.

Aly, Götz und Karl Heinz Roth (1984), *Die restlose Erfassung: Volkszählen, Identifizieren, Aussondern im Nationalsozialismus*, Berlin (West).

Anderson, Margo J. (1988), *The American Census: A Social History*, New Haven, CT.

Andrew, Christopher M. und David Dilks (Hrsg.) (1984), *The Missing Dimension: Governments and Intelligence Communities in the Twentieth Century*, London.

Andrew, Christopher M. und Oleg Gordiewsky (1990), *KGB: die Geschichte seiner Auslandsoperationen von Lenin bis Gorbatschow*, München.

Andrews, John H. ([1975] 2002), *A Paper Landscape: The Ordnance Survey in Nineteenth-century Ireland*, 2. Aufl., Dublin.

Andries, Lise (Hrsg.) (2003), *Le Partage des savoirs, XVIIIe–XIXe siècles*, Lyon.

Ares Queija, Berta und Serge Gruzinski (Hrsg.) (1997), *Entre dos mundos: fronteras culturales y agentes mediadores*, Sevilla.

Arnold, David (Hrsg.) (1988), *Imperial Medicine and Indigenous Societies*, Manchester.

Arnold, Markus und Gert Dressel (Hrsg.) (2004), *Wissenschaftskulturen, Experimentalkulturen, Gelehrtenkulturen*, Wien.

Arrow, Kenneth J. ([1973] 1984), »Information and Economic Behaviour«, Wiederabdruck in: *Collected Papers of Kenneth J. Arrow*, 4, Oxford, S. 136–152.

Asad, Talal (1973), *Anthropology and the Colonial Encounter*, Ithaca, NY.

Ash, Mitchell G. (1980), »Academic Politics in the History of Science: Experimental Psychology in Germany, 1879–1941«, in: *Central European History* 13, S. 255–286.

Ash, Mitchell G. und Alfons Söllner (Hrsg.) (1996), *Forced Migration and Scientific Change: Emigré German-Speaking Scientists and Scholars after 1933*, Washington, DC, und Cambridge.

Ast, Friedrich (1808), *Grundlinien der Grammatik, Hermeneutik und Kritik*, Landshut.

Auerbach, Erich (1946), *Mimesis: dargestellte Wirklichkeit in der abendländischen Literatur*, Bern.

Auerbach, Jeffrey A. (1999), *The Great Exhibition of 1851: A Nation on Display*, New Haven, CT.

Augello, Massimo M. und Marco E. L. Guidi (Hrsg.) (2001), *The Spread of Political Economy and the Professionalization of Economists: Economic Societies in Europe, America and Japan in the Nineteenth Century*, London.

Baár, Monika (2010), *Historians and Nationalism: East-Central Europe in the Nineteenth Century*, Oxford.

Baber, Zaheer (1996), *The Science of Empire: Scientific Knowledge, Civilization and Colonial Rule in India*, Albany, NY.

Bachtin, Michail (1979), *Die Ästhetik des Wortes*, Frankfurt a. M.

Backhouse, Roger E. und Philippe Fontaine (Hrsg.) (2010), *The History of the Social Sciences since 1945*, Cambridge.

Baigrie, Brian S. (Hrsg.) (1996), *Picturing Knowledge*, Toronto.

Bailey, Frederick George (1977), *Morality and Expediency: The Folklore of Academic Politics*, Oxford.

Baillie, Mike G. L. (1995), *A Slice through Time: Dendrochronology and Precision Dating*, London.

Baines, Paul (1999), *The House of Forgery in 18th-Century Britain*, London.

Baker, Nicholson (2008), »The Charms of Wikipedia«, in: *New York Review of Books*, 20. März.

Barkan, Elazar (1992), *The Retreat of Scientific Racism: Changing Concepts of Race in Britain and the United States between the World Wars*, Cambridge.

Barnes, Trevor J. (2006), »Geographical Intelligence: American Geographers and Research and Analysis in the Office of Strategic Services 1941–1945«, in: *Journal of Historical Geography* 32, S. 149–168.

Barth, Fredrik et al. (2005), *One Discipline, Four Ways: British, German, French and American Anthropology*, Chicago.

Bartholomew, James R. (1989), *The Formation of Science in Japan: Building a Research Tradition*, New Haven, CT.

Battles, Matthew (2003), *Die Welt der Bücher: eine Geschichte der Bibliothek*, Düsseldorf.

Bausinger, Hermann (1965), »Volksideologie und Volksforschung: Zur nationalsozialistischen Volkskunde«, in: *Zeitschrift für Volkskunde* 61, S. 177–204.

Bayly, Christopher A. (1996), *Empire and Information: Intelligence Gathering and Social Communication in India, 1780–1870*, Cambridge.

Becher, Tony (2001), *Academic Tribes and Territories: Intellectual Enquiry and the Cultures of Disciplines*. Milton Keynes.

Beck, Ulrich et al. (Hrsg.) (1994), *Reflexive Modernization: Politics, Tradition and Aesthetics in the Modern Social Order*, Cambridge.

Becker, Peter und William Clark (Hrsg.) (2001), *Little Tools of Knowledge: Historical Essays on Academic and Bureaucratic Practices*, Ann Arbor, MI.

Beckmann, Johann Gottlieb (1759), *Anweisung zu einer pfleglichen Forstwirthschaft*, Chemnitz.

Beer, Gavin de (Hrsg.) (1960), *The Sciences Were Never at War*, London.

Beer, Gillian (1983), *Darwin's Plots: Evolutionary Narrative in Darwin, George Eliot and Nineteenth-Century Fiction*, Cambridge.

Béguet, Bruno (Hrsg.) (1990), *La Science pour tous: sur la vulgarisation scientifique en France, de 1850 à 1914*, Paris.

Bell, Daniel (1973), *The Coming of Post-Industrial Society: A Venture in Social Forecasting*, New York.

Bell, Morag et al. (Hrsg.) (1995), *Geography and Imperialism, 1820–1940*, Manchester.

Bellamy, Joan et al. (Hrsg.) (2000), *Women, Scholarship and Criticism: Gender and Knowledge, c. 1790–1900*, Manchester.

Ben-David, Joseph (1970), »The Rise and Decline of France as a Scientific Centre«, in: *Minerva* 8, S. 160–179.

Ben-David, Joseph und Randall Collins (1966), »Social Factors in the Origin of a New Science: The Case of Psychology«, in: *American Sociological Review* 31, S. 451–465.

Bensaude-Vincent, Bernadette und Anne Rasmussen (Hrsg.) (1997), *La Science populaire dans la presse et l'édition: XIXe et XXe siècles*, Paris.

Berg, Maxine (1992), »The First Women Economic Historians«, in: *Economic History Review* 45, S. 308–329.

Berg, Maxine (1996), *A Woman in History: Eileen Power, 1889–1940*, Cambridge.

Berger, Mark T. (1995), *Under Northern Eyes: Latin American Studies and US Hegemony in the Americas, 1898–1990*, Bloomington, IN.

Berger, Stefan und Chris Lorenz (Hrsg.) (2008), *The Contested Nation: Ethnicity, Class, Religion and Gender in National Histories*, Basingstoke.

Berger, Stefan und Chris Lorenz (Hrsg.) (2010), *Nationalizing the Past: Historians as Nation Builders in Modern Europe*, Basingstoke.

Berger, Stefan et al. (Hrsg.) (1999), *Writing National Histories: Western Europe since 1800*, London.

Berghahn, Volker R. (2001), *America and the Intellectual Cold Wars in Europe*, Princeton, NJ.

Berkel, Klaas van et al. (Hrsg.) (1999), *A History of Science in the Netherlands*, Leiden.

Berkhofer, Robert F. (1995), *Beyond the Great Story: History as Text and Discourse*, Cambridge, MA.

Bernard, Paul P. (1991), *From the Enlightenment to the Police State: The Public Life of Johann Anton Pergen*, Urbana, IL.

Beyrodt, Wolfgang (1991), »Kunstgeschichte als Universitätsfach«, in: Peter Ganz (Hrsg.), *Kunst und Kunsttheorie 1400-1900*, Wiesbaden, S. 313–333.

Binford, Lewis Robert (1978), *Nunamiut Ethnoarchaeology*, New York.

Bivins, Roberta E. (2000), *Acupuncture, Expertise and Cross-Cultural Medicine*, Basingstoke.

Blair, Ann (2010), *Too Much to Know: Managing Scholarly Information before the Modern Age*, Cambridge, MA.

Bleichmar, Daniela (Hrsg.) (2008), *Science in the Spanish and Portuguese Empires, 1500–1800*, Stanford, CA.

Bohman, Stefan (1997), *Historia, museer och nationalism*, Stockholm.

Böhme, Gernot und Nico Stehr (Hrsg.) (1986), *The Knowledge Society*, Dordrecht.

Bok, Derek Curtis (2003), *Universities in the Marketplace: The Commercialization of Higher Education*, Princeton, NJ.

Bonta, Marcia (1991), *Women in the Field: America's Pioneering Women Naturalists*, College Station, TX.

Boockmann, Hartmut et al. (1972), *Geschichtswissenschaft und Vereinswesen im 19. Jahrhundert*, Göttingen.

Borgman, Christine L. (2007), *Scholarship in the Digital Age: Information, Infrastructure and the Internet*, Cambridge, MA.

Böröcz, József (1997), »Sociology is Elsewhere«, in: *Budapest Review of Books* 7, S. 118–123.

Borscheid, Peter (1976), *Naturwissenschaft, Staat und Industrie in Baden 1848–1914*, Stuttgart.

Böschen, Stefan et al. (Hrsg.) (2004), *Handeln trotz Nichtwissen: vom Umgang mit Chaos und Risiko in Politik, Industrie und Wissenschaft*, Frankfurt a. M.

Bourdieu, Pierre (1976), »Le Champ scientifique«, in: *Actes de la recherche en sciences sociales* 2–3, S. 88–104.

Bourdieu, Pierre und Loïc Wacquant (1992), *An Invitation to Reflexive Sociology*, Cambridge.

Bourguet, Marie-Noëlle (1988), *Déchiffrer la France: la statistique départementale à l'époque napoléonienne*, Paris.

Bourguet, Marie-Noëlle et al. (Hrsg.) (1998), *L'Invention scientifique de la Méditerranée*, Paris.

Bowler, Peter J. (2009), *Science for All: The Popularization of Science in Early Twentieth-Century Britain*, Chicago, IL.

Boyer, Ferdinand (1973), »Le MHN et l'Europe des sciences sous la Convention«, in: *Revue d'histoire des sciences* 26, S. 251–257.

Boyle, Leonard E. (1972), *A Survey of the Vatican Archives*, Toronto.

Bravo, Michael und Sverker Sörlin (Hrsg.) (2002), *Narrating the Arctic: A Cultural History of Nordic Scientific Practices*, Canton, MA.

Breidbach, Olaf und Paul Ziche (Hrsg.) (2001), *Naturwissenschaften um 1800: Wissenschaftskultur in Jena-Weimar*, Weimar.

Brentjes, Burchard (Hrsg.) (1992), *Wissenschaft unter dem NS-Regime*, Berlin.

Brian, Éric (2001), *Staatsvermessungen: Condorcet, Laplace, Turgot und das Denken der Verwaltung*, Wien.

Briggs, Asa und Peter Burke ([2002] 2009), *A Social History of the Media from Gutenberg to the Internet*, 3. Aufl., Cambridge.

Briody, Mícheál (2007), *The Irish Folklore Commission 1935–1970: History, Ideology, Methodology*, Helsinki.

Broc, Numa (1981), »Les grandes missions scientifiques françaises au XIXe siècle«, in: *Revue d'histoire des sciences* 34, S. 319–358.

Brocke, Bernhard vom (1980), *Hochschul- und Wissenschaftspolitik in Preußen und im Deutschen Kaiserreich 1882–1907: das »System Althoff«*, Stuttgart.

Brocke, Bernhard vom (Hrsg.) (1991), *Wissenschaftsgeschichte und Wissenschaftspolitik im Industriezeitalter: das »System Althoff« in historischer Perspektive*, Hildesheim.

Brody, Howard (1987), *Stories of Sickness*, London.

Brooks, Peter und Paul Gewirtz (1996), *Law's Stories: Narrative and Rhetoric in the Law*, New Haven, CT.

Brower, Daniel und Edward Lazzerini (Hrsg.) (1997), *Russia's Orient: Imperial Borderlands and Peoples, 1700–1917*, Bloomington, IN.

Brown, John Seely und Paul Duguid ([2000] 2002), *The Social Life of Information*, überarb. Aufl., Boston.

Brown, Richard Dee (1989), *Knowledge Is Power: The Diffusion of Information in Early America, 1700–1865*, New York.

Brüsemeister, Thomas und Klaus-Dieter Eubel (Hrsg.) (2008), *Evaluation, Wissen und Nichtwissen*, Wiesbaden.

Buck, Peter (1981), »Science and Modern Chinese Culture«, in: Everett Mendelsohn und Yehuda Elkana (Hrsg.), *Sciences and Cultures*, Dordrecht, S. 133–160.

Bullock, Kurt (2000), »Possessing Wor(l)ds: Brian Friel's *Translations* and the Ordnance Survey«, in: *New Hibernia Review* 4:2, S. 98–115.

Bulmer, Martin (Hrsg.) (1979), *Censuses, Surveys and Privacy*, London.

Bulmer, Martin (1984), *The Chicago School of Sociology*, Chicago, IL.

Bulmer, Martin et al. (Hrsg.) (1991), *The Social Survey in Historical Perspective, 1880–1940*, Cambridge.

Bunge, Mario und William R. Shea (Hrsg.) (1979), *Rutherford and Physics at the Turn of the Century*, New York.

Burchardt, Lothar (1975), *Wissenschaftspolitik im Wilhelminischen Deutschland*, Göttingen.

Burke, Peter ([1978] 1981), *Helden, Schurken und Narren: europäische Volkskultur in der frühen Neuzeit*, Stuttgart.

Burke, Peter (1979), »Religion and Secula-

rization«, in: *New Cambridge Modern History* Bd. 13, S. 293–317.
Burke, Peter ([1990] 2004), *Die Geschichte der »Annales«*, Berlin.
Burke, Peter (Hrsg.) (1991), *New Perspectives on Historical Writing*, Cambridge.
Burke, Peter ([2000] 2014), *Papier und Marktgeschrei: die Geburt der Wissensgesellschaft*, Berlin.
Burke, Peter (2001), »Gutenberg bewältigen: Die Informationsexplosion im frühneuzeitlichen Europa«, in: *Jahrbuch für Europäische Geschichte* 2, S. 237–248.
Burke, Peter (2008a), »Paradigms Lost: From Göttingen to Berlin«, in: *Common Knowledge* 14, S. 244–257.
Burke, Peter (2008b), »The Invention of Micro-History«, in: *Rivista di storia economica* 24, S. 259–273.
Burke, Peter und Maria Lúcia G. Pallares-Burke (2008), *Gilberto Freyre: Social Theory in the Tropics*, Oxford.
Burleigh, Michael ([1988] 2002), *Germany turns Eastwards: A Study of Ostforschung in the Third Reich*, Reprint London.
Burrow, John Wyon ([2000] 2003), *Die Krise der Vernunft: europäisches Denken 1848–1914*, München.
Bush, Vannevar (1945), *Science, the Endless Frontier*, Washington, DC.
Bynum, William F. und Roy Porter (Hrsg.) (1987), *Medical Fringe and Medical Orthodoxy*, 1750–1850, London.
Cadbury, Deborah ([2000] 2001), *Dinosaurierjäger*, Reinbek.
Cahan, David ([1989] 1992), *Meister der Messung: die Physikalisch-Technische Reichsanstalt im Deutschen Kaiserreich*, Weinheim.
Calhoun, Craig (Hrsg.) (2007), *Sociology in America: A History*, Chicago, IL.
Campbell, Bruce (1980), *Ancient Wisdom Revived*, Berkeley, CA.
Cañizares-Esguerra, Jorge (2001), *How to Write the History of the New World: Histories, Epistemologies, and Identities in the Eighteenth-Century Atlantic World*, Stanford, CA.
Cannon, Susan Faye (1978), *Science in Culture: The Early Victorian Period*, New York.
Cantor, Geoffrey (2004), »Thomas Young«, in: *Oxford Dictionary of National Biography* Bd. 60, Oxford, S. 945–949.
Caplan, Jane und John Torpey (Hrsg.) (2001), *Documenting Individual Identity*, Princeton, NJ.
Carhart, Michael (2007), *The Science of Culture in Enlightenment Germany*, Cambridge, MA.
Carlebach, Julius et al. (Hrsg.) (1991), *Second Chance: Two Centuries of German-Speaking Jews in the United Kingdom*, Tübingen.
Carr, Nicholas (2006), »Nature's Flawed Study of Wikipedia's Quality«: www.roughtype.com/archives/2006/02/community_and_h.php.
Carrington, Michael (2003), »Officers, Gentlemen and Thieves: The Looting of Monasteries during the 1903/4 Younghusband Mission to Tibet«, in: *Modern Asian Studies* 37, S. 81–109.
Carter, Paul (1987), *The Road to Botany Bay*, London.
Castells, Manuel ([1996] 2001), *Der Aufstieg der Netzwerkgesellschaft*, Opladen.
Cathcart, Kevin J. (Hrsg.) (1994), *The Edward Hincks Bicentenary Lectures*, Dublin.
Cazzaniga, Gian Mario (Hrsg.) (2010), *Storia d'Italia: annali*, Bd. 25 (Esoterismo), Turin.
Certeau, Michel de ([1975] 1991), *Das Schreiben der Geschichte*, Frankfurt a. M.
Certeau, Michel de (1980), *L'Invention du quotidien*, Paris.
Chadarevian, Soraya de (2002), *Designs for Life: Molecular Biology after World War II*, Cambridge.
Chadwick, Anthony (1979), »Settlement Simulation«, in: Colin Renfrew und Kenneth L. Cooke (Hrsg.), *Transformations: Mathematical Approaches to Culture Change*, New York.
Chadwick, John ([1958] 1959), *Linear B: die Entzifferung der mykenischen Schrift*, Göttingen.

Chadwick, Owen (1977), *The Secularization of the European Mind in the Nineteenth Century*, Cambridge.
Chakrabarty, Dipesh ([2000] 2010), *Europa als Provinz: Perspektiven postkolonialer Geschichtsschreibung*, Frankfurt a. M.
Chaline, Jean-Pierre (1995), *Sociabilité et érudition: les sociétés savantes en France*, Paris.
Chandler, Alfred Dupont (1977), *The Visible Hand: The Managerial Revolution in American Business*, Cambridge, MA.
Chandler, Alfred Dupont und James W. Cortada (Hrsg.) (2000), *A Nation Transformed by Information*, New York.
Chappey, Jean-Luc (2002), *La Société des observateurs de l'homme (1799–1804): des anthropologues au temps de Bonaparte*, Paris.
Charle, Christophe (1990), *Naissance des »intellectuels« 1880–1900*, Paris.
Cheng, Huan (1991), »The Impact of American Librarianship on Chinese Librarianship (1840–1949)«, in: *Libraries and Culture* 26, S. 374–387.
Chickering, Roger (1993), *Karl Lamprecht: A German Academic Life*, Atlantic Highlands, NJ.
Childs, David und Richard Popplewell (1996), *The Stasi: the East German Intelligence and Security Service*, London.
Chomsky, Noam et al. (Hrsg.) (1997), *The Cold War & the University*, New York.
Clackson, James (2007), *Indo-European Linguistics*, Cambridge.
Clark, Christopher und Wolfram Kaiser (Hrsg.) (2003), *Kulturkampf in Europa im 19. Jahrhundert*, Leipzig.
Clark, Katerina und Michael Holquist (1984), *Mikhail Bakhtin*, Cambridge, MA.
Clark, Peter (2000), *British Clubs and Societies 1580–1800*, Oxford.
Clark, William (2006), *Academic Charisma and the Origins of the Research University*, Chicago, IL.
Clarke, David L. (1973), »Archaeology: The Loss of Innocence«, in: *Antiquity* 47, S. 6–18.
Claval, Paul (1998), *Histoire de la géographie française de 1870 à nos jours*, Paris.
Clifford, James (1982), *Person and Myth: Maurice Leenhardt in the Melanesian World*, Berkeley, CA.
Clifford, James und George E. Marcus (Hrsg.) (1986), *Writing Culture: The Poetics and Politics of Ethnography*, Berkeley, CA.
Cocks, Geoffrey und Konrad Jarausch (1990), *German Professions, 1800–1950*, London.
Coe, Michael D. ([1992] 1995), *Das Geheimnis der Maya-Schrift: ein Code wird entschlüsselt*, Reinbek.
Cohen, Paul A. (1974), *Between Tradition and Modernity: Wang T'ao and Reform in Late Ch'ing China*, Cambridge, MA.
Cohn, Bernard S. (1996), *Colonialism and its Forms of Knowledge*, Princeton, NJ.
Cole, Arthur H. und Ruth Crandall (1964), »The International Scientific Committee on Price History«, in: *Journal of Economic History* 24, S. 381–388.
Cole, Douglas (1985), *Captured Heritage: The Scramble for Northwest Coast Artifacts*, Seattle, WA.
Cole, Jonathan R. und Stephen Cole (1973), *Social Stratification in Science*, Chicago, IL.
Coleman, William und Frederic L. Holmes (Hrsg.) (1988), *The Investigative Enterprise: Experimental Physiology in Nineteenth-Century Medicine*, Berkeley, CA.
Coles, John M. (1979), *Experimental Archaeology*, New York.
Collingwood, Robin G. ([1946] 1955), *Philosophie der Geschichte*, Stuttgart.
Collini, Stefan (1991), *Public Moralists: Political Thought and Intellectual Life in Britain 1850–1930*, Oxford.
Collins, Randall (1998), *The Sociology of Philosophies: A Global Theory of Intellectual Change*, Cambridge, MA.
Connell, Raewyn (2007), *Southern Theory: The Global Dynamics of Knowledge in Social Science*, Cambridge.
Conot, Robert E. (1979), *A Streak of Luck*, New York.
Converse, Jean M. (1986), *Survey Research in the United States: Roots and Emergence 1890–1960*, Berkeley, CA.

Coombes, Annie E. (1994), *Reinventing Africa: Museums, Material Culture and Popular Imagination in Late Victorian and Edwardian England*, New Haven, CT.
Cooter, Roger (1984), *The Cultural Meaning of Popular Science: Phrenology and the Organization of Consent in 19th-Century Britain*, Cambridge.
Cornford, Francis M. (1908), *Microcosmographia Academica: Being a Guide for the Young Academic Politician*, Cambridge.
Cortada, James W. (1993), *Before the Computer*, Princeton, NJ.
Crabbs, Jack A. (1984), *The Writing of History in Nineteenth-Century Egypt*, Kairo und Detroit.
Craig, John E. (1984), *Scholarship and Nation Building: The Universities of Strasbourg and Alsatian Society, 1870–1939*, Chicago.
Crampton, Jeremy W. und Stuart Elden (Hrsg.) (2007), *Space, Knowledge and Power: Foucault and Geography*, Basingstoke.
Crane, Diana (1972), *Invisible Colleges: Diffusion of Knowledge in Scientific Communities*, Chicago, IL.
Crary, Jonathan ([1990] 1996), *Techniken des Betrachters: Sehen und Moderne im 19. Jahrhundert*, Dresden.
Cravens, Hamilton (Hrsg.) (2004), *The Social Sciences Go to Washington: The Politics of Knowledge in the Postmodern Era*, New Brunswick, NJ.
Cravens, Hamilton et al. (Hrsg.) (1996), *Technical Knowledge in American Culture*, Tuscaloosa, AL.
Crawford, Elisabeth et al. (Hrsg.) (1992), *Denationalizing Science*, Dordrecht.
Crick, Bernard (1960), *The American Science of Politics*, London.
Crystal, David (2000), *Language Death*, Cambridge.
Cullen, Michael J. (1975), *The Statistical Movement in Early Victorian Britain*, London.
Cunha, Euclides da ([1902] 1994), *Krieg im Sertão*, Frankfurt a. M.
Cunningham, Andrew und Nicholas Jardine (Hrsg.) (1990), *Romanticism and the Sciences*, Cambridge.
Curry, Patrick (1989), *Prophecy and Power: Astrology in Early Modern England*, Cambridge.
Curry, Patrick (1992), *A Confusion of Prophets: Victorian and Edwardian Astrology*, London.
Cutright, Paul R. (1969), *Lewis and Clark: Pioneering Naturalists*, Urbana, IL.
Daiches, David (Hrsg.) (1964), *The Idea of a New University: An Experiment in Sussex*, London.
Dalby, Andrew (2009), *The World and Wikipedia*, Draycott, Somerset.
Dalrymple, William (2006), *The Last Mughal: The Fall of a Dynasty, Delhi 1857*, London.
Dandeker, Christopher (1990), *Surveillance, Power and Modernity: Bureaucracy and Discipline from 1700 to the Present Day*, Cambridge.
Darnton, Robert ([1984] 1989), *Das große Katzenmassaker*, München.
Darnton, Robert (1995), *The Forbidden Bestsellers of Pre-Revolutionary France*, New York.
Darnton, Robert (2008), »The Library in a New Age«, in: *New York Review of Books*, 12. Juni.
Darnton, Robert (2009), *The Case for Books: Past, Present and Future*, London.
Darwin, Charles ([1876] 2008), *Mein Leben*, Frankfurt a. M.
Daston, Lorraine und Peter Galison (2007), *Objektivität*, Frankfurt a. M.
Daston, Lorraine und Elizabeth Lunbeck (2011), *Histories of Scientific Observation*, Chicago, IL.
Daudin, Henri (1926a), *De Linné à Jussieu: méthodes de la classification et idée de série en botanique et en zoologie (1740–1790)*, Paris.
Daudin, Henri (1926b), *Cuvier et Lamarck: les classes zoologiques et l'idée de série animale (1790–1830)*, Paris.
Daum, Andreas W. (1998), *Wissenschaftspopularisierung im 19. Jahrhundert: bürgerliche Kultur, naturwissenschaftliche Bildung und die deutsche Öffentlichkeit, 1848–1914*, München.
Daunton, Martin (Hrsg.) (2005), *The Organisation of Knowledge in Victorian Britain*, Oxford.

Dauser, Regina (Hrsg.) (2008), *Wissen im Netz: Botanik und Pflanzentransfer in europäischen Korrespondenznetzen des 18. Jahrhunderts*, Berlin.
Davenport, Thomas H. und Laurence Prusak (1998), *Wenn Ihr Unternehmen wüßte, was es alles weiß...*, Landsberg/Lech.
Davies, Anna M. ([1992] 1998), *Nineteenth-Century Linguistics*, London.
Davies, John D. (1955), *Phrenology, Fad and Science: A 19th-Century American Crusade*, New Haven, CT.
Deacon, Margaret et al. (Hrsg.) (2001), *Understanding the Oceans: A Century of Ocean Exploration*, London.
Dear, Peter R. (1991), »Narratives, Anecdotes and Experiments«, in: Dear (Hrsg.), *The Literary Structure of Scientific Argument*, Philadelphia, PA, S. 135–163.
Deegan, Mary Jo (1988), *Jane Addams and the Men of the Chicago School, 1892–1918*, New Brunswick, NJ.
Degérando, Joseph-Marie (1800), *Considérations sur les diverses méthodes à suivre dans l'observation des peuples sauvages*, Paris.
Delgado, Richard (1989), »A Plea for Narrative«, in: *Michigan Law Review* 87, S. 2411–2441.
Delong, David W. (2004), *Lost Knowledge: Confronting the Threat of an Aging Workforce*, Oxford.
Desrosières, Alain ([1993] 2005), *Die Politik der großen Zahlen: eine Geschichte der statistischen Denkweise*, Berlin.
De Terra, Helmut (1956) *Alexander von Humboldt und seine Zeit*, Wiesbaden.
Dhombres, Nicole (1989), *Les Savants en révolution, 1789–1799*, Paris.
Diamond, Sigmund (1992), *Compromised Campus: The Collaboration of Universities with the Intelligence Community, 1945–55*, New York.
Díaz-Andreu, Margarita und Timothy Champion (Hrsg.) (1996), *Nationalism and Archaeology in Europe*, London.
Díaz-Andreu, Margarita und Marie Louise Stig Sørensen (Hrsg.) (1998), *Excavating Women*, London.
Dieckmann, Herbert (1961), »The Concept of Knowledge in the *Encyclopédie*«, in: Dieckmann, *Essays in Comparative Literature*, St. Louis, MO, S. 73–107.
Dierig, Sven et al. (Hrsg.) (2003), *Science and the City*, Chicago.
Díez Torre, Alejandro et al. (1991), *La ciencia española en ultramar*, Madrid.
Dilly, Heinrich (1979), *Kunstgeschichte als Institution: Studien zur Geschichte einer Disziplin*, Frankfurt a. M.
Dirks, Nicholas B. (2001), *Castes of Mind: Colonialism and the Making of Modern India*, Princeton, NJ.
Dogan, Mattei und Robert Pahre (1990), *Creative Marginality: Innovation at the Intersections of Social Sciences*, Boulder, CO.
Drahos, Peter (2002), *Information Feudalism: Who Owns the Knowledge Economy?*, London.
Drayton, Richard (2000), *Nature's Government: Science, Imperial Britain and the Improvement of the World*, New Haven, CT.
Driessen, Henk (Hrsg.) (1993), *The Politics of Ethnographic Reading and Writing: Confrontations of Western and Indigenous Views*, Saarbrücken.
Driver, Felix (2004), »Travel, Exploration and Knowledge in the 19th Century«, in: *Transactions of the Royal Historical Society* 14, S. 73–92.
Droulia, Loukia und Vasso Mentzou (Hrsg.) (1993), *Vers l'Orient par la Grèce*, Paris und Athen.
Drucker, Peter F. (1969), *Die Zukunft bewältigen: Aufgaben und Chancen im Zeitalter der Ungewißheit*, Düsseldorf.
Drucker, Peter F. (1993), *Post-capitalist Society*, Oxford.
Dutton, William H. (2007) »The Fifth Estate – Through the Network of Networks«: www.ox.ac.uk/media/news_stories/2007/071016.html.
Dyhouse, Carol (1995), *No Distinction of Sex? Women in British Universities, 1870–1939*, London.
Easton, David et al. (Hrsg.) (1991), *The Development of Political Science*, London.

Edney, Matthew (1997), *Mapping an Empire: The Geographic Construction of British India, 1765–1843*, Chicago, IL.

Edwards, Paul N. (1996), *The Closed World: Computers and the Politics of Discourse in Cold War America*, Cambridge, MA.

Eldelin, Emma (2006), *»De två kulturerna« flyttar hemifrån: C. P. Snows begrepp i svensk idédebatt, 1959–2005*, Stockholm.

Elias, Norbert (2006), »Wissenschaftliche Establishments« (1982), in: Elias, *Aufsätze und andere Schriften*, Bd. II, Frankfurt a. M., S. 243–344.

Ellen, Roy (2006) »The Development of Anthropology and Colonial Policy in the Netherlands: 1800–1960«, in: *Journal of the History of the Behavioral Sciences* 12, S. 303–324.

Ellen, Roy und David Reason (Hrsg.) (1979), *Classifications in their Social Context*, New York.

Elman, Benjamin A. (2006), *A Cultural History of Modern Science in China*, Cambridge, MA.

Emerson, Donald E. (1968), *Metternich and the Political Police: Security and Subversion in the Hapsburg Monarchy (1815–1830)*, Den Haag.

Emmerich, Wolfgang (1968), *Germanistische Volkstumsideologie: Genese und Kritik der Volksforschung im Dritten Reich*, Tübingen.

Engerman, David C. (2009), *Know your Enemy: The Rise and Fall of America's Soviet Experts*, Oxford.

Essner, Cornelia (1985), *Deutsche Afrikareisende im neunzehnten Jahrhundert*, Stuttgart.

Etherington, Norman (Hrsg.) (2005), *Missions and Empire*, Oxford.

Ette, Ottmar et al. (Hrsg.) (2001), *Alexander von Humboldt: Aufbruch in die Moderne*, Berlin.

Etzkowitz, Henry und Loet Leydesdorff (Hrsg.) (1997), *Universities and the Global Knowledge Economy: A Triple Helix of University–Industry–Government Relations*, London.

Evans, Richard J. (2001), *Der Geschichtsfälscher: Holocaust und historische Wahrheit im David-Irving-Prozess*, Frankfurt a. M.

Fabian, Johannes ([2000] 2001), *Im Tropenfieber: Wissenschaft und Wahn in der Erforschung Zentralafrikas*, München.

Fan, Fa-ti (2004), *British Naturalists in Qing China: Science, Empire and Cultural Encounter*, Cambridge, MA.

Feldbrugge, Ferdinand J. M. (1975), *Samizdat and Political Dissent in the Soviet Union*, Leiden.

Felsch, Philipp (2010), *Wie August Petermann den Nordpol erfand*, München.

Feres, João (2005), *A história do conceito de »Latin America« nos Estados Unidos*, Bauru, São Paulo.

Fernández-Armesto, Felipe (2006), *Pathfinders: A Global History of Exploration*, Oxford.

Feyl, Renate (2004), *Der lautlose Aufbruch: Frauen in der Wissenschaft*, München.

Finkelstein, Joseph (Hrsg.) (1989), *Windows on a New World*, New York.

Fischer, Hans (1990), *Völkerkunde im Nationalsozialismus*, Berlin.

Fischer, Hermann (Hrsg.) (1899), *Briefwechsel zwischen Albrecht von Haller und Eberhard Friedrich von Gemmingen*, Tübingen.

Fischer, Joachim (1988), *Napoleon und die Naturwissenschaften*, Wiesbaden.

Fleming, Donald und Bernard Bailyn (Hrsg.) (1969), *The Intellectual Migration: Europe and America, 1930–1960*, Cambridge, MA.

Fleming, Fergus ([1998] 2010), *Barrow's Boys: eine unglaubliche Geschichte von wahrem Heldenmut und bravourösem Scheitern*, Hamburg.

Flint, Robert (1904), *Philosophy as Scientia Scientiarum and a History of the Classification of the Sciences*, London.

Fontana, Biancamaria (1985), *Rethinking the Politics of Commercial Society: The Edinburgh Review, 1802–1832*, Cambridge.

Forbes, Eric G. (Hrsg.) (1978), *Human Implications of Scientific Advance*, Edinburgh.

Forgan, Sophie (1994), »The Architecture of Display: Museums, Universities and Objects in 19th-Century Britain«, in: *History of Science* 32, S. 139–162.

Fosdick, Raymond B. ([1952] 1955), *Die Geschichte der Rockefeller Foundation*, Wien.
Foss, Nicolai J. (2007), *The Emerging Knowledge Governance Approach: Challenges and Characteristics*, Oslo.
Foss, Nicolai J. und Snejina Michailova (Hrsg.) (2009), *Knowledge Governance: Processes and Paradigms*, Oxford.
Foucault, Michel ([1963] 1973), *Die Geburt der Klinik: eine Archäologie des ärztlichen Blicks*, München.
Foucault, Michel ([1966] 2009), *Die Ordnung der Dinge: eine Archäologie der Humanwissenschaften*, Frankfurt a. M.
Foucault, Michel ([1969] 2011), *Archäologie des Wissens*, Frankfurt a. M.
Foucault, Michel ([1975] 2011), *Überwachen und Strafen: die Geburt des Gefängnisses*, Frankfurt a. M.
Foucault, Michel (1980), *Power/Knowledge: Selected Interviews and Other Writings, 1972–1977*, Brighton.
Foucault, Michel ([1997] 1999), *In Verteidigung der Gesellschaft: Vorlesungen am Collège de France (1975-76)*, Frankfurt a. M.
Foucault, Michel (2001–2005), *Schriften in vier Bänden. Dits et Ecrits*, Frankfurt a. M.
Fox, Jeffrey und Shelton Stromqvist (Hrsg.) (1998), *Contesting the Master Narrative: Essays in Social History*, London.
Fox, Robert (1973), »Scientific Enterprise and the Patronage of Research in France, 1800–1870«, in: *Minerva* 11, S. 442–473.
Fox, Robert (1980), »Learning, Politics and Polite Culture in Provincial France: The *sociétés savantes* in the Nineteenth Century«, in: *Historical Reflections* 7, S. 543–564.
Frängsmyr, Tore (1976), *Upptäckten av istiden*, Stockholm.
Frängsmyr, Tore et al. (Hrsg.) (1990), *The Quantifying Spirit in the Eighteenth Century*, London.
Franzosi, Roberto (1998), »Narrative Analysis: Or Why (and How) Sociologists Should Be Interested in Narrative«, in: *Annual Review of Sociology* 24, S. 517–554.
Frappaolo, Carl (2006), *Knowledge Management*, London.
Fried, Johannes und Johannes Süßmann (Hrsg.) (2001), *Revolutionen des Wissens: Von der Steinzeit bis zur Moderne*, München.
Frigessi, Delia (2003), *Cesare Lombroso*, Turin.
Fumian, Carlo (2003), *Verso una società planetaria; alle origini della globalizzazione contemporanea (1870–1914)*, Rom.
Fung, Archon et al. (2007), *Full Disclosure: The Perils and Promise of Transparency*, Cambridge.
Furner, Mary O. (1975), *Advocacy and Objectivity: A Crisis in the Professionalization of American Social Science, 1865–1905*, Lexington, KY.
Furner, Mary O. und Barry Supple (Hrsg.) (1990), *The State and Economic Knowledge*, Cambridge.
Fyfe, Aileen und Bernard Lightman (Hrsg.) (2007), *Science in the Marketplace: 19th-Century Sites and Experiences*, Chicago, IL.
Gacs, Ute et al. (Hrsg.) (1988), *Women Anthropologists: A Biographical Dictionary*, New York.
Galera Gómez, Andrés (1981), *Ciencia y delincuencia: el determinismo antropológico en la España del siglo XIX*, Sevilla.
Galison, Peter (2004), »Removing Knowledge«, in: *Critical Inquiry* 31, S. 229–243.
Galison, Peter und Bruce Hevly (Hrsg.) (1992), *Big Science: The Growth of Large-Scale Research*, Stanford, CA.
Gallie, Walter B. (1960), *A New University: A. D. Lindsay and the Keele Experiment*, London.
Gallini, Clara (1983), *Magnetismo e ipnotismo nell'800 italiano*, Mailand.
Gambi, Lucio (1992), *Geografia e imperialismo in Italia*, Bologna.
Ganz, David (1997) »Latin Paleography since Bischoff«: www.kcl.ac.uk/content/1/c6/04/42/91/inaugural-lecture-1997.pdf.

Ganz, Peter F. (1973), *Jacob Grimm's Conception of German Studies*, Oxford.
Gascoigne, John (1998), *Science in the Service of Empire: Joseph Banks, the British State and the Uses of Science in the Age of Revolution*, Cambridge.
Gaskill, Howard (Hrsg.) (1991), *Ossian Revisited*, Edinburgh.
Geertz, Clifford ([1973] 1983), *Dichte Beschreibung: Beiträge zum Verstehen kultureller Systeme*, Frankfurt a. M.
Geiger, Roger L. (1986), *To Advance Knowledge: The Growth of American Research Universities, 1900–1940*, New York.
Geiger, Roger L. (1993), *Research and Relevant Knowledge: American Research Universities since World War II*, New York.
Geiger, Roger L. (2004), *Knowledge and Money: Research Universities and the Paradox of the Marketplace*, Stanford, CA.
Geison, Gerald L. und Frederic L. Holmes (Hrsg.) (1993), *Research Schools: Historical Reappraisals*, Chicago, IL.
Gellner, Ernest (1973), *Cause and Meaning in the Social Sciences*, London.
Gemelli, Giuliana (Hrsg.) (1998), *The Ford Foundation and Europe (1950s–1970s)*, Brüssel.
Gerndt, Helge (Hrsg.) (1987), *Volkskunde und Nationalsozialismus*, München.
Gianquitto, Tina (2007), *»Good Observers of Nature«: American Women and the Scientific Study of the Natural World, 1820–1885*, Athens, GA.
Gibbons, Michael und Björn Wittrock (Hrsg.) (1985), *Science as a Commodity: Threats to the Open Community of Scholars*, London.
Gibbons, Michael et al. (1994), *The New Production of Knowledge*, London.
Giddens, Anthony ([1990] 1995), *Konsequenzen der Moderne*, Frankfurt a. M.
Gieryn, Thomas F. (1983), »Boundary-Work and the Demarcation of Science from Non-Science: Strains and Interests in Professional Ideologies of Scientists«, in: *American Sociological Review* 48, S. 781–795.
Gieryn, Thomas F. (1995), »Boundaries of Science«, in: Sheila Jasanoff et al. (Hrsg.), *Handbook of Science and Technology Studies*, Thousand Oaks, CA, S. 115–139.
Gilbert, Edmund W. (1958), »Pioneer Maps of Health and Disease in England«, in: *Geographical Journal* 124, S. 172–183.
Gillispie, Charles C. (1989), »Scientific Aspects of the French Egyptian Expedition«, in: *Proceedings of the American Philosophical Society* 133, S. 447–474.
Gillispie, Charles C. (2004), *Science and Polity in France: The Revolutionary and Napoleonic Years*, Princeton, NJ.
Gilpin, Robert (1968), *France in the Age of the Scientific State*, Princeton, NJ.
Ginzburg, Carlo (1986), *Miti, emblemi, spie: morfologia e storia*, Turin.
Giustino, David de (1975), *Conquest of Mind: Phrenology and Victorian Social Thought*, London.
Gizycki, Rainald von (1973), »Centre and Periphery in the International Scientific Community: Germany, France and Great Britain in the Nineteenth Century«, in: *Minerva* 11, Nr. 4, S. 474–494.
Glamann, Kristof (2003), *The Carlsberg Foundation: The Early Years*, Kopenhagen.
Glasgow, Eric (2001), »Origins of the Home University Library«, in: *Library Review* 50, S. 95–98.
Glass, David Victor (1973), *Numbering the People: The 18th Century Population Controversy and the Development of Census and Vital Statistics in Britain*, Farnborough.
Glob, Peter V. ([1969] 2004), *The Bog People: Iron Age Man Preserved*, Nachdruck, New York.
Godlewska, Anne (1988), »The Napoleonic Survey of Egypt: A Masterpiece of Cartographic Compilation and Early Nineteenth-Century Fieldwork«, in: *Cartographica* 25, S. 1–171.
Godlewska, Anne und Neil Smith (Hrsg.) (1994), *Geography and Empire*, Oxford.
Godwin, Joscelyn (1994), *The Theosophical Enlightenment*, Albany, NY.

Goetzmann, William H. (1959), *Army Exploration in the American West, 1803–1863*, New Haven, CT.
Goetzmann, William H. ([1986] 1995), *New Lands, New Men: America and the Second Great Age of Discovery*, 2. Aufl., Austin, TX.
Göhre, Paul (1891), *Drei Monate Fabrikarbeiter und Handwerksbursche: eine praktische Studie*, Leipzig.
Goldman, Lawrence (2002), *Science, Reform and Politics in Victorian Britain: The Social Science Association 1857–1886*, Cambridge.
Goldstein, Jan (1987), *Console and Classify: The French Psychiatric Profession in the 19th Century*, Cambridge.
Golinski, Jan ([1998] 2005), *Making Natural Knowledge*, 2. Aufl., Cambridge.
Gombrich, Ernst H. ([1970] 1981), *Aby Warburg: eine intellektuelle Biographie*, Frankfurt a. M.
González Bueno, Antonio und Raúl Rodríguez Noval (2000), *Plantas americanas para la España ilustrada*, Madrid.
Gooding, David et al. (Hrsg.) (1989), *The Uses of Experiment*, Cambridge.
Goody, Jack (Hrsg.) ([1968] 1981), *Literalität in traditionalen Gesellschaften*, Frankfurt a. M.
Goody, Jack (1995), *The Expansive Moment: Anthropology in Britain and Africa, 1918–1970*, Cambridge.
Gorski, Philip S. (2000), »Historicizing the Secularization Debate: Church, State and Society in Early Modern Europe«, in: *American Sociological Review* 65, S. 138–167.
Gottfried, Paul Edward (1990), *Carl Schmitt: Politics and Theory*, New York.
Gould, Stephen Jay ([1981] 1983), *Der falsch vermessene Mensch*, Basel.
Gourlie, Norah (1953), *The Prince of Botanists: Carl Linnaeus*, London.
Graff, Gerald (1987), *Professing Literature: An Institutional History*, Chicago, IL.
Grafton, Anthony ([1990] 2012), *Fälscher und Kritiker: der Betrug in der Wissenschaft*, Berlin.
Grafton, Anthony (2009a), »Apocalypse in the Stacks? The Research Library in the Age of Google«, in: *Daedalus* (Winter), S. 87–98.
Grafton, Anthony (2009b), *Worlds Made by Words*, Cambridge, MA.
Graham, Loren R. (1967), *The Soviet Academy of Sciences and the Communist Party, 1927–1932*, Princeton, NJ.
Graham, Loren R. (1975), »The Formation of Soviet Research Institutes«, in: *Social Studies of Science* 5, S. 303–329.
Gräslund, Bo (1974), *Relativ datering: om kronologisk metod i nordisk arkeologi*, Uppsala.
Greenberger, Martin (Hrsg.) (1971), *Computers, Communication, and the Public Interest*, Baltimore, MD.
Greenwood, Jeremy (1996), *The Third Industrial Revolution*, Rochester, NY.
Gribbin, John R. (1998), *In Search of Susy*, London.
Grmek, Mirko D. (1999), »La Troisième Révolution scientifique«, in: *Revue médicale de la Suisse romande* 119, S. 955–959.
Guha, Ranajit und Gayatri Spivak (Hrsg.) (1988), *Selected Subaltern Studies*, Delhi.
Gupta, Akhil und James Ferguson (Hrsg.) (1997), *Anthropological Locations: Boundaries and Grounds of a Field Science*, Berkeley, CA.
Haar, Ingo (2000), *Historiker im Nationalsozialismus: deutsche Geschichtswissenschaft und der »Volkstumskampf« im Osten*, Göttingen.
Hacking, Ian (1990), *The Taming of Chance*, Cambridge.
Hafner, Katie und Matthew Lyon ([1998] 2008), *ARPA Kadabra oder die Geschichte des Internet*, Heidelberg.
Hagstrom, Warren O. (1965), *The Scientific Community*, New York.
Halavais, Alexander (2009), *Search Engine Society*, Cambridge.
Halbfass, Wilhelm (1981), *Indien und Europa: Perspektiven ihrer geistigen Begegnung*, Basel.
Halfmann, Jost und Johannes Rohbeck (Hrsg.) (2007), *Zwei Kulturen der Wissenschaft – revisited*, Göttingen.
Hall, Peter (1998), *Cities in Civilization*, London.

Hall, Peter und Paschal Preston (1988), *The Carrier Wave: New Information Technology and the Geography of Innovation, 1846–2003*, Boston, MA.
Halsey, Albert H. (2004), *A History of Sociology in Britain*, Oxford.
Hamilakis, Yannis (2007), *The Nation and its Ruins: Antiquity, Archaeology and National Imagination in Greece*, Oxford.
Hammer, Olav (2001), *Claiming Knowledge: Strategies of Epistemology from Theosophy to the New Age*, Leiden.
Handler, Richard (Hrsg.) (2000), *Excluded Ancestors, Inventible Traditions: Essays towards a More Inclusive History of Anthropology*, Madison, WI.
Hannan, Michael T. und John Freeman (1989), *Organizational Ecology*, Cambridge, MA.
Hannaway, Caroline C. (1972), »The Société Royale de Médecine and Epidemics in the Ancien Régime«, in: *Bulletin of the History of Medicine* 46, S. 257–273.
Hannerz, Ulf (2010), *Anthropology's World: Life in a Twenty-First Century Discipline*, London.
Hansen, Lars (Hrsg.) (2007), *The Linnaeus Apostles*, London.
Haraway, Donna (1988), »Situated Knowledge«, in: *Feminist Studies* 14, S. 575–599.
Harley, John B. (2001), *The New Nature of Maps: Essays in the History of Cartography*, Baltimore, MD.
Harris, John R. (1998), *Industrial Espionage and Technology Transfer: Britain and France in the Eighteenth Century*, Aldershot.
Harrison, John F. C. (1961), *Learning and Living, 1790–1960: A Study in the History of the Adult Education Movement*, London.
Hart, Joan (1993), »Erwin Panofsky and Karl Mannheim: A Dialogue on Interpretation«, in: *Critical Inquiry* 19, S. 534–566.
Hartog, François (2003), *Régimes d'historicité ité*, Paris.
Harvey, Lee (1987), »The Nature of ›Schools‹ in the Sociology of Knowledge: The Case of the Chicago School«, in: *Sociological Review* 35, S. 245–278.
Harwood, Jonathan (1987), »National Styles in Science«, in: *Isis* 78, S. 390–414.
Hawkins, Hugh (1960), *Pioneer: A History of the Johns Hopkins University, 1874–89*, Ithaca, NY.
Hayek, Friedrich August von (1945), »The Use of Knowledge in Society«, in: *American Economic Review* 35, S. 519–530.
Hayes, Dennis und Robin Wynyard (Hrsg.) (2002), *The McDonaldization of Higher Education*, Westport, CT.
Headrick, Daniel R. (2000), *When Information Came of Age: Technologies of Knowledge in the Age of Reason and Revolution, 1700–1850*, New York.
Heclo, Hugh (1974), *Modern Social Politics in Britain and Sweden*, New Haven, CT.
Heffernan, Michael (1989), »The Limits of Utopia: Henri Duveyrier and the Exploration of the Sahara in the Nineteenth Century«, in: *Geographical Journal* 155, S. 349–352.
Helmholtz, Hermann von (1896), *Vorträge und Reden*, Bd. I, 4. Aufl., Braunschweig.
Hemming, John (1998), *The Golden Age of Discovery*, London.
Hevia, James L. (1998), »The Archive State and the Fear of Pollution from the Opium Wars to Fu-Manchu«, in: *Cultural Studies* 12, S. 234–254.
Hewitt, Rachel (2010), *Map of a Nation: A Biography of the Ordnance Survey*, London.
Higgs, Edward (2004), *The Information State in England: The Central Collection of Information on Citizens, 1500–2000*, Basingstoke.
Hill, Karl (Hrsg.) (1964), *The Management of Scientists*, Boston.
Hinsley, Curtis M. (1981), *Savages and Scientists: The Smithsonian Institution and the Development of American Anthropology 1846–1910*, Washington, DC.
Hinsley, Francis H. und Alan Stripp (Hrsg.) (1993), *Codebreakers: The Inside Story of Bletchley Park*, Oxford.

Hobart, Michael E. und Zachary Schiffman (1998), *Information Ages: Literacy, Numeracy and the Computer Revolution*, Baltimore, MD.
Hoch, Paul K. (1985), »Migration and the Generation of New Scientific Ideas«, in: *Minerva* 25, S. 209–237.
Hochschild, Adam ([1998] 2000), *Schatten über dem Kongo: die Geschichte eines der großen, fast vergessenen Menschheitsverbrechen*, Stuttgart.
Hodder, Ian ([1986] 2003), *Reading the Past: Current Approaches to Interpretation in Archaeology*, 3. Aufl., Cambridge.
Holl, Frank et al. (Hrsg.) (1999), *Alexander von Humboldt: Netzwerke des Wissens*, Berlin [Ausstellungskatalog].
Holmes, Richard (2008), *The Age of Wonder*, London.
Hooson, David (Hrsg.) (1994), *Geography and National Identity*, Oxford.
Hopkins, Judith (1992), »The 1791 French Cataloging Code and the Origins of the Card Catalogue«, in: *Libraries and Culture* 27, S. 378–404.
Horgan, John ([1996] 1997), *An den Grenzen des Wissens: Siegeszug und Dilemma der Naturwissenschaften*, München.
Horowitz, Irving Louis (Hrsg.) (1967), *The Rise and Fall of Project Camelot: Studies in the Relationship between Social Science and Practical Politics*, Cambridge, MA.
Hoskin, Keith W. und Richard H. Macve (1986), »Accounting and the Examination: A Genealogy of Disciplinary Power«, in: *Accounting, Organizations and Society* 11, S. 105–136.
Howland, Douglas R. (2001a), *Translating the West*, Honolulu.
Howland, Douglas R. (2001b), »Translating Liberty in Nineteenth-Century Japan«, in: *Journal of the History of Ideas* 62, S. 161–181.
Howland, Douglas R. (2005), *Personal Liberty and Public Good: The Introduction of John Stuart Mill to Japan and China*, Toronto.
Hubble, Nick (2006), *Mass-Observation and Everyday Life*, New York.
Hübinger, Gangolf et al. (Hrsg.) (1989), *Kultur und Kulturwissenschaften um 1900: Krise der Moderne und Glaube an die Wissenschaft*, Stuttgart.
Hudson, Kenneth (1981), *A Social History of Archaeology*, London.
Huerkamp, Claudia (1985), *Der Aufstieg der Ärzte im 19. Jahrhundert*, Göttingen.
Huerkamp, Claudia (1996), *Bildungsbürgerinnen: Frauen im Studium und in akademischen Berufen, 1900–1945*, Göttingen.
Hufbauer, Karl (1982), *The Formation of the German Chemical Community (1720–1795)*, Berkeley, CA.
Hughes, Arthur (1951–1953), »Science in English Encyclopaedias, 1704–1875«, in: *Annals of Science* 7, S. 340–370; 8, S. 323–367; 9, S. 233–264.
Hughes, Henry Stuart (1959), *Consciousness and Society: The Reorientation of European Social Thought, 1890–1930*, New York.
Hughes, Jeff (2002), *The Manhattan Project: Big Science and the Atom Bomb*, Cambridge.
Huizinga, Johan ([1919] 1961), *Herbst des Mittelalters*, Stuttgart.
Hunter, Kathryn (1991), *Doctor's Stories: The Narrative Structure of Medical Knowledge*, Princeton, NJ.
Iggers, George G. et al. (2008), *A Global History of Modern Historiography*, London.
Inkster, Ian (2006), »Potentially Global: ›Useful and Reliable Knowledge‹ and Material Progress in Europe, 1474–1914«, in: *International History Review* 28, S. 237–286.
Inkster, Ian und Jack Morrell (Hrsg.) (1983), *Metropolis and Province: Studies in British Culture, 1780–1950*, Philadelphia, PA.
Irwin, Alan (1995), *Citizen Science: A Study of People, Expertise and Sustainable Development*, London.
Irwin, Alan und Brian Wynne (Hrsg.) (1996), *Misunderstanding Science? The Public Reconstruction of Science and Technology*, Cambridge.
Irwin, Robert (2006), *For Lust of Knowing: The Orientalists and their Enemies*, London.

Jackman, Jarrell und Carla M. Borden (Hrsg.) (1983), *The Muses Flee Hitler: Cultural Transfer and Adaptation, 1930–45*, Washington, DC.

Jacob, Christian (Hrsg.) (2007), *Les Lieux de savoir*, Paris.

Jardine, Nicholas et al. (Hrsg.) (1996), *Cultures of Natural History*, Cambridge.

Jay, Martin ([1973] 1976), *Dialektische Phantasie: die Geschichte der Frankfurter Schule und des Instituts für Sozialforschung, 1923–1950*, Frankfurt a. M.

Jeanneney, Jean-Noël ([2005] 2006), *Googles Herausforderung: für eine europäische Bibliothek*, Berlin.

Jeffreys-Jones, Rhodri (2007), *The FBI*, New Haven, CT.

Jeggle, Utz (1988), »L'Ethnologie dans l'Allemagne nazie«, in: *Ethnologie française* 18, S. 114–119.

Jencks, Christopher und David Riesman (1968), *The Academic Revolution*, New York.

Jensen, Jørgen (1992), *Thomsens Museum: historien om nationalmuseet*, Kopenhagen.

Johns, Adrian (1998), *The Nature of the Book: Print and Knowledge in the Making*, Chicago, IL.

Johns, Adrian (2010), *Piracy: The Intellectual Property Wars from Gutenberg to Gates*, Chicago, IL.

Johnson, Jeffrey A. (1990), *The Kaiser's Chemists: Science and Modernization in Imperial Germany*, Chapel Hill, NC.

Jokilehto, Jukka (1999), *A History of Architectural Conservation*, Oxford.

Jong, Adriaan de ([2004] 2007), *Die Dirigenten der Erinnerung: Musealisierung und Nationalisierung der Volkskultur in den Niederlanden 1815–1940*, Münster.

Josephson, Paul R. (1997), *New Atlantis Revisited: Akademgorodok, the Siberian City of Science*, Princeton, NJ.

Kahn, David (1967), *The Code-Breakers: The Story of Secret Writing*, New York.

Kaluszynski, Martine (2001), *La République à l'épreuve du crime, 1880–1920*, Paris.

Kamen, Henry (2007), *The Disinherited: The Exiles Who Created Spanish Culture*, London.

Kamusella, Tomasz (2009), *The Politics of Language and Nationalism in Modern Central Europe*, Basingstoke.

Kaplinsky, Raphael und Charles Cooper (Hrsg.) (1989), *Technology and Development in the Third Industrial Revolution*, London.

Kasack, Wolfgang (1974), *Die Akademien der Wissenschaften der sowjetischen Unionsrepubliken*, Boppard.

Kater, Michael (1974), *Das »Ahnenerbe« der SS 1935–1945: ein Beitrag zur Kulturpolitik des Dritten Reiches*, Stuttgart.

Katz, Barry M. (1989), *Foreign Intelligence: Research and Analysis in the Office of Strategic Services, 1942–1945*, Cambridge, MA.

Keegan, John (2003), *Intelligence in War: Knowledge of the Enemy from Napoleon to Al-Qaeda*, London.

Keen, Andrew ([2007] 2008), *Die Stunde der Stümper: wie wir im Internet unsere Kultur zerstören*, München.

Kenna, Margaret E. (2008), »Conformity, Humour and Parody: Handwritten Newspapers from an Exiles' Commune, 1938–45«, in: *Modern Greek Studies* 26, S. 115–157.

Kenny, Anthony (1982), *The Computation of Style: An Introduction to Statistics for Students of Literature and the Humanities*, Oxford.

Ketelaar, Eric (2003), »Being Digital in People's Archives«, in: *Archives and Manuscripts* 31, S. 8–22.

Kettler, David et al. ([1984] 1989), *Politisches Wissen: Studien zu Karl Mannheim*, Frankfurt a. M.

Kevles, Daniel J. ([1977] 1995), *The Physicists: The History of a Scientific Community in Modern America*, 2. Aufl., Cambridge, MA.

Kevles, Daniel J. ([1985] 1995), *In the Name of Eugenics: Genetics and the Uses of Human Heredity*, 2. Aufl., Cambridge, MA.

Kidd, Dafydd (1989), »The History of the Early Modern European Collections in the British Museum«, in: *Journal of the History of Collections* 1, S. 103–107.

Knight, Nathaniel (1998), »Science, Empire, and Nationality: Ethnography in the Russian Geographical Society, 1845–1855«, in: Jane Burbank und David L. Ransel (Hrsg.), *Imperial Russia*, Bloomington, IN, S. 108–141.

Knorr-Cetina, Karin ([1999] 2011), *Wissenskulturen: ein Vergleich naturwissenschaftlicher Wissensformen*, Frankfurt a. M.

Kocka, Jürgen (Hrsg.) (2002), *Die Berliner Akademien der Wissenschaften im geteilten Deutschland, 1945–1990*, Berlin.

Kocka, Jürgen und Renate Mayntz (Hrsg.) (1998), *Wissenschaft und Wiedervereinigung*, Berlin.

Koerner, Lisbet (1999), *Linnaeus: Nature and Nation*, Cambridge, MA.

Kogan, Herman (1958), *The Great EB: The Story of the Encyclopaedia Britannica*, Chicago, IL.

Kohler, Robert E. (1982), *From Medical Chemistry to Biochemistry: The Making of a Biomedical Discipline*, Cambridge.

Kohler, Robert E. (1991), *Partners in Science: Foundations and Natural Scientists, 1900–1945*, Chicago, IL.

Kohler, Robert E. (2008), »Lab History«, in: *Isis* 99, S. 761–768.

Kohn, Marek (1995), *The Race Gallery: The Return of Racial Science*, London.

Kojevnikov, Alexei (2008), »The Phenomenon of Soviet Science«, in: *Osiris* 23, S. 115–135.

Kolers, Paul A. et al. (Hrsg.) (1979), *The Processing of Visible Language*, Bd. 1, New York.

Konvitz, Josef W. (1987), *Cartography in France, 1660–1848: Science, Engineering, and Statecraft*, Chicago, IL.

Kopf, David (1969), *British Orientalism and the Bengal Renaissance: The Dynamics of Indian Modernization, 1773–1835*, Berkeley, CA.

Koselleck, Reinhart (1979), *Vergangene Zukunft: zur Semantik geschichtlicher Zeiten*, Frankfurt a. M.

Krais, Beate (Hrsg.) (2000), *Wissenschaftskultur und Geschlechterordnung*, Frankfurt a. M.

Kransdorff, Arnold (1999), *Corporate Amnesia: Keeping Know-How in the Company*, Oxford.

Kretschmann, Carsten (Hrsg.) (2003), *Wissenspopularisierung*, Berlin.

Kreuger, Frederik H. (2007), *A New Vermeer: Life and Work of Han van Meegeren*, Rijswijk.

Kreuzer, Helmut (Hrsg.) (1987), *Die zwei Kulturen: literarische und naturwissenschaftliche Intelligenz*, München.

Kuhn, Thomas S. (1961), »The Function of Measurement in Modern Physical Science«, in: *Isis* 52, S. 161–190.

Kuhn, Thomas S. ([1962] 1979), *Die Struktur wissenschaftlicher Revolutionen*, Frankfurt a. M.

Kuklick, Henrika (1980), »Chicago Sociology and Urban Planning Policy: Sociological Theory as Occupational Ideology«, in: *Theory and Society* 9, S. 821–845.

Kuklick, Henrika (1993), *The Savage Within: The Social History of British Anthropology, 1885–1945*, Cambridge.

Kuklick, Henrika (Hrsg.) (2008), *A New History of Anthropology*, Oxford.

Kuklick, Henrika und Robert E. Kohler (Hrsg.) (1996), *Science in the Field*, Chicago, IL.

Kullmann, Dorothea (2004), *Description: Theorie und Praxis der Beschreibung im französischen Roman von Chateaubriand bis Zola*, Heidelberg.

Kunzig, Robert ([2000] 2002), *Der unsichtbare Kontinent: die Entdeckung der Meerestiefe*, Hamburg.

Kury, Lorelai (1998), »Les Instructions de voyage dans les expéditions scientifiques françaises, 1750–1830«, in: *Revue d'histoire des sciences* 51, S. 65–91.

Kusamitsu, Toshio (1980), »Great Exhibitions before 1851«, in: *History Workshop Journal* 9, S. 70–89.

Kuznets, Simon ([1955] 1965), »Toward a Theory of Economic Growth«, Wiederabdruck in: Kuznets, *Economic Growth and Structure*, New York, S. 1–81.

Labov, William (1966), *The Social Stratification of English in New York City*, Washington, DC.

Lagemann, Ellen C. ([1989] 1992), *The Politics of Knowledge: The Carnegie Corporation, Philanthropy and Public Policy*, 2. Aufl., Chicago.
Landes, David S. ([1998] 1999), *Wohlstand und Armut der Nationen: warum die einen reich und die anderen arm sind*, Berlin.
Lane, Joan (2001), *A Social History of Medicine: Health, Healing and Disease in England, 1750–1950*, London.
Larsen, Mogens Trolle ([1994] 2010), *Versunkene Paläste: Wie Europa den Orient entdeckte*, Berlin.
Latour, Bruno (1987), *Science in Action*, Cambridge, MA.
Latour, Bruno und Steve Woolgar (1979), *Laboratory Life*, Beverly Hills, CA.
Laurens, Henry (1989), *L'Expédition d'Égypte: 1798–1801*, Paris.
Lautman, Jacques und Bernard-Pierre Lécuyer (Hrsg.) (1998), *Paul Lazarsfeld (1901–1976)*, Paris.
Lazarsfeld, Paul (1961), »Quantification in Sociology«, in: *Isis* 52, S. 277–333.
Leach, Edmund (1965), »Frazer and Malinowski«, in: *Encounter* 25: 5, S. 24–36.
Leclerc, Gérard (1979), *L'Observation de l'homme: une histoire des enquêtes sociales*, Paris.
Lenhard, Johannes et al. (Hrsg.) (2006), *Simulation: The Pragmatic Construction of Reality*, Dordrecht.
Lenoir, Timothy (1997), *Instituting Science*, Stanford, CA.
Lepenies, Wolf (1985), *Die drei Kulturen: Soziologie zwischen Literatur und Wissenschaft*, München.
Levie, Françoise (2006), *L'Homme qui voulait classer le monde: Paul Otlet et le mundaneum*, Brüssel.
Levine, Philippa (1986), *The Amateur and the Professional: Antiquarians, Historians and Archaeologists in Victorian England*, London.
Lévi-Strauss, Claude ([1955] 1978), *Traurige Tropen*, Frankfurt a. M.
Lewis, Cherry (2000), *The Dating Game*, Cambridge.
Lightman, Bernard (2007), *Victorian Popularizers of Science: Designing Nature for New Audiences*, Chicago.
Lih, Andrew (2009), *The Wikipedia Revolution: How a Bunch of Nobodies Created the World's Greatest Encyclopaedia*, London.
Lindner, Rolf (1990), *Die Entdeckung der Stadtkultur: Soziologie aus der Erfahrung der Reportage*, Frankfurt a. M.
Livingstone, David N. (1992), *The Geographical Tradition*, London.
Livingstone, David N. (2003), *Putting Science in its Place: Geographies of Scientific Knowledge*, Chicago, IL.
Lockman, Zachary (2004), *Contending Visions of the Middle East: The History and Politics of Orientalism*, Cambridge.
Lopez, Jonathan (2008), *The Man Who Made Vermeers*, New York.
Lowenthal, David (1985), *The Past Is a Foreign Country*, Cambridge.
Lyotard, Jean-François ([1979] 1986), *Das postmoderne Wissen: ein Bericht*, Köln.
Machlup, Fritz (1962), *The Production and Distribution of Knowledge in the United States*, Princeton, NJ.
MacKenzie, Donald A. (1976), »Eugenics in Britain«, in: *Social Studies of Science* 6, S. 499–532.
MacKenzie, John M. (2009), *Museums and Empire*, Manchester.
MacLeod, Roy M. (1971), »The Support of Victorian Science«, in: *Minerva* 4, S. 197–230.
MacLeod, Roy M. (1975), »Scientific Advice for British India«, in: *Modern Asian Studies* 9, S. 343–384.
MacLeod, Roy M. (Hrsg.) (1982), *Days of Judgement: Science, Examinations and the Organization of Knowledge in Late Victorian England*, Driffield.
MacLeod, Roy M. (Hrsg.) (1988), *Government and Expertise: Specialists, Administrators and Professionals, 1860–1919*, Cambridge.
MacLeod, Roy M. (Hrsg.) (2001), *Nature and Empire: Science and the Colonial Enterprise*, Chicago, IL.
Macrakis, Kristie (2010), »Technophilic Hubris and Espionage Styles during the Cold War«, in: *Isis* 101, S. 378–385.
Madan, Falconer (1920), *Books in Manuscript*, Oxford.

Maddox, Brenda ([2002] 2003), *Rosalind Franklin: die Entdeckung der DNA oder der Kampf einer Frau um wissenschaftliche Anerkennung*, Frankfurt a. M.
Maiguashca, Juan (2011), »Historians in Spanish South America: Cross-References between Centre and Periphery«, in: *Oxford History of Historical Writing*, Bd. 4, Oxford.
Makari, George ([2008] 2011), *Revolution der Seele: die Geburt der Psychoanalyse*, Gießen.
Malatesta, Maria (Hrsg.) (1995), *Society and the Professions in Italy 1860–1914*, Cambridge.
Maleuvre, Didier (1999), *Museum Memories: History, Technology, Art*, Stanford, CA.
Malinowski, Bronisław ([1922] 1979), *Argonauten des westlichen Pazifik*, Frankfurt a. M.
Mallon, Florencia E. (1994), »The Promise and Dilemma of Subaltern Studies: Perspectives from Latin American History«, in: *American Historical Review* 99, S. 1491–1515.
Mannheim, Karl ([1952] 1964), *Wissenssoziologie*, Neuwied.
Marchand, Suzanne L. (2009), *German Orientalism in the Age of Empire*, Cambridge.
Marmor, Andrei (Hrsg.) (1995), *Law and Interpretation: Essays in Legal Philosophy*, Oxford.
Marshall, Peter J. (1970), *The British Discovery of Hinduism in the Eighteenth Century*, Cambridge.
Marshall, Peter J. (Hrsg.) (1998), *Oxford History of the British Empire*, Bd. 2: *The Eighteenth Century*, Oxford.
Marx, Karl (1968), *Das Kapital*, in: Marx Engels Werke [MEW], Bd. 23–25, Berlin.
Masseau, Didier (1994) *L'Invention de l'intellectuel dans l'Europe du XVIIIe siècle*, Paris.
Masterson, James R. und Helen Brower (1948), *Bering's Successors, 1745–1780: Contributions of Peter Simon Pallas to the History of Russian Exploration toward Alaska*, Seattle, WA.
Matthews, Mervyn (1993), *The Passport Society: Controlling Movement in Russia and the USSR*, Boulder, CO.
Mayhew, Henry ([1851] 1996), *Die Armen von London*, Frankfurt a. M.
Mazon, Brigitte (1988), *Aux origines de l'École des Hautes Études en Sciences Sociales: le rôle du mécénat américain (1920–1960)*, Paris.
Mazour-Matusevich, Yelena und Alexandra S. Korros (Hrsg.) (2010), *Saluting Aron Gurevich*, Leiden.
McCannon, John (1998), *Red Arctic: Polar Exploration and the Myth of the North in the Soviet Union, 1932–1939*, New York.
McClelland, Charles E. (1980), *State, Society and University in Germany, 1700–1914*, Cambridge.
McNamara, Bernard (2001), *Into the Final Frontier: The Human Exploration of Space*, Orlando, FL.
McNeely, Ian F. (2003), *The Emancipation of Writing: German Civil Society in the Making, 1790s–1820s*, Berkeley, CA.
McNeely, Ian F. (2009), »Current Trends in Knowledge Production: An Historical-Institutional Analysis«, in: *Prometheus* 27, S. 335–355.
McNeely, Ian F. mit Lisa Wolverton (2008), *Reinventing Knowledge: From Alexandria to the Internet*, New York.
Meinecke, Friedrich (1908), *Weltbürgertum und Nationalstaat*, München.
Meinecke, Friedrich (1936), *Die Entstehung des Historismus*, München.
Menand, Louis (2010), *The Marketplace of Ideas: Reform and Resistance in the American University*, New York.
Mendelsohn, Everett und Yehuda Elkana (Hrsg.) (1981), *Sciences and Cultures*, Dordrecht.
Merton, Robert K. ([1949] 1995), *Soziologische Theorie und soziale Struktur*, Berlin.
Merton, Robert K. (1968), »The Matthew Effect in Science«, in: *Science* 159, S. 56–63.
Merton, Robert K. (1972), »Insiders and Outsiders: A Chapter in the Sociology of Knowledge«, in: *American Journal of Sociology* 78, S. 9–47.

Merton, Robert K. ([1973] 1985), *Entwicklung und Wandel von Forschungsinteressen*, Frankfurt a. M.
Messer-Davidow, Ellen et al. (Hrsg.) (1993), *Knowledges: Historical and Critical Studies in Disciplinarity*, Charlottesville, VA.
Meyer, Jonathan (2006), *Great Exhibitions, London–New York–Paris–Philadelphia, 1851–1900*, London.
Meyerstein, Edward H. W. (1930), *A Life of Thomas Chatterton*, London.
Middleton, A. E. (1885), *All about Mnemonics*, London.
Mignolo, Walter (2000), *Local Histories/Global Designs: Coloniality, Subaltern Knowledges and Border Thinking*, Princeton, NJ.
Mignolo, Walter (2009), »Epistemic Disobedience, Independent Thought and Decolonial Freedom«, in: *Theory, Culture and Society* 26: 7/8, S. 159–181.
Mill, John Stuart ([1843] 1868), *System der deduktiven und induktiven Logik*, Braunschweig.
Miller, Edward (1969), *Prince of Librarians: The Life and Times of Antonio Panizzi of the British Museum*, London.
Mills, Charles W. ([1959] 1963), *Kritik der soziologischen Denkweise*, Neuwied.
Milne, David (2008), *America's Rasputin: Walt Rostow and the Vietnam War*, New York.
Mitchell, Timothy (1991), *Colonizing Egypt*, Cambridge.
Mittelstraß, Jürgen (1992), *Leonardo-Welt*, Frankfurt a. M.
Mitterand, Henri (1987), *Le Regard et le signe: poétique du roman réaliste et naturaliste*, Paris.
Mokyr, Joel (1998), »The Second Industrial Revolution, 1870–1914«: www.faculty.econ.northwestern.edu/faculty/mokyr/castronovo.pdf.
Mokyr, Joel (2002), *The Gifts of Athena: Historical Origins of the Knowledge Economy*, Princeton, NJ.
Monas, Sidney (1961), *The Third Section: Police and Society under Nicholas I*, Cambridge, MA.
Montgomery, Robert J. (1965), *Examinations: An Account of their Evolution as Administrative Devices in England*, London.
Montgomery, Scott L. (1996), *The Scientific Voice*, New York.
Montijn, Ileen (1983), *Kermis van Koophandel*, Bussum.
Moore, Lara J. (2008), *Restoring Order: The École des Chartes and the Organization of Libraries and Archives in France, 1820–1870*, Duluth, MN.
Moore, Wilbert E. und Melvin M. Tumin (1949), »Some Social Functions of Ignorance«, in: *American Sociological Review* 14, S. 787–795.
Moravia, Sergio ([1970] 1973), *Beobachtende Vernunft: Philosophie und Anthropologie in der Aufklärung*, München.
Morozov, Evgeny (2010), *The Net Delusion: How Not to Liberate the World*, London.
Morrell, Jack B. (1972), »The Chemist Breeders: The Research Schools of Liebig and Thomson«, in: *Ambix* 19, S. 1–46.
Morrell, Jack und Arnold Thackray (1981), *Gentlemen of Science: Early Years of the British Association for the Advancement of Science*, Oxford.
Morton, Rebecca B. und Kenneth C. Williams (2010), *Experimental Political Science and the Study of Causality*, Cambridge.
Mouffe, Chantal (Hrsg.) (1999), *The Challenge of Carl Schmitt*, London.
Moulton, Gary E. (Hrsg.) (1986–2001), *The Journals of the Lewis and Clark Expedition*, Lincoln, NE.
Moureau, François (Hrsg.) (1993), *De bonne main: la communication manuscrite au XVIIIe siècle*, Paris und Oxford.
Mucchielli, Laurent (1998), *La Découverte du social: naissance de la sociologie en France, 1870–1914*, Paris.
Mugglestone, Lynda (2005), *Lost for Words: The Hidden History of the Oxford English Dictionary*, New Haven, CT.
Mullan, Bob und Garry Marvin (1987), *Zoo Culture*, London.
Müller, Jörg Jochen (Hrsg.) (1974), *Germanistik und deutsche Nation, 1806–1848*, Stuttgart.

Müntz, Eugène (1894–1896), »Les Annexations de collections d'art«, in: *Revue d'histoire diplomatique* 8, S. 481–497; 9, S. 375–393; 10, S. 481–508.
Murphy, Terence D. (1981), »Medical Knowledge and Statistical Methods in Early 19th-Century France«, in: *Medical History* 25, S. 301–319.
Murray, John (Hrsg.) (1897), *Challenger Expedition Reports*, Bd. 1, London.
Naisbitt, John und Patricia Aburdene (1990), *Megatrends 2000: zehn Perspektiven für den Weg ins nächste Jahrtausend*, Düsseldorf.
Neef, Dale (Hrsg.) (1998), *The Knowledge Economy*, Boston.
Nelson, Daniel (1980), *Frederick W. Taylor and the Rise of Scientific Management*, Madison, WI.
Neumann, John von und Oskar Morgenstern ([1944] 1961), *Spieltheorie und wirtschaftliches Verhalten*, Würzburg.
Nicolson, Malcolm (1987), »Alexander von Humboldt«, in: *History of Science* 25, S. 167–194.
Nonaka, Ikujirō (Hrsg.) (2005), *Knowledge Management: Critical Perspectives on Business and Management*, 3 Bde., London.
Nonaka, Ikujirō und Hirotaka Takeuchi ([1995] 1997), *Die Organisation des Wissens*, Frankfurt a. M.
Nora, Pierre (Hrsg.) (1986), *La Nation*, Paris.
Nord, Deborah E. (1985), *The Apprenticeship of Beatrice Webb*, Basingstoke.
Noveck, Beth S. (2009), *Wiki Government*, Washington, DC.
Novick, Peter (1988), *That Noble Dream: The »Objectivity Question« and the American Historical Profession*, Cambridge.
Nye, Mary Jo (1975), »Science and Socialism: The Case of Jean Perrin in the Third Republic«, in: *French Historical Studies* 9, S. 141–169.
Nye, Mary Jo (Hrsg.) (2003), *Cambridge History of Science*, Bd. 5, Cambridge.
Oberschall, Anthony ([1965] 1997), *Empirische Sozialforschung in Deutschland, 1848–1914*, Freiburg.
O'Cadhla, Stiofán (2007), *Civilizing Ireland: Ordnance Survey 1824–1842*, Dublin.
O'Connor, Ralph (2007), *The Earth on Show: Fossils and the Poetics of Popular Science, 1802–1856*, Chicago, IL.
Oexle, Otto Gerhard (Hrsg.) (2007), *Krise des Historismus – Krise der Wirklichkeit: Wissenschaft, Kunst und Literatur, 1880–1932*, Göttingen.
Ó Giolláin, Diarmuid (2000), *Locating Irish Folklore: Tradition, Modernity, Identity*, Cork.
Oken, Lorenz (1822), »Kurze Geschichte der ersten sechs Versammlungen der Gesellschaft deutscher Naturforscher und Ärzte/Erste Versammlung in Leipzig, 1822«, in: Jacquin und Littrow (Hrsg.) (1832), *Bericht über die Versammlung deutscher Naturforscher und Ärzte in Wien im September 1832*, Wien.
Olby, Robert C. (1966), *Origins of Mendelism*, London.
Olby, Robert C. (1974), *The Path to the Double Helix*, London.
Olcese, Giorgio (Hrsg.) (2004), *Cultura scientifica e cultura umanistica: contrasto o integrazione?*, Genua.
Olesko, Kathryn M. (1993), »Tacit Knowledge and School Formation«, in: *Osiris* 8, S. 16–29.
Oleson, Alexandra und John Voss (Hrsg.) (1979), *The Organization of Knowledge in Modern America, 1860–1922*, Baltimore, MD.
Oppenheim, Janet (1985), *The Other World: Spiritualism and Psychical Research in England, 1850–1914*, Cambridge.
Oreskes, Naomi (1996), »Objectivity or Heroism? On the Invisibility of Women in Science«, in: *Osiris* 11, S. 87–116.
Ortolano, Guy (2009), *The Two Cultures Controversy: Science, Literature and Cultural Politics in Postwar Britain*, Cambridge.
Otterspeer, Willem (Hrsg.) (1989), *Oriental Connections 1850–1950*, Leiden.
Outram, Dorinda (1984), *Georges Cuvier: Vocation, Science and Authority in Post-Revolutionary France*, Manchester.

Ozouf, Mona (1981), »L'invention de l'ethnographie française: le questionnaire de l'Académie celtique«, in: *Annales: économies, sociétés, civilisations* 36, S. 210–230.
Palmer, David John (1965), *The Rise of English Studies*, London.
Panofsky, Erwin ([1939] 1980), *Studien zur Ikonologie*, Köln.
Parkinson, Richard (1999), *Cracking Codes: The Rosetta Stone and Decipherment*, London.
Pascal, Roy (1962), »*Bildung* and the Division of Labour«, in: *German Studies Presented to W. H. Bruford*, London, S. 14–28.
Pasquali, Giorgio ([1934] 1952), *Storia della tradizione e critica del testo*, 2. Aufl., Florenz.
Patriarca, Silvana (1996), *Numbers and Nationhood: Writing Statistics in 19th-Century Italy*, Cambridge.
Paul, Harry W. (1985), *From Knowledge to Power: The Rise of the Scientific Empire in France 1860–1939*, Cambridge.
Payne, Stanley L. (1951), *The Art of Asking Questions*, Princeton, NJ.
Pearton, Maurice (1982), *The Knowledgeable State: Diplomacy, War and Technology since 1830*, London.
Peckhaus, Volker und Christian Thiel (Hrsg.) (1999), *Disziplinen im Kontext: Perspektiven der Disziplingeschichtsschreibung*, München.
Penny, H. Glenn (2002), *Objects of Culture: Ethnology and Ethnographic Museums in Imperial Germany*, Chapel Hill, NC.
Penny, H. Glenn und Matti Bunzl (Hrsg.) (2003), *Worldly Provincialism: German Anthropology in the Age of Empire*, Ann Arbor, MI.
Perkin, Harold (1989), *The Rise of Professional Society: England since 1880*, London.
Perrot, Jean-Claude und Stuart Woolf (1984), *State and Statistics in France, 1789–1815*, New York.
Pesce, Angelo (1906), *Notizie sugli archivi di stato*, Rom.
Phillipson, Nicholas T. (2010), *Adam Smith: An Enlightened Life*, London.
Physick, John (1982), *The Victoria and Albert Museum: The History of Its Building*, Oxford.
Piazza, Pierre (2004), *Histoire de la carte nationale d'identité*, Paris.
Pickstone, John V. (2000), *Ways of Knowing: A New History of Science, Technology and Medicine*, Manchester.
Pickstone, John V. (2007), »Working Knowledges before and after c. 1800«, in: *Isis* 98, S. 489–516.
Pieters, Florence F.J.M. (2009), »Natural History Spoils in the Low Countries in 1794/95«, in: Ellinoor Bergvelt (Hrsg.), *Napoleon's Legacy: The Rise of National Museums in Europe*, Berlin, S. 55–72.
Pinkney, David H. und Theodore Ropp (Hrsg.) (1964), *A Festschrift for Frederick B. Artz*, Durham, NC.
Pino, Fermín del (Hrsg.) (1988), *Ciencia y contexto histórico nacional en las expediciones ilustradas a América*, Madrid.
Platt, Jennifer (1996), *A History of Sociological Research Methods in America, 1920–1960*, Cambridge.
Polanyi, Michael (1958), *Personal Knowledge*, Chicago, IL.
Pope, Maurice ([1975] 1999), *The Story of Decipherment from Egyptian Hieroglyphs to Maya Script*, 2. Aufl., London.
Popper, Karl ([1945] 1958), *Falsche Propheten: Hegel, Marx und die Folgen* [= *Die offene Gesellschaft und ihre Feinde*, Bd. II], Bern.
Porat, Marc (1977), *The Information Economy: Definition and Measurement*, Washington, DC.
Porter, Roy (1977), *The Making of Geology: Earth Science in Britain, 1660–1815*, Cambridge.
Porter, Roy ([1997] 2000), *Die Kunst des Heilens: eine medizinische Geschichte der Menschheit von der Antike bis heute*, Heidelberg.
Porter, Roy (Hrsg.) (2003), *Eighteenth-Century Science*, Cambridge.
Poulot, Dominique (1997), *Musée, nation, patrimoine 1789–1815*, Paris.
Pratt, Mary Louise (1992), *Imperial Eyes: Travel Writing and Transculturation*, London.

Pratt, Vernon (1977), »Foucault and the History of Classification Theory«, in: *Studies in the History and Philosophy of Science* 8, S. 163–171.

Preusker, Karl (1839–1840), *Über öffentliche, Vereins- und Privatbibliotheken sowie andere Sammlungen, Lesezirkel und verwandte Gegenstände*, 2 Bde., Leipzig.

Price, Brian (1999), »Frank Gilbreth«, in: *American National Biography*, Bd. 9, S. 12–13.

Price, David H. (2008), *Anthropological Intelligence: The Deployment and Neglect of American Anthropology in the Second World War*, Durham, NC.

Price, Derek John de Solla ([1963] 1974), *Little Science, Big Science: von der Studierstube zur Großforschung*, Frankfurt a. M.

Proctor, Robert N. (1988), *Racial Hygiene: Medicine under the Nazis*, Cambridge, MA.

Proctor, Robert N. und Londa Schiebinger (Hrsg.) (2008), *Agnotology: The Making and Unmaking of Ignorance*, Stanford, CA.

Puerto, Javier (1988), *La ilusión quebrada: botánica, sanidad y política científica en la España ilustrada*, Barcelona.

Pyenson, Lewis (1989), *Empire of Reason: Exact Sciences in Indonesia, 1840–1940*, Leiden.

Pyenson, Lewis (1993), *Civilizing Mission: Exact Sciences and French Overseas Expansion, 1830–1940*, Baltimore, MD.

Pyenson, Lewis (2002), »Uses of Cultural History: Karl Lamprecht in Argentina«, in: *Proceedings of the American Philosophical Society*, Bd. 146, Nr. 3, S. 235–255.

Pyne, Stephen J. (2010), *Voyager: Seeking Newer Worlds in the Third Great Age of Discovery*, New York.

Quatremère de Quincy, Antoine Chrysotôme (1989), *Lettres à Miranda sur le déplacement des monuments de l'art de l'Italie*, Paris.

Raj, Kapil (2007), *Relocating Modern Science: Circulation and the Construction of Knowledge in South Asia and Europe, 1650–1900*, London.

Rasmussen, Stig (Hrsg.) (1990), *Den arabiske rejse* 1761–1767, Kopenhagen.

Raven, James (Hrsg.) (2004), *Lost Libraries: The Destruction of Great Book Collections since Antiquity*, Basingstoke.

Redlich, Fritz (1957), »Academic Education for Business: Its Development and the Contribution of Ignaz Jastrow«, in: *Business History Review* 31, S. 35–91.

Reich, Leonard S. (1985), *The Making of American Industrial Research: Science and Business at GE and Bell, 1876–1926*, Cambridge.

Reingold, Nathan und Marc Rothenberg (Hrsg.) (1987), *Scientific Colonialism: A Cross-Cultural Comparison*, Washington, DC.

Reinhartz, Dennis (1994), »In the Service of Catherine the Great: The Siberian Explorations and Map of Sir Samuel Bentham«, in: *Terrae Incognitae* 26, S. 49–60.

Reisch, George A. (1994), »Planning Science: Otto Neurath and the International Encyclopaedia of Unified Science«, in: *British Journal for the Advancement of Science* 27, S. 153–175.

Renfrew, Colin (1973), *Before Civilisation: The Radiocarbon Revolution and Prehistoric Europe*, London.

Renfrew, Colin (1987), *Archaeology and Language: The Puzzle of Indo-European Origins*, London.

Renfrew, Colin und Paul Bahn ([1991] 2008), *Archaeology: Theories, Methods and Practice*, 5. Aufl., London.

Revel, Jacques (Hrsg.) (1996), *Jeux d'échelles: la micro-analyse à l'expérience*, Paris.

Richelson, Jeffrey T. (1999), *America's Space Sentinels: DSP Satellites and National Security*, Lawrence, KS.

Richet, Pascal (1999), *L'Age du monde: à la découverte de l'immensité du temps*, Paris.

Ricœur, Paul ([1965] 1974), *Die Interpretation: ein Versuch über Freud*, Frankfurt a. M.

Ricœur, Paul ([1983] 1988-1991), *Zeit und Erzählung*, 3 Bde., München.

Rigaudias-Weiss, Hilde (1936), *Les Enquêtes ouvrières en France entre 1830 et 1848*, Paris.

Ringer, Fritz K. ([1992] 2003), *Felder des Wissens: Bildung, Wissenschaft und sozialer Aufstieg in Frankreich und Deutschland um 1900*, Weinheim.
Ringer, Fritz K. (2000), *Toward a Social History of Knowledge: Collected Essays*, New York.
Ritter, Gerhard A. (1992), *Großforschung und Staat in Deutschland: ein historischer Überblick*, München.
Ritvo, Harriet (1997), *The Platypus and the Mermaid and Other Figments of the Classifying Imagination*, Cambridge, MA.
Ritzer, George ([1993] 1995), *Die McDonaldisierung der Gesellschaft*, Frankfurt a. M.
Rivers, William H. R. (1913), *Reports upon the Science of Anthropology*, Washington, DC.
Roach, John (1971), *Public Examinations in England, 1850–1900*, Cambridge.
Robinson, Andrew (2002), *The Man Who Deciphered Linear B: The Story of Michael Ventris*, London.
Robinson, Andrew (2005), *The Last Man Who Knew Everything: Thomas Young*, New York.
Robinson, Arthur Howard (1982), *Early Thematic Mapping in the History of Cartography*, Chicago, IL.
Rocke, Alan (2001), *Nationalizing Science: Adolphe Wurtz and the Battle for French Chemistry*, Cambridge, MA.
Roos, David A. (1977), »Thomas Henry Huxley and Matthew Arnold«, in: *Modern Philology* 74, S. 316–324.
Rosen, George (1944), *The Specialization of Medicine with Particular Reference to Ophthalmology*, New York.
Rosenthal, Bernice (Hrsg.) (1997), *The Occult in Russian and Soviet Culture*, Ithaca, NY.
Rosenzweig, Roy (1998), »Wizards, Bureaucrats, Warriors and Hackers: Writing the History of the Internet«, in: *American Historical Review* 103, S. 1530–1552.
Rosenzweig, Roy (2006), »Can History Be Open Source? Wikipedia and the Future of the Past«, in: *Journal of American History* 93, S. 117–146.
Rossi, Paolo ([1960] 2000), *Logic and the Art of Memory*, Chicago.
Rossi, Paolo ([1979] 1984), *The Dark Abyss of Time: The History of the Earth and the History of Nations from Hooke to Vico*, Chicago, IL.
Rossiter, Margaret W. (1982), *Women Scientists in America*, Baltimore, MD.
Rossiter, Margaret W. (1993), »The Matthew/Matilda Effect in Science«, in: *Social Studies of Science* 23, S. 325–341.
Rubin, Michael Rogers und Mary Taylor Huber (1986), *The Knowledge Industry in the United States, 1960–1980*, New Haven, CT.
Rudwick, Martin J. (2005), *Bursting the Limits of Time: The Reconstruction of Geohistory in the Age of Revolution*, Chicago, IL.
Rudwick, Martin J. (2008), *Worlds before Adam: The Reconstruction of Geohistory in the Age of Reform*, Chicago, IL.
Rueschemeyer, Dietrich und Theda Skocpol (Hrsg.) (1996), *States, Social Knowledge and the Origins of Modern Social Policy*, Princeton, NJ.
Runciman, David (2009), »Like Boiling a Frog«, in: *London Review of Books*, 28. Mai, S. 14–16.
Rupke, Nicolaas A. (Hrsg.) (2002), *Göttingen and the Development of the Natural Sciences*, Göttingen.
Rupke, Nicolaas A. (2005), *Alexander von Humboldt: A Metabiography*, Frankfurt a. M.
Rupnow, Dirk et al. (Hrsg.) (2008), *Pseudowissenschaft: Konzeptionen von Nichtwissenschaftlichkeit in der Wissenschaftsgeschichte*, Frankfurt a. M.
Russell, Nicholas (2010), *Communicating Science: Professional, Popular, Literary*, Cambridge.
Rydell, Robert W. (1984), *All the World's a Fair: Visions of Empire at the American International Expositions, 1876–1916*, Chicago, IL.
Ryle, Gilbert ([1949] 1969), *Der Begriff des Geistes*, Stuttgart.
Sabato, Larry J. (1981), *The Rise of Political Consultants*, New York.

Sagredo, Rafael und Cristián Gazmuri (Hrsg.) (2005), *Historia de la vida privada en Chile*, Santiago.
Said, Edward ([1978] 1981), *Orientalismus*, Frankfurt a. M.
Salmi-Niklander, Kirsti (2004), »Manuscripts and Broadsheets: Narrative Genres and the Communication Circuit among Working-Class Youth in Early 20th-Century Finland«, in: *Folklore* 33, S. 109–126.
Sampson, Anthony ([1962] 1963), *Wer regiert England: Anatomie einer Führungsschicht*, München.
Sato, Masayuki (1991), »Historiographical Encounters: The Chinese and Western Traditions in Turn-of-the-Century Japan«, in: *Storia della storiografia* 19, S. 13–21.
Saunders, Frances Stonor ([1999] 2001), *Wer die Zeche zahlt ...: der CIA und die Kultur im Kalten Krieg*, Berlin.
Scazzieri, Roberto und Raffaella Simili (Hrsg.) (2008), *The Migration of Ideas*, Sagamore Beach, MA.
Schaffer, Simon (1983), »Natural Philosophy and Public Spectacle in the Eighteenth Century«, in: *History of Science* 21, S. 1–43.
Schaffer, Simon (1988), »Astronomers Mark Time: Discipline and the Personal Equation«, in: *Science in Context* 2, S. 115–145.
Schaffer, Simon et al. (Hrsg.) (2009), *The Brokered World: Go-Betweens and Global Intelligence, 1770–1820*, Sagamore Beach, MA.
Schafft, Gretchen Engle (2004), *From Racism to Genocide: Anthropology in the Third Reich*, Urbana, IL.
Schiebinger, Londa ([1989] 1993), *Schöne Geister: Frauen in den Anfängen der modernen Wissenschaft*, Stuttgart.
Schneider, René (1910), *Quatremère de Quincy et son intervention dans les arts*, Paris.
Schönwälder, Karen (1992), *Historiker und Politik: Geschichtswissenschaft im Nationalsozialismus*, Frankfurt a. M.
Schönwälder, Karen (1996), »The Fascination of Power: Historical Scholarship in Nazi Germany«, in: *History Workshop Journal* 42, S. 19–40.
Schramm, Wilhelm von ([1974] 1983), *Geheimdienst im Zweiten Weltkrieg*, 4. Aufl., München.
Schwab, Raymond ([1950] 1984), *The Oriental Renaissance: Europe's Rediscovery of India and the East, 1680–1880*, New York.
Schwarcz, Lilia Moritz (1988), *A era dos museus no Brasil (1870–1930)*, São Paulo.
Schwartz, B. (1964), *In Search of Wealth and Power: Yen Fu and the West*, Cambridge, MA.
Schwinges, Rainer Christoph (Hrsg.) (2001), *Humboldt International: Der Export des deutschen Universitätsmodells im 19. und 20. Jahrhundert*, Basel.
Scott, James C. (1998), *Seeing Like a State*, New Haven, CT.
Screech, Timon (1996), *The Western Scientific Gaze and Popular Imagery in Later Edo Japan*, Cambridge.
Secord, Anne (1994), »Science in the Pub: Artisan Botanists in Early Nineteenth-Century Lancashire«, in: *History of Science* 32, S. 269–315.
Secord, James A. (2000), *Victorian Sensation: The Extraordinary Publication, Reception, and Secret Authorship of »Vestiges of the Natural History of Creation«*, Chicago, IL.
Secord, James A. (2002), »Quick and Magical Shaper of Science«, in: *Science* 297, S. 1648–1649.
Secord, James A. (2007), »How Scientific Conversation Became Shop Talk«, in: *Transactions of the Royal Historical Society* 17, S. 129–156.
Selg, Anette und Rainer Wieland (Hrsg.) (2013), *Diderots Enzyklopädie*, Berlin.
Shafer, Robert J. (1958), *The Economic Societies in the Spanish World (1763–1821)*, Syracuse, NY.
Shapin, Steven (1975), »Phrenological Knowledge and the Social Structure of Early Nineteenth-Century Edinburgh«, in: *Annals of Science* 32, S. 219–243.
Shapin, Steven (2008), *The Scientific Life: A Moral History of a Late Modern Vocation*, Chicago, IL.

Sheets-Pyenson, Susan (1988), *Cathedrals of Science: The Development of Colonial Natural History Museums*, Montreal.

Shenk, David ([1997] 1998), *Datenmüll und Infosmog: Wege aus der Informationsflut*, München.

Sher, Richard B. (2006), *The Enlightenment and the Book*, Chicago, IL.

Sherif, Muzafer und Carolyn W. Sherif (Hrsg.) (1969), *Interdisciplinary Relationships in the Social Sciences*, Chicago, IL.

Shillingsburg, Peter L. (2006), *From Gutenberg to Google: Electronic Representations of Literary Texts*, Cambridge.

Shinn, Terry und Richard Whitley (Hrsg.) (1985), *Expository Science: Forms and Functions of Popularisation*, Dordrecht.

Shiva, Vandana ([1997] 2002), *Biopiraterie: Kolonialismus des 21. Jahrhunderts*, Münster.

Short, John R. (2009), *Cartographic Encounters: Indigenous Peoples and the Exploration of the New World*, London.

Shteir, Ann B. (1996), *Cultivating Women, Cultivating Science*, Baltimore, MD.

Shweder, Richard A. (2010), »Intellectuals and ›Humanity as a Whole‹«, in: *Common Knowledge* 16, S. 1–6.

Sibeud, Emmanuelle (2002), *Une science impériale pour l'Afrique? La Construction des savoirs africanistes en France, 1878–1930*, Paris.

Simon, Leslie E. (1947), *German Research in World War II*, New York.

Sklenář, Karel (1983), *Archaeology in Central Europe*, Leicester.

Slaughter, Sheila und Larry L. Leslie (1997), *Academic Capitalism: Politics, Policies and the Entrepreneurial University*, Baltimore, MD.

Smith, Bernard ([1960] 1985), *European Vision and the South Pacific*, 2. Aufl., New Haven, CT.

Smith, Bonnie G. (1998), *The Gender of History: Men, Women and Historical Practice*, Cambridge, MA.

Smith, Crosbie und Jon Agar (Hrsg.) (1998), *Making Space for Science: Territorial Themes in the Shaping of Knowledge*, Basingstoke.

Smith, Robert W. et al. (1989), *The Space Telescope: A Study of NASA, Science, Technology, and Politics*, Cambridge.

Smithson, Michael (1989), *Ignorance and Uncertainty: Emerging Paradigms*, New York.

Snelgrove, Paul V. R. (2010), *Discoveries of the Census of Marine Life*, Cambridge.

Snizek, William E. (Hrsg.) (1979), *Contemporary Issues in Theory and Research*, Westport, CT.

Snow, Charles Percy ([1959] 1993), *The Two Cultures and the Scientific Revolution*, hrsg. v. Stefan Collini, Cambridge.

Solano, Francisco de (1988), »Viajes, comisiones y expediciones científicas españolas a ultramar durante el siglo xviii«, in: *Cuadernos hispanoamericanos* 2, S. 146–156.

Sörlin, Sverker und Hebe Vessuri (2007), *Knowledge Society vs. Knowledge Economy*, Aldershot.

Soyfer, Valery (1994), *Lysenko and the Tragedy of Soviet Science*, New Brunswick, NJ.

Spary, Emma (2000), *Utopia's Garden: French Natural History from Old Regime to Revolution*, London.

Spaulding, Robert M. (1967), *Imperial Japan's Higher Civil Service Examinations*, Princeton, NJ.

Spiering, Menno (Hrsg.) (1999), *Nation Building and Writing Literary History*, Amsterdam.

Stanton, William R. (1975), *The Great United States Exploring Expedition of 1838–1842*, Berkeley, CA.

Stark, Gary D. (2009), *Banned in Berlin: Literary Censorship in Imperial Germany, 1871–1918*, New York.

St. Clair, William ([1967] 1998), *Lord Elgin and the Marbles*, 3. Aufl., Oxford.

Stebelski, Adam (1964), *The Fate of Polish Archives during World War II*, Warschau.

Stehr, Nico (1994), *Knowledge Societies*, London.

Stehr, Nico (Hrsg.) (2008), *Knowledge and Democracy: A 21st-Century Perspective*, New Brunswick, NJ.

Steiner, George ([2003] 2004), *Der Meister und seine Schüler*, München.

Stepan, Nancy L. (1982), *The Idea of Race in Science: Great Britain, 1800–1960*, London.
Stewart, Thomas A. (1997), *Intellectual Capital: The New Wealth of Organizations*, London.
Stichweh, Rudolf (1977), *Ausdifferenzierung der Wissenschaft: Eine Analyse am deutschen Beispiel*, Bielefeld.
Stichweh, Rudolf (1984), *Zur Entstehung des modernen Systems wissenschaftlicher Disziplinen: Physik in Deutschland, 1740–1890*, Frankfurt a. M.
Stichweh, Rudolf (1992), »The Sociology of Scientific Disciplines«, in: *Science in Context* 5, S. 3–16.
Stieg, Margaret (1986), *The Origin and Development of Scholarly Historical Periodicals*, Albany, NY.
Stigler, Stephen M. (1986), *The History of Statistics: The Measurement of Uncertainty*, London.
Stocking, George Ward ([1968] 1982), *Race, Culture and Evolution: Essays in the History of Anthropology*, 2. Aufl., Chicago, IL.
Stocking, George Ward (Hrsg.) (1983), *Observers Observed: Essays on Ethnographic Fieldwork*, Madison, WI.
Stocking, George Ward (Hrsg.) (1985), *Objects and Others*, Madison, WI.
Stocking, George Ward (Hrsg.) (1991), *Colonial Situations: Essays on the Contextualization of Ethnographic Knowledge*, Madison, WI.
Stocking, George Ward (1996), *After Tylor: British Social Anthropology 1888–1951*, London.
Stokes, Donald E. (1997), *Pasteur's Quadrant: Basic Science and Technological Innovation*, Washington, DC.
Stone, Diane und Andrew Denham (Hrsg.) (2004), *Think Tank Traditions: Policy Research and the Politics of Ideas*, Manchester.
Stone, Diane et al. (Hrsg.) (1998), *Think Tanks across Nations*, Manchester.
Stone, Lawrence (1979), »The Revival of Narrative«, in: *Past and Present* 85, S. 3–24.
Stray, Christopher (2005), »From Oral to Written Examinations: Cambridge, Oxford and Dublin 1700–1914«, in: *History of Universities* 20, S. 76–129.
Stray, Christopher (2007), »The Rise and Fall of Porsoniasm«, in: *Cambridge Classical Journal* 53, S. 40–71.
Stray, Christopher (im Druck), »The Absent Academy: The Organisation of Classical Scholarship in Nineteenth-Century England«, in: *Hyperboreus* 17.
Summerfield, Penny (1985), »Mass-Observation: Social Research or Social Movement?«, in: *Journal of Contemporary History* 20, S. 439–452.
Sunstein, Cass R. ([2006] 2009), *Infotopia: wie viele Köpfe Wissen produzieren*, Frankfurt a. M.
Swaan, Abram de (2001), *Words of the World: The Global Language System*, Cambridge.
Szanton, David L. (2002), *The Politics of Knowledge: Area Studies and the Disciplines*, Berkeley, CA.
Szöllösi-Janze, Margit (2004), »Wissensgesellschaft in Deutschland«, in: *Geschichte und Gesellschaft* 30, S. 277–313.
Szöllösi-Janze, Margit und Helmuth Trischler (Hrsg.) (1990), *Großforschung in Deutschland*, Frankfurt a. M.
Tammiksaar, Erki und Ian R. Stone (2007), »Alexander von Middendorff and His Expedition to Siberia (1842–1845)«, in: *Polar Record* 43, S. 193–216.
Tapscott, Don (1998), *Net kids: die digitale Generation erobert Wirtschaft und Gesellschaft*, Wiesbaden.
Tega, Walter (1984), *Arbor scientiarum: enciclopedie e sistemi in Francia da Diderot a Comte*, Bologna.
Teng, Ssu-Yu (1942–1943), »Chinese Influence on the Western Examination System«, in: *Harvard Journal of Asiatic Studies* 7, S. 267–312.
Thackray, Arnold und Robert Merton (1972), »On Discipline-Building«, in: *Isis* 63, S. 473–495.
Thelen, Kathleen Ann (2004), *How Institutions Evolve: The Political Economy of Skills in Germany, Britain, the United States and Japan*, Cambridge.

Thomas, Keith V. (1971), *Religion and the Decline of Magic*, London.
Thompson, Edward P. (Hrsg.) (1970), *Warwick University Limited: Industry, Management and the Universities*, Harmondsworth.
Thompson, Edward P. und Eileen Yeo (Hrsg.) (1971), *The Unknown Mayhew*, London.
Thompson, Jason (1996), »Edward William Lane's *Description of Egypt*«, in: *International Journal of Middle East Studies* 28, S. 565–583.
Thompson, John B. (2005), *Books in the Digital Age: The Transformation of Academic and Higher Education Publishing in Britain and the United States*, Cambridge.
Tilling, Laura (1975), »Early Experimental Graphs«, in: *British Journal for the History of Science* 8, S. 193–213.
Timms, Edward und Jon Hughes (Hrsg.) (2003), *Intellectual Migration and Cultural Transformation*, Wien und New York.
Timpanaro, Sebastiano ([1963] 1971), *Die Entstehung der Lachmannschen Methode*, Hamburg.
Todes, Daniel P. (2002), *Pavlov's Physiological Factory*, Baltimore, MD.
Tolstoi, Lew N.(1857 [1925]), *Kindheit, Knabenjahre, Jugendzeit*, Berlin.
Tooze, J. Adam (2001), *Statistics and the German State, 1900–1945: The Making of Modern Economic Knowledge*, Cambridge.
Torpey, John C. (2000), *The Invention of the Passport*, Cambridge.
Toulmin, Stephen und June Goodfield ([1965] 1970), *Entdeckung der Zeit*, München.
Toynbee, Arnold J. (1934–1961), *A Study of History*, 12 Bde., London.
Toynbee, Arnold J. (1953), *Die Welt und der Westen*, Stuttgart.
Treverton, Gregory F. (2001), *Reshaping National Intelligence for the Age of Information*, Cambridge, MA.
Trigger, Bruce G. ([1989] 1996), *A History of Archaeological Thought*, 2. Aufl., Cambridge.
Trumbull, George R. (2009), *An Empire of Facts: Colonial Power, Cultural Knowledge and Islam in Algeria, 1870–1914*, Cambridge.
Tufte, Edward R. (1983), *The Visual Display of Quantitative Information*, Cheshire, CT.
Turda, Marius und Paul Weindling (Hrsg.) (2007), *Blood and Homeland: Eugenics and Racial Nationalism in Central and Southeast Europe, 1900–1940*, Budapest.
Turi, Gabriele (2002), *Il mecenate, il filosofo e il gesuita: l'Enciclopedia italiana, specchio della nazione*, Bologna.
Turner, R. S. (1980), »The *Bildungsbürgertum* and the Learned Professions«, in: *Histoire Sociale/Social History* 8, S. 105–135.
Turner, S. P. and J. H. Turner (1990), *The Impossible Science: An Institutional Analysis of American Sociology*, New York.
Urry, James (1972), »*Notes and Queries on Anthropology* and the Development of Field Methods in British Anthropology, 1870–1920«, in: *Proceedings of the Royal Anthropological Institute*, S. 45–72.
Urry, James (1990), *The Tourist Gaze: Leisure and Travel in Contemporary Societies*, London.
Valkova, Olga (2008), »The Conquest of Science: Women and Science in Russia, 1860–1940«, in: *Osiris* 23, S. 136–165.
Van Wyhe, John (2004), *Phrenology and the Origins of Victorian Scientific Naturalism*, Aldershot.
Veblen, Thorstein (1918), *The Higher Learning in America: A Memorandum on the Conduct of Universities by Business Men*, New York.
Veld, Roeland J. in't (Hrsg.) (2010), *Knowledge Democracy*, Heidelberg.
Verger, Jacques (Hrsg.) (1986), *Histoire des universités en France*, Paris.
Veysey, Laurence (1965), *The Emergence of the American University*, Chicago, IL.
Vierhaus, Rudolf und Bernhard vom Brocke (Hrsg.) (1990), *Forschung im Spannungsfeld von Politik und Gesellschaft*, Stuttgart.
Vincent, David (1998), *The Culture of Secrecy: Britain, 1832–1998*, Oxford.

Vogel, Jakob (2004), »Von der Wissenschafts- zur Wissensgeschichte: Für eine Historisierung der ›Wissensgesellschaft‹«, in: *Geschichte und Gesellschaft* 30, S. 639–660.

Vucinich, Alexander (1956), *The Soviet Academy of Sciences*, Stanford, CA.

Wagner, Peter (1990), *Sozialwissenschaften und Staat: Frankreich, Italien, Deutschland 1870–1980*, Frankfurt a. M.

Wagner, Peter et al. (Hrsg.) (1991), *Social Sciences and Modern States*, Cambridge.

Wallis, Roy (Hrsg.) (1979), *On the Margins of Science: The Social Construction of Rejected Knowledge*, Keele.

Waquet, Françoise (2003), *Parler comme un livre*, Paris.

Waquet, Françoise (2008), *Les Enfants de Socrate: filiation intellectuelle et transmission du savoir, XVIIe–XXIe siècle*, Paris.

Warren, Leonard (1998), *Joseph Leidy: The Last Man Who Knew Everything*, New Haven, CT.

Watson, James D. ([1968] 1971), *Die Doppel-Helix*, Reinbek.

Wax, Dustin M. (Hrsg.) (2008), *Anthropology at the Dawn of the Cold War: The Influence of Foundations, McCarthyism, and the CIA*, Ann Arbor, MI.

Weber, Eugen (1976), *Peasants into Frenchmen: The Modernization of Rural France, 1870–1914*, Stanford, CA.

Weber, Max (1956), *Soziologie*, hrsg. v. Johannes Winckelmann, Stuttgart.

Wehling, Peter (2006), *Im Schatten des Wissens? Perspektiven der Soziologie des Nichtwissens*, Konstanz.

Weinberg, Alvin M. (1961), »Impact of Large-Scale Science on the United States«, in: *Science* 134, S. 161–164.

Weinberg, Steven (1993), *Der Traum von der Einheit des Universums*, München.

Weinberger, David ([2007] 2008), *Das Ende der Schublade: die Macht der neuen digitalen Unordnung*, München.

Weindling, Paul (1985), »Weimar Eugenics«, in: *Annals of Science* 42, S. 303–318.

Weiner, Joseph Sidney (2003), *The Piltdown Forgery: The Classic Account of the Most Famous and Successful Hoax in Science*, Oxford.

Weingart, Peter (1989), »German Eugenics between Science and Politics«, in: *Osiris* 5, S. 260–282.

Weisz, George (1983), *The Emergence of Modern Universities in France, 1863–1914*, Princeton, NJ.

Werskey, Gary (1978), *The Visible College*, London.

Whitley, Richard und Jochen Gläser (Hrsg.) (2007), *The Changing Governance of the Sciences: The Advent of Research Evaluation Systems*, Dordrecht.

Wiegand, Herbert Ernst (Hrsg.) (1999), *Sprache und Sprachen in den Wissenschaften*, Berlin.

Wiegand, Wayne A. (1996), *Irrepressible Reformer: A Biography of Melvil Dewey*, Chicago, IL.

Wiener, Norbert ([1948] 1968), *Kybernetik: Regelung und Nachrichtenübertragung in Lebewesen und Maschine*, Reinbek.

Wiggershaus, Rolf (1986), *Die Frankfurter Schule: Geschichte, theoretische Entwicklung, politische Bedeutung*, München.

Wilson, Ming und John Cayley (Hrsg.) (1995), *Europe Studies China*, London.

Winchester, Simon (2003), *The Meaning of Everything: The Story of the Oxford English Dictionary*, Oxford.

Winkelmann, Ingeburg (1966), *Die bürgerliche Ethnographie im Dienste der Kolonialpolitik des Deutschen Reiches (1870–1918)*, Berlin.

Winks, Robin (1987), *Cloak and Gown: Scholars in America's Secret War*, London.

Woolf, Stuart J. (1989), »Statistics and the Modern State«, in: *Comparative Studies in Society and History* 31, S. 588–603.

Worsley, Peter (1997), *Knowledges: What Different Peoples Make of the World*, London.

Wouters, Paul (2006), »Aux origines de la scientométrie: la naissance du Science Citation Index«, in: *Actes de la recherche en science sociale* 164, S. 11–21.

Wright, Alex (2007), *Glut: Mastering Information through the Ages*, Washington, DC.

Wright, David (1998), »The Translation of Modern Western Science in Nineteenth-Century China«, in: *Isis* 89, S. 653–673.

Wright, David (2000), *Translating Science: The Transmission of Western Chemistry into Late Imperial China, 1840–1900*, Leiden.
Wright, Georg Henrik von ([1971] 1974), *Erklären und verstehen*, Frankfurt a. M.
Wunderlich, Carl August (1841), *Wien und Paris. Ein Beitrag zur Geschichte und Beurteilung der gegenwärtigen Heilkunde in Deutschland und Frankreich*, Stuttgart.
Wurman, Richard Saul (1989), *Information Anxiety*, New York.
Wurman, Richard Saul (2001), *Information Anxiety 2*, New York.
Yates, Frances A. ([1966] 1990), *Gedächtnis und Erinnern: Mnemonik von Aristoteles bis Shakespeare*, Weinheim.
Yates, JoAnne (1989), *Control through Communication: The Rise of System in American Management*, Baltimore, MD.
Yeo, Richard (1993), *Defining Science: William Whewell, Natural Knowledge, and Public Debate in Early Victorian Britain*, Cambridge.
Yeo, Richard (2001), *Encyclopaedic Visions: Scientific Dictionaries and Enlightenment Culture*, Cambridge.
Yorke, Malcolm (2007), *To War with Paper & Brush*, Upper Denby, Huddersfield.
Young, Michael W. (2004), *Malinowski: Odyssey of an Anthropologist, 1884–1920*, New Haven, CT.
Young, Robert J. C. (2001), *Postcolonialism: An Historical Introduction*, Oxford.
Zande, Johan van der (2010), »*Statistik* and History in the German Enlightenment«, in: *Journal of the History of Ideas* 71, S. 411–432.
Zander, Helmut (2007), *Anthroposophie in Deutschland*, Göttingen.
Zelený, Jindřich (1962), *Die Wissenschaftslogik bei Marx und das »Kapital«*, Frankfurt a. M.
Ziman, John M. ([1974] 1981), »Ideas Move Around inside People«, Wiederabdruck in: Ziman, *Puzzles, Problems and Enigmas*, Cambridge, S. 259–272.
Ziman, John M. (1987), *Knowing Everything about Nothing: Specialization and Change in Scientific Careers*, Cambridge.
Ziman, John M. (1995), *Of One Mind: The Collectivization of Science*, Woodbury, NY.
Znaniecki, Florian (1940), *The Social Role of the Man of Knowledge*, New York.
Zola, Émile ([1986] 1990), *Frankreich: Mosaik einer Gesellschaft. Unveröffentlichte Skizzen und Studien*, hrsg. v. Henri Mitterand, Wien.

Personenregister

A

B

C

D

E

F

G

H

I

J

K

L

M

N

O

P

Q

R

S

T

U

V

W

Y

Z

Lesen Sie auch: Von Gutenberg bis zur Aufklärung

Peter Burke

Papier und Marktgeschrei

Die Geburt der Wissensgesellschaft

»Papier und Marktgeschrei ist eine unerschöpfliche Fundgrube, brilliant in der Materialbeherrschung, von großer Klarheit und unterhaltsam zu lesen.«

Jörg Plath, Der Tagesspiegel

Peter Burke
Papier und Marktgeschrei
Die Geburt der Wissensgesellschaft
Aus dem Englischen von Matthias Wolf
Großformat. Broschiert. 256 Seiten

In den Jahrhunderten nach Erfindung des Buchdrucks verbreitete sich das Wissen in zuvor nicht gekanntem Ausmaß. Wann, warum und wie das Neue seinen Weg in die Köpfe der Menschen fand, schildert der renommierte Kulturhistoriker Peter Burke in diesem Grundlagenwerk der Wissensgeschichte.

Peter Burke bei Wagenbach

Ludwig XIV. *Die Inszenierung des Sonnenkönigs*

Peter Burke, Kulturhistoriker von Rang und Ehren, beschreibt, deutet und kommentiert die Propagandamaschinerie um den Star unter den gekrönten Häuptern. Die Imagewerbung des »Sonnenkönigs«: Wie hat sie funktioniert? Burke untersucht das Innenleben eines Mythos: die Geschichte Ludwigs XIV. erscheint hier als gigantische Werbekampagne, die den König über Frankreichs Grenzen hinaus als unvergleichliches Produkt anpries und durchsetzte – ein Ziel, dem Bevölkerung, Kultur und Politik bedenkenlos unterworfen wurden.

Aus dem Englischen von Matthias Fienbork
WAT. Broschiert. 280 Seiten mit zahlreichen Abbildungen

Eleganz und Haltung *Die Vielfalt der Kulturgeschichte*

Über Selbstbeherrschung, Schabernack, Zensur, den Karneval in Rio und andere menschliche Gewohnheiten.

»Eine Kulturgeschichte, die um Begegnungen kreist, sollte nicht aus einem einzigen Blickwinkel geschrieben werden; eine solche Geschichte muss ›polyphon‹ sein.« Peter Burke

Aus dem Englischen von Matthias Wolf
Leinen. 288 Seiten

Wörter machen Leute
Gesellschaft und Sprachen im Europa der frühen Neuzeit

Eine Studie des renommierten Kunsthistorikers über die europäische Sprachenvielfalt, erläutert vor ihrem kulturgeschichtlichen Hintergrund. Peter Burke beschreibt die Funktion von Sprache als Indikator des kulturellen Wandels – eine höchst aktuelle Problematik in der Gegenwart des vereinten Europa.

Aus dem Englischen von Matthias Wolf
Gebunden mit Schutzumschlag. 280 Seiten

Peter Burke bei Wagenbach

Die Geschichte der ›Annales‹

Die Entstehung der neuen Geschichtsschreibung

Mit ihren bahnbrechenden Arbeiten haben die Historiker um die Zeitschrift »Annales« die Geschichtswissenschaft revolutioniert. Peter Burkes konziser Überblick über ihre wissenschaftliche Herangehensweise und die wichtigsten Vertreter der »Annales«-Schule sollte für jeden an Geschichtsschreibung Interessierten Pflichtlektüre sein.

Aus dem Englischen von Matthias Fienbork. Mit einem neuen Nachwort
WAT. Broschiert. 192 Seiten

Augenzeugenschaft *Bilder als historische Quellen*

Gemälde, Drucke, Karikaturen, Landkarten, Plakate, Fotografien und die bewegten Bilder des Films sind vielsagend, sie können aber auch lügen oder die Wirklichkeit verschleiern und manipulieren.
Ein Grundlagenwerk der Bildwissenschaft: Peter Burke vermittelt das kritische Werkzeug, um dem, was Bilder mehr oder anders sagen als Texte, auf die Spur zu kommen.

Aus dem Englischen von Matthias Wolf
WAT. Broschiert. 256 Seiten mit vielen Abbildungen

Die Renaissance

Die Renaissance als Ganzes. Nicht nur in der Kunst, sondern auch in der Literatur und Philosophie, nicht nur in Italien, sondern auch in England, Deutschland, Frankreich. Von dem englischen Historiker Peter Burke in einem übersichtlichen und verständlichen Essay dargestellt.

SVLTO. Rotes Leinen. Fadengeheftet. 120 Seiten mit vielen Abbildungen

Kulturgeschichte bei Wagenbach

Carlo Ginzburg *Faden und Fährten wahr falsch fiktiv*

Endet die historische Wahrheit, wo die Erfindung beginnt? Der Spurensicherer Carlo Ginzburg präsentiert die Bilanz seines Historikerlebens – und gewährt neue Einblicke in die schier unendliche Fülle seiner Themen und Gedanken.

Aus dem Italienischen von Victoria Lorini
Kleine Kulturwissenschaftliche Bibliothek. Gebunden mit Schildchen und Prägung
160 Seiten mit zahlreichen Abbildungen

Natalie Zemon Davis *Leo Africanus*
Ein Reisender zwischen Orient und Okzident

Die große Historikerin Natalie Zemon Davis erzählt die exemplarische Lebensgeschichte des Leo Africanus wie einen Abenteuerroman: als Muslim geboren, von Katholiken vertrieben, von Piraten gefangengenommen und vom Papst getauft.

Aus dem Englischen von Gennaro Ghirardelli
Sachbuch. Gebunden mit Schildchen und Prägung. 400 Seiten mit zahlreichen Abbildungen

Vittorio Magnago Lampugnani
Die Stadt im 20. Jahrhundert Visionen, Entwürfe, Gebautes

Das Opus Magnum des Architekten und Architekturhistorikers Vittorio Magnago Lampugnani über die Architektur der Stadt im 20. Jahrhundert: eine Ideengeschichte, eine Baugeschichte, eine Kulturgeschichte.

2 Bände im Schmuckschuber. Großformat. Klappenbroschur. Mit vielen Abbildungen
Gebunden mit Schutzumschlag. 912 Seiten

Salvatore Settis *Die Zukunft des ›Klassischen‹*
Eine Idee im Wandel der Zeiten

Ausgehend von der Diskussion um die Bildung in einer globalisierten Welt untersucht der bedeutende italienische Kunsthistoriker Salvatore Settis den Begriff des »Klassischen« in doppelter Hinsicht: mit Blick auf das »ewig Klassische«, aber auch auf die »Klassik« der Antike.

Aus dem Italienischen von Friederike Hausmann
Kleine Kulturwissenschaftliche Bibliothek. Gebunden mit Schildchen und Prägung. 112 Seiten

Kunstgeschichte bei Wagenbach

Erik Wegerhoff *Das Kolosseum* *Bewundert, bewohnt, ramponiert*

Ehe sich das Kolosseum als archäologisch abgezirkelte, gesäuberte Ruine präsentierte, war es jahrhundertelang bewohnt: von römischen Adligen, später von einem Eremiten und schließlich von zahllosen Pflanzen. Die Geschichte eines der bekanntesten Bauwerke der Welt. Reich illustriert!

Sachbuch. Gebunden mit Schildchen und Prägung. 240 Seiten mit zahlreichen Abbildungen

Bernd Roeck *Gelehrte Künstler*
Maler, Bildhauer und Architekten der Renaissance über Kunst

Wie wird der Künstler vom Handwerker zum Gelehrten und schließlich zum zweiten Gott, der eigene Welten erschafft?

Sachbuch. Gebunden mit Schildchen und Prägung. 256 Seiten mit zahlreichen Abbildungen

Horst Bredekamp
Der schwimmende Souverän *Karl der Große und die Bildpolitik des Körpers*

In seinem fulminanten neuen Buch liefert Horst Bredekamp einen Schlüssel zum Verständnis Karls des Großen. Ein souveräner Coup über den schwimmenden Souverän!

Kleine Kulturwissenschaftliche Bibliothek. Gebunden mit Schildchen und Prägung
176 Seiten mit vielen, teils farbigen Abbildungen

Wenn Sie mehr über den Verlag oder seine Bücher wissen möchten, schreiben Sie uns eine Postkarte (mit Anschrift und ggf. E-Mail). Wir verschicken immer im Herbst die *Zwiebel*, unseren Westentaschenalmanach mit Gesamtverzeichnis, Lesetexten aus den neuen Büchern und Fotos. *Kostenlos!*

Verlag Klaus Wagenbach Emser Str. 40/41 10719 Berlin www.wagenbach.de